世界一流
制造企业
这样做管理
从计划到生产

马国锋 杨劲松 谢柏秋 ◎ 著

电子工业出版社
Publishing House of Electronics Industry
北京·BEIJING

未经许可，不得以任何方式复制或抄袭本书之部分或全部内容。
版权所有，侵权必究。

图书在版编目（CIP）数据

世界一流制造企业这样做管理：从计划到生产／马国锋，杨劲松，谢柏秋著． -- 北京：电子工业出版社，2024．7． -- ISBN 978-7-121-48053-9

Ⅰ．F407.406-49

中国国家版本馆 CIP 数据核字第 20246MR088 号

责任编辑：张　毅
印　　刷：三河市鑫金马印装有限公司
装　　订：三河市鑫金马印装有限公司
出版发行：电子工业出版社
　　　　　北京市海淀区万寿路 173 信箱　　邮编：100036
开　　本：720×1000　1/16　　印张：22.75　　字数：421 千字
版　　次：2024 年 7 月第 1 版
印　　次：2024 年 7 月第 1 次印刷
定　　价：99.00 元

凡所购买电子工业出版社图书有缺损问题，请向购买书店调换。若书店售缺，请与本社发行部联系，联系及邮购电话：(010) 88254888，88258888。

质量投诉请发邮件至 zlts@phei.com.cn，盗版侵权举报请发邮件至 dbqq@phei.com.cn。

本书咨询联系方式：(010) 68161512，meidipub@phei.com.cn

前　言

有些企业像常青藤一样，历久弥新；有些企业却像昙花一样，转瞬即逝。

为何？

很多人头脑里会立即浮现出"缺资金、缺技术、缺人才、缺市场"这样的原因，是这样吗？

在高度市场化的今天，技术和人才可以从市场上获取，资金也可以从市场上获取。在 2015 年之后，我国开始步入资本相对过剩的时期。在 2000 年到 2020 年的 20 年间，我国培养了 6000 万名工程师，发明专利总量连续 9 年占据世界第一，仅 2020 年一年，发明专利就申请了 149.7 万件，占世界总量的 28.8%。在市场方面，从 2022 年起，我国将在未来可预见的时间内，成为世界瞩目的消费市场。在供应链方面，截至目前，我国建设了 41 个工业大类、207 个工业中类、666 个工业小类，形成了独立完整的现代工业体系，是全世界唯一拥有联合国产业分类中全部工业门类的国家；不仅如此，我国还形成了很多产业集群，如长三角、珠三角产业集群等。

处在这样得天独厚的经营环境中，企业却经营不成功，岂有此理？

可岂有此理的事情经常发生。在这样的大环境下，很多企业感受到的不是温暖，而是冰冷刺骨，为何？

打铁还需自身硬。企业中的所有问题都是管理的问题。无论是技术、人才、资金方面的问题，还是市场方面的问题，都是管理的问题。如果企业管理不善，再好的人才也留不住，再多的资金也会被浪费掉；如果企业管理完善，就像拥有了"吸星大法"，人才、资金、技术就会被吸引，为其所用。

那么，什么样的管理是好的管理？

好的管理一定是拥有严谨的逻辑、清晰的流程，不仅能杜绝各种浪费，还能自我完善、持续改善的一套系统。

如图 0-1 所示，企业运营的结果是由管理技术和生产技术共同决定的。其中，生产技术是可以在市场上获取的,是可以被模仿的;而管理技术则是每家企业所独有的、区别于其他企业的制胜法宝。企业应着重思考并建立一套属于自己的管理技术体系。

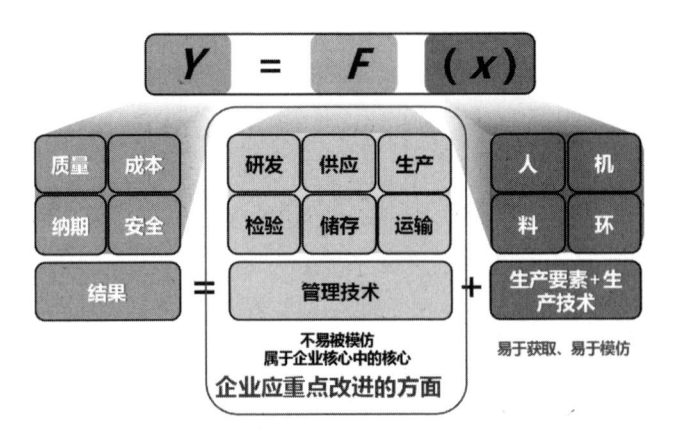

图 0-1　企业运营管理模型

那么,企业该怎么建立独有的管理技术体系?

有人会说,兵无常势,水无常形,各企业有各企业的特性问题。虽然如此,但事物的发展总有规律可循,有规则可依。

制造企业管理的核心内容就是生产、质量、成本、纳期、安全、设备和人员,无论是哪个部门、哪个级别的管理者,都应掌握这些内容的管理方法和管理逻辑。只有如此,各部分的工作才能运行顺畅,才能提升企业的运行效率,改善企业的运营效果。

本书将根据世界一流制造企业的实际管理案例,详细讲解制造企业各模块的管理方法、管理逻辑和具体做法,以期为企业管理者提供管理思路。

目　录

第1章　企业管理提升的逻辑路径 1
1.1　企业的两种极端状态 1
1.2　两种极端状态下企业的危机 2
1.3　危机背后的逻辑 2
1.4　企业家们的危机应对迷途 3
1.5　危机应对迷途"迷"在哪里 4
1.6　企业该如何走出危机 6
1.7　企业该如何建立自己的卓越运营管理体系 6

第2章　建立企业运营防火墙——事业计划管理 8
2.1　事业计划 9
2.2　企业在事业计划管理及实施中存在的问题 10
2.3　事业计划的编制方法 10
2.3.1　制定年度经营目标 12
2.3.2　制定公司及部门的年度经营战略 19
2.3.3　制订各部门具体工作计划 23
2.4　事业计划发布 25
2.5　事业计划的应用及管理 26
2.5.1　事业计划的应用 26
2.5.2　事业计划的管理 35

第3章　建立企业开拓及创新源泉——市场需求、规划及产品开发管理 37
3.1　企业产品开发的困境 37
3.1.1　以自我为中心的产品开发 38
3.1.2　产品开发周期太长 39

- 3.1.3 产品开发质量不高 ... 39
- 3.1.4 产品开发成本高 ... 40
- 3.2 基于市场需求的集成产品开发管理体系的形成 ... 40
  - 3.2.1 集成产品开发管理的来源 ... 40
  - 3.2.2 集成产品开发管理可给企业带来的效益 ... 41
  - 3.2.3 集成产品开发管理体系 ... 42
  - 3.2.4 基于市场需求的集成产品开发管理体系 ... 42
- 3.3 市场需求管理流程 ... 43
  - 3.3.1 需求采集 ... 45
  - 3.3.2 需求评审 ... 46
  - 3.3.3 需求传递 ... 54
- 3.4 市场规划管理 ... 55
  - 3.4.1 理解市场 ... 56
  - 3.4.2 细分市场 ... 61
  - 3.4.3 组合分析 ... 62
  - 3.4.4 制订计划 ... 64
  - 3.4.5 优化计划 ... 66
  - 3.4.6 评估绩效 ... 68
- 3.5 产品开发管理 ... 69
  - 3.5.1 概念设计阶段 ... 70
  - 3.5.2 TR1——产品需求和概念设计评审 ... 71
  - 3.5.3 计划阶段 ... 71
  - 3.5.4 TR2——需求分解和规格评审 ... 73
  - 3.5.5 TR3——概要设计评审 ... 74
  - 3.5.6 开发阶段 ... 75
  - 3.5.7 TR4——模块和 BBFV 测试评审 ... 76
  - 3.5.8 TR4A——原型机质量评审 ... 77
  - 3.5.9 TR5——初始产品质量评审 ... 77
  - 3.5.10 验证阶段 ... 78
  - 3.5.11 TR6——Beta 测试、制造系统验证、认证和标杆测试结果评审 ... 79

    3.5.12 发布阶段 83
    3.5.13 生命周期管理阶段 84
  3.6 产品开发过程中的成本管理 86
    3.6.1 提升产品标准化率 87
    3.6.2 建立一套产品成本控制管理方法 88

第4章 建立企业生态链——供应链管理 91

  4.1 生产计划管理 93
    4.1.1 生产计划的制订 95
    4.1.2 生产计划的管理 104
  4.2 采购管理 107
    4.2.1 供应商开发及资格认定 107
    4.2.2 价格确定 110
    4.2.3 最小采购批量、交货期等的确定 111
    4.2.4 订单分配 112
    4.2.5 供应计划管理 113
    4.2.6 供应成本节约 113
    4.2.7 建立专业供应管理体系 117
  4.3 供应商管理 118
    4.3.1 供应商评价及评审 118
    4.3.2 战略供应商管理 121
    4.3.3 供应商培养 123
  4.4 库存管理 125
    4.4.1 库存对企业的利与弊 125
    4.4.2 库存分类管理 126
    4.4.3 库存物品的订购 129
    4.4.4 库存控制 136

第5章 建立企业独有的高效生产模式——生产管理 139

  5.1 生产方式优化 140
    5.1.1 采用拉动式生产方式 143
    5.1.2 让价值流动起来 145

5.2 产线布局 149
 5.2.1 产线布局的设计原则 150
 5.2.2 产线布局的设计方法 150
5.3 产能管理 153
 5.3.1 对 ST、T/T、C/T 的认识 154
 5.3.2 标准工时建立 154
 5.3.3 产能分类管理 164
 5.3.4 产能改善 165
5.4 生产效率管理 165
 5.4.1 实际生产效率跟踪确认 167
 5.4.2 生产效率改善 168
5.5 生产性管理 174
 5.5.1 生产性的相关定义 174
 5.5.2 生产性的计算公式 174
 5.5.3 生产性分析及改善的意义和必要性 175
 5.5.4 生产性管控措施 175
 5.5.5 生产性改善方法 177
 5.5.6 生产性评价 180

第 6 章 建立企业产品质量的"护城河"——质量管理 182

6.1 质量管理的发展及概念 183
 6.1.1 质量管理的发展 183
 6.1.2 质量管理的概念 187
6.2 质量管理的核心 189
 6.2.1 客户是谁 189
 6.2.2 客户需求 192
 6.2.3 客户满意 193
 6.2.4 以客户为中心 195
6.3 质量管理策划 195
 6.3.1 制定质量管理战略 196
 6.3.2 制定质量管理目标 197
 6.3.3 确立质量管理方法 199

- 6.4 质量保证 200
  - 6.4.1 质量管理体系建立 200
  - 6.4.2 领导关注 209
  - 6.4.3 质量管理体系监察 209
- 6.5 过程质量控制 214
  - 6.5.1 作业标准化管理 215
  - 6.5.2 过程控制 221
  - 6.5.3 工序能力管理 224
  - 6.5.4 变化点管理 225
  - 6.5.5 质量异常管理 226
  - 6.5.6 特殊工序管理 228
  - 6.5.7 质量信息统计 230
- 6.6 质量改善 233
  - 6.6.1 不良发生后再发防止改善 233
  - 6.6.2 专项改善 234
  - 6.6.3 改善提案 235
  - 6.6.4 其他改善活动 237

第7章 建立企业安定化运营基础——设备管理 239

- 7.1 故障及"零"故障思维 240
  - 7.1.1 故障产生的机理 240
  - 7.1.2 "零"故障思维 241
  - 7.1.3 "零"故障对策 242
- 7.2 TPM 的概况 243
  - 7.2.1 TPM 的定义及内涵 243
  - 7.2.2 TPM 的来源及发展 243
  - 7.2.3 TPM 的两大基石及八大支柱 244
- 7.3 个别改善 245
  - 7.3.1 选择课题 246
  - 7.3.2 成立小组 248
  - 7.3.3 现状调查 249
  - 7.3.4 设定目标 250

- 7.3.5 分析原因 251
- 7.3.6 要因验证 252
- 7.3.7 对策制定及实施 254
- 7.3.8 效果检验 255
- 7.3.9 成果巩固及标准化 256
- 7.3.10 总结和下一步打算 257
- 7.4 自主保全 257
  - 7.4.1 自主保全的定义 258
  - 7.4.2 自主保全实施之前要改变的三个观念 258
  - 7.4.3 自主保全的实施步骤及方法 259
  - 7.4.4 自主保全的评价 266
- 7.5 专业保全 268
  - 7.5.1 建立专业保全的基础 268
  - 7.5.2 定期保全 274
  - 7.5.3 预知保全 279
  - 7.5.4 事后保全 280
- 7.6 教育培训 283
  - 7.6.1 OPL 培训 284
  - 7.6.2 专题知识培训 285
  - 7.6.3 会议培训 285
  - 7.6.4 道场培训 285
- 7.7 初期管理 285
  - 7.7.1 前期设计需求明确 285
  - 7.7.2 设备预验收及设备验收 286
- 7.8 事务改善、质量保全、安全与环境改善 287
- 7.9 设备绩效及经营管理 287
  - 7.9.1 制定设备管理指标 287
  - 7.9.2 制定设备管理数据统计方法 289
  - 7.9.3 制定设备经营管理方法 289

第8章 建立企业特色现场管理——现场 5S 及可视化管理 291

- 8.1 现场 5S 管理 292

- 8.1.1 5S 的定义 ... 292
- 8.1.2 5S 的起源及发展 ... 292
- 8.1.3 5S 的重要性 ... 293
- 8.1.4 5S 的实施 ... 293
- 8.2 现场可视化管理 ... 304
  - 8.2.1 可视化及可视化管理的定义 ... 304
  - 8.2.2 可视化管理的作用 ... 305
  - 8.2.3 可视化管理的目的 ... 305
  - 8.2.4 可视化管理的目标 ... 307

第9章 建立企业安全护栏——安全管理 ... 311

- 9.1 明确安全管理组织和管理责任 ... 312
- 9.2 制定安全管理战略及目标 ... 314
- 9.3 制定安全管理实施方案 ... 315
  - 9.3.1 制作安全管理诊断评价表 ... 316
  - 9.3.2 采用安全管理诊断评价表进行诊断 ... 317
  - 9.3.3 针对安全管理短板，制定安全工作推进方案 ... 318
- 9.4 安全问题点识别及安全改善 ... 318
  - 9.4.1 设备安全管理 ... 319
  - 9.4.2 作业安全管理 ... 327
  - 9.4.3 环境安全管理 ... 332
  - 9.4.4 安全管理因素 ... 333
- 9.5 危险源辨识 ... 336
  - 9.5.1 危险源相关定义 ... 336
  - 9.5.2 危险源辨识方法 ... 336
- 9.6 风险评价 ... 340
- 9.7 安全改善 ... 341
  - 9.7.1 专项改善 ... 342
  - 9.7.2 改善提案 ... 349

第1章

企业管理提升的逻辑路径

没有不存在问题的企业,只有不能发现问题的企业。企业在经营管理过程中,多多少少都会存在这样或那样的问题,这就需要管理者能够及时发现这些问题,并通过管理改善解决这些问题,使企业能够健康、有序地发展。

如若不然,企业则会陷入危机状态。

那么,企业在经营管理过程中会存在哪些问题?该如何解决这些问题?解决这些问题的逻辑路径在哪里?

1.1 企业的两种极端状态

有些企业随时随地都是"一地鸡毛",无论是在休息时间,还是在上班时间,一会儿发生了这样的事情,一会儿发生了那样的事情……没等这件事情处理完,紧接着下一件事情又来了,每个员工都是一名救火队员,感到的是辛苦、委屈、无奈。在被老板抓去问话时,员工忐忑不安,老板气得不断地咆哮。在办公群里,对于无责任的事情,一个个都变成了管理高手,这件事情应该这么做,那件事情应该那么做,高谈阔论,海阔天空;对于需要负责任的事情,一个个都默不作声。私下里,员工们上上网、聊聊天,今天这个员工离职了,明天又会来一位新领导……我把这样的企业称为"火坑企业"。

有些企业又是另外一番景象：员工一上班，走进办公室，先泡杯咖啡，再回到办公桌前，一手端着咖啡，一手打开网页，浏览一遍新闻，然后逛逛某宝、某会、看看股票……一切悠然自得，心里唱着《今天是个好日子》。过上半天，时间差不多了，再处理自己的工作，对于与自己无关的事情，绝对是高高挂起。当然，与你无关的事情不需要你去处理，也不需要你去关心，每件事情都有相应的管理方法与流程。每名员工看起来都礼貌、谦逊……我把这样的企业称为"舒服的臂弯企业"。

1.2　两种极端状态下企业的危机

在"火坑企业"中，每名员工都是一名救火队员。当着火时，如果员工追着火苗去灭火，火就会越来越旺，最终自己也会被大火所吞没。

在"舒服的臂弯企业"中，从表面上看，员工舒服、快乐。然而，在这种舒服与快乐中，暗藏着巨大的危险，那就是员工会沉浸在这种舒服中无法自拔，不能及时应对市场的变化，最终滑向无为的深渊。前有柯达担心数码相机影响胶卷的销量，不敢大力发展数字业务，最终陷入泥潭；后有诺基亚不能及时抓住智能手机的发展机会，导致企业一度面临破产倒闭的窘境。

那么，企业究竟要怎么来避免这些危机，不让自身陷入困境呢？

这就需要我们研究这些危机背后的逻辑，懂得了逻辑关系，自然就会想到改善方法。

1.3　危机背后的逻辑

逻辑1：人脑有两个系统，一个是直觉系统，另一个是理性系统。人是被系统驱动的动物，然而遗憾的是，人往往是被直觉系统所驱动的。

美国普林斯顿大学的心理学教授丹尼尔·卡尼曼在《思考，快与慢》中指出，人的大脑存在两个系统。他把这两个系统称为系统1（直觉系统）和系统2（理性系统）。在系统1中，直觉（包含知觉）的操作是快速的、平行的、自动化的、不耗费资源的、联结的、内隐的（无须反省），以及由情绪驱动的，它经常为习惯、经验、刻板印象所支配，因此很难控制或修正；在系统 2 中，理性的操作是缓慢的、系列的、控制的、耗费资源的、不容易出错的、存在意识控制的。

然而，不好的消息是，每个人运用大脑的目的是求存，而非求知。对于外界环境，根据最小作用力原则，人们能不动脑就不动脑，这是大脑无法克服的结构性缺陷，也是人类进化的副产物。所以，人们在处理事情时，往往会选择系统 1 进行处理，也就是会以感性处理为主。这就是大多数人下班后喜欢躺在床上或者沙发上拿起手机刷抖音，结果一不小心就到了半夜，然后还感叹时间怎么过得这么快，然而第二天又继续……不断地重复着昨天的故事的原因。

企业是由人构成的，所以企业与人一样，在处理很多事情时也是被人的直觉系统所驱动的。

"火坑企业"如果不能建立一个理性系统，让企业中的所有人都能以理性的思维方式去工作，那么该企业最终会被大火吞没。

逻辑 2：热力学中有一个熵增定律，就是在一个系统中，高温物体流向低温物体是不可逆的，如果这个系统是一个封闭系统，那么该系统的熵只能增大而不能减小，最终熵达到最大状态，该系统也就进入了混乱状态。也就是说，在一个封闭系统中，一开始的有序状态会随着时间的推移和熵增的不可逆转，最终变为混乱状态。

同理，一个企业就是一个系统，如果该系统是封闭的，那么无论该企业多么有序，在没有外力干预的情况下，一定会朝着熵增的方向发展，朝着无序状态去狂奔，最后也会变得无序。

"舒服的臂弯企业"看上去很美好，但如果没有受到相应的外力干预，就会朝着熵增的方向一路狂奔，最终也会变成"火坑企业"。

绝大多数企业家都懂得这两个逻辑，并在企业经营管理过程中采取了很多改善措施，试图让企业摆脱危机，真正进入快速提升的良性发展轨道。

效果究竟如何？我们接着往下看。

1.4 企业家们的危机应对迷途

作为企业家，并不会任由企业无序发展，他们在积极地寻求变革。自 2001 年我国加入 WTO 以来，我国企业迎来了高速发展的黄金时期。企业家们在赚取丰厚利润的同时，也在不断探索企业的可持续发展之路。

随着社会的发展，企业的规模不断扩大，资金得到了积累，技术也得到了长足的发展，资金和技术不再是"瓶颈"，压在企业家头上的两座大山被移除了。然而，这时候企业家发现，企业的内耗变得越来越大，各种矛盾层出不穷，原有的管理方法不再有效。

只有有了好的管理，技术、资金才能发挥出"一加一大于二"的作用。企业家们不得不痛定思痛、洗心革面，下定决心要提升企业的管理水平。然而，企业内没有与期望一致的管理人才，该怎么提升呢？这时候，企业家们想起了自己在市场上拼杀时所养成的习惯：买！于是各企业开始了挖人大战，花重金去挖高级管理人才，挖来挖去，钱花了不少，却带来了新的问题：新的管理团队水土不服，与原有管理团队的矛盾显现。

这时候，大家回过头来再去研究那些优秀的企业，才恍然发现：好的管理，并不仅仅要有好的经理人，还要让企业各个层级、各件事情都能有相应的有效管理方法。这就需要企业建立起自己的管理技术体系，并让其有效运行。

于是，很多企业引入了管理咨询，以期提升管理水平。管理咨询团队在参与企业变革后，为企业带来各种管理工具，也开展了大量的管理改善项目，其中精益管理改善项目和精益六西格玛管理改善项目最为常见。这些改善项目确实为企业节约了成本，提升了效率，带来了变化，让企业的管理水平得到了一定程度的提升。

虽然这些改善项目对企业有一定的帮助，但是绝大多数企业并没有因为开展这样的改善项目而真正变成一家卓越的企业（华为除外），不仅如此，还似乎越改善越迷茫，这是为什么？

1.5　危机应对迷途"迷"在哪里

如前文所讲，经过一段时期的管理变革，各企业的管理水平的确得到了一定程度的提升，这真的让企业达到脱胎换骨的程度了吗？国内制造企业似乎很少因为这些改善成为行业龙头或者世界级企业（华为除外），也没有哪家企业敢自称完全精益型企业。为何？是改善投入不足？是企业人员的技能不足？是顾问的水平不足？还是其他原因？

在笔者看来，主要有四个方面制约了企业的成长和改善。

第1章 企业管理提升的逻辑路径

其一：长期的技术匮乏、资金匮乏，让企业形成了以追求先进技术和节约成本为核心的管理思想。

众所周知，我国的现代化企业，尤其是民营企业起步晚，绝大部分是在改革开放后才逐渐建立起来的。那时，美国企业已经发展了半个世纪以上，欧洲、日本的企业也至少比我们早发展了30年。此外，西方国家一直对我国进行技术封锁，再加上那时国内经济发展持续低迷，企业家们一没有资金，二没有技术，拥有的只有对美好生活的向往和尚未完全开发的市场。在这种状态下，好钢要用在刀刃上，为数不多的资金只能用来追求技术，其他的都要为此让道。所以企业家们在管理上追求有什么样的菜，就做什么样的饭，差不多就行。长此以往，管理并不被认为是一门科学。这种思想阻碍了企业对管理技术的追求。

其二：在企业初创团队创业成功后，其成功的密码成了企业提升管理水平的制约因素。

在创业初期，大家都是一腔热血打天下，哪怕是睡地铺、吃窝窝头，也在所不辞。可这种豪情和精神在创业成功后很可能成为企业变革的阻力。一方面，创业的成功给了大家极大的自信，让大家自以为凭借创业时期的做法和管理方法，就可以打遍天下无敌手，根本无须改变；另一方面，在创业成功后，业务量变大，成员将各自负责一项业务，这些业务便成了各个成员的私有领地，谁也不能动，否则就是抢夺利益。如此种种，就成了企业变革的阻力。

其三：急功近利思维作祟。

很多企业在进行管理变革时，给每一项变革都设定了短期的（如一季度、半年、一年等）经济指标，届时一旦发现经济指标未达成，就立即解散团队，更改变革方向，甚至又回到原来的老路上。久而久之，管理变革就成了一个难以逾越的鸿沟。大家要明白，管理变革并不是一朝一夕的事情，需要企业家持之以恒，坚持不懈地去努力、去实践、去革新。这就是古人常说的"日日新，又日新"。所以进行管理变革要着眼未来，在认定方向之后，咬定青山不放松，持之以恒，坚持前行，不能以短期利益为考量，更不能稍有风吹草动就从头再来。

其四：管理变革团队的能力不足。

法无常法，势无定势，兵无常势，水无常形。每家企业的状况并不完全一致，所以管理方法也不能完全一致。然而在进行管理变革时，很多企业往往通过招标等方式，选择一些低价位的管理咨询团队来进行。

低价位的管理咨询团队在进行管理变革时只能照本宣科，依葫芦画瓢，生搬硬套，不可能为企业量身定做一套属于自己的管理变革方案，其变革结果可想而知，自然不尽如人意。

企业管理咨询行业并无标准，行业内从业人员的经验及能力参差不齐，有些从业人员做过国际著名企业的高阶管理工作，这些人员懂得优秀企业的管理方法，再加上高超的管理技巧，自然可以因势利导，根据企业的状况制定出符合企业实际的管理变革方案；有些从业人员仅在国际著名企业从事过基层管理工作，未经历高阶管理职位的历练；还有一些从业人员在从学校毕业后就开始从事咨询工作，未经历过相应的高阶管理职位历练，仅懂得一些未经实践的管理知识，管理方法不足，自然就不能为企业的变革提供好的帮助。

1.6 企业该如何走出危机

在救火时，一方面要建立隔离带，把火控制在一定的范围内；另一方面，要找准火源的根部，用灭火器对着火源的根部进行喷射，方可灭火。灭完火，为防止火灾再次发生，还要采取防火措施。

企业也要建立起自己的防火墙。麦肯锡从"现代管理之父"彼得·德鲁克的管理思想中提炼出了一套完整的企业运营体系，该体系包含战略目标系统、目标分解系统、过程控制系统、激励系统和支持系统五大部分。这五大部分缺一不可，互相支撑，形成一个严密的体系。这就是卓越运营管理体系，它能够帮助企业100%地达成目标，最终实现跨越式发展。

到目前为止，卓越运营管理体系是企业"走出火坑"最好的管理办法。

"只是走出火坑？又该怎么防止企业熵增呢？"

当然，企业除了要"走出火坑"，还要防止熵增，这就需要在卓越运营管理体系的五大部分中增加革新理念和方法，让企业不断地革新、蜕变，保持活力。

1.7 企业该如何建立自己的卓越运营管理体系

单纯从理论上来看，卓越运营管理体系只有战略目标系统、目标分解系统、过程控制系统、激励系统和支持系统五大部分。企业要想实现卓越，直接从这五大部分着手，一定又会陷入另一个泥淖。企业会发现所制定出来的每个系统都是飘在空中的，不仅不能让自身实现卓越，反而会让企业管理进入两个平行系统，工作人员会在两个平行系统中间不断地跳来跳去，又是一地鸡毛。久而久之，该体系就会被束之高阁，企业又走上原有的老路。

那么，企业该如何建立自己的卓越运营管理体系呢？企业必须从自己的经营实际出发，将卓越运营管理体系的五大系统融入每个管理单元中，让每个管理单元中的每件事情都具备这五大系统的内容，这样才能让管理越来越顺，让自身越来越优秀。

本书将着重以世界一流企业的实际管理逻辑、方法、案例，来说明企业运营管理中各模块的管理方法及管理逻辑，以期帮助企业管理者建立起全面的管理逻辑，并形成清晰的管理思路。

第2章

建立企业运营防火墙——事业计划管理

全面预算管理实施已久，大部分企业每年都编制预算。只有少数企业的预算详尽，不仅有预算设置的计算逻辑，还附有相应的工作计划。这类预算可以称为事业计划。而大部分企业的预算仅仅是一堆罗列出来的简单的数字，甚至是拼凑起来的数字。

对此，可能有很多人不认可，那么我们来试着问自己几个问题，看看结果如何。

问题1：你是否清楚预算中的每一笔费用是怎么来的（不但清楚，还有详细的清单和计算过程，0分；非常清楚，2分；清楚，4分；大部分清楚，6分；少部分清楚，8分；不清楚，10分）？

问题2：你知不知道要做哪些事情才能达成预算目标（不但清楚，还有详细的工作内容和工作计划，0分；非常清楚，2分；清楚，4分；大部分清楚，6分；少部分清楚，8分；不清楚，10分）？

问题3：预算是不是只在申请资金时使用（是，10分；大部分是，8分；部分是，6分；除了申请资金，还检验工作结果，4分；还用来督促工作计划的开展，2分；不仅要保证结果，还要指导每项工作计划的开展、落实，0分）？

问题4：预算资金是不是要么不够用，要么用不完（完全是，10分；大部分

第 2 章　建立企业运营防火墙——事业计划管理

是，8 分；部分是，6 分；较少是，4 分；偶尔是，2 分；完全没有，0 分）？

针对以上问题，如果得分低于 24 分，那么这份预算就是事业计划；如果得分超过 24 分，那么这份预算就是简单的数字罗列；如果得分超过 32 分，那么这份预算不仅是数字罗列，还是数字尸体……

什么是事业计划？事业计划该怎么做？

2.1　事业计划

事业计划一词常见于日本企业中，包括企业的年度经营目标、年度经营战略、年度工作计划，以及根据以上内容量化形成的全面预算指标等。

目前，很多企业所制定的预算都只是数据指标，这些指标是怎么来的？是通过什么方法和手段达成的？要开展哪些工作来达成？这些问题并非是预算所能解决的。因此，日本企业在编制预算指标时，还编制了达成这些指标的工作战略和工作计划，从而保证了预算的准确性、真实性和可实施性，还保证了各级管理组织在下一年度经营管理过程中，管理战略明确、管理内容明确、管理结果可控。

笔者通过对比很多企业发现，单纯的预算，无论是在制定时，还是在控制上，都有较多的缺陷，因为单纯的数字很难说明其合理性。比如，一个企业上一年度的销售金额为 8000 万元，本年度的销售预算为 1 亿元。一方面，这个目标是高还是低？能不能达成？通过什么方法来达成？另一方面，如果到了年底这个目标达成了，是因为自然增长达成的？还是通过努力来达成的？这些都难以衡量和管控。正如马云在一次演讲中提到，阿里巴巴在 2012 年制定预算时，预期收入将比 2011 年翻一番，当他提出这一目标时，各部门负责人立即提出如果要达成这一目标，就必须进行人员扩充，要求扩充 5000 人。马云说不行，他们又说要扩充 3000 人，马云又说不行，最多只能招聘 200 人。最后，经过一年的努力，当年收入达成了比 2011 年翻一番的目标，并且最终人员还减少了 300 人。从这个事例可以看出，没有策划、方案和计划的预算就是一个空中楼阁，是一堆不可衡量和不可控的死数字而已。因此，笔者特别欣赏日本企业的事业计划管理制度，在此将事业计划这一工具特别介绍给各位读者，以期能为各位读者的管理工作带来新的思路。

2.2　企业在事业计划管理及实施中存在的问题

我们先来看两个案例。

案例一：某上市企业采用月度预算管理办法，每月制定下个月的财务预算。在制定预算时，各部门并未对上个月所产生的费用等进行分析总结，也未制订下个月的具体工作计划，仅根据上个月所花的费用和下个月可能要额外支出的费用，便形成了下个月的财务预算。在下个月预算的实施过程中，所有采购内容必须先交由财务总监进行审批。在审批时，财务总监如果认为哪个物品的价格过高，就不予批准，无论这个物品是不是必要的，也不管预算有没有。当审批未通过时，采购内容会被发回重新修订，修订后再审批，直至财务总监完全批准。在财务总监审批完后，再将采购内容交由采购人员进行询价、比价，最终下单采购。这一圈下来，已经过去了很长时间。笔者曾经发现有个部门采购的插座、灯管等通用件居然两个多月还未到货，真是令人惊叹。

案例二：某大型国企采用年度预算管理，在年初便制定好全年的财务预算。在正常工作时，财务预算中每一项费用的支出都需要经过副总经理和总经理签批。在工作过程中，你经常会看到，副总经理和总经理的门前总围着一大堆人，在等待签字确认，副总经理、总经理忙得焦头烂额，签批的人员也忙得抱怨连连。

以上情况在大多数企业中都存在，当然这并不完全是预算的问题，还涉及管理流程和管理方法等一系列的问题。这至少说明单纯的预算只能让企业的管理目标数据比较明确，并不能使其管理内容更明晰，也不能使管理过程及结果可控。事业计划可以完美地弥补这些不足。

2.3　事业计划的编制方法

在每个企业经营年度（有些企业在经营结算时采用一个特定时段，而非自然年度，这个特定时段称为企业经营年度，如松下的经营年度为每年的4月到下一年的3月）来临之前，企业负责人会预先总结和分析企业本年度经营业绩，形成企业经营分析报告，再制定下年度企业经营战略和经营目标，并将这些内容发放至各部门，然后由各部门将企业的年度经营战略和经营目标分解成自己的年度经营目标，并根

第 2 章　建立企业运营防火墙——事业计划管理

据其制定预算，制定完成后上交企业战略管理部门（有些为企划部门，有些为专门的战略管理部门，有些则由财务部门管理，具体由哪个部门管理，根据各企业的责任划分来确定）。企业战略管理部门在将各部门的预算汇总后，将汇总结果与企业年度经营战略、计划和财务指标进行对比分析，如有不足，需要各部门进行修订……当然，在这一过程中，如果发现企业的内容有不合理的地方，也会进行修订。经过多轮核对、分析、修订，直至上下完全统一为止，最终确定各部门的事业计划，并发放至各部门。事业计划编制流程图如图 2-1 所示。

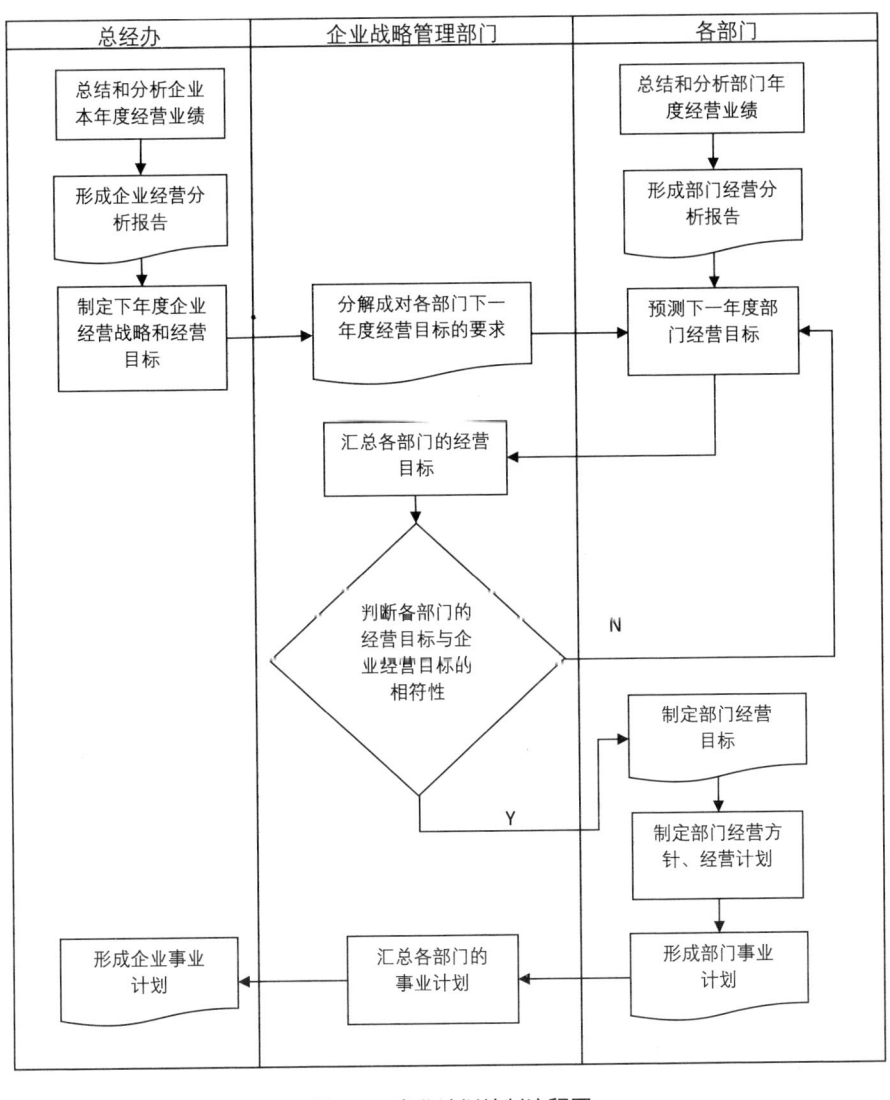

图 2-1　事业计划编制流程图

2.3.1 制定年度经营目标

企业年度经营目标一定是在企业总体发展战略的基础上,结合上一年度的经营业绩来制定的,同时还要兼顾当年经营环境的变化。

一方面,如果没有参照企业的总体发展战略,那么所制定的年度经营目标就有可能与总体发展战略有偏差,导致总体发展战略难以达成。另一方面,如果没有对上一年度的经营业绩进行总结和反思,那么下一年度的经营目标就是空中楼阁,有可能根本无法达到;也有可能不用努力,纯粹靠自然增长就可以达成,这就是所谓的"躺赢"。还有一点,如果没有对未来一年的经营环境进行考量和思考,那么制定出来的年度经营目标很有可能受到经营环境变化的制约,无法实现或者被迫重新修订。这些都不利于企业经营战略的实现,也不利于企业的成长。

看到这里,大多数人肯定在想,制定年度经营目标是在总结、思考的基础上进行的,但是在实际工作过程中,很多企业家都是拍着脑袋决定的,这种状况不在少数。不是这些企业家不聪明,而是经过创业的成功,其个人的自信达到了一定程度,总认为自己是对的。另外,这些企业家缺乏企业管理的系统性思维,企业也缺乏系统化管理的方法。在这两个方面的综合影响下,企业家就做出了不合理的决策。笔者在为一家较大的企业做咨询服务时,发现了一个奇怪的现象:在每年制定年度经营目标时,该企业的管理者总是提出一个很高的销售目标,下面的所有人员(包括销售人员、计划总监和各工厂的厂长、生产负责人等)全部认为不可能完成,但谁也不敢提出反对意见。接下来在制订生产计划时,计划总监悄悄在企业管理者的要求下打个 8 折,下发给各工厂,各工厂在生产时,又打个 8 折,最后还是导致仓储不断爆仓,产量忽高忽低,生产极不稳定,并且这一现象存在多年。这样的案例还有很多。

下面笔者用部分案例来说明一些优秀企业是如何完成该项工作的(案例的引用是为了说明优秀企业是如何完成该项工作的,同时说明其中各部分内容之间的逻辑关系和成功的关键要素。在选用案例时考虑到保密性,对数据做了一些调整、修改或者删减,数据并非真实数据,各数据之间并无太多关联,读者在阅读时不用仔细考究数据的真实性,而是要着重去学习如何做和体会每个步骤之间的逻辑关系)。

（1）第一步，对上年度进行经营指标总结。

在对上年度进行经营指标总结时，要对上年度的每项经营指标进行详细的分析、总结，确认每项内容完成的实际状况。在分析时，要尽可能多维度地去对比、思考，找出成功点和不足点。

如图2-2所示，该公司在做上年度经营指标总结时，不仅将其与本年度的事业计划进行比较，还将其与多年前的数据多维度地进行比较，最终找到差距项目。

单位 （千元）		2018年 实绩 金额	2019年 预测 金额	与上年度比	2020年 事业计划 金额	与上年度比	与中期计划比	中期计划 金额
（1）成长性	国内	511 933	648 040	127%	916 069	141%	73%	1 253 000
	出口	33 362	193 516	580%	276 593	143%		
	合计	545 295	841 556	154%	1 192 662	142%		1 253 000
（2）经营体质	材料费 率	474 875 87.1%	660 281 78.5%	+185406	805 676 67.6%	+145395	+6676	799 000 63.8%
	边界利益 率	24 299 4.5%	153 797 18.3%	+129498	303 790 25.5%	+149993	-80210	384 000 30.6%
	固定费 率	226 022 41.4%	255 770 30.4%	+29748	284 223 23.8%	+28453	-20777	305 000 24.3%
	人件费 率	57 653 10.6%	67 018 8.0%	+9365	75 810 6.4%	+8792	-6190	82 000 6.5%
	损益分歧点 率	5 072 170 930.2%	1 399 538 166.3%	-3672632	1 115 843 93.6%	-283695	+120622	995 221 79.4%
（3）收益性	营业利益 率	183 310 33.6%	114 130 13.6%	-69180	20 051 1.7%	-94079	-54149	74 200 5.9%
	税前利润 率	-193 914 -35.6%	-133 180 -15.8%	+60734	-9 964 -0.8%	+123216	-76164	66 200 5.3%
（4）在库	在库金额 （天数）	145 483 45	68 631 24	-76852 21	101 866 35	+33235 +11	+37476	64 390 25
（5）品质	不良数 率	1 819 0.30%	3 040 0.40%	1221	2 665 0.20%	-375	-335	3 000 0.20%

图2-2 将上年度经营指标总结与上年度事业计划和中期计划比较（节选）

统计是为了分析，分析是为了寻找差距和不足，大家在做数据分析时一定要切记这一点，千万不能想方设法地去掩盖经营中的不足，而是要做到实事求是。

（2）第二步，根据上年度经营指标总结及其与本年度的事业计划和中期计划的对比结果，制定本年度经营目标，如图2-3所示。

从图2-3中可以看出，该公司2007年的经营实绩比上一年度增加了11千万元，但未能达成2007年的年度经营目标，并且成本上升了13.6%，如图2-3中E部分所示。之后通过市场环境分析及公司经营状况分析，发现在该公司2008年的经营中，仍然有部分成本增加，且增加的成本可能达到14.5千万元，具体原因如图2-3中A部分所示。将2007年的成本超支金额与2008年的成本增加部分相加，成本将超出预期25.5千万元。要想使成本与战略规划中的成本目标相匹配，该公司在2008年的经营中至少需要节约成本25.5千万元。在这一情况下，该公司对成本节约情况进行了测算，发现通过一系列降低成本的工作，可以节约成本28千万元，如图2-3中B部分所示。通过成本的节约，2008年的成本支出较战略规划中的成本目标略有节约，如图2-3中F部分所示。除此之外，还对中期计划截止前的各项费用进行了预测，同样也预测了增加的成本和可节约的成本，如图2-3中C、D部分所示。经过这样的分析，如果该公司在2008年能达成成本节约28千万元的目标，那么中期目标基本是可以保证的，并且还有部分盈余，如图2-3中G部分所示。经过这一系列的测算，该公司基本上就确定了2008年成本支出方面所需要节约的项目和要达成的目标。

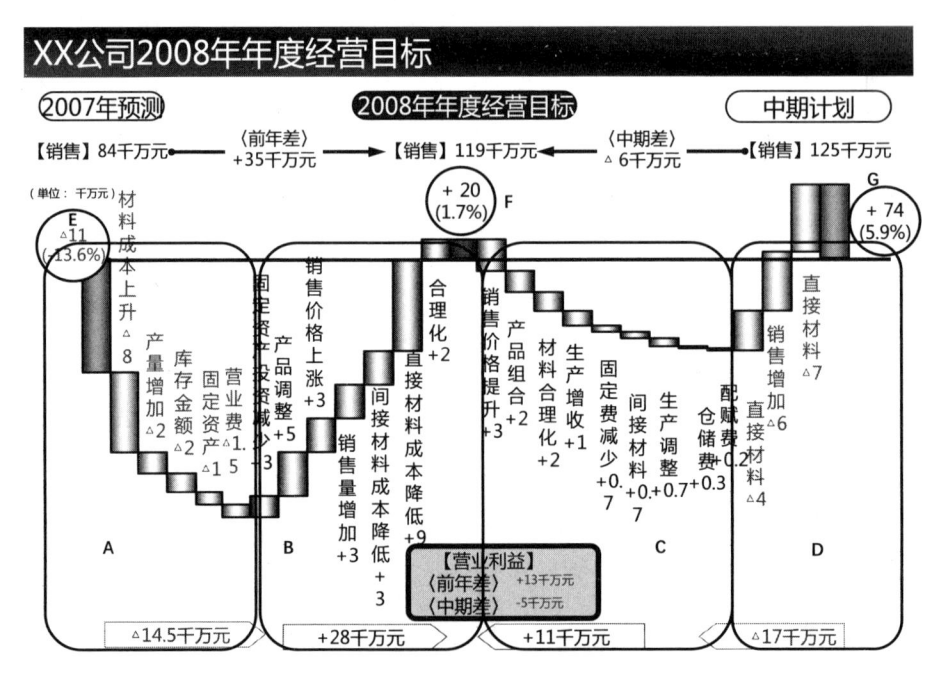

图2-3 制定年度经营目标的案例（节选）

到此为止，该目标是否能够达成？这些数据是否就是最终的年度经营目标呢？当然还不是，这只是公司决策层的测算，还需要各执行部门进行详细的测算。

第 2 章　建立企业运营防火墙——事业计划管理

因此，该公司的事业计划管理部门和总经办根据各部门的职能及其费用占比，测算出各部门成本需要下降的比例，并下发至各部门，要求各部门对本部门2008年的经营目标进行详细测算。

（3）第三步，根据公司经营战略，销售部门制订下一年度销售计划并下发至计划部门，计划部门再根据销售计划制订下一年度的生产计划，下发至各生产部门。

在制订下一年度的生产计划时，有两个方面需要注意。

一方面是需要预测每种产品每个月的产量，这样各职能部门才能够将年度经营目标分解到具体的月份，目标指标才会更具体，在未来管理时更好管理。另一方面是在预测时，不仅要有具体的生产数据，还要有相应的在库数据和销售数据。至于这些数据如何编排，也有个小窍门。之前，各企业一般采用P（生产）S（销售）I（在库）数据，也就是先考虑生产多少，再考虑销售多少，最后考虑在库是多少，这正好对应了推动式生产方式（Push）。后来，在精益生产管理中，拉动式生产方式（Pull）被证实更有利于企业降低库存成本和减少生产浪费，因此应先考虑在库数据，再考虑销售数据，最后考虑生产数据，这就成了ISP事业计划。图2-4所示是某公司某年度的ISP事业计划（节选）。

某公司某年度的ISP事业计划　　　　　　　　　　　　单位：千台

			上年度	4月	5月	6月	……	次年1月	2月	3月	10月至次年3月	本年度
	生产体制			11h*2/3	11h*2/3	11h*2/3	……	11h*2/3	11h*2/3	11h*2/3		
	稼动日			30	30	30	……	22	28	30	150	302
第1线	A产品	a型号 生产		144.0	151.5	149.0	……	103.5	133.5	143.5	658.0	1337.0
		a型号 销售		186.7	185.0	155.4	……	95.5	121.5	144.3	583.0	1322.0
		a型号 在库	100.0	58.3	24.0	18.4	……	103.8	115.8	115.0	115.0	115.0
		b型号 生产		14.0	6.5	9.0	……	10.5	11.5	12.5	58.0	105.0
		b型号 销售		14.0	11.5	9.0	……	10.5	11.5	12.5	58.0	110.0
		b型号 在库	10.0	10.0	5.0	5.0	……	5.0	5.0	5.0	5.0	5.0
	小计	生产		158.0	158.0	158.0	……	114.0	145.0	156.0	716.0	1442.0
		销售		199.7	196.5	164.4	……	106.0	133.0	156.8	641.0	1432.0
		在库	110.0	68.3	29.8	23.4	……	108.8	120.8	120.0	120.0	120.0

图2-4　某公司某年度的ISP事业计划（节选）

在ISP事业计划制订好之后，企业战略管理部门将其上报至总经办，经过批准后下发至各职能部门，各职能部门将依此来预测本部门下一年度各项指标的目标数据。

（4）第四步，各职能部门根据本部门的上年度经营指标总结、本年度ISP事业计划及公司成本总体要求，来测算本部门下年度的经营目标。

各部门在测算时所采用的方法与公司的测算方法相同，必须先对本部门上一年度的经营结果进行仔细分析（见图2-5），再根据分析结果，预测本部门下一年度的成本上升项和成本节约项，以及各自的具体数据，最终完成部门的经营目标测算。将该测算结果与公司下发的经营目标进行对比，确认是否可以达成，如果不能达成，需要再次设定成本节约项和节约的成本，直至能够达成公司下发的经营目标，如图2-6所示。当然，这些一定要建立在具体项目上，并且是可达成的。

XX年度XX公司诸经费实绩管理表（XX部门）

单位：千台、元

月	4月		5月		……	次年2月		次年3月		年度合计	
生产量	145 228		92 990		……	123 266		119 138		480 622	
销售量	60 208		209 599		……	139 599		376 270		785 676	
动力费	0	0.0	0	0.0	……	0	0.0	0	0.0	-	0.0
运输保管费	608	0.0	0	0.0	……	0	0.0	0	0.0	6 196	0.0
检定费	0	0.0	0	0.0	……	0	0.0	0	0.0	-	0.0
差旅费	1 708	0.0	2 873	0.0	……	7 556	0.1	6 447	0.1	146 805	0.1
通信费	600	0.0	600	0.0	……	1 000	0.0	1 100	0.0	12 678	0.0
物料消耗	17 020	0.1	5 237	0.1	……	(1 153)	-0.0	12 702	0.1	62 900	0.0
低值易耗品	1 062 489	7.3	766 130	8.2	……	1 096 109	8.9	1 093 059	9.2	14 761 372	9.2
交际费	0	0.0	0	0.0	……	0	0.0	0	0.0	-	0.0
会议费	0	0.0	0	0.0	……	0	0.0	0	0.0	-	0.0
研究费	11 764	0.1	168	0.0	……	13 232	0.1	0	0.0	36 175	0.0
技术支援费	0	0.0	0	0.0	……	29 095	0.2	231 262	1.9	435 078	0.3
间接材料费	285 765	2.0	284 210	3.1	……	325 495	2.6	261 353	2.2	3 454 070	2.2
修理费	0	0.0	0	0.0	……	15 300	0.1	42 171	0.4	89 938	0.1
保险费	0	0.0	0	0.0	……	15 599	0.1	15 599	0.1	124 789	0.1
支付手续费	0	0.0	0	0.0	……	0	0.0	800	0.0	16 250	0.0
杂费	0	0.0	0	0.0	……	0	0.0	0	0.0	-	0.0
租金	46 820	0.3	10 000	0.1	……	48 233	0.4	48 233	0.4	524 908	0.3
合计	1 426 774	10	1 069 218	11.5	……	1 550 466	12.6	1 712 725	14.4	19 671 160	12.3
单台费用（生产量比）	10		11.5		……	12.6		14.4		12.3	
单台费用（销售量比）	24		5.1		……	11.1		4.6		13.8	

图2-5　职能部门总结分析本部门上一年度的经营结果（节选）

当然，图2-6所示内容只是一个结果的总结，这些数据到底是怎么来的？是企业管理者拍着脑袋决定的？还是经过详细的测算得来的？

XX年度　XX工厂制造诸经费分析

图 2-6　职能部门测算本部门年度经营成本

大家一定要切记，事业计划中的数据都是经过严格的计算得出的。

在制定预算时，先要将所有产生费用的项目列出，并列出这些项目的成本现状，然后对这些项目逐个进行研讨，讨论采用什么方案可以降低其成本。在讨论的过程中，要将所有可能降低成本的方案列出，再根据这些方案研讨可降低的成本。

图 2-7 所示是某公司采用该方法对人工费用进行研讨的结果。

部门	XX工厂	生产线	上年度每班人数	项目号	活动项目	活动内容	单项减少数	合计减少数	难易度	每班人数
××部门		车间1	班组1　24	A-1	粗/精加工段指导员各削减1人	指导员能力向上，业务整合	-2	-2	a	22
			班组2　35	A-2	粗加工指导员削减1人	指导员能力向上，业务整合	-1	-1	a	34
		车间2	班组1　30	A-3	粗加工指导员削减1人	指导员能力向上，业务整合	-1		a	29
			班组2　35	A-4	粗加工指导员削减1人	指导员能力向上，业务整合	-1	-3	a	32
				A-5	U/L轴钻小油孔机，削减1人	能力富裕，（备用机）停机处理	-1		a	
				A-6	磷化机作业人员合并，削减1人	作业人员能力向上	-1		a	
		车间3	班组1　9							9
			班组2　10							10
			班组3　8							8
			班组4　7							7
		车间4	班组1　20	A-7	辊光机作业人员削减1人	能力富裕（备用机停机）	-1	-1	b	19
			班组2　6							6
			班组3　18							18
			班组4　17	A-8	抛光机作业人员削减1人	业务整合	-1	-1	b	16
		共通	××室　4							4
			××部　31	A-9	翻译削减1人	业务整合	-1	-1	a	30
			技术小组　10	A-10	气缸技术小组人员削减1人	技术小组人员能力向上	-1	-3	a	7
				A-11	曲轴技术小组人员削减1人	技术小组人员能力向上	-1		a	
				A-12	轴承技术小组人员削减1人	技术小组人员能力向上	-1		a	
			小计　264					小计　-13		212

图 2-7　某公司采用该方法对人工费用进行研讨的结果

在制定部门年度经营目标时，要仔细认真、严谨合理；同时，制定的部门年度经营目标要有挑战性，不能过于随意和简单。这里有三个细节要注意。

① 在制定部门年度经营目标时，一定要严谨、认真，要将成本项目一个一个地仔细测算，切忌盲目拍脑袋决定，如若不然，只能是自己给自己"挖坑"。很多人在制定部门年度经营目标时，往往是简单地根据部门上一年度的经营业绩与经营成本，粗略地计算下一年度需要开展的一些重点事项所产生的成本及收益，两者相加得出一个数据，再与公司的年度经营目标对比，如果能达成，就按照公司的年度经营目标报上去，既达成了公司的目标，又满足了自己的要求，两全其美。结果等到后期实施时，这个没考虑到，那个没考虑到，最后很多事情不能开展。因此，在制定部门年度经营目标时一定要仔细、认真、全面。

② 制定的部门年度经营目标要有一定的挑战性，切忌给自己留太多的余地。绝大部分经理人在制定部门年度经营目标时，总担心自己最终达不到，影响自己的评价和考核，所以就在制定部门年度经营目标时，给自己留有较大的余地，有些目标甚至不需要太多努力就能达成。采取这种方法在他们看来既是对公司的负责，又是对个人的保护，何乐而不为？乍一听貌似很有道理，但笔者认为这不仅是对公司的不负责，也是对自己的不负责。一方面，人是有惰性的，尤其是经理人，公司不是他自己的，当然不会像老板一样将全部心思都放在公司上。当自己的目标较低时，他们自然就不会挖空心思地考虑如何把工作做好，自己也就不会有太大的成长和进步。另一方面，领导人是一面旗帜，有什么样的领导人，就有什么样的员工。领导人一旦有了这样的想法，下面的员工就会无限地放大这一想法，最终导致整个部门的员工都在浑浑噩噩地混日子，时间久了，部门问题就会越来越多，积重难返。

③ 制定的部门年度经营目标一般要比公司的年度经营目标更严苛一些。比如，公司要求成本下降5%，那么作为部门，一定要降低得更多。如果设定的部门年度经营目标与公司要求的一致，虽然在设定时进行了严格的测算和计划，但是毕竟是预测和事前计划，后期经营中一旦出现些许变化，就很难完成目标。所以，如果公司的要求为成本下降5%，则部门至少要达到成本下降6%才行。

（5）第五步，各部门在制定完本部门的年度经营目标后，将其交给公司事业计划管理部门进行汇总、统计、分析，确保能够达成公司的战略。如果出现将各部门的年度经营目标汇总后还不能达成公司的年度经营目标的情况，就需要确认哪些项目不能达成及其为什么不能达成，然后再让相关部门重新设定年度经营目标。如果确实由于客观原因，难以达成公司的年度经营目标，那么可以考虑在其他方面追加节约项目。这一过程需要公司和各部门从上至下，再由下至上地反复沟通、调整、测算，直至能够达成公司的年度经营目标。当然，在这一过程中，也需要对未来一年内事业计划达成的风险成本进行预测，如图 2-8 所示。该部分产生的成本应该在制定年度经营目标时考虑进去。

经过多轮讨论和测算，终于完成了年度经营目标的设定。之所以把这个过程讲得这么详细，就是要告诉大家"魔鬼存在细节中"，如果这项工作做不细致，那么做出来的结果就没什么意义。另外，经过对国内众多企业的观察，笔者发现大部分企业的事业计划到这里就算完成了。到现在为止，事业计划真的完成了吗？当然不是，这仅仅完成了一小部分，还有很多的工作要做，大家跟着我的思路一起往下探索吧。

产品	减少台数（台）	销售金额（元）	材料费（元）	其他比例费（元）	限界利益（元）	变动人件费（元）	变动诸经定费（元）	变动固定费（元）	NET 限界利益（元）
					风险成本				
A	-12	-3 929.33	-2 510.02	-157.18	-1 262.13	-201.14	-91.24	-292.39	-969.74
B	-87	-30 806.86	-26 469.96	-1 232.16	-3 104.74	-1 086.87	-493.03	-1 579.89	-1 524.85
C	-6	-4 354.87	-3 153.34	-348.36	-853.17	-165.06	-74.87	-239.93	-613.24
D	-72	-41 733.90	-30 096.77	-2 922.06	-8 715.06	-2 432.81	-1 103.58	-3 536.40	-5 178.67
E	-2	-2 283.01	-1 729.47	150.80	-393.57	-57.04	-25.87	-82.91	-310.82
合计	-179	-83 107.97	-63 959.56	-4 819.56	-14 328.83	-3 942.92	-1 788.59	-5 731.52	-8 597.32

图 2-8　事业计划风险成本预测（节选）

2.3.2　制定公司及部门的年度经营战略

完成了年度经营目标的设定，仅仅完成了事业计划的 30%左右。如果只到这里，那么事业计划仅仅是一堆空洞的数字而已。面对这么一堆乏味的数字，在后期的实施中，怎么来实现它？那就需要做好相应的实施计划，并且这个计划同样要细致，还要分解到相应的月度和部门。这就是我们常说的"凡事预则立，不预则废"。接下来就需要制订相应的实施计划，这同样是事业计划的一个重要组成部分，既是对未来一年工作的指导，也是未来一年工作的核心。

（1）第一步，制定公司年度经营战略。

经过对上一年度经营指标的总结、分析，加上对本年度经营目标的测算和制定，公司管理者已经清楚地知道了本年度的重点工作内容和需要攻克的难题。另外，公司管理者再结合公司中长期战略规划，对这些内容进行提炼、总结，就可以形成公司本年度的经营战略，如图 2-9、图 2-10、图 2-11 所示。

在制定公司年度经营战略时，一定要言之有物，并且必须与公司的长期战略规划保持一致，还要对上一年度经营管理过程中暴露出来的问题提出相应的措施，切不可全是空话、套话，也不可只是为了制定而制定。

（2）第二步，各部门制定部门年度经营战略。

除了公司要制定年度经营战略，各部门也要制定年度经营战略。在部门年度经营战略中，不但要有响应公司年度经营战略的重点工作内容，还要有目标和工作计划，如图 2-12、图 2-13 所示。

项目	内容		成长 2018年（1—12月）	投资金额（万元）	挑战 2019年（1—12月）	投资金额（万元）	盈利实现 2020年（1—12月）	投资金额（万元）
销售			250万台/年		300万台/年		400万台/年	
生产体制	生产能力		1、a系列17万台/月（187万台/年） 2、b系列13万台/月（143万台/年） 3、c系列10万台/月（ 66万台/年）	330万台/年	1、a系列17万台/月（187万台/年） 2、b系列13万台/月（143万台/年） 3、c系列10万台/月（ 110万台/年） 4、d新产品7万台/月（70万台/年）	400万台/年	1、a系列17万台/月（187万台/年） 2、b系列13万台/月（143万台/年） 3、c系列10万台/月（110万台/年） 4、d新产品11万台/月（120万台/年）	450万台/年
	生产对应		稼动向上，设备故障时间削减 单元化活动开展，OEE提升	348	稼动向上，设备故障时间削减 单元化活动开展，OEE提升		稼动向上，设备故障时间削减 单元化活动开展，OEE提升	
	第三线检讨		企划、设计		导入 → 量产	513		3000
新品开发	B产品		计划 → 量产	35				
	C产品				计划 → 量产	57		
	D产品				计划 → 量产	43		
固定费削减	直接人件费	16.0元/台	作业合理化 基准变更、省人化、合理化 → 17.7元/台	41	作业合理化 基准变更、省人化、合理化 → 15.93元/台	30	作业合理化 基准变更、省人化、合理化 → 14.33元/台	30
	间接人件费	18.10元/台	业务工数整理 工作效率向上 → 14.6元/台		业务工数整理 工作效率向上 → 13.14元/台		业务工数整理 工作效率向上 → 11.83元/台	
	动力费	7.70元/台	使用量削减 节能设备导入 → 6.10元/台	64	使用量削减 节能设备导入 → 5.49元/台	50	使用量削减 节能设备导入 → 4.94元/台	50
	间接材料费	4.20元/台	使用量削减 采购优化，购入价格降低 → 3.90元/台		使用量削减 采购优化，购入价格降低 → 3.51元/台		使用量削减 采购优化，购入价格降低 → 3.16元/台	
	工具费	9.00元/台	寿命向上、合理化 采购优化，购入价格降低 → 8.10元/台		寿命向上、合理化 采购优化，购入价格降低 → 7.29元/台		寿命向上、合理化 采购优化，购入价格降低 → 6.56元/台	
	其他	75.00元/台	品质不良削减 CB活动开展 → 61.8元/台		品质不良削减 CB活动开展 → 55.94元/台		品质不良削减 CB活动开展 → 50.35元/台	
	综合	130.00元/台	成本下降14% → 112.5元/台		成本下降10% → 101.3元/台		成本下降10% → 91.17元/台	
其他投资（现场环境、安全、质量）				229				
设备投资合计				488		693		3080

图 2-9　公司年度经营战略（节选）

某公司年度经营战略的重点内容（1）

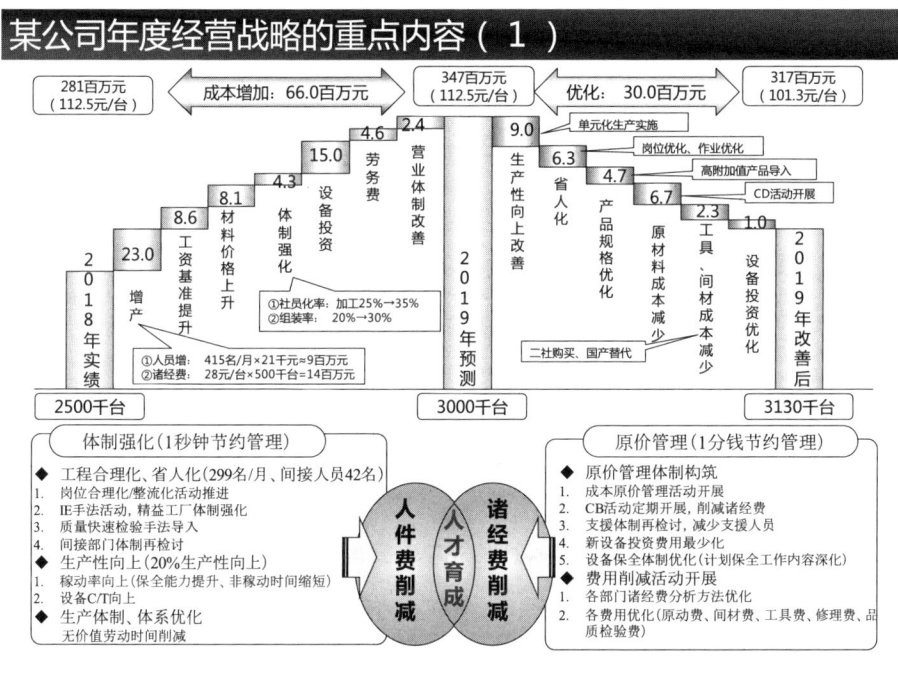

281百万元（112.5元/台） ← 成本增加：66.0百万元 → 347百万元（112.5元/台） ← 优化：30.0 百万元 → 317百万元（101.3元/台）

阶梯图数据：
- 2018年实绩：2500千台
- 增产 23.0
- 工资基准提升 8.6
- 材料价格上升 8.1
- 体制强化 4.3
- 设备投资 15.0
- 劳务费 4.6
- 营业体制改善 2.4
- 2019年预测：3000千台
- 生产性向上改善 9.0
- 省人化 6.3
- 产品规格优化 4.7
- 原材料成本减少 6.7
- 工具、间材成本减少 2.3
- 设备投资优化 1.0
- 2019年改善后：3130千台

标注：
- 单元化生产实施
- 岗位优化、作业优化
- 高附加值产品导入
- CD活动开展
- 二社购买、国产替代
- ①社员化率：加工25%→35%　②组装率：20%→30%
- ①人员增：415名/月×21千元≈9百万元　②诸经费：28元/台×500千台=14百万元

人件费削减 / 人才育成 / 诸经费削减

体制强化（1秒钟节约管理）
◆ 工程合理化、省人化（299名/月、间接人员42名）
1. 岗位合理化/整流化活动推进
2. IE手法活动，精益工厂体制强化
3. 质量快速检验手法导入
4. 间接部门体制再检讨
◆ 生产性向上（20%生产性向上）
1. 稼动率向上（保全能力提升、非稼动时间缩短）
2. 设备C/T向上
◆ 生产体制、体系优化
　无价值劳动时间削减

原价管理（1分钱节约管理）
◆ 原价管理体制构筑
1. 成本原价管理活动开展
2. CB活动定期开展，削减诸经费
3. 支援体制再检讨，减少支援人员
4. 新设备投资费用最少化
5. 设备保全体制优化（计划保全工作内容深化）
◆ 费用削减活动开展
1. 各部门诸经费分析方法优化
2. 各费用优化（原费费、间材费、工具费、修理费、品质检验费）

图2-10　某公司年度经营战略的重要内容（1）

某公司年度经营战略的重点内容（2）

1. 高利润产品导入及畅销产品增产

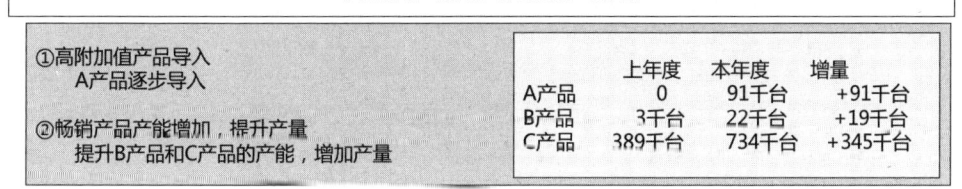

①高附加值产品导入
　A产品逐步导入
②畅销产品产能增加，提升产量
　提升B产品和C产品的产能，增加产量

	上年度	本年度	增量
A产品	0	91千台	+91千台
B产品	3千台	22千台	+19千台
C产品	389千台	734千台	+345千台

2. 增强公司经营管理体制

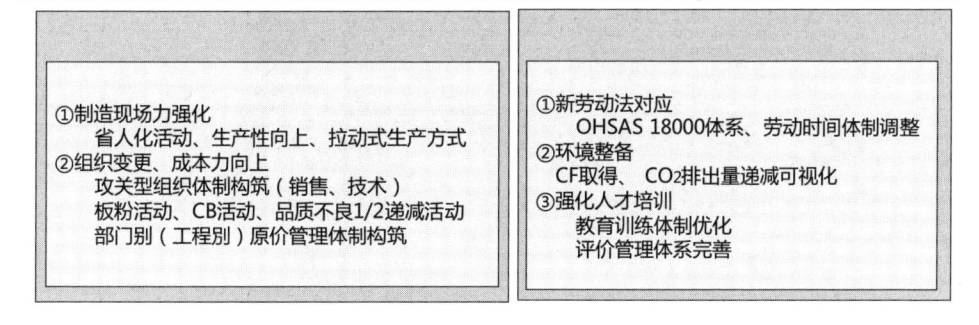

①制造现场力强化
　省人化活动、生产性向上、拉动式生产方式
②组织变更、成本力向上
　攻关型组织体制构筑（销售、技术）
　板粉活动、CB活动、品质不良1/2递减活动
　部门别（工程别）原价管理体制构筑

①新劳动法对应
　OHSAS 18000体系、劳动时间体制调整
②环境整备
　CF取得、CO_2排出量递减可视化
③强化人才培训
　教育训练体制优化
　评价管理体系完善

图2-11　某公司年度经营战略的重要内容（2）

某部门的年度经营战略

【以安全、实惠、最短纳期的产品满足客户高品位的需求】

让客户感动、让员工安心、制造力No.1的制造工厂

S — Q — C — D — M

制品安全及过程改进

- **流出不良的防止**
  - 流出不良再发防止体系的完善及再构筑
  - 流出不良模拟再现性体制导入
  - 变化点的对应标准化

- **过程不良的递减和改善**
  - 以三大不良为轴心开展持续递减活动
  - 与品管部携手开展消除最终品质过剩及优化过程品质活动
  - 开展品质体系运行有效性的定期检查（持续改进）

安全环境及自我实现

- **无灾害职场的建立**
  - 新员工三级安全教育及全员自我安全意识的教育
  - OHSAS 18000体系的维护
  - 设备物理安全强化（TPM）

- **个人自我实现平台的建立**
  - 自主经营方式的导入
  - 个人技能竞赛开展

- **学习型组织环境的营造**
  - 管理知识的OJT及OFFJT
  - 专业技能的摸底调查并提出对策

生产革新及生产性向上

- **单元化活动的课题化**
  - 以提高稼动率为开展活动的基点，对非稼动时间进行分析
  - 以提高生产性为途径降低单台人件费
  - 以三定管理及提高线format保持平衡为方向，降低在制品/消耗品/间接材料的库存

- **原价管理的推进**
  - 借鉴对品质三大不良的控制方法，对三大费用进行改善
  - 全员经营成本意识的建立
  - CB活动激励机制的导入

工厂"利润化"经营的实现

图2-12　某部门的年度经营战略（节选）

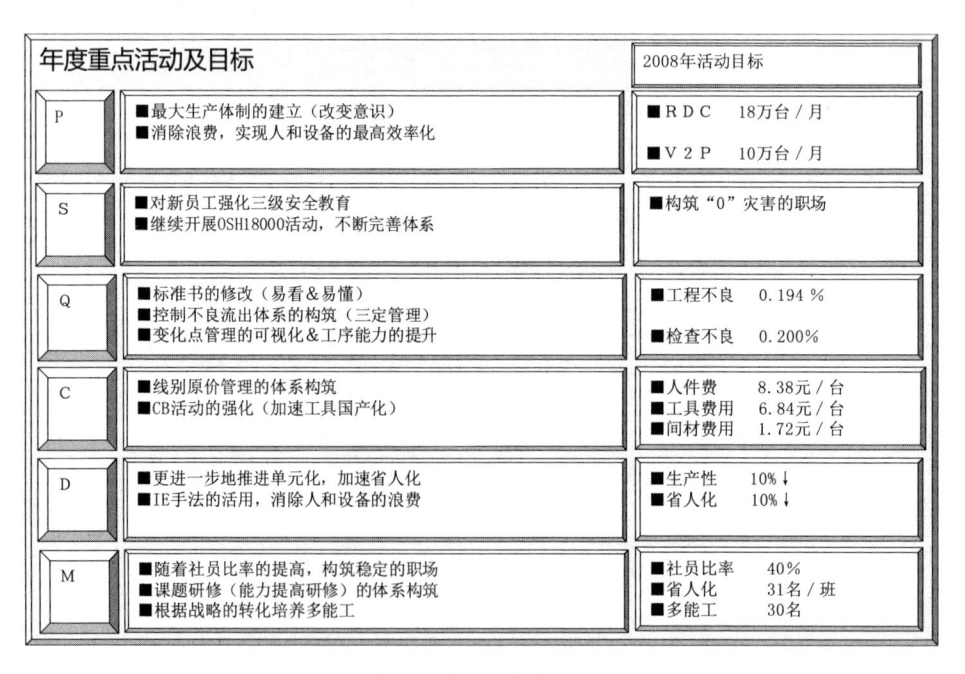

年度重点活动及目标		2008年活动目标
P	■最大生产体制的建立（改变意识） ■消除浪费，实现人和设备的最高效率化	■RDC　18万台/月 ■V2P　10万台/月
S	■对新员工强化三级安全教育 ■继续开展OSH18000活动，不断完善体系	■构筑"0"灾害的职场
Q	■标准书的修改（易看&易懂） ■控制不良流出体系的构筑（三定管理） ■变化点管理的可视化&工序能力的提升	■工程不良　0.194% ■检查不良　0.200%
C	■线别原价管理的体系构筑 ■CB活动的强化（加速工具国产化）	■人件费　8.38元/台 ■工具费用　6.84元/台 ■间材费用　1.72元/台
D	■更进一步地推进单元化，加速省人化 ■IE手法的活用，消除人和设备的浪费	■生产性　10%↓ ■省人化　10%↓
M	■随着社员比率的提高，构筑稳定的职场 ■课题研修（能力提高研修）的体系构筑 ■根据战略的转化培养多能工	■社员比率　40% ■省人化　31名/班 ■多能工　30名

图2-13　部门年度经营战略案例（节选）

该项工作主要有两个目的：其一，明确本部门的重点工作方向和工作内容，为年度工作起到指引作用；其二，通过制定部门年度经营战略，培养部门管理人员的经营管理能力，这同样也是人才培养的一部分。

在年度经营目标制定阶段，乐观地说，70%以上的公司可能都制定了年度经营目标，但是到了年度经营战略制定阶段，从笔者多年的企业服务经验来看，制定部门年度经营战略的公司不足40%，包含一些比较出名的上市龙头企业。这或许就是优秀企业与普通企业的差距之一吧。

2.3.3 制订各部门具体工作计划

在部门年度经营战略制定好之后，事业计划的编写还没有结束，因为经营战略只是一个工作的方向，要达成经营战略所包含的内容，还需要制订相应的工作计划。

制订工作计划的目的，一方面是要在后期的工作中，按照此计划开展具体的工作；另一方面是实现之前所制定的年度经营目标。在制订工作计划时，一定要细致、认真、严谨。

在制订工作计划时，要注意以下几个方面。

第一，各工作模块都要制订各自的工作计划，如制造部门的工作计划需要包含生产效率提升计划或生产性向上工作计划、产能提升工作计划（必要时）、质量管理提升工作计划、成本管理工作计划、设备管理工作计划、现场 5S 及环境管理工作计划、安全管理工作计划、人员教育培训工作计划等。

第二，工作计划的内容要具体、明确、完整，用词上不能模棱两可。工作计划要言之有物，且能切实执行。

第三，每项工作的指标数据要清晰（尤其是有具体目标的工作），并且要将所有的指标数据按照每个月的 ISP 数量分解到具体的月份，最终的结果是要能够完成目标。

第四，要把每项工作内容安排到具体的时间点，还要安排好具体执行人和责任人等。

第五，在工作计划制订之后，要经过各级人员签字确认，形成最终的确定版本。

工作计划示例如图 2-14、图 2-15 所示。

单位：千元

项目	活动内容	2019年/1月 计划	实绩	2月 计划	实绩	…… 计划	实绩	11月 计划	实绩	12月 计划	实绩	责任人
寿命提升	一线—YNC绞刀、滚刀工具寿命提升	3.0		2.8		……		2.5		2.8		xxx
工艺改善	一线—NC刀片工艺改善	1.7		1.6		……		1.4		1.6		xxx
寿命提升	一线—毛刷杜绝异常，减少消耗	2.5		2.3		……		2.0		2.3		xxx
国产化开发	二线—YNC直钻类工具国产化	1.6		1.5		……		1.3		1.5		xxx
国产化开发	三线—特殊铣刀国产化及工艺改善	5.2		5.4		……		5.0		5.6		xxx
多供应商开发	三线—砂轮多供应商开发及寿命提升	4.2		3.8		……		3.3		3.8		xxx
多供应商开发	三线—NC刀片多供应商开发	2.8		2.4		……		2.1		2.4		xxx
多供应商开发	四线—内研砂轮多供应商开发	3.3		3.0		……		2.6		3.0		xxx
国产化开发	五线—槽研砂轮国产化及基体回收	2.5		2.3		……		2.6		4.1		xxx
工艺改善	五线—NC刀片加工工艺改善	0.7		0.6		……		0.7		1.1		xxx
工艺改善	六线—中轴刀片、刀杆工艺改善	5.7		5.1		……		6.0		6.1		xxx
国产化开发	六线—偏心磨测头、测杆国产化	3.4		3.1		……		3.6		5.7		xxx
国产化开发	七线—衍磨石国产化及寿命提升	1.0		0.9		……		1.0		1.6		xxx
多供应商开发	七线—NC内径刀片多供应商开发	0.4		0.4		……		0.4		0.7		xxx
国产化开发	八线—特殊铣刀国产化及工艺改善	4.9		4.4		……		5.2		9.8		xxx
寿命提升	八线—KVD砂轮寿命提升	1.9		1.7		……		1.9		3.1		xxx
国产化开发	八线—衍磨石国产化及寿命提升	1.2		1.1		……		1.3		2.0		xxx
寿命提升	九线—抛光带寿命提升	0.6		0.5		……		0.6		1.0		xxx
寿命提升	十线—KVD砂轮寿命提升	3.2		2.8		……		3.4		6.0		xxx

图2-14　XX部门2019年工器具费用削减工作计划（节选）

序号	活动内容	参加者	2019年 1 2 3 4 5 6 7 8 9 10 11 12	责任者
1	●以QC活动为中心，进行三大仕损不良减少活动	全体	├────────────────┤	指导员以上
2	●员工品质教育工作有效化，增加品质案例分析教育，加强全员品质意识	全体	├────────────────┤	指导员以上
3	●品质交流制度推行 ☆由品管、机加工组立和马达部共同分析引起用户不良的原因，制定对策并在现场确认； ☆加强机加工一、二部的品质交流	经理、主管、线长、品质负责人、班长、指导员	├────────────────┤	经理、主管
4	●品质保证标准完善 ☆各线重新确认并完善标准书； ☆建立较完善的返修体系；现场使用最新的返修作业标准书，明确返修置场、返修资格人，使返修具有较强的可追溯性	全体	├────────────────┤	经理、主管
5	●每周召开一次机加工品质会，讨论机加工品质问题	班长、线长、指导员等	├────────────────┤	主管、线长
6	●开展品质向上提案活动，由被动式改为主动式	指导员、班长	├────────────────┤	线长
7	●进一步完善和加强品质监督体制，确保基本点的切实遵守 ☆加强生产现场巡检，对作业标准书的遵守情况进行现场监察； ☆严格填写各种品质数据； ☆实行品质责任奖惩制度	指导员、班长	├────────────────┤	线长
8	●品质状况透明度提升 ☆做成能反映生产线品质状况的推移资料和宣传教育资料； ☆每天准确填写现场的品质状况看板，并利用早晚会公布品质情况	指导员、班长	├────────────────┤	主管、线长

图2-15　XX部门2019年产品质量提升工作计划（节选）

在经营战略、经营目标及其对应的工作计划被制定完成，且经过各层级人员签批之后，事业计划的编制工作就基本上完成了。

至此，我们可以看到事业计划的全貌，其包含了公司年度经营战略、公司年度经营目标、公司经营计划、部门年度经营战略、部门年度经营目标、部门工作计划，这些综合在一起就形成了事业计划。

2.4 事业计划发布

只编制完事业计划是不够的，事业计划是由部分管理人员编制的，如果在编制完事业计划后就结束工作，其余工作人员就会不清楚公司及部门的工作战略、主要工作事项。长此以往，很可能大部分人就会将其束之高阁，再也不闻不问，导致事业计划成了一份死的文件。

所以在编制完事业计划后，还要进行事业计划的发布。通常，事业计划的发布分几个层次进行，分别是公司级、工厂级和部门级。发布事业计划主要有两个方面的目的。其一是广而告之，让公司所有员工都能清楚地知道工作的方向和重点内容。"上下同欲者胜"，企业中所有人员都能清楚地知道工作的方向和重点内容，才能齐心协力，劲儿往一处使，最终取得事业的成功。其二是所有人员在清楚地知道了工作的方向和重点内容后，以便在以后的工作过程中相互监督执行。

对于发布事业计划这件事，不同的公司可能有不同的理解。笔者在为企业服务过程中，发现很多企业的信息透明度非常低。比如，笔者所服务过的一家大型企业，下属几个工厂的厂长竟然没有权限知道自己所管理的工厂的经营数据，甚至连自己工厂的成本构成也不清楚。一个工厂管理者知道的信息可能比竞争对手知道的信息还要少，真是不可思议。如果工厂管理者不知道工厂的经营状况，也不知道工厂的成本构成，那么他的工作重点在哪里？没有了工作重点，如果这位工厂管理者是一位积极的管理者，他可能会根据自己的主观判断去做，最后努力的结果很有可能与公司的战略目标出现偏差，使得之前的努力付之东流；如果这位工厂管理者是一位较为被动的管理者，那么只会有一个结果，那就是领导让干什么就干什么，这样的管理者像一只陀螺，拨一下，动一下，其所在的组织也没有什么活力可言。无论是哪种情况，最后的结果只有两种：一种是企业管理者认为员工不够积极主动，不能为公司排忧解难；另一种是员工没有参与感，同时也没有归属感和认同感,"人在曹营心在汉",人浮于事,得过且过。

关于信息保密这一点,笔者认为随着科技的发展、市场的发展和信息交流的便捷程度的提升,一般的企业要想做到完全保密很难。如今,大部分资源都可以在市场上获得,如技术可以从市场上获得、资金可以从市场上获得、人才可以从市场上获得,所以企业想靠数据不透明这种手段来保密是很难奏效的。既然不能奏效,那么企业就应该把格局打开,让员工有参与感、归属感,从而更好地为企业服务,让管理更高效,让结果更理想,这或许是更好的选择。

2.5 事业计划的应用及管理

编制事业计划是为了应用,如果事业计划得不到应用就是废纸一张。那么,事业计划被应用于哪些方面?如何应用?

企业中的所有问题都是管理问题,事业计划的应用也是需要进行管理的,如果不管理,其应用效果一定不会太理想。

2.5.1 事业计划的应用

从前面的介绍可以知道,事业计划包括公司和部门的年度经营战略、年度经营目标和年度工作计划。

年度经营战略主要是用来指引年度工作方向的。因此,它的主要作用有两个方面:其一是为制订年度工作计划做指引;其二是在日常工作过程中,检验所有管理工作及活动是否与自身相契合。

在日常工作时,事业计划的应用主要是应用其年度工作计划和年度经营目标。年度工作计划是全年工作的整体计划,在日常管理过程中,企业每个月还要根据年度工作计划,制订详细的月度工作计划。下面主要介绍年度经营目标的应用。

年度经营目标主要应用在两个方面:一方面是在每个月做出生产、采购及销售裁决时;另一方面是在每个月进行经营分析总结时。下面分别来介绍其应用的场景。

（1）应用场景一：采购金额控制。

该部分内容以公司采购物资时的签批和裁决方法为例进行说明。

很多公司在进行采购金额控制时靠财务总监或者总经理一个人来完成，这样的控制不但工作量大，而且使管理人员与现场的实际情况脱离，一方面很难准确确认，另一方面随时都需要签字审批，工作繁复，效率低，很难实现有效管理和高效运作。

那么，有没有好的方法来解决这个问题呢？要解决这个问题，我们一定得先弄清楚每个岗位的工作职责是什么。假设每家公司的这项工作涉及以下部门及人员：具体部门（材料专员、部门经理）、采购部（采购专员）、工厂（厂长）、财务部（财务专员、财务总监）、总经办（总经理）。如果公司没有这么多的层级，大家可以酌情删减。在这项工作中各部门的职责及负责内容如图2-16所示。

假设每个人的职责和负责内容都是正确的，我们来看看案例中的财务总监、总经理的工作方法是否合适和正确。比如，财务总监和总经理在审批时觉得一种物料不该买就不予审批，这种管理方法正确吗？每种物料该买不该买，应由哪个部门负责？首先，这是各部门的责任，部门经理应该进行控制。其次，厂长管理工厂的经营，当然也应该管理。最后，财务总监和总经理要不要管理？从职责上来说，他们要对公司的经营业绩，尤其是财务业绩负责，所以管理是必要的。他们应该采取什么管理方法呢？需要一条条去核对吗？如果这样管理，那就等于做了部门经理和工厂厂长的工作，属于重复工作，也偏离了他们的职责，所以管理方法有待改进。

部门	人员	职责	负责内容
具体部门	材料专员	负责材料的管理、订购	提交物料采购申请
	部门经理	负责部门的经营	确认申请内容的合理性，确认部门经营目标可否达成
采购部	采购专员	物资采购价格确认、下单	询价、比价、下单
工厂	厂长	工厂经营管理	工厂经营绩效确认
财务部	财务专员	账务管理	核对单件、金额
	财务总监	公司财务管理	公司财务支出确认
总经办	总经理	公司经营管理	公司经营及业绩保障

图2-16　公司各级管理人员在采购金额控制中的职责和负责内容

财务总监、总经理怎样做才能提高审批效率,让这项工作高效地进行呢?

这个时候,事业计划就派上用场了。企业在年初已经制订了详细的事业计划,并且对事业计划进行了反复的讨论和确认,所以财务总监和总经理在审批物料采购申请时,利用事业计划就可以完美地解决这一问题。

接下来我们看一家外资企业处理这项工作的方法。图 2-17 所示是一家外资企业的物料采购审批流程(该案例只重点介绍事业计划在物料采购中的作用,所以并未列明如何定价、询价等,此部分内容将在供应链管理中说明)。

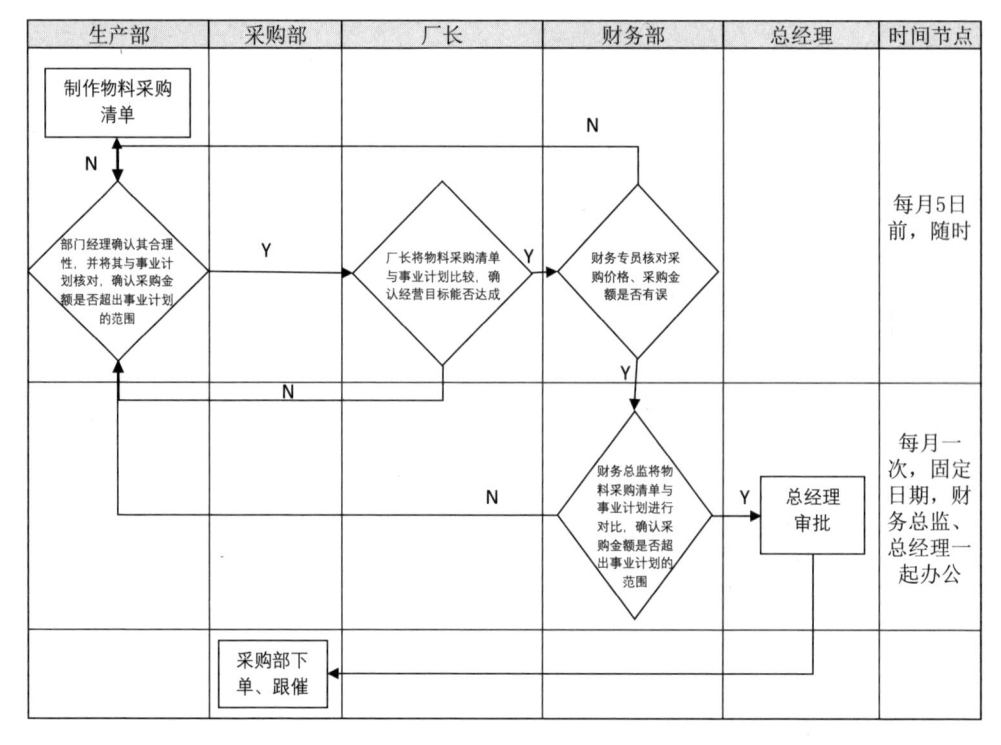

生产部	采购部	厂长	财务部	总经理	时间节点
制作物料采购清单 → 部门经理确认其合理性,并将其与事业计划核对,确认采购金额是否超出事业计划的范围 (N循环)	Y →	厂长将物料采购清单与事业经营目标比较,确认经营目标能否达成 Y→ N↓	财务专员核对采购价格、采购金额是否有误 N↑ Y↓ 财务总监将物料采购清单与事业计划进行对比,确认采购金额是否超出事业计划的范围 N↓ Y→	总经理审批	每月5日前,随时 每月一次,固定日期,财务总监、总经理一起办公
	采购部下单、跟催 ←				

图 2-17 一家外资企业的物料采购审批流程

在采购物料时,由工作人员制作的物料采购清单、采购金额与事业计划的对比推移表如图 2-18、图 2-19 所示。具体负责人员将物料采购清单交由部门经理进行审核、确认。部门经理在审核时,首先要确认采购物品的必要性,然后要确认采购金额是否超出事业计划的范围。

XX部门工治具订购表

物料号	部品名	型号	机种	单价(元)	上月月底实际在库	本月到货量	到货金额(元)	本月消耗量	消耗金额(元)	在库金额(元)	实际在库	安全在库量	未到数量 4月订购	未到数量 5月订购	未到数量 6月订购	7月产量	7月订购量计算	7月订购量预计	7月订购金额(元)
A1070	刀杆	DSSNL2525M12	R	515.63	10	0	0.00	3	1546.89	5156.30	10	9				175000	1.8	2	1031.26
A0270	刀片	WNMG060408HQ	R	21.73	77	427	9278.71	334	7257.82	3694.10	170	1575			173	175000	291.7	400	8692.00
A0821	刀片	SNMG120408-U5115	R	20.45	0	2500	51125.00	1035	21165.75	65440.00	3200	3150				175000	437.5	1000	20450.00
A0130	刀杆	S25R-PWLNL06-32	R	1200.00	10	0	0.00	0	0.00	12000.00	10	9				175000	1.8	0	0.00
A0040	刀片	SVJBL2525M-11	R	298.30	1	0	0.00	1	0.00	见RCS	1	1				175000	0.6	0	0.00
A0200	刀片	VBMT110304HQ/CR7015	R	29.12	1	0	0.00	0	0.00	见RCS	1	1				175000	35.0	0	0.00
G0200	复合钻头	Φ6.4*20*Φ8*150	R	377.16	12	0	0.00	2	754.32	3771.60	10	3				175000	4.2	2	754.32
G0190	复合钻头	Φ4.2*2.5*Φ8*130	R	315.04	18	0	0.00	0	0.00	1260.16	4	4				175000	2.8	0	0.00
G0180	复合钻头	Φ4.25*11.5*Φ8*140	R	351.79	4	5	1758.95	6	2110.74	1407.16	4	4			15	175000	2.8	5	1758.95
G0150	复合钻头	Φ6.0*19.8*Φ8*175	R	450.15	8	0	0.00	1	450.15	3151.05	7	2				175000	2.8	0	0.00

图 2-18 物料采购清单

××年度××部门工治具采购金额与事业计划的对比推移表

（单位：千台、千元）

	项目	4月	5月	6月		2月	3月	年间计
事业计划	事业计划产量	117.00	121.00	121.00		219.00	274.00	2060.00
	PHAH工具费	404.60	418.10	418.10		917.50	1121.20	7424.10
	折合单台费用	3.46	3.46	3.46		4.19	4.09	3.60
	PM工具费	494.20	510.80	510.80		895.80	1121.20	8581.10
	折合单台费用	4.22	4.22	4.22		4.09	4.09	4.17
	合计	898.80	928.90	928.90		1813.30	2242.40	16005.20
	折合单台费用	7.68	7.68	7.68		8.28	8.18	7.77
实际订购	现行计划产量	92.04	161.82	191.07				1247.29
	PHAH工具费	342.58	548.39	536.76				3880.04
	折合单台费用	3.72	3.39	2.81				3.11
	PM工具费	361.60	675.23	713.63				4375.95
	折合单台费用	3.93	4.17	3.73				3.51
	合计	704.18	1223.62	1250.39		0.00	0.00	8255.99
	折合单台费用	7.65	7.56	6.54				6.62
备注								

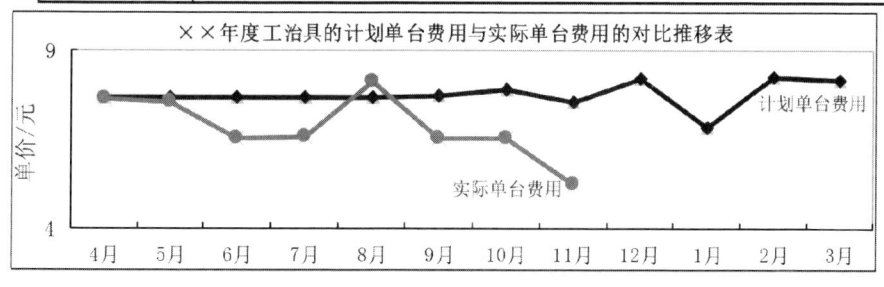

图 2-19 采购金额与事业计划的对比批移表

如果物料采购清单合理,采购金额也没有超出事业计划的范围,那么就可以将物料采购清单提交给厂长进行审核了。厂长在审核时,同样也要将其与事业计划进行对比,如果有问题,则需要部门重新制作和审核。在厂长审核完成后,财务部的财务专员再对采购价格、采购金额等进行核对,核对完成后提交财务总监进行确认。

财务总监在确认时,也需要将物料采购清单与事业计划进行对比,确认采购金额是否超出事业计划的范围,如果采购金额超出了事业计划的范围,则需要说明原因,并制订相应的金额挽回计划,如图 2-20 所示。如果采购金额没有超出事业计划的范围,则要将物料采购清单与前一个月的资金使用状况进行核对,确认采购金额是比前一个月增加了还是减少了,不仅要看采购金额,还要看单台产品的制造成本等(各公司的管理方式不同,可根据公司情况决定需要确认哪些内容)。如果采购金额增加了,或者单台产品的制造成本提高了,则需要详细说明原因并制定改善对策。财务总监在将这些都确认无误后才予以批准。财务总监在审批完成后,再交由总经理进行审批。在总经理批准后,就可以将物料采购清单交给采购部门进行采购了。

XX 年 XX 部门金额挽救计划及明细

序号	项目	机种	递减金额(元)				
			12月	1月	2月	3月	合计
1	R气缸内研砂轮使用设备导入时遗留砂轮	R	121.50	108.40	115.00	120.90	
		V1P	0.50	0.00	0.60	3.20	
		V2P	37.30	21.00	27.60	30.40	
		5KD	5.00	17.30	15.80	14.50	
		遗留数	18.00	14.96	12.25	9.38	
		使用数	3.04	2.71	2.88	3.02	
		递减金额	7147.72	6377.06	6765.34	7112.43	27402.55
2	V气缸内研砂轮使用设备导入时遗留砂轮	遗留数	7.00	3.71	1.89	0.00	
		使用数	3.29	1.83	2.45	1.89	
		递减金额	17163.11	9535.06	12804.22	9868.79	49371.17
3	V活塞内研砂轮使用设备导入时遗留砂轮	遗留数	22.00	17.79	14.26	11.23	
		使用数	4.21	3.53	3.03	2.48	
		递减金额	23209.66	19497.22	16689.44	13680.32	73076.65
4	RUB精车刀片费用递减(从2019年1月开始材料由三联的80%变为小天鹅的80%)	递减金额		13947.83	14797.05	15556.20	44301.08
5	RUB-M/C丝锥费用递减(从2019年1月开始材料由三联的80%变为小天鹅的80%)	递减金额		3960.94	4202.10	4417.69	12580.72
6	R活塞KVD砂轮试验(丹东)	递减金额		35000.00			35000.00
7	V曲轴T面砂轮国产化试验(中科)	递减金额		18042.97		18042.97	36085.94
8	V曲轴T面砂轮国产化试验(三磨)	递减金额	18042.97				18042.97
9	R曲轴无心磨粗、精砂轮二社开发(高新)	递减金额	4456.27	4456.27			8913.54
10	V上轴NC-OP1刀片型号改善	递减金额	697.28	623.97	716.83	783.63	2821.72
11	气缸KVD砂轮国产化试验(丹东、姜堰、三磨)	递减金额	26861.54	28671.8			55533.34
12	V、R抛光平面毛刷滞留品使用	递减金额	1036.56	928.19	1015.49	1073.19	4053.44
13	V气缸NC刀片使用滞留品	递减金额	5400.00				5400.00
14	各生产线工具寿命向上	递减金额	35000.00	35000.00	35000.00	35000.00	140000.00
	合计						512583.12

图 2-20 金额挽救计划

这里要特别注意的是,财务总监和总经理每个月只有固定的一天时间进行审批,其他时间不再审批。所以,在采购物料时,物料使用部门需要提前仔细、认真地核对物料采购清单,确保内容无误。在确保物料采购清单的内容无误后,还要将其与事业计划、前一个月的资金使用状况进行对比，如果采购金额超出了，就需要详细地分析原因，并制订相应的金额挽救计划（注意，采购金额超出事业计划的范围，原则上不予批准，除非有充分的理由，并且有合理的改善计划）。如若不然，财务总监和总经理则不予审批，这个月的采购将不能进行，那就会对工作造成影响。

一般遇到这种状况，部门负责人就会特别紧张，会想尽一切办法去分析、总结，并准备详尽的说明资料和改善对策，找财务总监和总经理进行特别说明。

财务总监和总经理对物料采购清单的审批看似不近情理，却有几个好处。一，这会迫使各部门负责人在制订事业计划时要仔细、认真地考虑，将事业计划制订得更加精确。二，在使用月度资金时，有依据可以参考，相关人员可以明确地知道每个月的资金使用状况。三，公司高层在审批相关费用时，有了判定依据，可以大大降低审批难度，节省工作时间。一举多得，何乐而不为呢？

这种做法对于上市公司尤为重要，可以保证经营业绩与预期的差异在可控范围内，从而减少股价的大幅波动。

（2）应用场景二：经营总结参照。

如前文所述，公司在使用所有费用时，需要按照事业计划进行，并层层进行确认和审批。这属于事前控制，事前控制并不完全与实际情况相对应，如由于供应商的供应周期、生产产量调整等，当月采购的物料有时并非在当月使用，所以采购量并非实际使用量，也有可能形成库存。同样，其他费用也会由于各种原因发生变动。真正能反映经营结果的应该是每月的实际发生金额。因此，在每个月的经营结束后，应该对实际发生金额进行详细的分析、总结，对各项指标的实际状况与事业计划进行对比分析，这样才能弄清楚当月的实际经营状况。这也是在制订事业计划时将所有目标按照产量预测分解到每个月的原因。

我们还是结合案例进行说明，某公司2019年2月的诸经费达成情况如图2-21所示。

从图2-21可以看出，尽管该公司的当月诸经费和全年诸经费均在事业计划的范围内，但是诸经费中的直接人件费和间接材料费超出了年度经营目标（图中圈出部分）。

某公司 2019 年 2 月的诸经费达成情况

(单位：千元、千台)

项目		2018年事业计划目标				2018年实绩				2018年实绩与2018年事业计划目标对比			
		费用	单台	费用累计	单台累计	费用	单台	费用累计	单台累计	当月差异	累计差异	当月达成率	累计达成率
生产	体制	1线11h*2/2 2线11h*2/2		11h*2/3		1线11h*2/3 2线11h*2/3				—			
	数量	111.40		1392.50		105.64		1879.86		(5.76)	487.36	94.83%	135.00%
人件费	直接	676.4	4.94	10525.11	7.56	699.3	6.62	10513.1	5.59	(151.71)	(839.25)	87.26%	90.19%
	间接	331.9	1.98	2553.34	1.83	255.8	2.42	2375.4	1.26	167.60	1476.43	167.23%	167.70%
	小计	1008.3	9.05	13078.45	9.39	955.1	9.04	12888.46	6.86	53.17	189.99	105.57%	101.47%
制造间接诸经费	动力费	0.0	0.00	0.00	0.00	0.0	0.00	0.00	0.00	0	0	#DIV/0!	#DIV/0!
	运输保管费	0.0	0.00	0.00	0.00	0.1	0.00	0.1	0.00	-0	-0	0.00%	0.00%
	检定费	0.0	0.00	0.00	0.00	0.0	0.00	0.0	0.00	0	0	#DIV/0!	#DIV/0!
	差旅费	15.0	0.13	183.00	0.13	1.6	0.01	251.1	0.13	13	-68	954.81%	72.87%
	通信费	0.3	0.00	3.30	0.00	0.3	0.00	3.3	0.00	0	0	100.00%	100.00%
	物料消耗	5.5	0.05	56.00	0.04	3.9	0.04	131.3	0.07	2	-75	140.16%	42.64%
	低值易耗品	1029.8	9.24	12718.68	9.13	359.8	3.41	11,187.6	5.95	670	1,531	286.22%	113.69%
	交际费	0.0	0.00	0.00	0.00	0.0	0.00	0.0	0.00	0	0	#DIV/0!	#DIV/0!
	会议费	0.0	0.00	0.00	0.00	0.0	0.00	0.0	0.00	0	0	#DIV/0!	#DIV/0!
	研究费	0.0	70.00	0.00	0.00	1.2	0.01	5.9	0.01	-1	#REF!	0.00%	#REF!
	技术支援费	0.0	0.00	338.60	0.24	46.9	0.44	917.2	0.49	-47	-579	0.00%	36.92%
	间接材料费	179.0	1.61	3281.68	2.36	285.4	2.70	2,912.9	1.55	-106	-2,912	62.72%	112.68%
	修理费	296.1	2.66	6751.06	4.85	266.8	2.52	5,755.4	3.06	29	996	111.00%	117.30%
	保险费	0.0	0.00	0.00	0.00	0.0	0.00	28.8	0.02	0	-29	#DIV/0!	0.00%
	支付手续费	0.0	0.00	0.00	0.00	0.0	0.00	0.2	0.00	0	0	#DIV/0!	0.00%
	杂费	0.0	0.00	0.00	0.00	0.0	0.00	1.2	0.00	0	-1	#DIV/0!	0.00%
	租金	45.2	0.41	527.69	0.38	47.1	0.45	513.3	0.27	-2	14	96.05%	102.80%
	小计	1570.9	14.10	23860.01	17.13	1012.9	9.59	21,711.8	11.55	558	2,148	155.08%	109.89%
其他费用	固定资产折旧	2975.2	9.97	27199.60	8.93	2975.2	9.97	30,149.0	8.93	0	-2,949	100.00%	90.22%
	无形资产费用	0.0	0.00	0.00	0.00	0.0	0.00	0.0	0.00	0	0	#DIV/0!	#DIV/0!
	业务开发费	0.0	0.00	0.00	0.00	0.0	0.00	0.0	0.00	0	0	#DIV/0!	#DIV/0!
	共通部门配赋费	0.0	0.00	0.00	0.00	0.0	0.00	0.0	0.00	0	0	#DIV/0!	#DIV/0!
	情报咨询收入	0.0	0.00	0.00	0.00	0.0	0.00	0.0	0.00	0	0	#DIV/0!	#DIV/0!
	管理诸经费	0.0	0.00	0.00	0.00	0.0	0.00	0.0	0.00	0	0	#DIV/0!	#DIV/0!
	原动折旧费	0.0	0.00	0.00	0.00	0.0	0.00	0.0	0.00	0	0	#DIV/0!	#DIV/0!
	小计	2975.2	26.71	27199.60	19.53	2975.2	28.16	30,149.0	16.04	0	-2,949	100.00%	90.22%
	固定费合计	5554.3	49.86	64138.05	46.06	4943.2	46.79	64,749	34.44	611	-611	112.36%	99.06%

图 2-21 某公司 2019 年 2 月的诸经费达成情况

直接人件费和间接材料费为什么会超出年度经营目标？到底是什么原因？这就需要进行详细分析。

我们先分析间接材料费，从间接材料的每月消耗费用和事业计划的对比分析来看，如图 2-22 所示，间接材料的全年使用状况良好，2018 年 12 月、2019 年 1 月的间接材料费大幅下降，2019 年 2 月的间接材料费又大幅上升。

这就需要进一步对 2018 年 12 月、2019 年 1 月和 2 月的详细数据进行分析，结果发现是因为 2018 年 12 月和 2019 年 1 月采购物料的费用被顺延至 2019 年 2 月结算，才导致这种现象出现。将 2018 年 12 月、2019 年 1 月和 2 月的间接材料费进行还原后发现，实际费用消耗正常，如图 2-23 所示。

(单位：千台、千元)

	项目	4月	5月	6月	7月	8月	9月	4~9月计	10月	11月	12月	1月	2月	3月	10~次年3月计	全年计
事业计划	事业计划产量	267.00	275.50	266.50	221.00	36.00	136.50	1202.50	158.00	236.00	239.50	213.50	263.50	291.00	1401.50	2604.00
	PHA间材费	125.54	147.31	146.40	133.27	40.57	111.40	704.49	123.58	142.28	143.19	136.44	145.59	148.14	839.21	1543.70
	折合单台费用	0.56	0.53	0.55	0.60	1.13	0.82	0.59	0.78	0.60	0.60	0.64	0.55	0.51	0.60	0.59
	PM间材费	292.94	273.57	271.90	247.50	75.35	206.90	1368.16	229.50	264.23	265.92	253.40	270.38	275.11	1558.54	2926.70
	折合单台费用	1.46	0.99	1.02	1.12	2.09	1.52	1.14	1.45	1.12	1.11	1.19	1.03	0.95	1.11	1.12
	合计	418.48	420.88	418.30	380.77	115.92	318.30	2072.65	353.08	406.51	409.10	389.84	415.97	423.24	2397.76	4470.41
	折合单台费用	1.57	1.53	1.57	1.72	3.22	2.33	1.72	2.23	1.72	1.71	1.83	1.58	1.45	1.71	1.72
实际订购	实际产量	284.46	297.12	260.13	247.76	28.90	166.44	1284.81	224.90	190.81	177.40	117.43	110.67		821.21	2106.02
	PHA间材费	89.86	106.58	80.71	80.35	47.05	55.91	460.47	97.92	95.84	64.08	58.32	44.63		360.79	821.26
	折合单台费用	0.32	0.36	0.31	0.32	1.63	0.34	0.36	0.44	0.50	0.36	0.50	0.40		2.56	
	PM间材费	371.49	315.52	263.25	250.21	34.47	243.81	1478.74	172.27	137.61	37.54	19.00	240.76		607.18	2085.92
	折合单台费用	1.31	1.06	1.01	1.01	1.19	1.46	1.15	0.77	0.72	0.21	0.16	2.18		4.04	5.19
	合计	461.35	422.10	343.96	330.56	81.51	299.72	1939.21	270.19	233.45	101.62	77.32	285.39		967.97	2907.18
	折合单台费用	1.62	1.42	1.32	1.33	2.82	1.80	1.51	1.20	1.22	0.57	0.66	2.58		1.18	1.35
备注	此表中的生产台数是按照机加工5大部品每月生产台数的平均数量进行计算的															

图 2-22 间接材料的全年消耗费用分析

单位：千元

计划金额	实际消耗金额	单台目标	单台实际	达成率
415.97	285.39	1.58	2.70	58.52%

因与供应商协商价格，导致2018年12月、2019年1月新日东油液类的费用被顺延至2019年2月结算。
2019年2月新日东油液类的间材实际消耗情况如下。

计划金额	实际消耗金额	单台目标	单台实际	达成率
415.97	121.65	1.58	1.15	137.39%

图 2-23 2019 年 2 月间接材料费异常原因说明

再对直接人件费进行深入分析。从图 2-24 中可以看出，直接人件费超出的主要原因是加班时间过长，那么加班时间过长又是什么原因导致的呢？从分析结果可以看出，加班时间过长主要是由人员不足造成的，那么就需要根据分析结果制定相应的改善对策。

当然，在进行月度总结时，还要对事业计划中除费用之外的所有内容进行分析总结，如有不足之处，立即制定方案进行改善。月度生产质量分析总结如图 2-25 所示。

生产线		体制	人员状况	实习生	劳务工	员工	现有人数	基准人数	3月预计辞职	差异
R线	气缸	2/2倒	人数 比例	0人 0.0%	0人 0.0%	58人 100.0%	58人	54人	5人	-1人
	曲轴	2/2倒	人数 比例	0人 0.0%	1人 1.6%	61人 98.4%	62人	66人	6人	-10人
	活塞	2/2倒	人数 比例	0人 0.0%	0人 0.0%	22人 100.0%	22人	21人	2人	-1人
	清洗线	2/2倒	人数 比例	0人 0.0%	0人 0.0%	10人 100.0%	10人	14人	3人	-7人
	上轴承	2/2倒	人数 比例	0人 0.0%	0人 0.0%	44人 100.0%	44人	46人	1人	-3人
	下轴承	2/2倒	人数 比例	0人 0.0%	0人 0.0%	14人 100.0%	14人	12人	0人	2人
	工具室	2/2倒	人数 比例	0人 0.0%	1人 14.3%	6人 85.7%	7人	8人	1人	-2人
	管理系		人数 比例	0人 0.0%	0人 0.0%	14人 100.0%	14人	23人	2人	-11人
加工部合计			人数 比例	0人 0.0%	2人 0.9%	229人 99.1%	231人	244人	20人	-33人

离职者		13人
离职原因	实习生	0
	劳务工	0
	直接者	13
	间接者	0

1. 旷工：7人
2. 自主创业：2人
3. 回家工作：4人

对策：
1. 生产线领导与员工多沟通，在工作和生活中及时了解员工的心态。
2. 开展各类活动来提升员工对工作的积极性

加班分析					
序号	项目	人数	计划出勤天数	加班(h)	平均加班(h)	递减加班(h)
1	月初加班预测	246人	20天	13560	55.12	-2957
2	月末加班实际	229人	20天	10603	46.30	
3	加班分析	1. 2月27日、28日生产班次减少；2. 各类请假时间合计：1476h。				

■人员紧缺：R/V交替生产，工艺流程不一，部分岗位空缺，指导员和班长顶岗，在3月初计划进行人员招聘。
■对策：联络人事部门。

图 2-24　直接人件费超出的原因分析

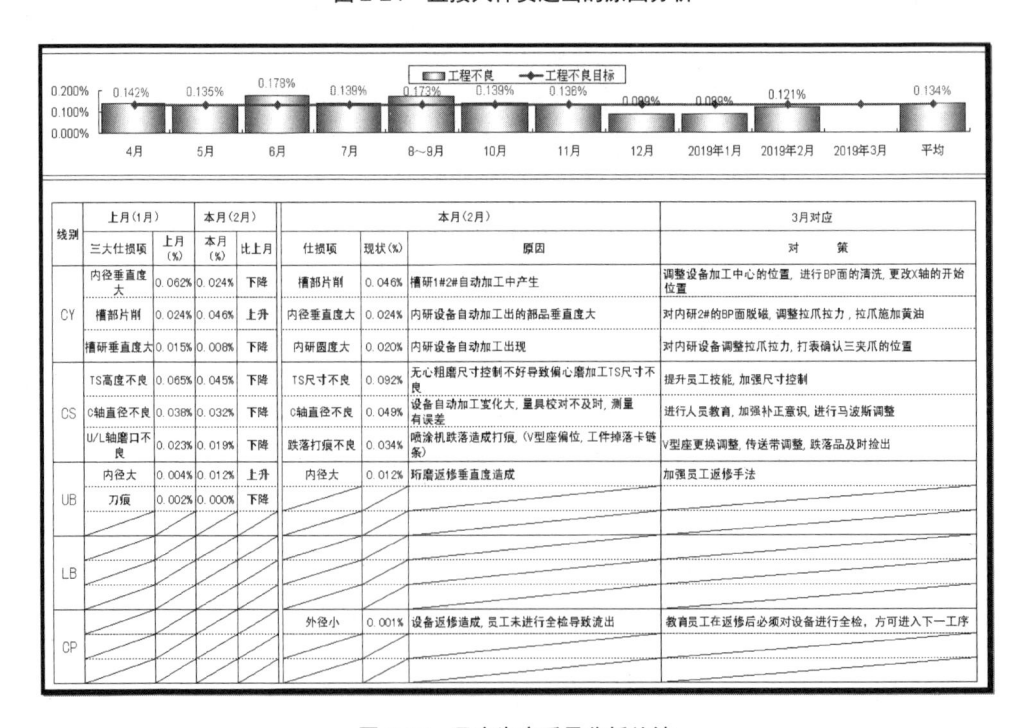

线别	上月(1月)			本月(2月)			3月对应	
	三大仕损项	上月(%)	本月(%)	比上月	仕损项	现状(%)	原因	对策
CY	内径垂直度大	0.062%	0.024%	下降	槽研片削	0.046%	内研1#2#自动加工中产生	调整设备加工中心的位置，进行BP面的清洗，更改X轴的开始位置
	槽部片削	0.024%	0.046%	上升	内径垂直度大	0.024%	内研设备自动加工出的部品垂直度大	对内研2#的BP面脱碰，调整拉爪拉力，拉爪施加黄油
	槽研垂直度大	0.015%	0.008%	下降	内研圆度大	0.020%	内研设备自动加工出现	对内研设备调整拉爪拉力，表确认三夹爪的位置
CS	TS高度不良	0.065%	0.045%	下降	TS尺寸不良	0.092%	无心粗磨尺寸控制不好导致偏心磨加工TS尺寸不良	提升员工技能，加强尺寸控制
	C轴直径不良	0.038%	0.032%	下降	C轴直径不良	0.049%	设备自动加工宝化大，量具校对不及时，测量有误差	进行人员教育，加强补正意识，进行马波斯调整
	U/L轴磨口不良	0.023%	0.019%	下降	跌落打痕不良	0.034%	喷涂机跌落造成打痕，(V型座偏位，工件掉落卡链条)	V型座更换调整，传送带调整，跌落及时检出
UB	内径大	0.004%	0.012%	上升	内径大	0.012%	珩磨返修垂直度造成	加强员工返修手法
	刀痕	0.002%	0.000%	下降				
LB								
CP					外径小	0.001%	设备返修造成，员工未进行全检导致流出	教育员工在返修后必须对设备进行全检，方可进入下一工序

图 2-25　月度生产质量分析总结

2.5.2 事业计划的管理

在事业计划编制完成后,除了各部门在实际经营过程中要不断地进行对比、分析,事业计划管理部门还要对其进行管理。

在管理过程中,事业计划管理部门一方面要对具体的财务指标和各项工作管理指标进行监控和对比,一旦这些指标出现偏差,就需要分析原因,并制定改善对策;另一方面要对重要的计划事项进行定期监控,监控其推进进度及完成状况,并在每月的经营分析会议上向所有管理人员发布监控结果。对于完成状况不良的项目,相应的部门管理者需要进行分析、说明,并制定改善对策。在事业计划实施过程中,可能有些项目随着经营环境的变化不能持续进行,这就需要相应的管理部门重新修订事业计划,或追加新的项目内容,从而保证年度经营目标能够顺利达成。

图2-26所示为某公司的事业计划重点项目管理表。其中,"1"表示按照时间进度开展且结果良好的项目;"2"代表的是进度有所滞后、需要加快进度的项目;"3"代表不能进行的、需要追加替代的项目。

序号	部门	类别	事业计划重点项目	推进方案	现状调查	完成状况	目标设定	完成状况	改善对策制定	完成状况	改善实施	完成状况	效果验证	完成状况	结论
1	采购部	成本递减	原材料(铝板)成本递减	采用综合成本系数,确定最佳供应量及最佳采购成本	完成所有铝板的采购价格收集、进货检验,以及生产不良带来的成本上升等,确定其质量系数	1	设定采购金额下降目标	1	制定最佳采购及订单数量分配模型,制定具体采购方案,并与供应商进行谈判	1	完成A类铝板5项成本递减;完成B类铝板3项成本递减;C类尚未开展	2	A类5项确认完成,达成目标;B类、C类尚未确认	2	进度正常
2	采购部	成本递减	油液国产化替代	对12项进口油液制定国产化替代方案并抽样,选择国内供应商的产品进行替代	确定12项进口油液的采购量、采购价格,选择国内供应商	1	设定采购金额下降目标	1	制定每种油液的具体替代方案,并与国内供应商进行供应确认	1	已完成12种油液的采购替代	1	目标全部达成	1	提前完成
3	采购部	成本递减	金属铣削工具国产化替代、二社开发	对所有工具进行分析,选择可国产化的产品及可二社开发的产品进行改善,降低工具采购成本	对所有工具进行分析,确定可国产化工具的类别、数量、使用金额;确定可二社开发产品的数量、类别及使用金额	2	设定工具成本下降金额	2	尚未开展	3	尚未开展	3	尚未开展	3	进度较慢,需要追赶进度
4	生产部	成本递减	制定效率提升方案,递减人工成本	采用单元化生产方案,减少岗位数量,降低人工成本	各产线现有岗位、人员配置调查完成;现有各岗位的C/T调研完成	1	设定人工成本降低目标	1	U型线规划,方案设计完成	1	第一条U型线正在改造中,单元化作业指导书正在制定中	2	尚未开始	3	进度稍有不足,需要加速

图2-26 某公司的事业计划重点项目管理表

公司、部门层层跟踪管理、分析、总结,一方面要保证事业计划能够得到完全实施,从而使各部门的经营管理活动与公司的战略方向保持一致,确保经营结果达到预期目标;另一方面,要通过这种形式,让所有管理人员清楚,事业计划就是企业年度经营大纲,是需要每个人去遵守并认真执行的。

有了事业计划，就像为企业的运营管理装上了防火墙，企业的运营管理就有了依据和"护城河"，从而使企业运行在正确的轨道上，这就是事业计划的魅力所在。

第3章

建立企业开拓及创新源泉——市场需求、规划及产品开发管理

随着市场化的深入，市场竞争越来越激烈，尤其是新产品层出不穷。今天一家企业开发的一款产品市场表现比较好，明天相似的产品就如雨后春笋一般冒了出来，充斥着市场。更有甚者，你的创意产品还没上市，竞争对手的产品就已经在市场上出现。所以企业需要不断地开发新产品、新服务，并且开发周期越来越短，创新要求越来越高。企业再也难以凭借一款产品或者几款产品稳坐钓鱼台，不得不像个没打伞的孩子一样向前奔跑。在这个奔跑的过程中，企业还不能掉队、摔倒、偏离方向，否则就会被淘汰。

这一切让众多企业家头疼不已，各种改革方案尽出，高薪聘请技术人员，各种培训一并实施，但结果往往不尽如人意。究竟哪里出了问题？产品开发工作到底该如何开展？本章从企业在产品开发过程中遇到的问题出发，研究如何建立一套高效的产品开发体系。

3.1 企业产品开发的困境

产品开发严格来说是一个探索未知的过程，能否开发成功关系着企业的发展

前景。

什么是开发成功？开发成功并不仅仅是我们大脑里第一时间冒出来的能不能将产品开发出来，还包括能否按时开发完成，开发出的产品是否能满足客户需求、是否能在市场上获得更多利润，等等。

尽管产品开发过程是一个探索未知的过程，但是作为企业管理者，不能听之任之、自由发挥，而是要在不确定中寻找确定性，通过采取一些方法让产品开发过程可控，最终获得期望的结果。

企业中会存在各种各样的问题，使得产品开发过程不可控，总结起来包括以下几个方面。

3.1.1 以自我为中心的产品开发

很多企业在进行产品开发前，并未进行深入的市场调研，只是开发人员或企业管理者认为该类产品应该拥有广阔的市场前景，便一股脑地将资源投入进去，产品在上市后却表现平平。笔者曾遇到过一家大型日化企业，其原有的产品市场表现不错，后来企业管理者提出高端化战略，投入 10 亿元开发了一批新产品。新产品外观漂亮，色彩艳丽，实属精品。除了外观漂亮，新产品还在功能上表现优异，的确是一款优秀的产品，正好契合企业管理者提出的高端化战略。当然，这么好的产品，价格自然比原有产品高出很多。然而在上市后，该批产品的销售状况却不容乐观，出现大面积库存积压，企业经营一度受困。

还有一家企业的产品研发中心在开发新产品时，既无战略规划，也无具体开发方向，开发人员一旦有了新的想法，便申请立项开始研发。当研发进行到一定程度的时候，开发人员便会遇到各种各样的困难，导致项目不能继续，最后的结果就是很多项目只有开始，却无结果，既浪费了资金，又浪费了时间。该企业规定的开发周期为 9 个月，然而笔者在调研时发现，在两年时间内，该企业共确立了 12 个产品开发项目，结案的只有一个，就这一个项目，还用了 18 个月的时间，远远超出了 9 个月的开发周期。

在以上两个案例中，企业管理者在进行产品开发时并未进行完整的市场调查，只是根据自己的想法去开发，结果开发出来的产品只是自己想要的，并不是市场想要的。这种状况存在于很多企业中。

3.1.2 产品开发周期太长

随着技术的进步和竞争的加剧,产品更新迭代越来越快。从当下最火爆的手机市场来看,每家公司每年都要推出多款新产品,并且每一款新产品的性能都会上个台阶。你会惊讶地发现,刚买没多久的产品,与周边一比,居然又落伍了。除了电子产品,其他产品也是这种情况,如汽车、家电等,你能想到的产品都在以你不可想象的速度被更新迭代……

这一切就要求各公司的产品上市时间(Time to Market,TTM)大大缩短,如若不然,你会惊讶地发现,你认为自己坚不可摧的根据地会以不可思议的速度被竞争对手占领。

这就给各公司的管理者及开发人员带来极大的压力。然而,现实状况是很多公司在进行新产品开发时,往往将早已确定的产品上市时间一延再延,不是开发尚未完成,就是供应商的供应速度跟不上,总之就是赶不上进度。

3.1.3 产品开发质量不高

除了产品开发周期太长,还有产品开发质量不高。产品质量问题一般有两种,一种是显性的,另一种是隐性的。显性的质量问题是指产品在问世后可被检测出来的各种质量问题。隐性的质量问题是指导致生产过程不顺畅、生产效率低下的各种质量问题。这种质量问题很难被发现,所以称为隐性的质量问题。

显性的质量问题比较好处理,一旦发现了,研发部门就会想办法去解决。而隐性的质量问题导致的结果是生产一大堆不良品,甚至做做停停,浪费极大。这种质量问题在很多公司往往被研发人员忽视,被认为是生产问题而不是设计问题,导致部门间相互推诿、扯皮。笔者曾在一家知名的家电企业服务,每到新产品开发环节,现场不是这里有问题,就是那里有问题,乱七八糟,毫无秩序可言。这时,总经理、总工程师就会批评生产负责人,生产负责人有苦难言。后来笔者去翻阅设计图纸,发现了很多问题。比如,两个孔之间的距离在图纸上显示是 $20\pm0.02\mathrm{mm}$,然而实际上企业的生产设备根本不具备这样的精度,也没有相应的测试量具。

遇到这些问题，一些企业往往采取的办法是边生产边改进，前期的生产过程浪费极大，好不容易将产品生产出来了，在产品上市后，市场又会反馈各种各样的质量问题，然后企业不得不派出一支队伍奔赴各个市场进行处理，造成质量成本的大幅增加。

3.1.4　产品开发成本高

很多公司对新开发的产品进行核算，发现其开发成本过高，甚至比已上市的同类产品的开发成本还要高，那么这款产品还有什么利润可言？

3.2　基于市场需求的集成产品开发管理体系的形成

产品开发过程中存在以上种种问题，这些问题产生的原因到底是什么？这些问题该怎么解决？笔者给大家介绍一种基于市场需求的集成产品开发管理的方法，该方法应用产品开发管理体系来解决各企业所面临的问题，并以案例方式说明企业该如何实现集成产品开发管理体系。

要了解基于市场需求的集成产品开发管理的方法，我们先来了解什么是集成产品开发管理。

3.2.1　集成产品开发管理的来源

集成产品开发管理（Integrated Product Development，IPD）最早出现于1986年，迈克尔·E.麦克哥拉斯（Michael E.McGrath）等联合提出了产品开发流程的PACE法（Product And Cycle-time Excellence，产品及周期优化法）这一概念，形成了集成产品开发管理的理论基础。

1992年，IBM在激烈的市场竞争中遭遇了严重的财政困难，销售收入停止增长，利润急剧下降。经过分析，IBM发现自己在研发费用、研发损失费用和产品上市时间等几个方面远远落后于业界其他企业。为了重新获得市场竞争优势，IBM提出了在不影响产品开发结果的情况下，将产品上市时间压缩一半，将研发费用减少一半的目标。为了达到这个目标，IBM 率先应用了集成产品开发管理的方法，在综合了许多业界最佳实践要素的框架的指导下，从流程重整和产品重整两个方面来达到缩短产品上市时间、提高产品利润、有效地进行产品开发、为客户和股东提供更大价值的目标。从此，集成产品开发管理这一方法逐步发展为一套完整的产品开发管理体系，并被 IBM 咨询管理公司推广至各著名企业。

通过多年的发展和完善，IPD 已经成为产品开发管理事实上的标准流程参考模式，被誉为产品开发领域的"管理圣经"。它所提供的是通用框架、标准术语、适用于全行业的流程基准、一种更新最佳实践的方法，以及一个持续完善的流程。它是经过检验的、以广泛的经验和对最佳实践的理解为基础的方法。IPD 将产品开发中的关键因素综合在一起，并弥补许多现有产品开发流程的缺陷。目前，世界 500 强企业中近 80%的企业在推行该方法，包括 IBM、摩托罗拉、杜邦、华为等在内的许多企业已把 IPD 的各种理念付诸实践，在研究开发、管理等方面推行 IPD 的管理方法。

3.2.2 集成产品开发管理可给企业带来的效益

集成产品开发管理能迅速被接受和承认，应归功于它给企业带来的巨大效益，具体效益如下[1]。

（1）产品上市时间大大缩短，平均可缩短 40%～60%。

（2）产品开发费用大幅度减少，包括中途废止的浪费，平均可减少 50%～80%。

（3）产品研发质量大幅度提升，平均可提升 30%～40%。

（4）产品开发后的生产性可大幅提高，平均可提高 25%～30%。

（5）新产品收益（占全部收益的百分比）大幅增加，平均增加幅度可达 100%。

由于集成产品开发管理有以上优点，华为公司在 1999 年投入 20 亿元重金邀请刚刚度过危机的 IBM 的工作人员，为其导入 IPD 方法。任正非在 IPD 方法导入大会上做出了"没有充分理解而想要改变 IPD 的人，请他出去；那些长期不能理解 IBM 的 IPD 改革内涵的人，也请他出去"[2]的硬核发言。正因为如此，华为在 20 年间，销售额从 63 亿元一路上涨到 8588 亿元[3]，从追赶者变成了行业翘楚，这就是 IPD 的魅力。

---

[1] 来自 PRTM 咨询公司的数据。
[2] 源自《任正非 IPD 动员大会讲话：不好好学习 IPD 的人要除名》。
[3] 数据来自 2020 年 3 月 31 日华为业绩发布会。

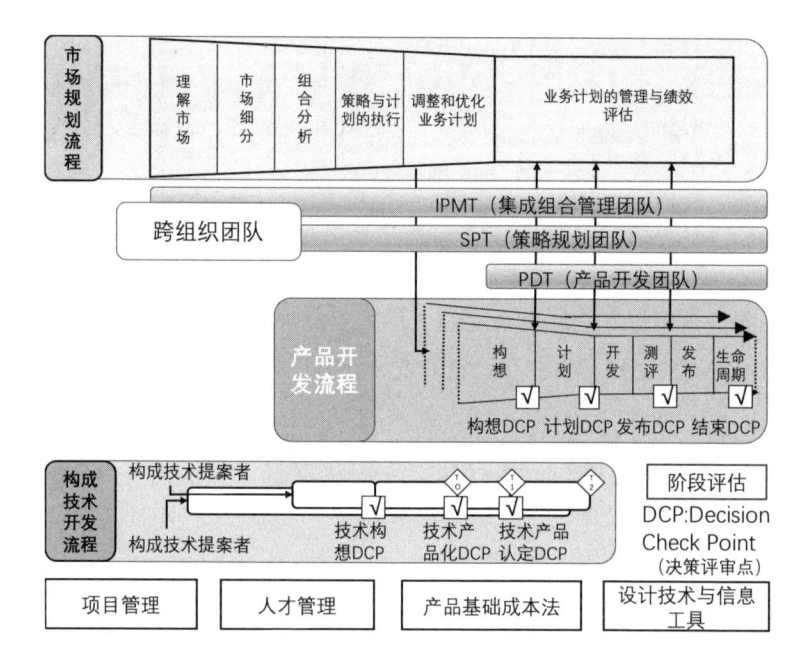

3.2.3 集成产品开发管理体系

集成产品开发管理体系的整体架构如图 3-1 所示,包括市场规划流程、产品开发流程和构成技术开发流程[①]。

图 3-1 集成产品开发管理体系

3.2.4 基于市场需求的集成产品开发管理体系

在实际产品开发过程中,考虑到很多企业对市场需求把握并不准确,所以笔者在集成产品开发管理体系中增加了市场需求管理流程,将其与集成产品开发管理体系的三大流程合并在一起,形成了基于市场需求的集成产品开发管理体系,如图 3-2 所示。其包括市场需求管理流程、市场规划流程、产品开发流程和构成技术开发流程。

市场需求管理流程主要充分地理解市场需求,准确地把握客户需求;市场规划流程是在市场需求的基础上,对市场进行细分,然后制定公司的产品策略和业务计划;产品开发流程是在公司产品策略和业务计划的基础上,从产品开发至产

---

① IBM 全球企业咨询服务部. 软性制造[M]. 北京:东方出版社,2008.

品生命周期结束的全过程管理，也称为产品全生命周期管理，它是产品策略和业务计划的实现过程；构成技术开发流程是根据技术路线图，对新技术、新创意的技术性研究，是超前的、为未来新产品服务的。

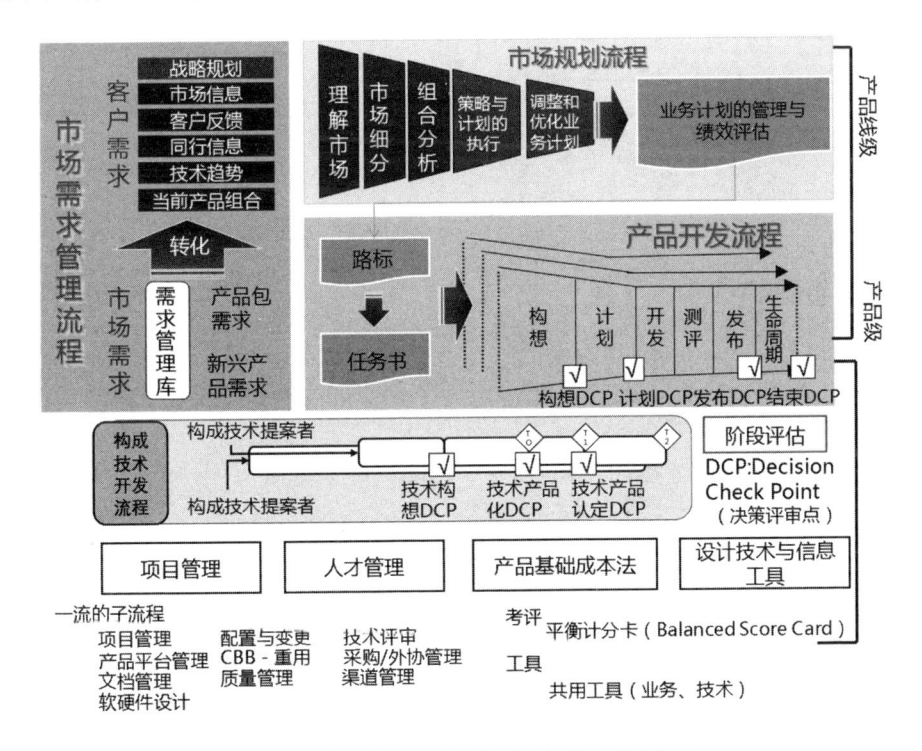

图 3-2　基于市场需求的集成产品开发管理体系

3.3　市场需求管理流程

企业的目的是获得更多的利润。要想获得利润，其产品和服务就必须得到市场的认可。那么什么样的产品和服务能够获得市场的认可？很多企业管理者按照自己的想象，觉得什么样的产品好卖就开发什么样的产品。正如前文所述的案例，企业开发了很好的产品，可是一到市场上，产品却表现平平，叫好不叫座，赔钱赚吆喝。问题到底出在哪里了？这是因为企业管理者是根据自己的主观判断来进行产品开发的，不是根据市场需求来进行产品开发的。换言之，这样的产品是企业管理者自己想要的，并非客户想要的。所以，要想开发的产品获得市场的认可，企业管理者必须先好好地了解市场需求和客户需求，然后认真对待。

市场需求管理流程一般包括需求采集、需求评审、需求传递、需求分析、执行验证和事后分析等环节，如图 3-3 所示。

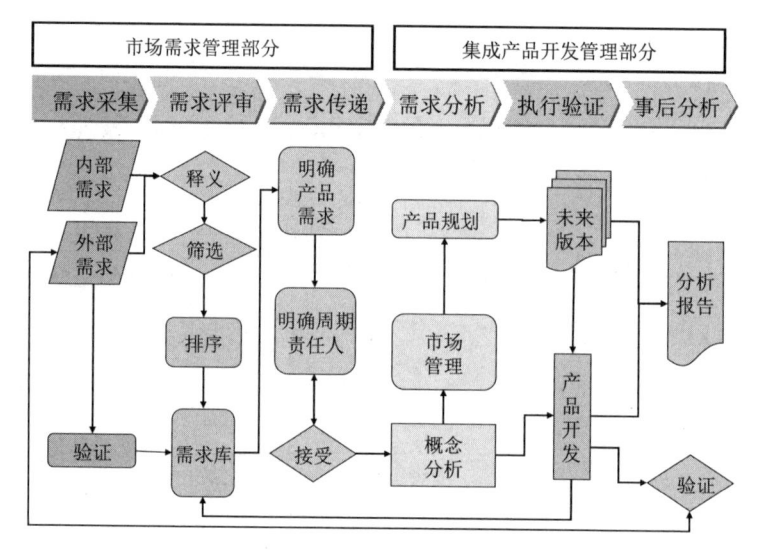

图 3-3 市场需求管理流程

市场需求管理流程各环节可采用的工具如图 3-4 所示。

图 3-4 市场需求管理流程各环节可采用的工具

第3章 建立企业开拓及创新源泉——市场需求、规划及产品开发管理

3.3.1 需求采集

要做好需求采集工作,首先要知道需求的来源,然后根据相应的采集方法进行需求采集。

(1)明确需求来源。

需求来源一般分为两个方面:一方面是外部需求来源;另一方面是内部需求来源。外部需求来源包括客户、友商、展览、信息交流会和行业分析报告等;内部需求来源包括研发人员、市场人员、产品开发团队、客户服务组等。

(2)需求采集准备。

在明确了需求来源之后,需要准备相应的采集方案和采集内容,并形成工作计划。需求采集前的准备内容如图3-5所示。

| 确定需求采集方法 | 确定需求采集目的 | 确定需求采集目标 | 确定需求来源 | 确定采集团队及分工 | 制订需求采集工作计划 |

图3-5 需求采集前的准备内容

从流程上来看,需求采集前的准备工作简单,但实施起来并不容易。各家公司的实际业务不同,所以确定的需求采集方法也不相同,下面用两个案例来说明。

案例一:一家在美国有几百年历史的老牌狩猎靴企业,其产品是直接面向客户的产品,并且客户群很明确,所以选择客户访谈的方法采集需求信息。在进行客户访谈前,该企业先选定要拜访的客户,然后将工作人员每三人分成一组,每组跟进、访谈一位客户,全程跟踪、确认客户的生活及狩猎过程。

案例二:一家医疗器械公司由于不是行业龙头,属于追赶者,所以在进行新产品开发时计划对标两家优秀企业,对这两家企业的产品信息进行分析,然后结合医疗技术的发展和自身情况,最终决定开发哪些产品。在进行需求采集前,该公司先根据公司研发战略,明确了重点产品的发展方向,并确定了产品线,如图3-6所示,然后将公司的开发人员按照产品线分成小组,每个小组负责一条产品线的需求采集。

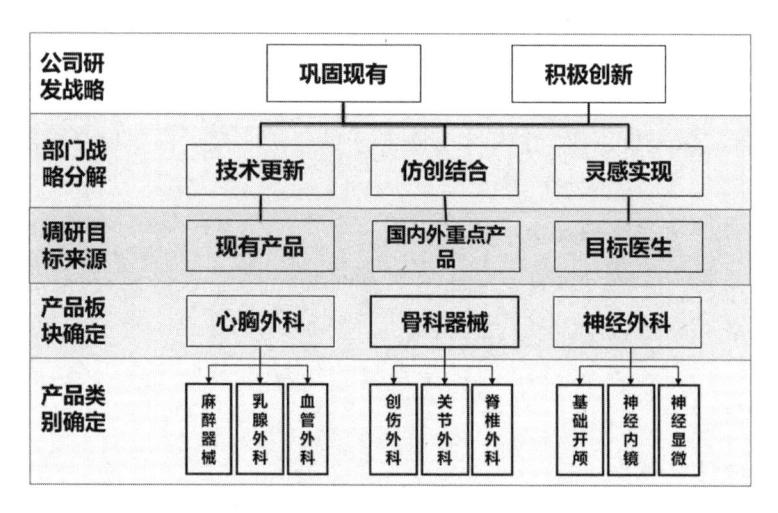

图 3-6　某医疗器械公司的产品开发路径

（3）需求采集。

在一切准备就绪之后，就可以进行需求采集了。在进行需求采集时要尽量做到客观、公正、准确、全面，最好能够还原当时的现场环境，这个环节不需要添加任何的个人判断。

在案例一中，企业的工作人员每三人一组，其中一人负责和客户交谈，一人负责拍摄，一人负责记录，这样在三天时间内，这个小组就将客户的谈话内容、建议、狩猎场景等进行了全面的记录。这就是需求采集。

3.3.2　需求评审

在需求采集完成之后，就要进行需求评审了。需求评审的目的是将所有采集来的需求进行筛选，形成新产品开发的输入要素。那么怎么来筛选需求？具体做法可见需求评审的流程，如图 3-7 所示。需求评审可从客户欲望分析和需求满足度分析两个方面进行，总结起来有四个步骤：需求筛选、解释分类、设置权重和需求评估（其中，需求定义和解释分类归为一个步骤，设置权重和购买标准排序、维度权重设置合并为一个步骤，差距分析和需求分析合并为需求评估。当然，如果管理更细致，也可分开进行，本书重点介绍其中的管理逻辑，所以采用四步来讲解）。

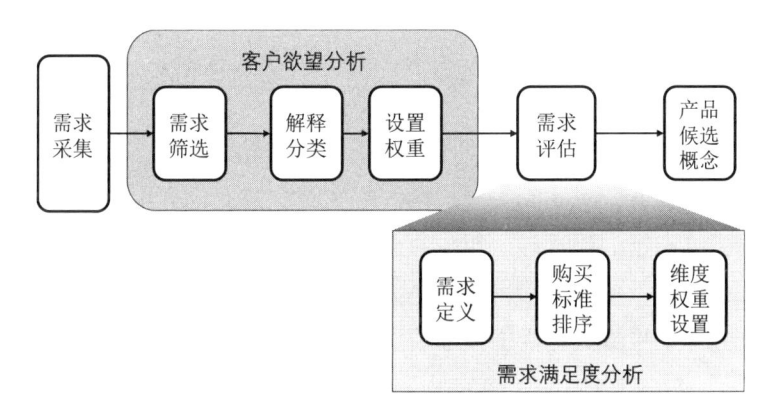

第 3 章　建立企业开拓及创新源泉——市场需求、规划及产品开发管理

图 3-7　需求评审的流程

（1）需求筛选。

需求筛选就是按照所设定的标准，需求采集团队对采集到的需求进行初步筛选，将不真实的需求去除。

具体做法是先由各小组成员对采集到的需求，采用精练的、关键的短语进行描述，并写成具体的需求卡片。然后按照可追溯性、产品关联、生命特征、客户价值、可验证性、可理解性、限制条件下的可行性、是真实需求还是镀金（提升产品形象）等标准（具体标准各公司可以根据实际情况确定）进行筛选，去除与以上标准不相符的内容，剩余的内容即为真实的需求信息。

在对需求进行描述时，要注意以下几点。

① 用肯定句，不用否定句。

② 避免用必须、应该这样的词语。

③ 表达包含原始数据的具体需求。

④ 将需求当作产品的属性表达。

（2）解释分类。

在需求筛选完成后，剩余的需求还是太多，将给后续的需求评审工作和需求传递工作造成很大的困扰。因此就要对剩余的需求进行分类归纳，将相同类别的需求归为一类，这样会使需求更为明确。

解释分类可按以下步骤进行。

① 将需求卡片进行编号，将意见相同的内容删除，避免重复。

② 记录每个单项需求的客户价值及偏移度、出现频率。

③ 将意思相近的需求卡片集中 4～5 张，整理成组。

④ 确定能够代表各组内容的名称，记入标记 Bn（n:1～9）卡片。

⑤ 将 Bn 意思相近的需求卡片集中 4～5 张，整理成组，记入标记 An（n:1～9）卡片。

⑥ 将内容与 Bn、An 有出入的需求卡片重新分组。

需求筛选和解释分类实际上是严格按照 KJ 法[①]进行的。我们还是用前述案例来讲解优秀的公司是如何进行这两步的。

我们来看案例一中的狩猎靴企业是如何进行的。该企业的工作人员在完成需求采集后按照如下步骤进行需求筛选和解释分类。

第一步：小组内部对于拍摄到的内容和声音，采用简洁明了的短语形成一个个关键要素，这里要求语言要简洁，用词准确、明了且没有歧义。这就是需求要素化。

第二步：小组内部讨论，将小组成员一致认为没有用的要素去除。

第三步：将各小组认为重要的要素进行收集、汇总，形成要素池。

第四步：先对各要素进行第一次分类，然后在一面墙上按照分类进行张贴，张贴后，由各小组成员对各自提出的要素向所有成员进行解释、说明。

第五步：所有人员根据自己的理解、认知，对所有的要素再进行一次重要性确认（轮流在自己认为需要保留的要素上进行打钩或者描点），在确认完成后，将得票少的要素去除，然后进行第二轮、第三轮……直到最后剩下的要素实在无法去除，再一次进行分类，加上标题，并确认每个要素之间的关联。这样，需求筛选和解释分类就完成了。

（3）设置权重。

在完成解释分类后，就可以对各组内容进行权重评分了，决定各需求的强烈程度，以便在后续设计输入要素时进行内容选择。

设置权重可按照层次分析法（AHP）[②]进行，对所有需求进行权重评分。当然，评分不能是凭空想象的，需要根据需求的相对重要性进行客户调查。客户包括外部客户（消费者、经销商等）和内部客户（开发人员、市场人员等）。在调查时，对于外部客户，可以采用问卷调查的形式，也可由终端销售人员在销售时与消费者进行交谈，在收集到重要信息后填表完成。某相机产品的客户调查问卷如图 3-8 所示。

---

① KJ 法：日本著名的人类学家 Jiro Kawakita 发明的一种收集、概括信息，并把大量信息特征化的方法。

② AHP：层次分析法（Analytic Hierarchy Process，AHP），是一种建立在重要性、偏爱性或可能性的基础上的数据统计分析方法。该方法是美国运筹学家、匹兹堡大学教授萨蒂于 20 世纪 70 年代初，在为美国国防部研究"根据各个工业部门对国家福利的贡献大小进行电力分配"课题时，应用网络系统理论和多目标综合评价方法提出的一种层次权重决策分析方法。

第3章 建立企业开拓及创新源泉——市场需求、规划及产品开发管理

> 为了帮助我们更好地了解谁使用相机设备进行医疗特写摄影,请在下面选择您的职业或职责(单选)。
>
> □医生
> □医生助理
> □护士
> □摄影师
> □从外部聘请的摄影师
> □其他(指定)
>
> 以下是描述用于医疗特写摄影的相机功能的短语列表。请您说明对此类相机设备满意度方面的重要性,使用从 0 到 100 的等级对其评分。其中,"0"表示"不重要","100"表示"绝对关键"。您可以使用 0 到 100 之间的任何数字,也可以多次使用同一数字(请用一个从 0 到 100 的数字对每个短语评分)。
>
> 　　　　　　　　　　　　　　　　　　　　　　　　　　　　　　　　写在下面
> 运行闪光灯所需的能量包含在相机中…………………………………………………＿＿＿
> 闪光灯所需的能量是可充电的………………………………………………………＿＿＿
> 相机设计为可移动的……………………………………………………………………＿＿＿
> 拍摄照片之间的等待时间不到 5s…………………………………………………＿＿＿
> 相机与提供原始打印件副本的设备兼容……………………………………………＿＿＿
> 相机提供 20 放大倍率的图像尺寸,如表 A 所示……………………………………＿＿＿
> 相机提供 40 放大倍率的图像尺寸,如表 A 所示……………………………………＿＿＿
> 相机提供 1× 放大倍率的图像尺寸,如表 A 所示……………………………………＿＿＿
> 相机提供 2× 放大倍率的图像尺寸,如表 A 所示……………………………………＿＿＿

图 3-8　某相机产品的客户调查问卷

在将调查问卷收集完成后,就可以对调查问卷上的信息进行统计、分析了,具体可以按照重要性评价表进行。某相机产品的客户调查评价如图 3-9 所示。

功能/属性	评分(100分)
提供清晰的图像	100分
允许获得相同角度的照片	99.1分
准确再现颜色	97.5分
不触摸病人即可获得照片	93.4分
提供 1X 放大能力	90.2分
提供 35mm 幻灯片	88.3分
拍照之间的等待时间少于 5s	80.5分

图 3-9　某相机产品的客户调查评价

对于内部客户,可以直接组织他们开评审会进行评价,也可直接让其对产品的可实现性、开发周期、零件供应便利性、成本、利润、市场推广难易度(各公

司可根据产品开发特性进行设定)等方面进行评价。

企业也可采用$APPEALS 分析方法,从$(价格,Price)、A(可获得性,Availability)、P(包装,Packaging)、P(性能,Performance)、E(易用性,Ease of Use)、A(保证程度,Assurances)、L(生命周期成本,Life Cycle Cost)、S(社会接受程度,Social Acceptance)八个方面衡量客户对产品的需求,如图 3-10、图 3-11 所示。

从八个方面将自己公司和竞争对手比较。

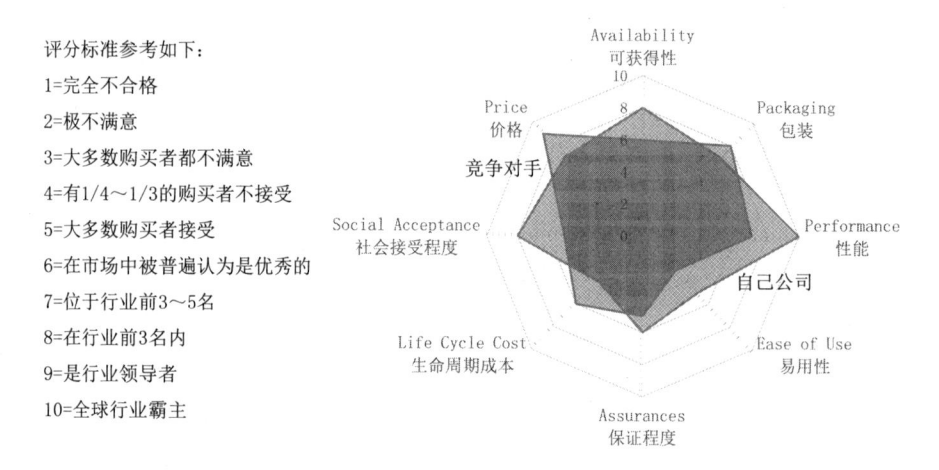

评分标准参考如下:
1=完全不合格
2=极不满意
3=大多数购买者都不满意
4=有1/4~1/3的购买者不接受
5=大多数买者接受
6=在市场中被普遍认为是优秀的
7=位于行业前3~5名
8=在行业前3名内
9=是行业领导者
10=全球行业霸主

图 3-10 采用$APPEALS 的评价图

价格($)	可获得性(A)	包装(P)	性能(P)
产品价格受下列因素影响: 设计 生产能力 技术 材料成本 供应链 制造成本 人力成本 管理成本 设备状况	反映客户在何时、何地以及如何获得产品: 行销 售卖 渠道 门店 广告投放 交货期 市场配给 客户定制	包装外观、设计等特性和客户视觉接受度: 风格 配色 图案 尺寸、装入量 外观形状 界面 材料 易拿取性	产品满足客户需求的程度: 功能 规格 功率 速度 容量 适用性 耐用度
易用性(E)	保证程度(A)	生命周期成本(L)	社会接受程度(S)
反映客户使用产品的方便程度: 界面友好 易于操作 人机工程 使用培训 帮助系统 接口	在可预测的情况下对客户的保障: 服务响应速度 服务体验 服务便利性 服务可获取性 服务价格 服务技能	生命周期成本是一项性能: 寿命 正常/异常时间 保险 责任 可维护性 备件可获取性 标准化 使用成本 安装成本	遵守社会规范和法律法规的程度: 社会认可度 法律法规遵守度 法律关系 政治关系 社会道德符合度 环境要求符合度 社会价值属性

图 3-11 采用$APPEALS 的评价要素

第 3 章　建立企业开拓及创新源泉——市场需求、规划及产品开发管理

我们再来看案例二中的企业是如何进行需求评审的。从图 3-12 中可以看出，该企业分别对需求信息进行了市场需求和技术实现两个方面的分析，共对 9 项内容进行评分。这是设置权重的一种方法。当然企业还可以根据自己产品的特点，采用不同的设置权重方法。

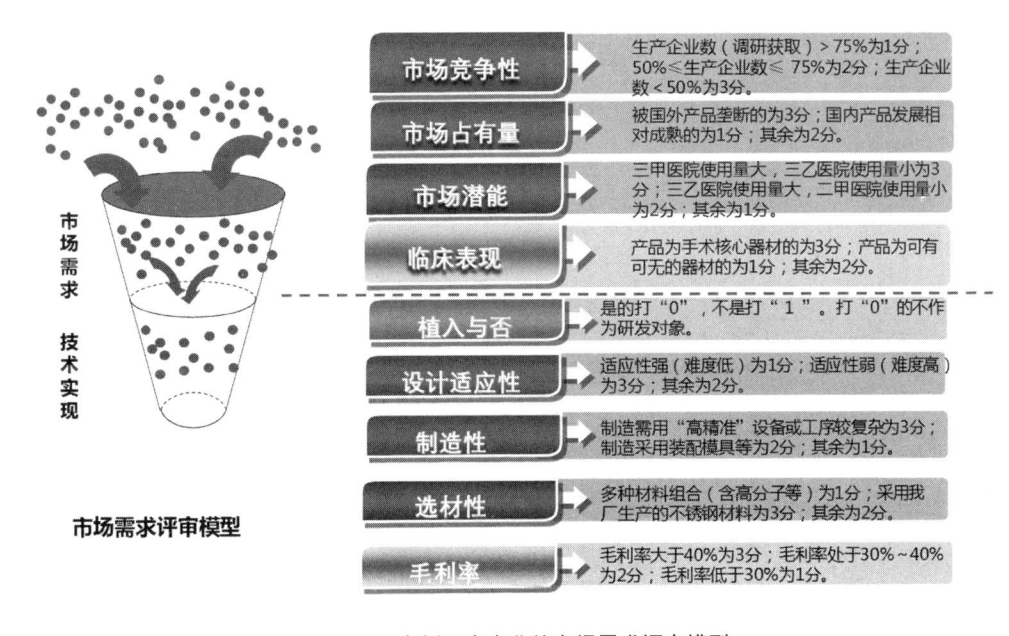

图 3-12　案例二中企业的市场需求评审模型

当然在设置权重时，还可以采用其他工具，如 KANO 模型分析法[①]、Maslow 分析[②]等，各企业可以根据自己的实际状况选择使用。

（4）需求评估。

经过筛选，剩余的需求就是客户的真实需求，这些需求能作为产品开发的输入吗？理论上应该是可以的，但是，在实际工作过程中，经过了需求筛选、解释分类和设置权重，需求有可能还是很多，或者因为受制于公司技术、设备、人才团队、制造能力等因素，很多需求还不能实现，所以要对这些需求进行相应的评估，这就是需求评估。在对需求进行评估时，要组织联合团队（由市场人员、产品线人员、开发人员、生产人员、质量人员等共同组成）来进行，最后确定哪些需求为现在需

---

① KANO 模型分析法：东京理工大学教授狩野纪昭和他的同事受行为科学家赫兹伯格的双因素理论的启发所创立的一种分析方法。
② Maslow 分析：应用马斯洛人类需求五层次理论进行分析。

求、哪些需求为未来需求。现在需求可以作为本次产品开发的输入，未来需求可以作为需求库的内容进行存档或者用于技术研发等。

需求评估的逻辑如图 3-13 所示。经过需求筛选、解释分类和设置权重后，需要采用树形结构图将客户需求结构化。汽车车门的客户需求结构树如图 3-14 所示。最后，要将结构化的内容进行质量功能展开（QFD），如图 3-15 所示，最终形成开发输入要素。

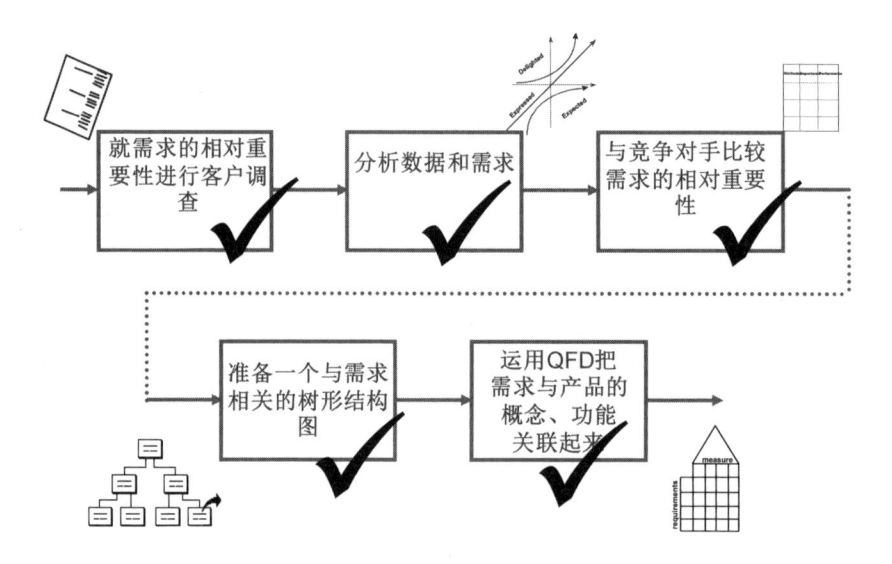

图 3-13　需求评估的逻辑

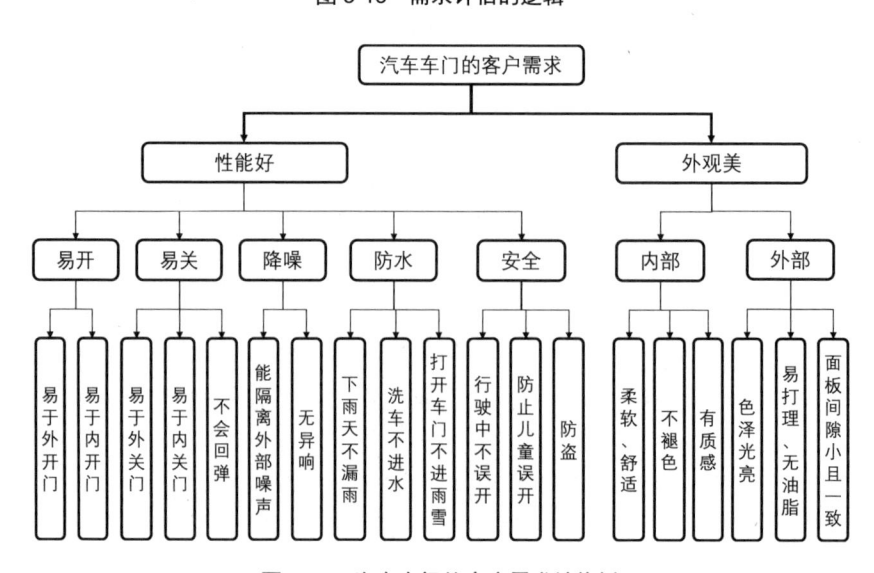

图 3-14　汽车车门的客户需求结构树

第3章 建立企业开拓及创新源泉——市场需求、规划及产品开发管理

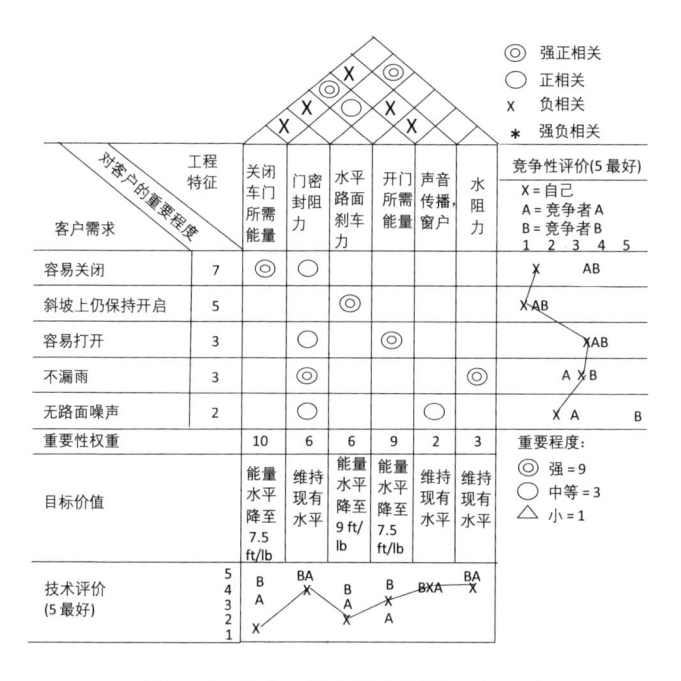

图 3-15　汽车车门质量功能展开（QFD）

至此，需求评审工作基本上就结束了，但是就此结束一定是不合适的，做了这么多的工作，如果没有总结，那所有的工作将成为一个个散片，变得毫无价值。此外，如果没有结论，后续工作将很难开展，因此还需要制定一个市场需求评审报告，具体内容如图3-16所示。

I. 总述
- 概述 +++
- 公司在市场中所处地位的概述 +++
- 市场概况 +++

II. 市场分析
- 环境分析 +++
- 战略群划分
- 联盟概况
- 机会点分析 +++

III. 竞争分析
- 主要竞争对手/伙伴 +++
- 竞争对手产品包/解决方案分析 +++
- 竞争对手定价/条款分析 +++（根据客户群可选）
- 竞争对手分销渠道分析 +++
- 竞争对手集成营销宣传分析
- 竞争对手技术支援分析 +++（根据客户群可选）
- 竞争对手订单履行分析 +++（根据客户群可选）
- 竞争对手定位分析 +++
- SWOT分析

IV. 客户分析
- 客户/用户描述 +++
- 欲望和需求 +++
- 决策者分析
- 购头标准分析 +++
- 购买群分析
- 客户满意度和忠诚度状况 +++
- 客户分析评估 +++

V. 目标市场分析
- 目标市场分析 +++
- 目标市场选择建议 +++

VI. 整体战略建议
- 根据市场情报提出的整体战略建议

VII. 市场情报计划

图 3-16　市场需求评审报告的内容

3.3.3 需求传递

经过前两步所获得的市场需求，是经过层层筛选和评估的相对严谨的结果。此时，对于所获得的市场需求中的现在需求，就可以进行产品开发了；对于所获得的市场需求中的未来需求，可以着手进行技术研究工作了。这就需要把需求传递给相关部门及人员，即需求传递工作。

需求传递是市场需求管理流程与市场规划流程、产品开发流程、构成技术开发流程（IPD三大流程）之间的桥梁，是一个双向的过程，如图3-17所示。

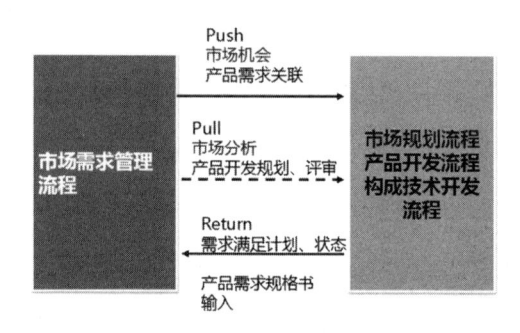

图3-17 市场需求管理流程与市场规划流程、产品开发流程、构成技术开发流程的关系

需求传递要将需求信息传递至市场管理团队、产品开发团队和技术开发团队，用于新产品规划、新产品和新技术开发。在开发过程中，各团队不断将新产品的规划资料、新产品和新技术的开发资料传递至公司的产品战略管理部门和市场管理部门，由其进行检视。传递的内容及关联活动如图3-18所示。

流程	传递的内容	关联活动
市场管理	可能的需求	分发可能的需求到市场管理流程（异步）
	可能的需求	市场部在制订业务计划或进行需求管理时把从产品战略管理部门获取的需求纳入考虑中
	可能的需求	市场管理部门提交需求给产品战略管理部门，推迟处理
产品开发管理	可能的需求	制订产品计划前分发可能的需求到产品开发团队（异步）
	可能的需求	制订产品计划后分发可能的需求到产品开发团队（异步）
	可能的需求	在对需求进行定义时，产品开发团队将把从产品战略管理部门获取的可能的需求纳入考虑中
	蔓延需求	确保新的/改变的需求等未解决需求在主要计划评审点被解决
	执行状态	满足需求后对状态进行更新
	需求模板	将该模板应用于满足技术开发和产品包的需求

图3-18 传递的内容

第3章 建立企业开拓及创新源泉——市场需求、规划及产品开发管理

至此,市场需求管理基本完成,接下来将进入市场规划管理阶段。

3.4 市场规划管理

有了市场需求就能开发出好的产品吗?能。但是好的产品能不能获得好的经营利润?答案是未必。企业除了要有好的产品,还要有匹配的市场、优惠的价格、好的推广方案和好的产品质量等。因此,企业还不能仅根据市场需求来开发产品,还需要对市场进行调查,然后在调查的基础上进行市场细分、市场规划,以及根据市场细分和市场规划对产品和产品线进行相应的规划,制定相应的产品推广策略等。这就是市场规划管理工作。

市场规划管理是一套系统的方法,用于对广泛的市场机会进行管理、策划、收缩等,制定出一套以市场为中心、能带来业务成果的战略与计划。它运用严格、规范的方法对市场走势及客户需求进行分析,创建合理的市场细分规则,对要投资和取得领先地位的细分市场进行选择和优先级排序,从而制定可执行的业务活动。通过从业务流程的角度定义市场营销取得成功需要执行的活动,制订可盈利、可执行的业务计划和驱动新产品包的开发,市场规划管理能够使公司或产品线的各项举措得到实施。

市场规划管理共分为六个步骤,如图 3-19 所示。

步骤1 理解市场	步骤2 细分市场	步骤3 组合分析	步骤4 制订计划	步骤5 优化计划	步骤6 评估绩效
• 定义使命、愿景和目标 • 对市场进行评估	• 确定市场细分结构 • 确定初步的细分市场	• 直接竞争分析 • 选择投资机会并排序 • 审视战略定位 • 审视财务分析 • 审视差距分析 • 确定业务设计	• 确定产品线业务策略和目标 • 制定目标细分市场策略和计划 • 制定产品线及产品路标	• 确保业务计划与其他部门的协调配合 • 对业务计划做出承诺	• 制定任务书 • 确保业务计划的执行 • 根据计划评估表现 • 需要时对业务计划进行改善

市场规划管理的步骤

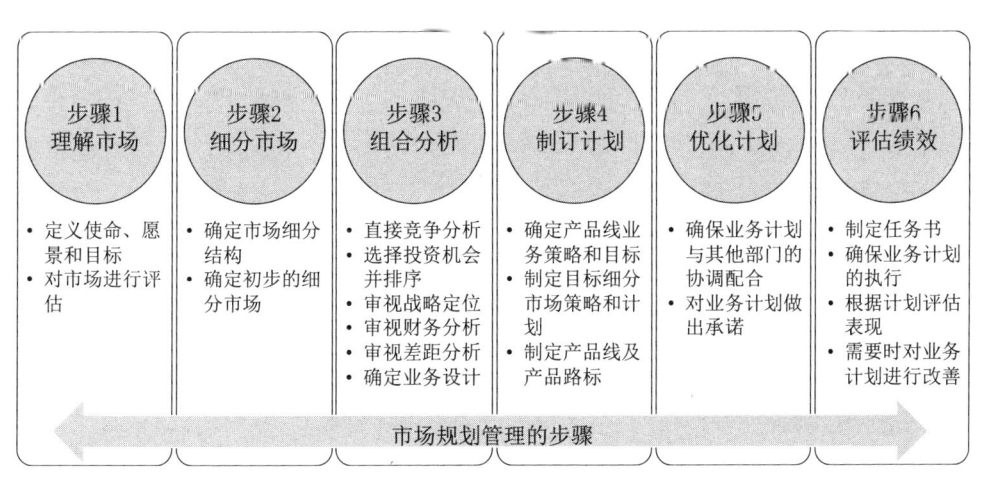

图 3-19 市场规划管理的步骤

3.4.1 理解市场

理解市场的主要目的是深刻地理解要进入的市场。因此，这个步骤有两个主要活动：第一个活动是定义使命、愿景和目标，第二个活动是对市场进行评估。

（1）定义使命、愿景和目标。

在市场规划开始时，应该由项目综合管理团队根据公司的发展战略定义相应项目的使命、愿景和目标。

① 项目的使命和愿景。

项目的使命和愿景作为项目的纲领性文件，既是战略方向，又是项目承诺，一方面可为后续产品开发工作提供方向，另一方面也是对客户（外部客户和内部客户）的一个承诺。项目的使命和愿景一般包括以下内容。

- 业务描述。
- 本项目的角色及对公司的贡献（带来增值、满足客户需求或提高效益）。
- 与众不同的能力。
- 利润模型和战略控制。
- 预示未来的发展（优先级）。

② 项目的目标。

项目的目标既是一个承诺，也是一个衡量项目是否成功的指标。项目的完成时间一般为需要1~3年（有些项目可能更长一些，根据项目内容进行设定，但也不能太长）。项目的目标应该包含以下内容。

- 收入及其他财务指标（如利润等）。
- 市场目标（如市场占有率、市场份额等）。
- 产品/技术目标。
- 事业贡献目标。
- 合作伙伴关系。

……

某空气净化器产品的使命、愿景和目标如图3-20所示。

当然，同事业计划一样，项目的目标也是在详细的测算和规划的基础上提出的，切忌拍脑袋、想当然，否则这个目标就没有任何意义。

（2）对市场进行评估。

对市场进行评估主要是指对所要进入的市场的状况进行分析，包括环境分析、竞

第 3 章 建立企业开拓及创新源泉——市场需求、规划及产品开发管理

争分析、市场分析和对公司自身的分析，如图 3-21 所示。企业通过这些分析，确定将要进入的市场存在哪些优势、劣势、机会和不足。企业对市场进行评估的主要方法是先收集各种相关信息，然后采用 SWOT 分析法对这些信息进行综合分析。

```
某空气净化器产品的使命、愿景和目标
使命：解决空气净化器效率低下的问题，为客户提供一款高效的空气净化器。
愿景：三年内成为国内空气净化器产品中的 No.1。
目标：
✓2018、2019、2020 年的收入目标分别为 800 万元、1500 万元、2000 万元，税前利润分别为 320 万元、600 万元、800 万元；
✓在 2018 年上市销售，同年要进入同类产品 Top5；
✓上市当年，即 2018 年，收回该产品投入成本；
✓在 2019 年销量达到同类产品的 Top1，在线上形成爆款；
✓未来三年该产品市占率要达到 3%、5%、7%；
✓加大力度进行核心专利技术开发和申请，加强知识产权保护；
✓采用线上线下分销模式，线上产品的外观配色与线下产品要区分；线下产品多一层过滤网，线上线下价格区分。
```

图 3-20　某空气净化器产品的使命、愿景和目标

① 环境分析。

环境分析包括对所要进入的市场的政治、经济、社会和技术等方面进行分析，主要弄清楚以下问题。

- 在这个商业环境中，影响客户购买行为的因素有哪些？
- 哪些因素过去曾经对客户的购买行为有过影响？
- 未来有哪些因素可能会给客户的购买行为带来影响？
- 产生这些影响的可能性有多大？
- 这些因素可能对销售造成多大的影响？

② 竞争分析。

竞争分析主要是对市场内现有的产品和服务进行分析，要确定在该市场内产品和服务现有的供应状况如何、竞争参与者有哪些，以及这些竞争参与者有什么样的战略行为、具体市场行为和他们的市场表现如何。不仅如此，企业还要调查竞争参与者的供应商状况等。企业可以采用波特五力模型进行竞争分析，如图 3-22 所示。

环境分析	竞争分析
－ 政治 － 经济 － 社会 － 技术 － 金融 － 法律 － 规章制度 － 宗教 － 全球性	－ 主要的竞争参与者 － 竞争参与者的目标及目的 － 市场行为 － 市场份额 － 增长情况 － 服务质量 － 定位 － 业务运作和资源 － 营销组合及战略
市场分析	对公司自身的分析
－ 市场总规模 － 增长及趋势 － 特征及趋势 － 特征及发展情况：产品、渠道、客户、沟通、行业 － 客户细分/需求 － 购买者的行为 － 中间渠道 － 价值网	－ 我们的目标和目的 － 市场份额 － 增长情况 － 服务质量 － 业务运作和资源 － 营销组合及战略

图 3-21　市场评估内容模型

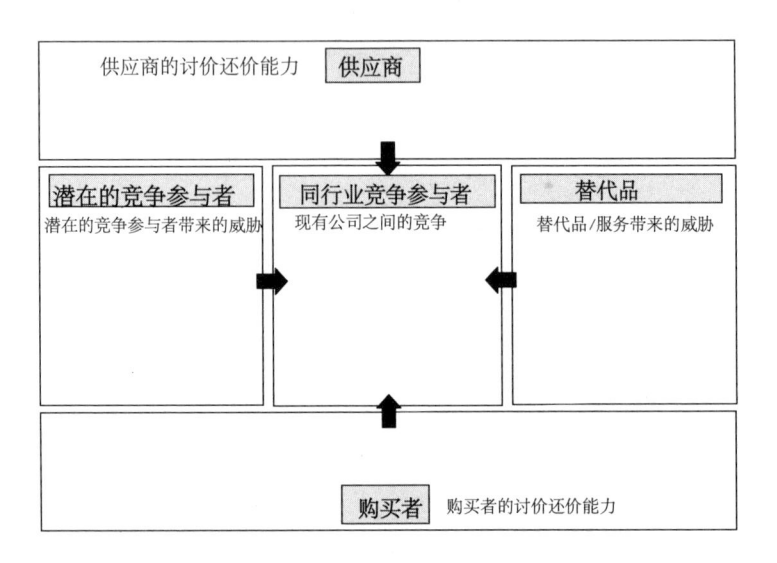

```
┌─────────────────────────────────────────────────────────────┐
│  供应商的讨价还价能力    供应商                              │
│                           ↓                                  │
│  ┌─────────────┐  ┌─────────────┐  ┌─────────────┐         │
│  │潜在的竞争参与者│→│同行业竞争参与者│←│  替代品     │         │
│  │潜在的竞争参与者│  │现有公司之间的竞争│  │替代品/服务带来的威胁│  │
│  │带来的威胁    │  │             │  │             │         │
│  └─────────────┘  └─────────────┘  └─────────────┘         │
│                           ↑                                  │
│                        购买者    购买者的讨价还价能力        │
└─────────────────────────────────────────────────────────────┘
```

图 3-22　波特五力模型

竞争分析要弄清楚以下问题。

- 谁是主要的竞争参与者/潜在的竞争参与者？
- 竞争参与者的规模/资源/市场份额如何？
- 竞争参与者提供的产品及其定位是什么？竞争参与者如何为客户增值？
- 竞争参与者未来的目标是什么？
- 客户为什么从竞争参与者那里购买/不购买？
- 竞争参与者在哪些细分市场中有优势/劣势？
- 竞争参与者的活动将如何影响我们的战略？
- 我们怎样做才能够从竞争参与者手中赢得市场份额？
- 谁是最容易战胜的竞争参与者？
- 竞争参与者对我们的战略有什么反应？
- 竞争参与者对未来的战略有什么反应？

③ 市场分析。

市场分析的目的是了解产品在市场中的总容量是多少、增长及发展趋势如何、市场特征及发展状况如何，以及客户的购买欲望和购买渠道如何等。市场分析主要包括三个方面：市场分析、客户分析、价值链分析，具体分析过程及内容如图 3-23 所示。

第3章 建立企业开拓及创新源泉——市场需求、规划及产品开发管理

市场分析
- 市场容量分析：市场人口；市场购买力；市场消费水平；市场总容量
- 市场趋势分析：近几年增长趋势；未来增长趋势预测；可能的成长性
- 市场发展分析：近年来（如5年）曾经有过哪些较大的事件？现在正在发生哪些变化？这些变化对未来的影响是什么？
- 市场特征分析：是自由市场还是垄断市场？进入该市场的条件及影响
- 市场吸引力分析：该市场的吸引力

客户分析
- 客户决策分析：客户的决策链分析，如决策者、推荐者、使用者、影响者等
- 客户需要分析：客户的需要及欲望分析
- 客户需求分析：客户有什么样的需求？产品特性能否满足这些需求？
- 购买行为分析：包括购买场所、购买方式、接触点、沟通方式、成功因素等方面的分析
- 客户价值分析：客户关注的核心利益分析，尤其需要分析客户的价值转移趋势

价值链分析
- 政府支持：有无政府支持？支持政策对自身有什么好处？
- 供应商分析：供应距离；供应能力；供应成本
- 中间商分析：中间商怎么样？利润分配如何？
- 渠道分析：都有哪些渠道？每个渠道的表现如何？渠道间的竞争
- 价值链分析：价值链综合分析

图 3-23　市场分析内容模型

④ 对公司自身的分析。

对公司自身的分析主要是研究公司自身的优缺点，可包括以下内容。

◇ 公司基本情况分析：

　　公司本年度及未来三年的经营目标；

　　公司财务状况。

◇ 市场情况分析：

　　公司的细分业务（产品包）；

　　公司的市场地位和市场份额。

◇ 产品状况分析：

　　产品生命周期分析；

　　产品波士顿矩阵[①]。

◇ 公司及产品的优/劣势分析：

　　客户为什么购买我们的产品（优势）？

　　客户为什么不购买我们的产品（劣势）？

◇ 其他关键问题分析：

[①] 波士顿矩阵（Boston matrix），又称市场增长率—相对市场份额矩阵、四象限分析法、产品系列结构管理法等，由美国著名的管理学家、波士顿咨询公司创始人布鲁斯·亨德森于1970年首创。

我们为什么会失去客户？
我们过去做了什么来赢得客户？
限制我们的因素是什么？
我们未来要对什么产品做出投资？
如何加强公司内部的业务运作模式？

在经过前四步的分析后，将分析内容进行整理，然后采用 SWOT 分析法分析公司进入该市场的优势、劣势、机会和威胁，如图 3-24 所示。

企业内部条件 企业外部条件	优势（S） 1 2.（列出优势） 3 4	劣势（W） 1 2.（列出劣势） 3 4
机会（O） 1 2.（列出机会） 3 4	（SO战略） 1 2.（利用优势，抓住机会） 3 4	（WO战略） 1 2.（利用机会，克服劣势） 3 4
威胁（T） 1 2.（列出威胁） 3 4	（ST战略） 1 2.（利用优势，避免或减少威胁） 3 4	（WT战略） 1 2.（克服劣势，将威胁最小化） 3 4

图 3-24　SWOT 分析法

在市场评估完成后，企业还需要根据市场调研结果绘制市场地图，从现有业务出发，用图形直观地、清晰地表明未来产品包与客户、渠道等之间的关系。在绘制市场地图时，企业要充分考虑标杆企业或竞争对手的产品、客户、渠道及其之间的关系。某产品的市场地图如图 3-25 所示。

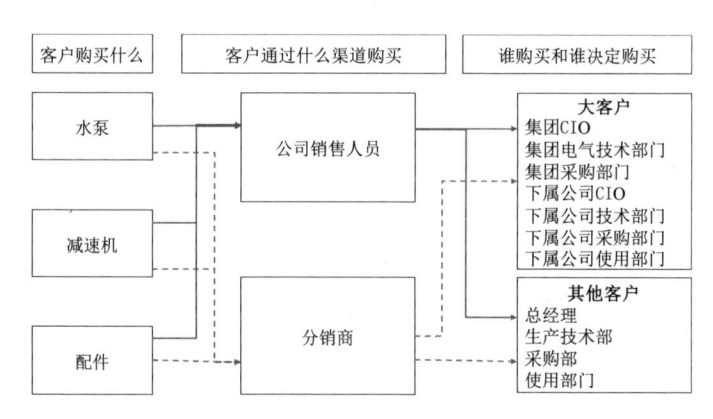

注：实线为公司直销线，虚线为分销商销售线。

图 3-25　某产品的市场地图

3.4.2 细分市场

细分市场就是从三个维度对产品线所选定的市场进行分析,弄清楚企业在哪些细分市场可以获得真正的增值和战略控制点、谁允许企业获得真正的增值这两大问题,从而得出备选的细分市场,再从中选出目标细分市场,并进行调研和验证,通过组合分析最终确定该进入的市场。

细分市场的三个维度分别是:从市场中购买产品的客户是谁?客户在市场中购买什么产品?客户为什么要从市场中购买产品(他们追求什么样的利益)?

细分市场的目的是确定市场细分的框架,确定/获得组合分析模型,收集各细分市场的数据。

细分市场的路径如图 3-26 所示。

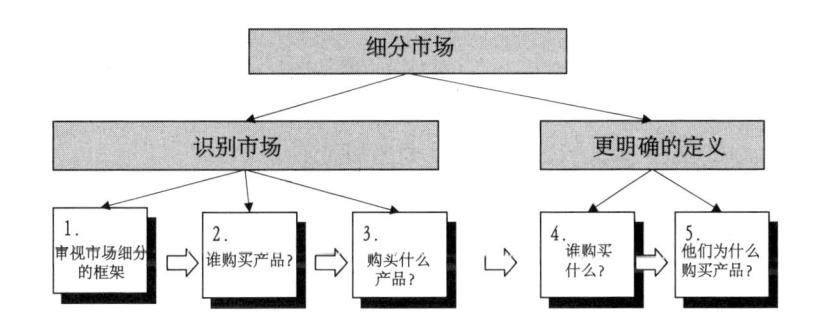

图 3-26 细分市场的路径

在细分市场过程中,可以按照图 3-27 所示进行信息收集。

谁购买产品	购买什么产品	他们为什么购买产品		购买渠道	销售机会(高、中、低)
		关键的差异性特征	用途		
某电商平台	3DKL电饭煲	时尚、性价比高	网上销售	公司	高
某超市	5DK电饭煲	实用、功能全	商超销售	公司	高
某电视购物平台	3DKL电饭煲	时尚、性价比高	电视购物	公司	中
某公司	3DKL电饭煲	时尚、性价比高	公司福利	经销商	低
……	……	……	……	……	……

图 3-27 细分市场信息收集表

在细分市场过程中，要特别注意以下问题。

（1）审视细分市场的"运作规则"。

① 充分理解高层主管的指示，以及其在确定细分市场时考虑到的约束条件或鼓励因素。

② 确认"市场定义"，并对细分的范围达成一致意见。

③ 确保所做的工作能够实现对市场的战略性细分，这种细分能够渗透到组织，并且能够得到清晰的宣传。

④ 必须找到能够有效描述细分市场的"首要因素"，不用太关注那些也许合适，但提供的描述作用不是很大的"次要因素"。

⑤ 要设法描述并深入挖掘市场是如何运作的，而不是采取行业习惯的运作方式。

（2）在收集信息时要特别注意以下几点。

① 列出客户追求的关键利益，知道他们为什么购买，重点关注他们试图实现什么，只选择影响他们购买的关键因素；在发表意见前，要相信调研结果。

② 在细分市场信息收集表中，把共同的属性联系起来。

③ 如果你需要帮助才能完成信息收集，请考虑以下三点。

♪ 考虑客户高优先级的业务需求。

♪ 研究竞争对手，描述合理的、有吸引力的潜在购买理由。

♪ 审视并解释你在"市场评估"中识别出来的机会和市场驱动因素。

最终完成初步市场细分表，如图 3-28 所示。

初步细分的市场	描述	选择的理由

图 3-28　初步市场细分表

3.4.3　组合分析

组合分析是指利用战略定位分析（Strategy Positioning Analysis，SPAN）和财务分析（Financial Analysis，FAN）的结果，对各细分市场进行排序，从市场吸引力和竞争地位两个维度进行评估，选择进入市场吸引力强且产品竞争地位高的细分市场，再对每个细分市场进行 SWOT 分析。其目的是通过对各细分市场进行排

第 3 章　建立企业开拓及创新源泉——市场需求、规划及产品开发管理

序，确定产品要进入的细分市场。

战略定位分析从市场吸引力和竞争地位两个维度对细分市场进行评估，具体如图 3-29 所示。

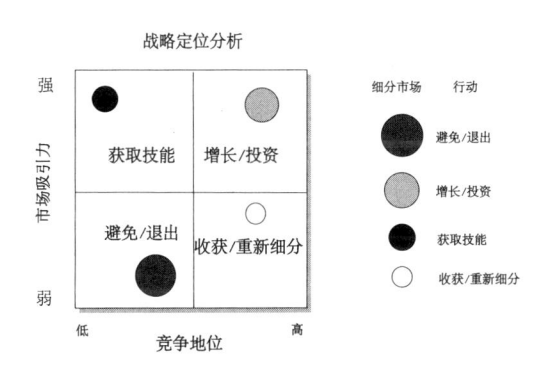

图 3-29　战略定位分析示意图

战略定位分析主要从以下五个方面对市场进行考虑：独特性、重要性、可衡量性、持久性和可识别性。

- 独特性：该细分市场要求产品具有成本优势、高的资本投入，以及能够满足客户独特的需要，或者具有足够的差异化特征，并且为产品设置了一定的进入门槛。
- 重要性：该细分市场要能达到一定的规模，能产生足够的利润来进行产品差异化、从事大型市场活动或提供售后服务。
- 可衡量性：该细分市场的销量与增长率能够衡量。
- 持久性：最基本的要求是该细分市场至少要能够持续到公司产生利润。
- 可识别性：产品在该细分市场中获得目标明确的销售与宣传，高效覆盖各个独特的客户群体。

财务分析是指对产品进入市场后的累计收入和内部投资回报率进行详细分析，如图 3-30 所示。

将各细分市场的内部投资回报率与累计收入进行比较。

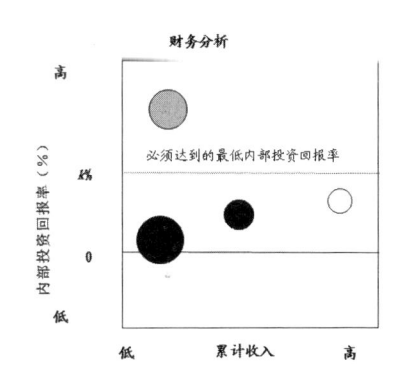

图 3-30　财务分析示意图

◊ 细分市场的内部投资回报率是指将某一细分市场未来（如五年）的税前收入或现金流折现到当前，净现值为零时的折现率。

◊ 某一细分市场的累计收入反映的是公司在该细分市场参与竞争而获得的净营运资金。在其他条件等同的情况下，累计收入越多，获得的现金流越大。

根据财务分析的结果，形成竞争地位说明。

◊ 细分市场中相对于公司资本成本或可接受的最低内部投资回报率的财务回报。

◊ 基于各产品包收入的各细分市场预期收入，即税前收入。

企业在进行战略定位分析和财务分析时，可采用图 3-31 所示的战略定位分析和财务分析组合表。

维度	属性	评估要素	评估子要素	分析描述	备注
战略地位分析	市场吸引力	市场空间	客户/供应商压力		
			直接/间接竞争		
			进入的威胁		
		竞争激烈程度			
		市场增长			
		战略价值			
	竞争地位	市场份额			
		产品优势			清楚描述产品的三个优点
		品牌优势			
		成本结构			是不是全新产品？产品是否可复用？复用率是多少
财务分析	财务	开发费用			
		未来三年的复合增长率			
		税前收益率			描述产出是多少
		内部投资回报率			

图 3-31 战略定位分析和财务分析组合表

3.4.4 制订计划

在完成市场细分工作后，就要开始进行产品开发了，在进行产品开发之前还要制订相应的业务计划，这就是制订细分市场业务计划，简称制订计划。

在制订细分市场业务计划时，组合管理团队（PMT）要基于不同的假设给出三个不同的备选方案，在每个备选方案中，运用安索夫矩阵确定每一个细分市场未来三年每年的收入和利润目标。集成组合管理团队（IPMT）对这些备选方案进行评审，并从中选择一个方案，从而确定产品线及每一个细分市场未来三年的战略目标。

第3章 建立企业开拓及创新源泉——市场需求、规划及产品开发管理

组合管理团队根据集成组合管理团队确定的产品线及细分市场的目标,确定每一个细分市场的战略定位,并详细制定六个业务要素(包括产品包、销售渠道、订单履行、定价/条款、集成营销及传播、技术支持)的策略,对风险进行评估。组合管理团队根据细分市场业务计划制定出投资组合,并对所有要投资的项目进行排序,整合形成产品路标。制订细分市场业务计划的步骤如图3-32所示。

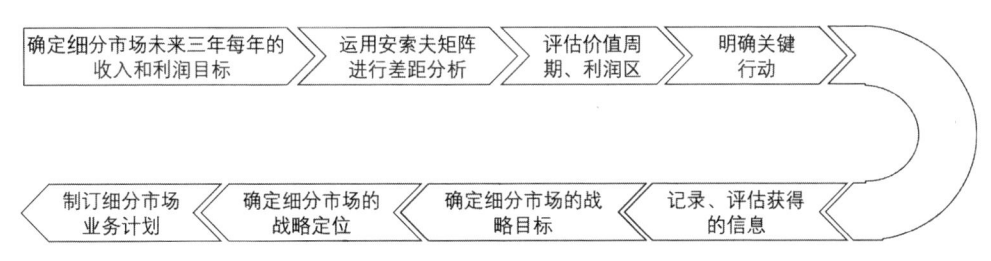

图3-32 制订细分市场业务计划的步骤

在制定业务策略时,主要采用安索夫矩阵[①]进行,安索夫矩阵如图3-33所示。

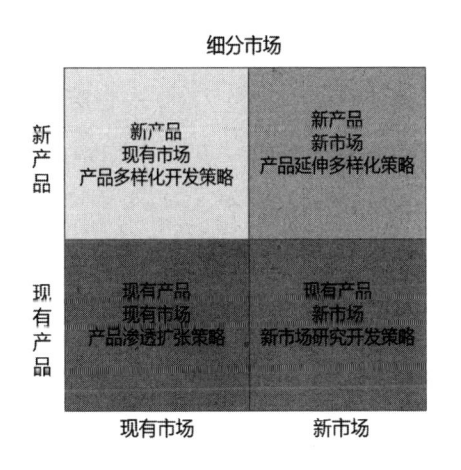

图3-33 安索夫矩阵

细分市场业务计划可包括图3-34所示的内容。

---

① 安索夫矩阵:由策略管理之父安索夫博士于1957年提出,以产品和市场作为两大基本方向,区别出四种产品/市场组合及其相对应的营销策略,是应用最广泛的营销分析工具之一。安索夫矩阵也称为产品/市场方格(Product-Market Grid)、产品市场扩张方格(Product Market Expansion Grid)、成长矢量矩阵(Growth Vector Matrix)等。

产品包	销售渠道	订单履行
延伸	覆盖率	可获得性
包装	渠道	交付方式
质量	OEM	库存水平
整合	销售队伍	退货升级
利用杠杆作用或进行组合	集成的程度	
竞争迁移	主要客户群	
新技术		
定价/条款	**技术支持**	**整合营销及传播**
财务	客户支持	品牌价值
保修	技术支持	定位
促销	协议	广告
激励	专门人员的培训	营销宣传
条件	服务水平	推销
定价及运作总成本	销售计划资源	推荐书/样板点

图 3-34　细分市场业务计划的内容

3.4.5　优化计划

在细分市场业务计划制订完成后，要对产品线的业务计划进行审视和整合，形成经过优化的、能够实现公司和产品线业绩目标的投资组合和业务计划。这就是融合和优化业务计划，简称优化计划。

融合和优化业务计划主要有两项内容：第一，对各细分市场及业务进行评价，根据评价结果选择和整合业务计划；第二，根据整合后的业务计划形成产品路标。

制定一种综合决策标准，对所有细分市场的业务进行组合分析。

（1）制定一种通用的、一致的综合决策标准，评估潜在的产品开发项目，并决定选择哪些项目（市场、产品）或放弃哪些项目（市场、产品）。项目评估方案如图 3-35 所示。

（2）在公司范围内，确定开发投资优先级，与业务目标保持一致，对各产品及市场进行组合、优化，形成产品线项目组合，使公司能够更好地执行其战略。产品线项目组合如图 3-36 所示。

项目	战略	市场需求			竞争性		经济性			渠道		技术		供应	成本		综合判定
	战略一致性	性质（新/原）	容量	成长性	竞争对手数量	竞争优势	投资回报率	年增长率	税前收益率	渠道集中度	渠道获得难度	技术开发难度	技术实现难易性	供应链齐全性	开发成本	推广成本	
项目A																	
项目B																	
……																	

图 3-35　项目评估方案

第3章 建立企业开拓及创新源泉——市场需求、规划及产品开发管理

产品类别	项目ID	项目名称	所属产品线	总分数	B-H-W-S	依赖关系分数	备注
市场渗透和扩展	1	料理机DXA	料理机	68	H	0	
	2	料理机DEA	料理机	75	B	2	
	3	料理机DFA	料理机	72	B	1	
产品升级换代	4	豆浆机DSF	豆浆机	88	B	4	
	5	豆浆机DEF	豆浆机	92	B	5	
产品多样化开发	6	榨汁机	料理机	78	B	3	
	7	咖啡机	料理机	65	W	0	
产品延伸	8	电磁炉	西式电器	55	S	0	
……							

注：B（Buy），买入，意思是确定为重点项目，加大投资；

　　H（Hold），持有，意思是继续投资该项目并监控其发展；

　　W（Watch），观望，指的是拒绝在该阶段进行投资，但仍要保留该项目，用于下一时期的投资评估，当资源充足时，可将该项目纳入投资项目清单；

　　S（Sell），卖出，指拒绝将该项目纳入产品组合中，并否决这个想法。

图3-36 产品线项目组合

（3）在完成以上两步后，可以根据评分结果制定产品路标，如图3-37所示。产品路标应包含以下内容。

♢ V版本启动时间、生命周期及主要特性。

♢ R版本启动时间、上市时间及主要特性。

♢ 每个V版本及R版本的技术需求计划。

♢ 每个V版本及R版本的人力资源需求计划。

♢ 每个V版本及R版本的投入产出分析。

（4）制订产品线业务计划。

在完成了前几步的工作后，需要制订详细的产品线业务计划，以便后期进行业务实施。产品线业务计划如图3-38所示。

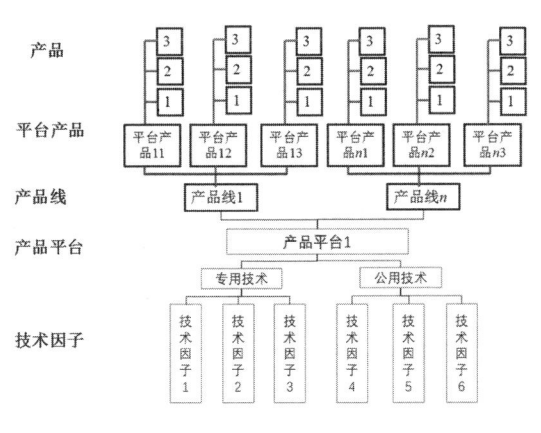

图3-37 产品路标

一、概述	二、市场及业务评估	三、业务计划
• 使命、愿景及目标 • 绩效/机会差距	A. 了解市场/见解 • 宏观环境分析 • 行业及市场评估 • 竞争对手分析 • 产品包分析 • 客户分析 B. 业务设计与支持 • 客户选择 • 细分市场与组合分析 • 价值陈述总结 • 活动范围 • 获取价值/价值链 • 战略控制 • 增长管理	A. 业务要素 • 产品包 • 定价/条款 • 销售渠道 • 集成营销及传播 • 技术支持 • 订单履行 B. 绩效/机会差距 C. 组织能力 • 关键任务与流程 • 正式的组织机构 • 人力、技能及文化
四、绩效评估	五、运作子计划	六、其他
A. 财务评估 B. 风险分析总结 • 整体风险评估 • 风险管理计划	A. 集成营销及传播子计划 B. 技术支持子计划 C. 销售渠道管理子计划	

图 3-38　产品线业务计划

3.4.6　评估绩效

在融合和优化业务计划完成后，就需要执行业务计划。在执行过程中还要评估业务计划的执行情况，以及提出改善措施。

根据业务计划的目标来评估绩效，包括对收入、利润、市场份额、客户满意度和忠诚度、营销效率、技术资源等进行评估。通过评估绩效，企业可能需要进行战略上的改变，或者需要重新评估业务组合。重新评估业务组合需要用到的评估模型如图 3-39 所示。

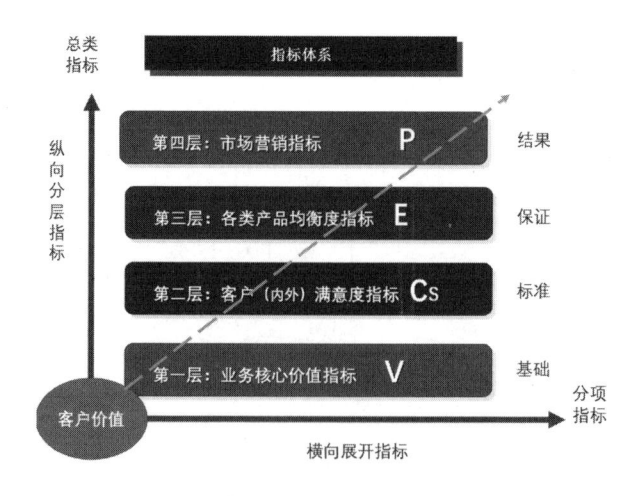

图 3-39　业务评估指标体系（PEC$_S$V）模型

3.5 产品开发管理

前文所讲的市场需求管理和市场规划管理均属于产品线的规划和管理，在产品线的规划和管理完成后，就确定和优化了产品组合，也就确定了产品及市场战略。到这里，万事俱备，只欠东风——产品。无论需求多么庞大，无论规划做得多完美，没有产品一切都归零，所以接下来就要进行产品开发。

产品开发管理的流程如图 3-40 所示，包括概念设计、计划、开发、验证、发布和生命周期管理六大阶段。产品开发管理各阶段的工作内容如图 3-41 所示。

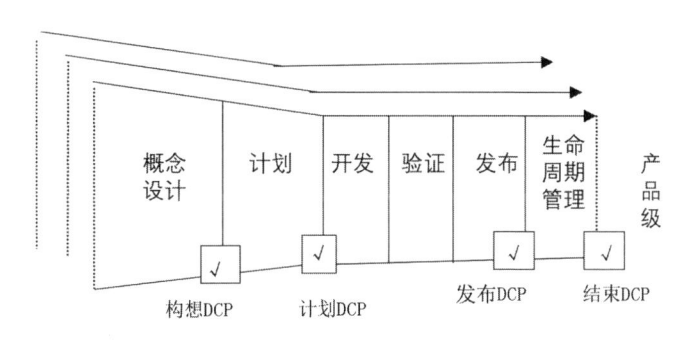

图 3-40　产品开发管理的流程

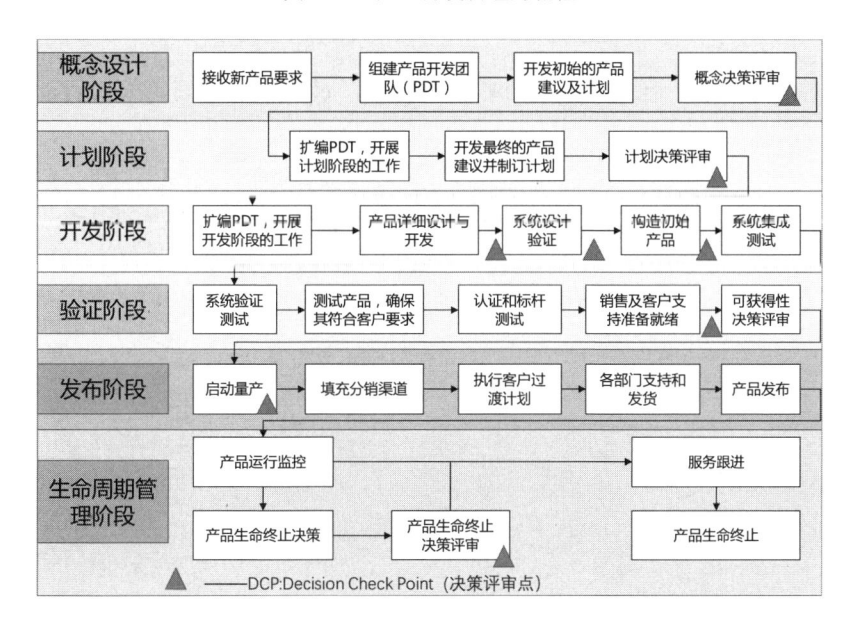

图 3-41　产品开发管理各阶段的工作内容

3.5.1 概念设计阶段

在概念设计阶段,企业的主要工作是根据之前的市场需求分析结果及市场管理规划结果,提出并确定一个最优的实现方案或框架概念,然后对这个实现方案或框架概念进行相应的分析并做出快速评估,包括市场可行性分析、技术可行性分析,以及财务结果评估、项目风险性评估等。该阶段主要有三个层面的工作。

管理层面:组建产品开发团队,并制订概念设计阶段的工作计划,如图3-42所示。

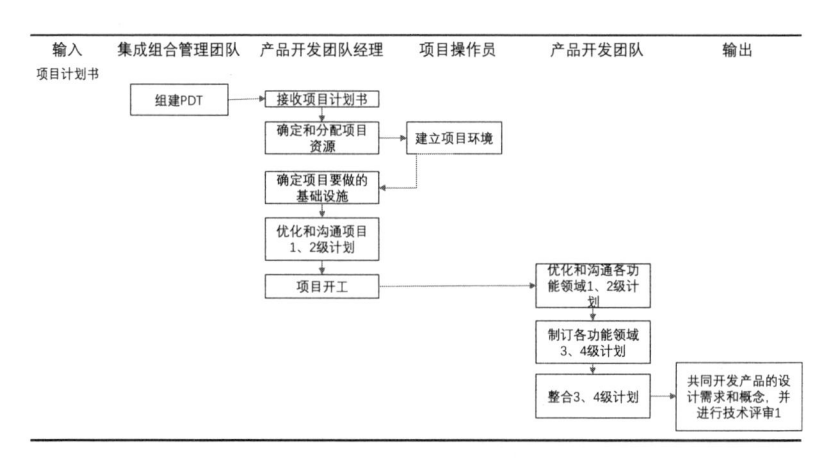

图3-42 概念设计阶段管理层面的工作内容及流程

技术层面:共同开发产品的技术需求并设计产品概念,其工作内容及流程如图3-43所示。

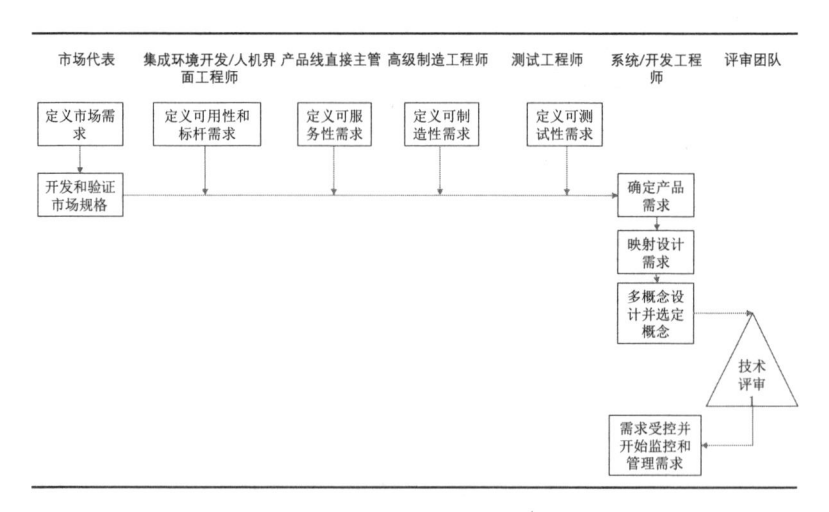

图3-43 概念设计阶段技术层面的工作内容及流程

业务层面：各功能领域并行开发各自的业务策略，制订端到端的业务计划，如图 3-44 所示。

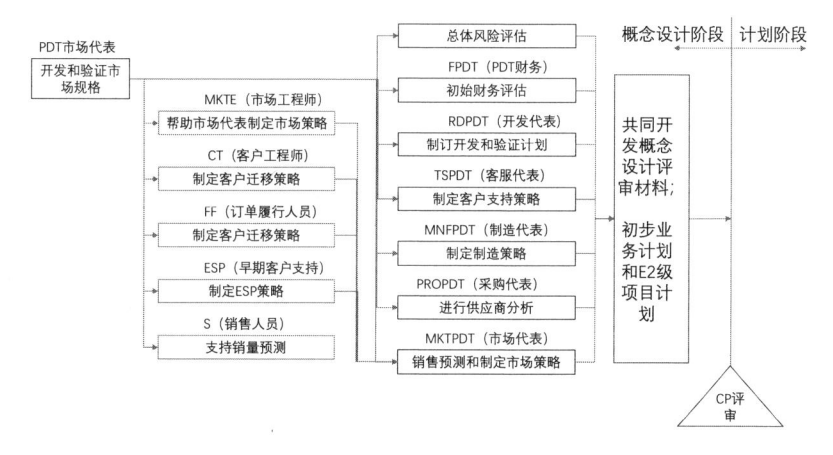

图 3-44 概念设计阶段业务层面的工作内容及流程

在概念设计阶段的工作完成后，要输出的内容包括初步业务计划、项目开发计划、产品开发一级计划初稿、产品包需求、设计需求、产品概念设计稿等概念设计评审材料。

3.5.2 TR1——产品需求和概念设计评审

在完成了产品概念设计后，企业需要立即召开产品需求和概念设计评审会议，在会议上要重点针对以下内容进行决策。
- 关注产品包需求和设计需求。
- 检查产品包需求和设计需求（如制造、市场、可测试性、可服务性方面的需求）。
- 根据评审标准对产品技术进行生命周期、成熟度和风险方面的评估。
- 确认已经对关键器件的成熟度进行评估。
- 评审产品部件可重用计划。

3.5.3 计划阶段

在概念设计评审完成后，设计了产品概念，选定了设计方案，接下来就要进行详细的产品设计了。产品开发是一个系统工程,需要各方面的协调配合才能完成。"凡事预则立,不预则废。"所以,在进行产品开发之前,企业还要进行详细的项目计划。这就是计划阶段,其工作过程如图3-45所示。

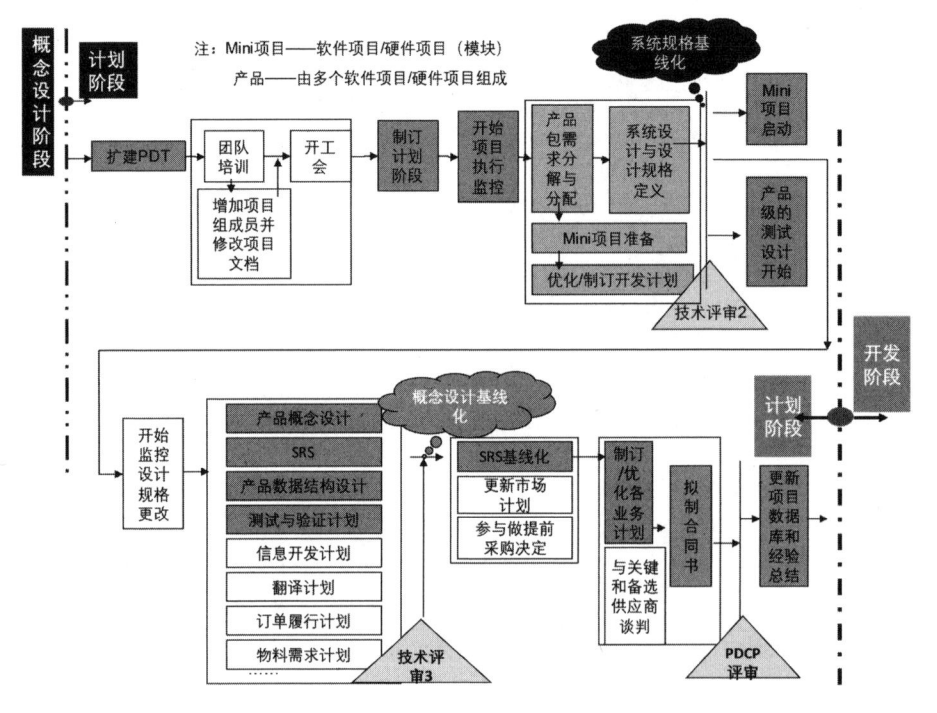

图3-45 计划阶段的工作过程

在计划阶段,企业要在清晰地定义产品及其竞争优势、理解业务计划的基础上,制订项目计划及资源计划,确保风险可以被合理地管控。

在该阶段企业要重点关注以下内容。

- 开发最终的产品方案(初步产品包方案的扩充),最终的产品方案定义了产品、市场需求,以及产品开发需要的各个业务部门的支持。
- 评估是基于事实数据(而不是假设)进行的,因此若计划得到批准,产品开发团队则将与集成组合管理团队签订一个合同来完成产品交付;若计划没有得到批准,产品开发团队则不会浪费资源。
- 对概念设计阶段的假设进行证实,通过与集成组合管理团队达成的"合同式"协议,产品开发团队得到授权。
- 在项目每个阶段的目标及整个项目的目标上达成共识。

在实际工作过程中，企业可根据实际情况进行工作流程的设计，具体如图 3-46 所示。

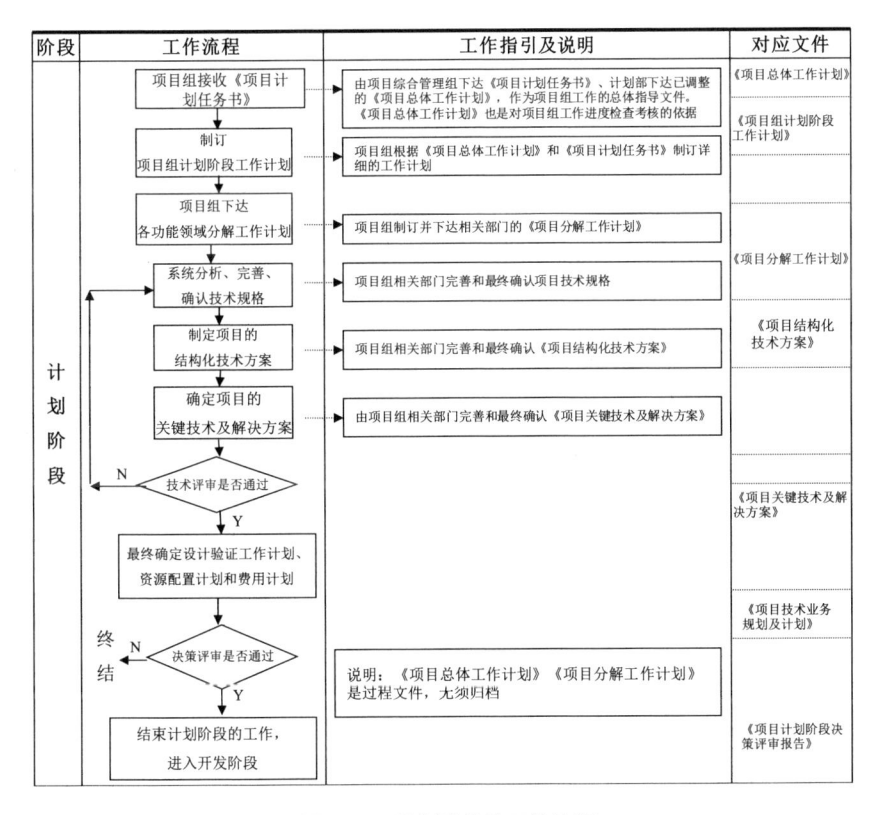

图 3-46 计划阶段的工作流程

3.5.4 TR2——需求分解和规格评审

计划阶段可以分为两个子阶段：第一个子阶段是对技术需求进行分解，制订阶段工作计划，然后制定结构方案和关键技术解决方案；第二个子阶段是对产品开发工作进行资源分配和制订产品开发计划。其中，在技术需求分解、结构方案和关键技术解决方案制定后，就要对该分解过程和结构方案、关键技术解决方案进行相应的评审。这就是需求分解和规格评审。

需求分解和规格评审的目的是检查系统设计规格，评估技术风险；确保已经选用合适的设计方案；检查产品部件的重用度；更新产品功能和规格。

企业在规格评审过程中要重点关注以下问题。

- 上一阶段的遗留问题是否已解决并关闭？
- 设计需求是否 100% 转换为设计规格？
- 需求分解是否已完成，各领域是否充分参与评审？
- 是否已经就不同功能配置和物理子系统方案进行权衡并已选择最佳设计？
- 是否已经完成子系统之间的接口设计和子系统总体方案设计？

在进行规格评审前，各团队需要提交以下材料。

- 需求分解分配表。
- 设计规格。
- 总体设计方案、产品设计说明书。
- 系统架构设计。
- 系统配置。
- 设计说明书。
- 架构评审报告。
- 系统 FMEA 报告。
- 整机系统设计方案。
- 接口文档。
- 命令行规范。
- 目标成本。
- 产品测试与验证计划。
- 产品开发计划书。

3.5.5 TR3——概要设计评审

需求分解和规格评审主要是对各子系统的需求分解、技术规格、关键技术及风险的分析评审。在评审完成后，企业还需要进行系统整合，并制订后期的产品开发和验证计划。子系统的技术规格在经过评审后没有问题，并不代表系统在整合后没有问题，以及后期的开发验证计划没有问题。这就好比建造一座房子，窗户设计得很漂亮、完美，门设计得也很完美，房子结构也很漂亮，结果，工人在安装的时候发现没有预留出安装门和窗户的位置，这样即使门和窗户设计得再漂亮、再完美，房子还是建造不起来。所以企业在系统整合后还需要进行相应的整体评审，这就是概要设计评审。

概要设计评审主要关注以下内容。

- 上一阶段的遗留问题是否已解决并关闭？
- 软件需求说明书是否已完成评审？
- 系统和子系统的规格是否已经被分配到各功能模块的总体方案中？
- 模块总体方案是否包括系统配置定义？
- 系统整合后各功能领域的专家是否已分析技术风险？
- 是否已对技术规格进行评审，评估技术成熟度？
- 决定的设计方案是否足够充分，可以指导详细设计？
- 本阶段的交付件是否已全部完成评审并归档？

在进行概要设计评审前，各团队需要提交以下材料。

- 产品标准计划。
- 测试与验证计划。
- 软件接口文档。
- 需求规格说明书。
- 资料开发计划概要。
- 需求矩阵度量表。
- 需求SRS分析文档。
- 产品功能清单。
- 构建计划。
- 产品主要汇报材料。

3.5.6 开发阶段

完成了之前的准备工作，就可以进入开发阶段了。开发阶段就是将之前的概念通过设计开发转化成原型机的过程。开发阶段的工作过程如图3-47所示。

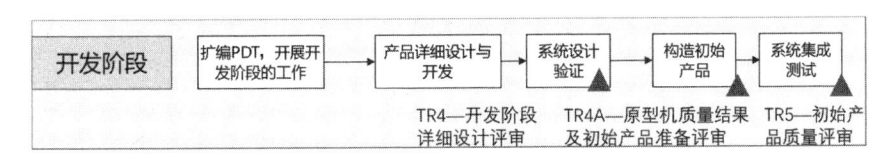

图3-47 开发阶段的工作过程

开发阶段既是产品开发实施过程，又是对计划阶段的假设进行验证的过程。因此，企业在该阶段要重点关注以下内容。

- 关注市场及客户需求的变化情况。
- 关注产品及财务假设的变化情况。
- 设计和集成满足技术规格的产品。
- 准备和构建产品原型机。
- 确保设计的产品是可制造的。
- 处理及减少风险和非确定性因素至可接受的水平。
- 准备发布工艺文档。
- 验证计划阶段的假设。

3.5.7　TR4——模块和BBFV测试评审

BBFV是Building Block Function Verification的缩写，是指模块功能构建验证。

模块和BBFV测试评审主要对各子模块进行功能验证，验证其是否具备集成需求，确定每种可能存在的风险的规避计划以及各子模块的可使用性。在评审时各团队应提供以下资料。

- 软件设计说明书。
- 构建指导书。
- PCB绘制图。
- 目标程序。
- 代码检视报告。
- PCB加工工艺要求。
- 单元测试用例及报告。
- 测试执行策略。
- 硬件BOM清单。
- BBFV测试用例及报告。
- 试验方案。
- 研发样机调测报告。

3.5.8 TR4A——原型机质量评审

TR4 是模块和 BBFV 测试评审,如果各功能模块没有问题,集成后的原型机就没有问题。除此之外,企业还要对原型机的功能满足性进行验证和评审。这就是 TR4A 评审,即原型机质量评审。

原型机质量评审的目的是确定功能需求已经得到满足,性能需求已经基线化。原型机质量评审通过控制未成熟产品进入样机生产的节奏,确保产品技术已经达到 SIT(系统集成测试)的要求。

开发阶段的各项测试内容,以及 TR4A 评审所处的位置如图 3-48 所示。

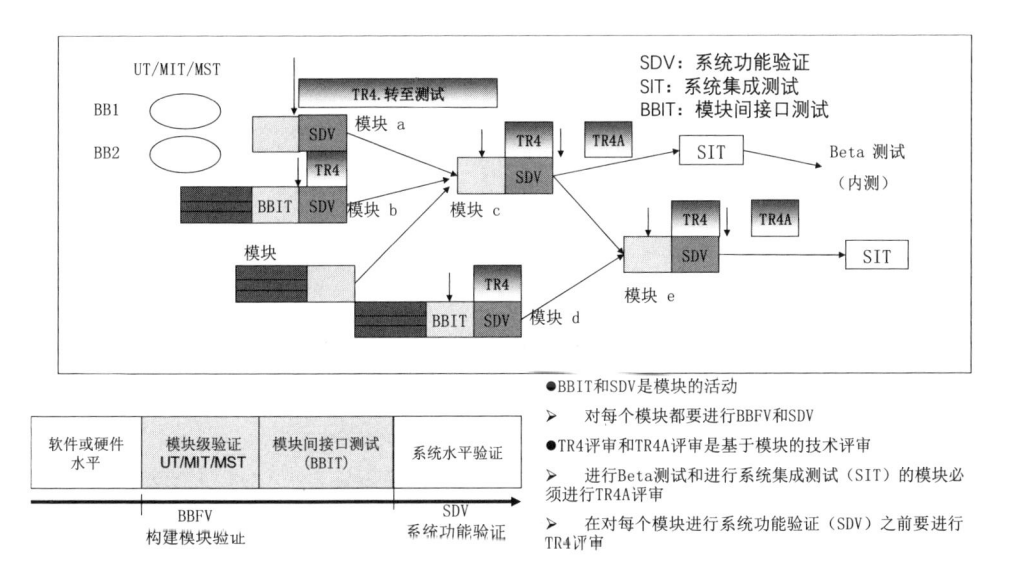

图 3-48 开发过程中渐增测试模型

在进行原型机质量评审前,各团队应提交产品配置手册和各模块的系统功能验证报告。

3.5.9 TR5——初始产品质量评审

初始产品质量评审一般被放在系统集成测试(SIT)之后进行,其目的是验证产品设计的质量满足状况。其评审内容如下。

♪ 产品性能方面:系统功能、性能完成内部测试,确认其测试结果。
♪ 部品供应方面:确认供应商选定状况、批量物料采购满足状况。

- 产品制造方面：确认制造所需的工艺装备的开发完成状况和需求满足状况。
- 技术支持方面：确认产品的可安装性和可服务性的测试状况，以及技术培训完成状况。
- 公测准备方面：确认少量公测产品准备状况。
- 项目资料方面：审核产品性能标准，产品性能测试结果，部品供应需求，部品供应商清单及各供应商供应能力，产品制造工艺及各工艺过程所需设备、各设备能力参数，产品可安装性和可服务性设计标准，产品可安装性和可服务性测试结果，技术培训记录等。

3.5.10 验证阶段

在验证阶段，企业主要通过必要的设计更改，使产品符合设计需求，并采取一系列手段来验证产品性能、验证并预测产品的市场成功性，以及验证产品的可制造性，从而发布最终的产品规格及相关文档。

该阶段主要有三个方面的工作：第一，要确保产品在市场上获得成功，就要结合产品来审视市场及客户需求、产品及财务假设、最终发布计划，确保各方面都满足之前的假设；第二，要确保产品功能符合需求，就要修改设计以满足产品规格要求并在原型机中表现出来，形成最终的产品规格；第三，要确保制造准备就绪，就要形成最终的制造过程技术文档，对供应商是否已验证进行确认，验证其是否已开发主要制造工艺，以及该制造工艺是否在可接受的范围内发挥作用。验证阶段的工作内容如图3-49所示。

验证阶段	系统验证测试	Beta测试确保产品符合客户要求	认证和标杆测试	销售及客户支持准备就绪	可获得性决策评审

TR6—Beta测试、制造系统验证、认证和标杆测试结果评审

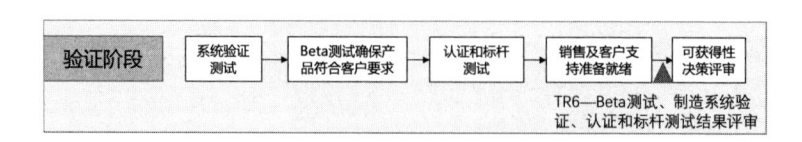

图3-49 验证阶段的工作内容

其中，Beta测试是一种验收测试，一般是指在完成了软件产品的功能测试和系统测试之后，在产品发布之前进行的软件测试活动。在这里，Beta测试一般是指产品验收测试，不仅仅是指软件测试活动。

产品验收测试一般根据产品规格说明书严格检查产品，通过逐行逐字地对照产品规格说明书上对产品所做出的各方面的要求来检查产品，确保所开发的产品

第 3 章　建立企业开拓及创新源泉——市场需求、规划及产品开发管理

符合客户的各项要求。产品验收测试应检查产品能否按合同要求进行工作，即产品是否满足产品规格说明书中的标准。

3.5.11　TR6——Beta 测试、制造系统验证、认证和标杆测试结果评审

Beta 测试、制造系统验证、认证和标杆测试结果评审的目的是，评估生产级的技术成熟度，并且确认进入量产阶段的风险。其主要内容是对产品制造过程中所存在的风险进行评估。虽然该过程展示的是一个评审，但很多优秀的公司在此环节实际上进行了三次评审，分别是小批量试产评审（AQ1 阶段的评审）、中批量试产评审（AQ2 阶段的评审）和制品安全评审（AQ3 阶段的评审）。其主要目的是考察产品制造过程中的生产要素满足程度、生产能力、质量控制能力等。

在技术评审方面，各公司都做得非常不错，但是在生产制造环节的确认方面，各公司做得还不够。很多开发者认为这是生产部门的事情，设计出来的产品在生产时不是存在质量问题就是产能不足，导致产品在上市后出现一大堆质量问题，供应也不足，白白浪费了市场机会。这里以优秀公司为例来讲解该环节的评审是如何进行的。

某公司新产品的小批量试产评审如图 3-50、图 3-51、图 3-52、图 3-53、图 3-54 所示。

人员状况

生产线	总人数	正式人员	实习生	可独立上岗人员	熟练度在50%以下人员	一班制所需必要可上岗人员	问题点
CY	47	9	38	44	3	24	△熟练工只有一个班的人员
CS	32	9	23	27	5	25	
P	13	4	9	13	0	12	△新员工约占三分之二，没有经验
UB	23	5	18	21	2	20	
LB	19	7	12	17	2	16	△目前可以开一班，月中可以两班倒，月底可以三班倒
合计	134	34	100	122	12	97	
比例		25.4%	74.6%	91.0%	9.0%	72.4%	

备注：此表中的人员是对 8 月 21 日之前 V 线现有人员进行的统计，8 月 21 日之后加入的新员工未纳入表中。

图 3-50　确认生产人员的满足性（单位：人）

设备治具精度及品质状况

生产线	设备名称	设备数量	CP状况	C/T状况	线别	机种	投入数	良品数	良品率	材料不良	加工不良	问题点
CY	粗车OP1	7台	合格	合格	CY	2K22S/2K25S	700台	687台	98.14%	5PC (0.71%)	7PC (1.14%)	1. NC加工出的工件的侧面有毛刺； 2. YNC449加工2K32C时C/T太长，达24秒； 3. YNC449在加工时5H主轴反转； 4. 从V到HK切替时间较长
	粗车OP2	7台	合格	合格								
	定位孔、螺纹孔加工机	2台	合格	合格								
	吸气孔、弹簧孔加工机	2台	合格	合格								
	排气孔加工机	2台	合格	合格								
	平面粗研机	2台	合格	合格		2K32C	440台	425台	96.59%	8PC (1.82%)	7PC (1.59%)	
	滑块槽切削机	3台	合格	合格								
	平面精研机	2台	合格	合格								
	内面研削机	4台	合格	合格								
	滑块槽研削机	4台	合格	合格								
	抛光机	2台	合格	合格								
PS	平面研削机	2台	合格	合格	PS	2K22C	623PC	607PC	97.43%	5PC 0.78%	11PC 1.7%	1. 外研磨托板有毛刺； 2. 外研磨托板安装无基准点； 3. 内研磨2#机C/T超标； 4. 2K32材料不良率较高，需要和供应商交涉
	外面研削机	2台	合格	合格		2K25S	678PC	659PC	97.20%	2PC 0.29%	17PC 2.4%	
	内面研削机	3台	合格	不合格								
	抛光机	2台	合格	合格		2K32C	654PC	603PC	91.92%	28PC 4.08%	23PC 3.35%	

图 3-51　确认设备治具的品质状况

设备治具的问题点总结

生产线	问题点	对策	责任者	完成时间	确认
CY	1. YNC449在加工时5H主轴反转	发往YNC厂家修理	YNC厂家	8月30日	
	2. YNC449加工2K32C机种时C/T过长（24秒）	厂家调整	YNC厂家	8月31日	
	3. 槽铣机加工2K22C/2K25S时工件容易装反	厂家追加定位销	SKG厂家	8月2日	
CS	T面机垂直度不稳定	厂家带回改善	厂家	8月21日前	
UB	1. OP1 C/T不足	内径刀杆改善，内径加工一次	生技	9月8日	
	2. OP2 2#、3#内径CP不足	图纸公差为0.08mm，内径管理公差为0.03mm，公差过小，无法满足，但连续加工100台，尺寸全部合格，故判为"OK"			
	3. 油沟机无对刀仪基准	对刀仪改善	生技	9月5日	
LB	1. 油沟机切替时困难	对治具进行改善	生技	8月30日	
	2. 珩磨机内径直角度不稳定	治具下垫塞片，以后重新设计并制造治具	厂家	9月10日	
	3. 珩磨杆与图纸不一致	生技临时处理，今后全换新品	厂家	9月10日	
	4. 油沟加工机无对刀仪基准	对刀仪改善	生技	9月5日	
PS	1. 安装托板时无固定基准点	追加定位块	厂家	8月4日	
	2. 外研托板有毛刺	厂家带回改善	厂家	8月21日前	

图 3-52　设备治具的问题点及改善对策

第3章 建立企业开拓及创新源泉——市场需求、规划及产品开发管理

切替时间一览表

设备	时间		设备	时间		设备	时间		设备	时间	
排气孔加工机	3时	分	C轴车削	时	30分	阀座面辊光机	时	分	平面研削机	1时	分
平面粗研机	1时	1时	油孔加工机	4时	分	泄漏检查机	时	20分	内面精镗设备	2时	分
滑块槽切削机	3时	30分	油孔、油槽加工机	4时	分	平面研削机	1时	分	珩磨机	1时	分
平面精研机	1时	1时	斜油孔加工机	时	分	内面精镗设备	2时	分	油沟加工机	2时	10分
内面研削机	2时	时	UL轴粗研机	时	1时	油沟加工机	时	10分	超仕上抛光机	时	30分
滑块研削机	3时	30分	C轴研削	3时	分	珩磨机	1时	分			
抛光机	4时	40分	UL轴精研机	4时	分	超仕上抛光机	时	30分			
			T面研削机	1时	分						
			抛光机	时	30分						
			磷化机	时	分						
			抛光喷涂机	时	30分						

从V机种到HK机种的切替时间长，工程量和品质波动比较大，目前我们正在准备比较系统化的教育训练资料和进行合理化的改造。

图3-53 机种切换时间验证

设备	机种	项目	精度标准（mm）	检测精度（mm） MAX	检测精度（mm） MIN	HK C/T相关 实际C/T	HK C/T相关 标准C/T	判定	实际CP
NC OP1-1# (H2UB-05C1)	2K22/25/32	外径	Φ125.0$_{-0.37}^{-0.31}$	124.69	124.66	90s		NG	1.023
		内径	Φ19.4±0.1	19.435	19.395				3.14
		端面直径	Φ85.0±0.2	OK					OK
		阀座高度	2.8$_{+0.10}^{+0.30}$	3.06	2.73				
		槽深	8.0$_{-0.10}^{+0.30}$	8.13	8.03				4.258
		槽宽	2.0±0.2	OK					OK
		槽径	Φ26.0±0.2	OK					UK
		内径端面倒角	C0.9±0.10	OK					OK
		外径倒角	MAXC0.5	OK					OK
		槽径倒角	C0.05～0.3	OK		84s			OK
NC OP1-2# (H2UB-05C2)	2K22/25/32	外径	Φ125.0$_{-0.37}^{-0.31}$	124.69	124.66	102s		NG	1.016
		内径	Φ19.4±0.1	19.435	19.395				2.01
		端面直径	Φ85.0±0.2	OK					OK
		阀座高度	2.8$_{+0.10}^{+0.30}$	2.97	2.64				
		槽深	8.0$_{-0.10}^{+0.30}$	8.13	8.02				3.986
		槽宽	2.0±0.2	OK					OK
		槽径	Φ25.0±0.2	OK					OK
		内径端面倒角	C0.9±0.10	OK					OK
		外径倒角	MAXC0.5	OK					OK
		槽径倒角	C0.05～0.3	OK					OK

OP1的C/T不足，联络生产技术部门重新追加两个角的内径的刀杆，8月25日—30日到，支援者9月初对应。

图3-54 确认设备生产能力指数

在这个案例中，列出的只是生产部门需要验证的内容。当然，采购部门、技术部门、开发部门等部门也有需要验证的内容，由于篇幅有限，就不一一进行展示了。从该案例中可以看出，该公司的验证非常仔细，不仅验证了产品的质量，还验证了生产能力，甚至验证了人员的满足状况和机种的切换时间等，并且针对在验证过程中遇到的问题，一一制订相应的改善计划进行改善。通过这样的验证和改善，该公司在中批试产时就不会存在太多的问题。

在经过小批量试产评审之后，各部门需要将所暴露出来的问题按照设定的改善对策进行改善，改善完成后再按照计划进行批量试产，在批量试产完成后，还要进行相应的评审。当然，评审还是从供应、质量、生产等角度进行。但是，在AQ1阶段，各部门只对单个机台进行确认，而在AQ2阶段，需要对整条生产线甚至整个价值链进行评审，从整个系统角度确认新产品的可生产性。AQ2阶段的评审案例（节选）如图3-55所示。

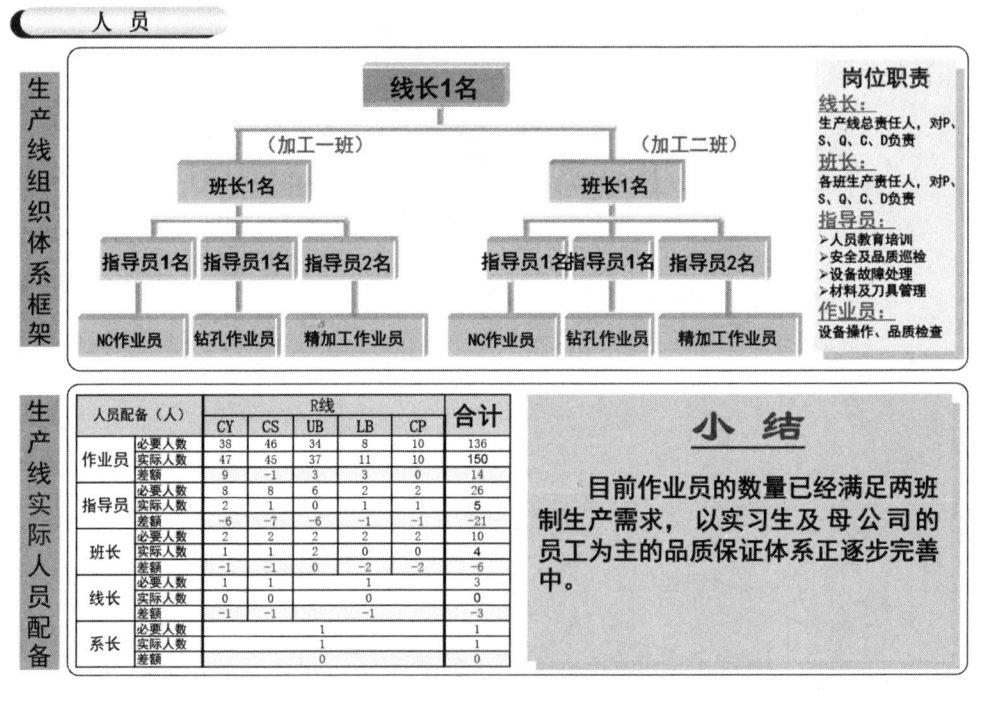

人员

生产线组织体系框架

```
                    线长1名
        ┌──────────────┴──────────────┐
     (加工一班)                    (加工二班)
      班长1名                       班长1名
   ┌────┼────┐                  ┌────┼────┐
 指导员1名 指导员1名 指导员2名    指导员1名 指导员1名 指导员2名
   │      │      │                │      │      │
 NC作业员 钻孔作业员 精加工作业员   NC作业员 钻孔作业员 精加工作业员
```

岗位职责
线长：
生产线总责任人，对P、S、Q、C、D负责
班长：
各班生产责任人，对S、Q、C、D负责
指导员：
➢ 人员教育培训
➢ 安全及品质巡检
➢ 设备故障处理
➢ 材料及刀具管理
作业员：
设备操作、品质检查

生产线实际人员配备

人员配备（人）		CY	CS	R线 UB	LB	CP	合计
作业员	必要人数	38	46	34	8	10	136
	实际人数	47	45	37	11	10	150
	差额	9	-1	3	3	0	14
指导员	必要人数	8	8	6	2	2	26
	实际人数	2	1	0	1	1	5
	差额	-6	-7	-6	-1	-1	-21
班长	必要人数	2	2	2	2	2	10
	实际人数	1	1	2	0	0	4
	差额	-1	-1	0	-2	-2	-6
线长	必要人数	1	1	1			3
	实际人数	0	0	0			0
	差额	-1	-1	-1			-3
系长	必要人数			1			1
	实际人数			1			1
	差额			0			0

小结

目前作业员的数量已经满足两班制生产需求，以实习生及母公司的员工为主的品质保证体系正逐步完善中。

图3-55 AQ2阶段的评审案例（节选）

生产能力

部品	工程	主要加工部位	配置设备数 台/工程	C/T 理论 秒/工程	C/T 理论 秒/台	C/T 实际 秒/工程	C/T 实际 秒/台	目标稼动率	两班两交出勤时间24h 稼动时间21h	瓶颈工程
A产品	OP-1	A面、内径	1 4	61	15	56	14	85%	4590台	槽铣机
	OP-2	B面、外径	1 4	61	15	58	15	85%	4432台	
	孔加工	基准	1 2	20	10	30	15	85%	4284台	
	平面研削粗	平面粗研削	1 1	17	17	13	13	85%	4943台	
	沟切削	排水槽	1 2	21	11	21	21	85%	3060台	
B产品	OP-1	L轴旋削	1 3	34	11	36	12	85%	5355台	偏心磨
	OP-2	U轴旋削	1 3	42	14	47	16	85%	4102台	
	OP-4	C/C2（U轴侧）轴旋削	1 3	33	11	33	11	85%	5842台	
	孔加工	横穴、C2沟穴	1 1	17	17	17	17	85%	3780台	
	C轴	C轴斜油孔	1 1	20	20	20	20	85%	3213台	
	UL轴粗研削	粗研削	1 1	17	17	17	17	85%	3780台	
	C轴研削	偏心部研削	1 2	32	16	40	20	85%	3213台	
	UL轴精研削	L面精研削	1 1	17	17	18	18	85%	3570台	
	T面加工	T面研削	1 2	19	10	25	13	85%	5141台	

序号	问题点（瓶颈工程）	临时对策	负责部门	永久对策	负责部门
1	CY线槽铣机能力不足，只有一台设备	借用V线设备生产	机加工	增加设备	生产技术
2	CS线斜油孔能力不足，C/T不达标	增加设备稼动时间	机加工	改善C/T	生产技术
3	CS线偏心磨能力不足，C/T不达标	增加设备稼动时间	机加工	改善C/T	生产技术

图 3-55　AQ2 阶段的评审案例（节选）（续）

经过 AQ2 阶段的评审之后，就可以大批量生产产品了。在出货前，也就是发布产品前，还会进行 AQ3 阶段的评审。AQ3 阶段的评审就是制品安全评审，主要从体系角度确认一次产品的质量问题。由于篇幅有限，这里就不再举例说明了。

3.5.12　发布阶段

经过前期的工作以及各种验证，企业完成了产品的基本设计，并且可以批量生产了。这个时候，企业一方面要继续完成剩余工作，包括资料的归档、继续改善验证后需要改善的内容；另一方面要完成产品上市的工作，这是发布阶段应该重点完成的工作内容。发布阶段具体的工作内容如下。

♪ 更新项目文档。
♪ 继续对项目进行管理和监控。

- 进行 Beta 测试检查。
- 给订单履行部门提供产品配置单。
- 技术资料输出。
- 向生产操作转移、切换。
- 确定发布材料。
- 完成客户迁移计划。
- 向区域/国家发送营销/销售信息。
- 完成订单环境的建立。
- 准备技术支持工作。
- 培训营销人员、销售人员，完成市场准备。
- 渠道备货。
- 完成计划中对批量发货所承诺的所有交付件。

3.5.13 生命周期管理阶段

产品生命周期，亦称"商品生命周期"，是指产品从准备进入市场开始到被淘汰退出市场为止的全部过程，由需求与技术的周期决定。产品生命周期是产品或商品在市场中的经济寿命，即在市场流通过程中，由消费者的需求变化和影响市场的其他因素所造成的产品或商品由盛转衰的周期。产品生命周期主要由消费者的消费方式、消费水平、消费结构和消费心理的变化所决定。产品生命周期一般分为导入（进入）期、成长期、成熟期（饱和期）、衰退（衰落）期四个阶段[①]。

本书所讲的产品生命周期管理是指产品上市后的制造、营销、服务等管理工作。生命周期管理阶段主要的工作目的是对产品上市后的营销/销售、制造/交付、服务/支持、重用/处置进行管理，以提高产品收入，降低运营成本，保证客户满意度，达到组合绩效最优。为了达到这一目的，很多优秀企业建立了图 3-56 所示的市场运行业务监测评价体系和图 3-57 所示的企业生产运营业务检测评价体系。

---

① 林崇德. 心理学大辞典[M]. 上海：上海教育出版社，2003.

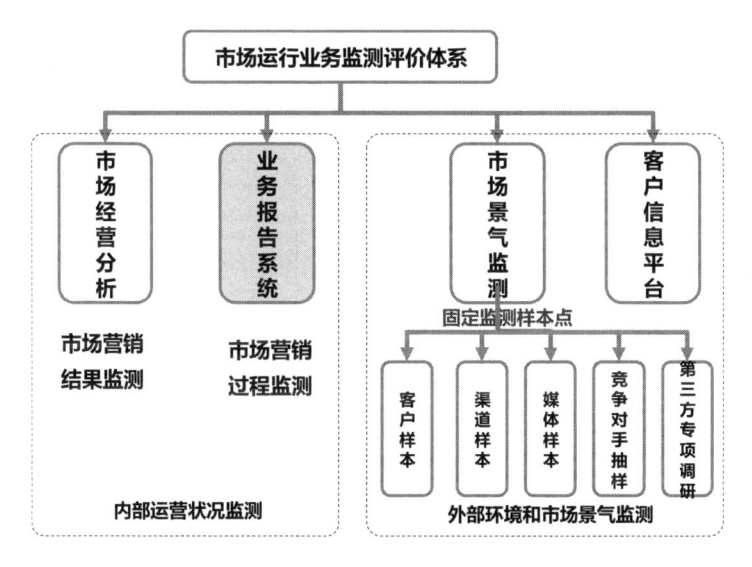

第3章 建立企业开拓及创新源泉——市场需求、规划及产品开发管理

图 3-56 市场运行业务监测评价体系

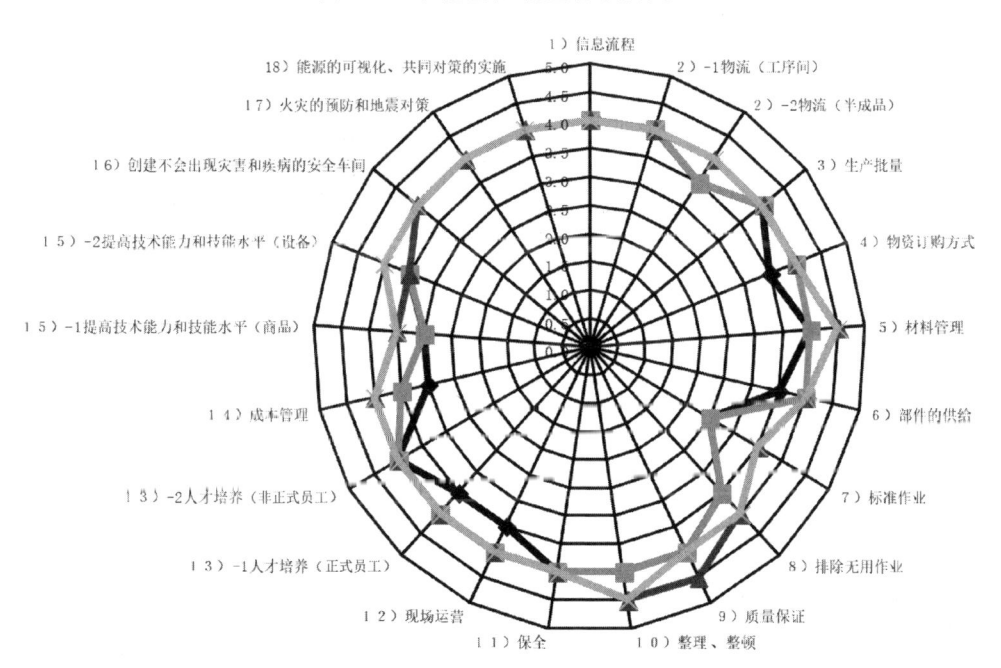

图 3-57 企业生产运营业务检测评价体系（节选）

在该阶段企业要重点关注以下内容。

- 做好生命周期目标成本管理和损益评估。
- 做好市场营销策略及价格策略。
- 做好产品包维护和改进。

3.6 产品开发过程中的成本管理

从美国 MUNRO 公司的统计信息可以看出，从表面上看，产品的开发成本占产品总成本的 5%，材料成本占产品总成本的 50%，人力成本占产品总成本的 15%，间接成本占产品总成本的 30%。然而从成本的投影角度来看，产品开发成本的投影占产品总成本的 70%，材料成本的投影占产品总成本的 20%，人力成本的投影仅占产品总成本的 5%，间接成本的投影占产品总成本的 5%，如图 3-58 所示①。

图 3-58　产品成本映射图

为什么开发成本从表面上看只占产品总成本的 5%，而它的投影却占产品总成本的 70%？从表面上看，产品的开发成本只有产品开发过程中的人力成本、模具成本、试制成本和样品的材料成本等。实际上，在产品设计好之后，生产产品要用多少材料、制造工艺是简单还是复杂、要用的人力和工时、后期产品的市场营销成本和服务支持成本等，都因产品设计的不同而不同。试想一下，如果一款产品的零部件设计达到最大程度的简化和优化，其生产工艺简单，生产过程中的质量问题也极少，再加上产品很受客户青睐，甚至在被销售后不需要过多的售后服务，那么各项成本都会大大降低。所以，一款产品的材料成本、人力成本和间接成本都与产品的开发成本有关。

这一点，很多公司都会忽略，往往在将一款产品开发成功后，如果生产过程不顺就责备生产部门，如果销售不力就责怪销售部门，很少去想这背后的逻辑。

---

① 来自美国 MUNRO 公司。

正如笔者曾经服务过的一家公司,该公司在将新产品开发成功后进行生产时,不是这个零部件供应不上,就是那个零部件在生产过程中产生一堆质量问题,导致生产线做做停停,制造成本居高不下,生产人员叫苦连天,造成了极大的浪费。

知道了开发成本在产品生命周期中的重要性,我们该怎么去降低开发成本呢?

3.6.1 提升产品标准化率

产品标准化率是指一款产品的标准化件数(通用件数)与总零件数的比值。

产品标准化率越高,开发周期越短。产品标准化率越高,在开发过程中,标准化件不需要新开模具,并且配件的性能也已经得到验证,无须再验证,因此会大大缩短产品开发周期。

产品标准化率越高,产品开发成本越低。在产品开发过程中,模具成本占比较大,如果每个零部件都开发新的模具,模具投入费用就会过高,这将给后续的营销带来较大负担。

产品标准化率越高,产品质量将越稳定。产品质量取决于各零部件的质量和配合质量,通用件或者标准化件已经经过长期的使用和改善,零部件的质量得到了极大的保证。因此,通用零部件的质量就有了相应的保障,这会大大降低产品质量问题的发生概率,同时也会大大地减少生产过程中质量问题所造成的质量成本浪费。

产品标准化率越高,产品的制造成本将越低。在生产过程中大量使用通用零部件,一方面可大大减少新开发工装夹具的费用和购买新工具的费用;另一方面,在生产和组装过程中使用通用零部件,由于人员技能熟练,可大大提高生产效率,降低人力成本。

产品标准化率越高,产品零部件供应商的选择面会越广。这不仅会大大提升产品零部件的供应效率,还会降低产品零部件的供应风险,从而降低零部件的供应成本。

因此,各企业在产品设计过程中往往会制定一个产品标准化率的标准,来衡量设计和开发的合理性。这个标准因行业不同而有所不同。比如,小家电行业一般要求产品标准化率在60%以上;房地产行业也在追求较高的产品标准化率。当然,这个标准定为多少更合理,各企业可以根据行业特点和自身特点进行设定。

看到这里可能很多人会有疑问，现在人们越来越崇尚个性化，产品定制化大行其道，追求高产品标准化率与产品个性化不是相互矛盾吗？其实这是认识上的一个误区，产品个性化与产品标准化并不矛盾。产品个性化可以体现在产品的外观、配色等方面。产品标准化可以体现在产品的内部结构、零部件上。比如丰田汽车，每个客户订购的产品可能都是企业定制的个性化汽车，但是在实际生产过程中，一辆辆个性化汽车只不过是不同零部件的组合罢了，这些零部件大部分都是丰田公司内部的标准件。这种个性化就是通过标准化的零部件设计完成的。再如，洗发水或者洗洁精等产品的包装，其瓶盖与瓶口可以采用标准化设计，而瓶体可以通过不同的造型或者不同的配色来实现个性化，这就是产品个性化与产品标准化的平衡。我们需要做的就是，在产品个性化和产品标准化这两个矛盾体之间找到平衡点，或者寻找通过标准化的设计表达个性化的方法。

3.6.2 建立一套产品成本控制管理方法

在产品开发完成后，建立一个团队，这个团队通过对每一个零部件进行价值分析，挑战原有设计方案，寻找是否有更优的设计方案可替代。在这种方法中，较为成熟的有精益设计和 VE（价值工程）。

精益设计中的价值分析，不仅要对零部件的生产工艺、运输方法、运输距离等进行分析，还要对组装过程进行分析，分析组装过程是否简单易做，还要对组装完成后的产品是否易于维护等进行分析。也就是说，精益设计中的价值分析要对全价值链进行分析。

在进行价值分析时，精益设计的出发点就是假定生产者是一个独臂、蒙眼的工人，即使是这样的生产者，也要能够高效、高质量地完成生产工作。精益设计从此出发，分析每个零部件的合理性。当然，在具体分析时，设定了零部件价值挑战原则和优秀设计原则。

零部件价值挑战规则如下。

♪ 是否必须移动零部件？

♪ 是否必须采用截然不同的材料？

如果拿捏不定，直接扔掉它！

优秀设计原则如下。

第 3 章 建立企业开拓及创新源泉——市场需求、规划及产品开发管理

- 找到零部件的价值。
- 避免使用螺钉紧固件。
- 使用扣合。
- 从过去或侧面寻找新的想法。
- 减少螺钉紧固件的数量与变量。

基于以上原则,企业分解出一系列的罚分原则和标识方法,然后对产品进行拆解分析,并画出整个产品(包括零部件及组装件)的生产工艺过程,最后对每个过程根据罚分原则进行罚分。在罚分后,对于违反优秀设计原则的部分进行重新设计,设计后再次进行工艺过程罚分,然后两者对比,确认可节约的成本等,如图 3-59、图 3-60 所示。

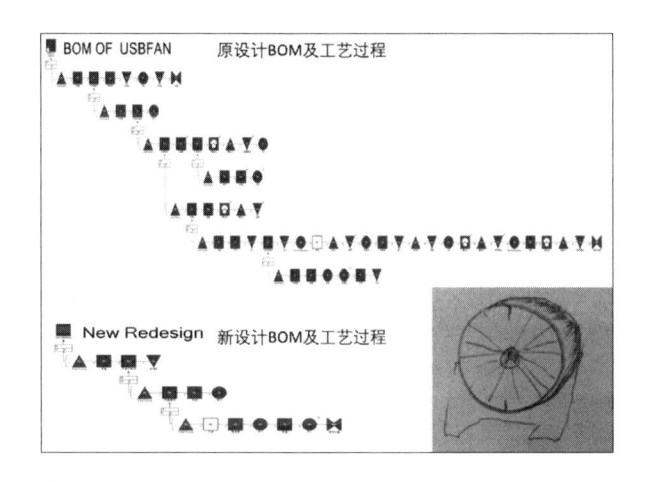

图 3-59 原设计与新设计的 BOM 及工艺过程罚分对比图

指标	原设计BOM及工艺过程	新设计BOM及工艺过程	下降比率
部件	27	5	81%
好部件	1	1	0
步骤	81	17	79%
汇总实际时间	267.00 s	60.00 s	78%
紧固件	9	0	100%
可能的人体工程学危险	1	0	100%
防误防错问题	3	0	100%
汇总重量	0.00 kg	0.00 kg	0
汇总单件成本	¥13.48	¥1.30	90%
汇总劳动成本	¥8.24	¥1.85	78%
汇总质量负担	¥0.00	¥0.00	0%
汇总成本	¥21.72	¥3.15	85%
汇总投资成本	¥0	¥0	0
简单回报期	N/A	N/A	0
每年可节约	N/A	¥0	0

图 3-60 新设计与原设计的 BOM 及工艺过程中各指标对比摘要

精益设计是一套庞大的知识体系，本书篇幅有限，只能简单地介绍至此。在实际应用中，各企业可以根据自己的特点进行选择，或者建立相应的成本管控方法，来控制产品的开发成本。

第4章

建立企业生态链——供应链管理

纵观世界技术和经济的发展，全球一体化的程度越来越高，跨国经营越来越普遍。就制造业而言，产品的设计可能在日本进行，原材料的采购可能在中国或者巴西进行，零部件的生产可能在印度尼西亚等地进行，产品组装可能在中国进行，最后产品被销往世界各地。除此之外，在产品进入消费市场之前，已有相当多的企业参与了产品的制造，由于它们的地理位置、生产水平、管理能力各不相同，从而形成了复杂的产品生产供应网络——供应链。这样的供应链在面对市场需求波动的时候，一旦缺乏有效的系统管理，其各环节中的"鞭子效应"必然会被放大，从而严重影响整个供应链的价值产出。在这种情况下，有人提出现有企业的竞争力就在于供应链的整合能力，因此供应链管理就被提上了企业经营管理的重要议程。

然而，供应链管理是一个复杂的、非常难以掌握的过程。在管理过程中，它要求企业能够以十分精确的管理方式，及时且准确地将大量物品移动到需要这些物品的场所。任何一个环节出现差错，都会造成成本的无限攀升和客户的强烈不满，对企业来说，这些都将是不可估量的损失。

所以，企业必须制定简单、高效的管理规则和对各个环节的掌控办法，通过过程控制和管理规则的实施，掌握需求流、供应流和现金流。

供应链管理（Supply Chain Management，简称 SCM）是指在满足一定的客户满意度的条件下，为了使整个供应链的成本达到最少，把供应商、制造商、仓库、配送中心和渠道商等有效地组织在一起而实施的产品制造、转运、分销及销售的管理方法，具体如图 4-1 所示。

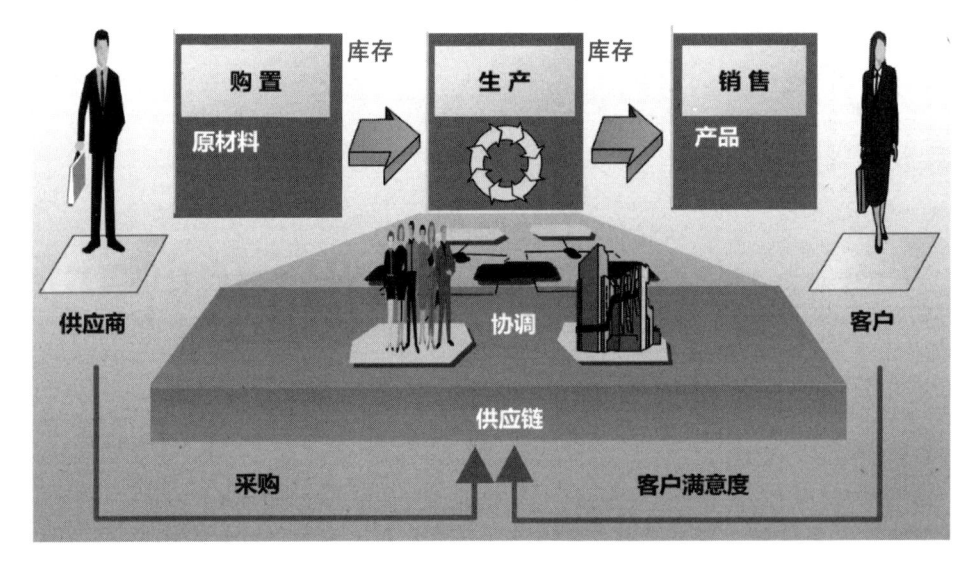

图 4-1　供应链管理示意图

供应链管理包括计划、采购、制造、仓储、配送五大基本内容。

计划是 SCM 的大脑，也是 SCM 的策略性部分。企业需要采用一种方法来管理所有的资源，以满足客户对产品的需求。好的计划能够应用一系列的方法来监控供应链，使它能够有效、低成本地为客户传送高质量、高价值的产品或服务。

采购是指企业选择能为自己提供货品和服务的供应商，然后和供应商一起建立一套定价、配送和付款的流程，创造一套具体的方法来监控和改善业务内容，并把对供应商提供的货品和服务进行管理的流程结合起来，该流程包括提货、核实货单、转运货物到公司制造部门、批准对供应商的付款等。

制造包括生产、测量、打包和准备送货等活动，是供应链中测量内容最多的部分，包括质量水平、产品产量和工人的生产效率等的测量（生产部分将在第 5 章详细讲解，本章不做具体说明）。

仓储是指对供应商所提供的原材料、配件，以及公司生产的产品进行储存服务。

配送也称为"物流",是指将产品定时、定点地送到客户指定地点的服务。

现代商业环境给企业带来了巨大的压力,企业不仅要销售产品,还要为客户提供满意的服务,从而提高客户的满意度,让其产生幸福感。科特勒表示:"客户就是上帝,没有他们,企业就不能生存。一切计划都必须围绕挽留客户、满足客户进行。"要想在国内和国际市场上赢得客户,企业的供应链必须能快速、敏捷、灵活地响应客户的需求。面对多变的市场环境,构建成熟的供应链成为现代企业发展的必然需求。

本章将按照供应链各个环节的工作内容,结合优秀企业的供应链管理方法,详细阐述供应链管理应该如何进行,以期启发企业管理人员为自己的企业建立高效的供应链管理方法。

4.1 生产计划管理

生产计划是企业的大脑,企业所有的经营管理活动都离不开生产计划。生产计划管理得当,企业的经营效率就高;反之,企业的经营效率就非常低下。笔者在为一家生产手术用剪刀、钳子等产品的医疗器械企业服务时,通过详细调研发现,该企业的产品生产周期居然长达 14 个月,而企业所有人员却对此一无所知,当我将这一调查结果在企业内部进行发布时,所有管理人员都惊呆了,他们怎么也想不明白,这么简单的产品的生产周期居然长达 14 个月。当我们将详细的调研数据、资料展现在他们面前时,他们才如梦初醒。也正因为有这么长的生产周期,该企业在年销售额约为 4 亿元的情况下,库存金额(包括成品、半成品)达到了 8000 多万元,着实惊人。这样的案例比比皆是。为什么会造成这样的结果?笔者在深入研究后发现,这些企业存在同样的问题,那就是生产计划管理非常薄弱,甚至混乱,从而造成了产品生产周期长、库存金额居高不下。

生产计划制订及管理流程如图 4-2 所示。下面笔者一步步为大家讲解,在讲解的过程中,会穿插一些优秀企业的案例进行说明,让大家明白各管理内容间的逻辑关系和具体管理方法。

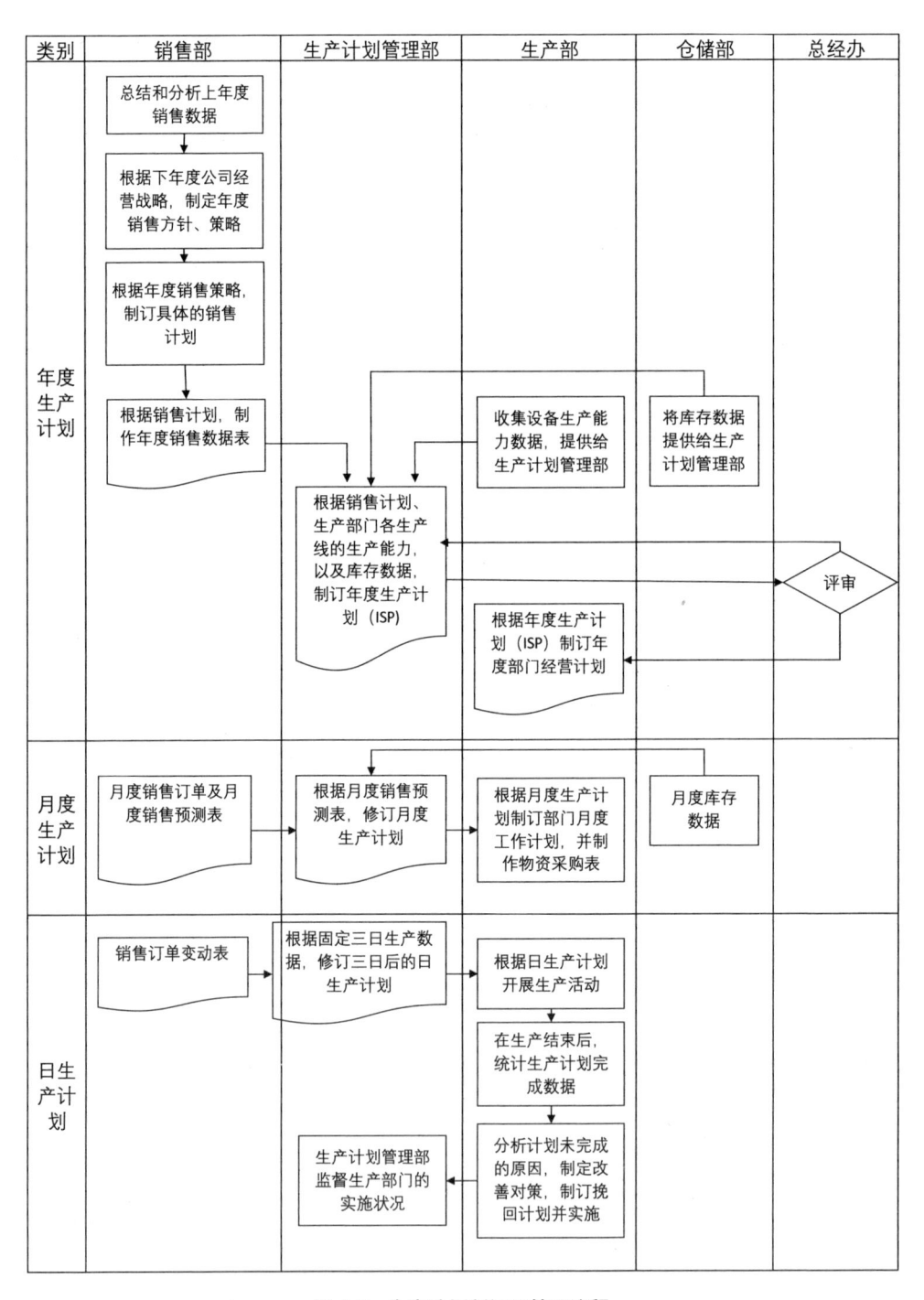

▶世界一流制造企业这样做管理：从计划到生产

类别	销售部	生产计划管理部	生产部	仓储部	总经办
年度生产计划	总结和分析上年度销售数据 → 根据下年度公司经营战略，制定年度销售方针、策略 → 根据年度销售策略，制订具体的销售计划 → 根据销售计划，制作年度销售数据表	根据销售计划、生产部门各生产线的生产能力，以及库存数据，制订年度生产计划（ISP）	收集设备生产能力数据，提供给生产计划管理部；根据年度生产计划（ISP）制订年度部门经营计划	将库存数据提供给生产计划管理部	评审
月度生产计划	月度销售订单及月度销售预测表	根据月度销售预测表，修订月度生产计划	根据月度生产计划制订部门月度工作计划，并制作物资采购表	月度库存数据	
日生产计划	销售订单变动表	根据固定三日生产数据，修订三日后的日生产计划；生产计划管理部监督生产部门的实施状况	根据日生产计划开展生产活动；在生产结束后，统计生产计划完成数据；分析计划未完成的原因，制定改善对策，制订挽回计划并实施		

图 4-2　生产计划制订及管理流程

4.1.1 生产计划的制订

生产计划的制订是基于销售量进行的。有些公司在订单确定后再进行生产，即订单式生产，这种生产计划只需要在客户下单后，根据客户的需求日期和公司的生产能力进行生产即可。还有些公司如果在客户下单后再进行生产就会满足不了客户的需求，因此需要在客户下单前开始生产，这样一来就存在一些问题，即生产什么、生产量是多少等。公司如果解决不好这些问题，就很容易形成呆滞库存。

因此在制订生产计划前，公司必须搞清楚可能会销售哪些产品，以及每类产品的销售量是多少，这就需要进行销售预测，然后根据销售预测的结果和公司的生产能力制订生产计划。

1. 进行销售预测

销售预测是指对未来一段时间内的产品销量进行预估。销售预测是供应链管理的起始，也是供应链管理的源头。我们常说生产计划是企业运作的"大脑"，那么销售预测准确与否就决定着这个"大脑"智商的高低。如果预测的产品销量与实际存在较大差异，那么将导致企业生产混乱、成本过高，增加了企业运营的困难度，同时还会导致客户满意度下降。正如笔者曾经服务过的一家企业，其销售部门在预测全年的销售量时较为乐观，给生产计划部门提供了一个比较大的销售预测量；生产计划部门在拿到这个销售预测量后一致认为不可能达到，因此在安排生产计划时在此基础上减少了10%；生产计划部门将生产计划下达到各工厂，各工厂最终因计划调整只完成了计划产量的80%。尽管如此，该企业还是出现了大量库存积压，每过一段时间，生产部门就需要从仓库拉出一批库存产品进行包装返工，致使生产混乱不堪。

既然销售预测这么重要，那么到底如何进行销售预测？怎样进行销售预测才能够更准确？下面笔者就给大家介绍几种常用的销售预测管理办法。

1）销售预测模型法

销售预测模型法是指建立一种销售预测模型，通过该模型的数据分析，确定产品销量的方法。要做好销售预测模型，就必须搞清楚到底有哪些因素影响产品的销量。

影响产品销量的因素从大的方面来看有五个：其一是外部因素，其二是内部因素，其三是产品因素，其四是品牌因素，其五是产品所处的阶段。

（1）外部因素。

① 市场需求动向。

一款产品卖得好不好，取决于市场的需求，因此对市场需求动向的把握至关重要。市场需求动向包括流行趋势、爱好变化、生活状态变化、人口流动等，这些均可成为产品（或服务）质与量方面的影响因素，企业必须加以分析与预测。企业应尽量收集有关对象的市场资料、市场调查机构资料、购买动机调查资料等，以掌握市场需求动向。

② 市场经济变化。

市场经济变化是影响商品销售的重要因素，为了提高销售预测的准确性，企业应特别关注市场中的经济变化状况。

近年来，科技、信息快速发展，再加上国家之间的竞争加剧，给各行业带来无法预测的影响因素，导致企业销售收入波动较大。因此，为了准确地进行销售预测，企业需要特别注意市场的未来发展、政府及财经界对经济政策的解读，以及基础工业、加工业等的指标变动情况。

③ 市场竞争状况。

市场竞争状况从来就是产品销量的一大影响因素，所以各企业必须重点关注市场竞争状况。古人云："知己知彼，百战不殆。"为了生存，企业必须掌握竞争对手在市场中的所有活动，如竞争对手的目标市场、产品价格、促销与服务措施等。

随着市场的发展，现在的竞争对手并非来自同行业，更大的竞争对手有可能来自不同的行业，如电信业务的竞争对手可能主要来自网络交友软件，商超的竞争对手主要来自电商行业，等等。所以企业在关注市场竞争时，不仅要关注所属行业的状况，还要关注市场上新兴产业的状况。

（2）内部因素。

① 产品市场定位。

产品市场定位准确，意味着确定的购买人群准确。产品市场定位意味着产品应该在哪里进行销售，以及采取什么方式进行销售。因此，产品市场定位是影响产品销量的重要因素之一。

② 产品销售策略。

企业是通过什么平台进行产品销售的？是电商、传统门店，还是经销商平台？或者几种平台都有？企业在各个平台进行销售采取什么策略？在什么时间点做什么样的活动？这些都是影响产品销量的重要因素。

③ 产品价格策略。

产品价格是客户在决定是否购买该产品时参考的一项重要因素，因此企业采取的产品价格策略也是影响产品销量的重要因素。

④ 广告及促销策略。

俗话说："好酒也怕巷子深。"企业在进行产品销售时，应该采取什么样的广告及促销策略，让消费者获得相应的信息呢？广告及促销策略同样也是影响产品销量的重要因素。

⑤ 生产状况。

除了产品的销售状况，企业的生产产能如何、货源是否充足，以及保证销售需要等生产状况，也是影响产品销量的重要因素。

（3）产品因素。

产品因素包括很多内容，如产品配色、外形、样式、功能等，这些内容总体表现在客户方面就是客户对产品的满意度。人们常说的"众口铄金"，体现在客户对产品的满意度方面，就是客户满意度越高，产品的销量就会越好，反之，客户满意度越低，产品的销量就会越差。因此，我们可以把客户满意度作为产品销量的重要影响因素。

但是，客户满意度只是一个数字，这个数字到底是多少为好？怎么来判断呢？这个数字自然是无法使用的。客户满意度的提升主要是通过服务提升来实现的，所以，我们可以将全部市场的客户满意度作为参考来分辨单个市场是否存在提升空间。如果单个市场的客户满意度高于全部市场的客户满意度均值，那么产品的销量将会越来越好；如果单个市场的客户满意度低于全部市场的客户满意度均值，那么在不做任何努力的情况下，产品的销量将越来越差。

如果产品已经定型，不做任何改造升级，并且上述因素已经确定，也不再改变，其客户满意度还能改变吗？

如果产品本身的因素不改变，客户满意度还能改变吗？答案是会的，因为人的思维有时候会受周围环境的影响。虽然产品本身的因素不能变更，但是销售人员、客户服务人员的服务是可以改变和提升的。随着服务的优化，客户对产品的满意度自然也会提升，除非产品存在重大缺陷。这部分内容主要体现在广告及促销策略方面。

（4）品牌因素。

品牌因素主要是指市场对品牌的认可度。市场对品牌的认可度体现在数据上主要是产品的市场占有率。同样,同客户满意度一样,根据产品在单个市场的市场占有率数据很难判断品牌是好是坏,可以考虑将产品在全部市场的市场占有率作为参考。与客户满意度不同的是,如果产品在单个市场的市场占有率低于在全部市场的市场占有率,说明产品销量有上升空间,相反则说明产品销量的上升空间有限。

(5)产品所处的阶段。

从产品生命周期来看,一款产品从开始上市到最终下市共有四个阶段,分别是初始期、成长期、成熟期、衰退期,如图4-3所示。

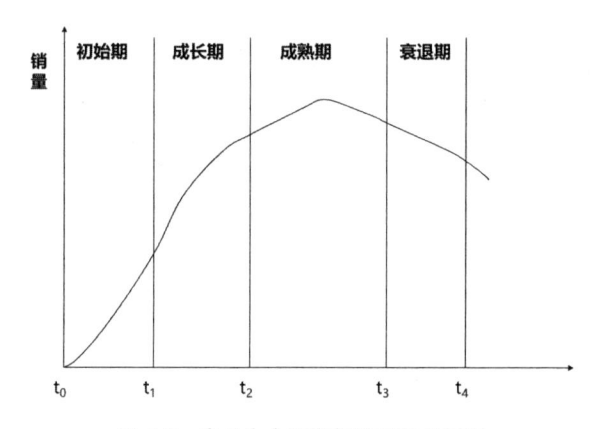

图4-3 产品生命周期与销量的关系图

在不同的阶段,产品的销量增长率也不同,一般各阶段产品的销量增长率如图4-4所示。

阶段	初始期	成长期	成熟期	衰退期
销量增长率	0<S<10%	S>10%	0≤S≤10%	S<0

图4-4 各阶段产品的销量增长率

除了以上因素,还有很多因素会影响到产品销量,如销售人员、销售地点等,这里不再一一赘述。

知道了影响产品销量的因素,我们该如何利用这些因素来预测产品销量呢?我们可以尝试用这些因素设计一个表格,对产品在所有销售点或销售平台的销量进行预测,如图4-5所示。

第4章 建立企业生态链——供应链管理

单位：台	上年度产品销量(A)	产品所处阶段(B)	品牌因素(C=C3×C4)			产品因素(D=D3×D4)			外部因素(E=E4×E5)				内部因素(F=F6×F7)					本年度销量 G=A×B×(C+D+E+F)
			本品牌产品在该区域的市场平均占有率(C1)	该区域客户对产品的满意度(C2)	品牌因素占比(C4)	全部市场客户对产品的满意度(D1)	该区域客户对产品的满意度(D2)	产品因素占比(D4)	市场需求变动(E1)	市场经济状况(E2)	市场竞争度(E3)	外部因素占比(E5)	产品市场定位(F1)	产品售策略(F2)	产品价格策略(F3)	广告及促销策略(F4)	生产状况(F5)	
					市场占有率品牌因素占比(C3=1+C1-C1)			产品因素占比(D3=D1/D2)			市场竞争度(E4=E1×E2×E3)						F6=F1×F2×F3×F4×F5	内部因素占比(F7)	
市场1	10000	1.1	0.13	0.15	1.02	25%	0.9	0.8	1.125	25%	1	1.05	1	1.05	30%	1.05	1.1	1	1	1.2	1	1.5246	20%	12718
市场2	10000	1.1	0.13	0.15	1.02	25%	0.9	0.8	1.125	25%	1	1.05	1	1.05	30%	1.05	1.1	1	1	1.2	1	1.5246	20%	11564
市场3																								
市场4																								
市场5																								
市场6																								
市场7																								
市场8																								
……																								
合计																								
备注	产品所处的阶段赋值：初始期：1.05；成长期：1.2；成熟期：1.05；衰退期：0.8。 市场需求波动向赋值：根据市场调研数据设定。如果市场需求未发生变化，则赋值1；如果市场需求有变化，则根据需求变化实际比例赋值，如需求增加10%，赋值1.1。 市场经济状况赋值：根据当地经济增长率赋值。如经济增长5%，则为1+5%=1.05。 市场竞争状况赋值：根据当地市场竞争状况赋值。如果竞争加剧，则赋值>1；如果竞争减弱，则赋值<1。 市场定位赋值：根据市场的定位赋值。如果对市场定位进行适当调整，并且调整的结果更加切合产品在客户心中的定位，则赋值>1；如果竞争对手的销售策略好于本公司的策略，则赋值<1。 产品售卖策略赋值：根据销售活动增加了销售活动，如促销、广告投放或其他措施，则根据活动效果预测对相应>1的分值。如果竞争对手的销售策略好于本公司的策略，则赋值<1。 产品价格策略赋值：如果产品的价格有变化，如果价格下降比较多，或者价格上涨，则赋值>1；如果价格上涨，则赋值<1。 产品促销策略赋值：如果产品的渠道有增加，或者其他变化使得客户购买更加方便，则赋值1或者更大；否则赋值<1。 生产状况赋值：如果产品能大于销量，则赋值1；否则赋值<1。																							

图 4-5 XX公司 XX产品的销量预测表

特别说明：

1. 读者千万不能直接套用该销量预测表。在使用时应该根据企业实际状况制作企业特有的销量预测表。
2. 在对各个因素赋值时，企业应根据历年各市场销量变化数据进行相应的分析、计算、验证，直至找到合理的赋值范围，让销售预测更加准确。

2）经验预测法

经验预测法，顾名思义，就是按照销售人员的经验进行预测的方法。经验预测法一般分为个人预测法和集体预测法两种。个人预测法一般是指由销售负责人根据经验进行预测；集体预测法是指先让每个销售人员进行预测，再对预测结果进行平均的方法。在进行集体预测时，要根据每个销售人员预测的准确程度设置不同的权重，然后进行加权平均。

在采用经验预测法时，因销售人员对销售状况的掌握程度不同，其预测结果也不同。

3）其他预测法

其他预测法包括德菲尔预测法、生命周期预测法、顾客预测法、趋势外推预测法等。

其中，德菲尔预测法是指先通过匿名函询问的方式向专家们征求对某一预测问题的意见，然后将预测意见加以综合、整理和归纳，再反馈给各个专家以供他们分析判断，并提供新的论证。如此往返多次，预测意见就会逐步趋于一致。最后由预测者在进行统计处理后给出预测结果。

本书主要讲述管理逻辑，对具体的预测方法不再讲述。

在完成销售预测之后，相关部门需要将销售预测表发送给计划管理部门，如图 4-6 所示。然后由计划管理部门根据销售预测表制订相应的生产计划，此时就进入了生产计划制订部分。

单位：台

产品类别	xx年8月末 在库数量	xx年9月 生产数量	销售数量	在库数量及交货期	xx年10月 生产数量	销售数量	在库数量及交货期
A	2	630	632	0	2,310	2,310	0
		A客户	2	09/01/2016	A客户	1,050	10/08/2016
		A客户	630	09/12/2016	A客户	1,260	10/24/2016
B	55,593	68,404	5,000	118,997	69,199	26,300	161,896
		B客户	3,000	09/04/2016	B客户	3,000	10/08/2016
		B客户	2,000	09/05/2016	B客户	3,000	10/09/2016
		B客户		09/21/2016	B客户	3,000	10/10/2016
		B客户	1	09/21/2016	B客户	3,000	10/12/2016
					B客户	3,000	10/13/2016
					B客户	3,000	10/16/2016
					B客户	3,000	10/18/2016
					B客户	2,200	10/19/2016
					B客户	3,100	10/20/2016
C		1,380	1,380	0	2,228	2,228	0
		A客户	964	09/08/2016	A客户	2,228	10/18/2016
		A客户	16	09/12/2016			
		A客户	400	09/19/2016			

图 4-6　XX 公司的销售预测表

2．收集产能信息

在制订生产计划前，必须了解生产部门的具体生产能力。生产能力的测算应由生产部门进行（笔者将在第 5 章对具体测算方法进行说明，本章直接引用结果），并报公司相应管理人员审核后提交给生产计划管理部门。图 4-7 所示为××公司各产品的生产能力。

【生产能力】单位：台

产品	工序	日产台数（22h/85%稼动率）	
		2022年	2023年
A	OP1	4200	5000
	OP2	4200	5000
	YNC	4200	5000
	珩磨	4200	5000
	抛光	4200	5000
B	OP1	3800	4300
	OP2	3800	4300
	YNC	3800	4300
	平面磨	3800	4300
	抛光	3800	4300

【机种切替、不良品数量影响等考虑5%的损失】

月	1月3月	2月	4月6月	5月10月	7月8月	9月11月	12月
稼动日	31	26	30	28	31	30	31
OP1	147250	123500	142500	133000	147250	142500	147250
OP2	147250	123500	142500	133000	147250	142500	147250
YNC	147250	123500	142500	133000	147250	142500	147250
珩磨	147250	123500	142500	133000	147250	142500	147250
抛光	147250	123500	142500	133000	147250	142500	147250
OP1	126635	106210	122550	114380	126635	122550	126635
OP2	126635	106210	122550	114380	126635	122550	126635
YNC	126635	106210	122550	114380	126635	122550	126635
珩磨	126635	106210	122550	114380	126635	122550	126635
抛光	126635	106210	122550	114380	126635	122550	126635

图 4-7　XX 公司各产品的生产能力

3．制订生产计划

制订生产计划需要先确定存、销、产等的相应数据，然后将需要生产的数量分解成各部门每天的生产任务，具体步骤如下。

1）制订 ISP 计划

生产计划制订有两种思维模式。

第一种思维模式是先生产，再销售，然后确认剩余库存。这种思维模式一般被称为 PSI，即生产（Produce）—销售（Sale）—在库（In the library）。这种思维模式在早期企业中的应用比较广泛，先生产产品，在有了产品之后再进行销售，在销售后未售出部分形成库存。这种生产方式被称为推动式生产方式（Push）。

在之前企业竞争不充分的情况下，市场上的物资和产品比较匮乏，企业只要能生产出产品，基本上就能销售出去，推动式生产方式对企业经营的影响不大。但是随着社会的发展，市场竞争越来越充分，市场处于高度竞争状态，变幻莫测，今天卖得很好的产品，明天就有可能被其他产品替代，因此生产出来的产品未必能销售出去。所以推动式生产方式势必会造成大量库存，甚至导致企业的经营状况恶化，给企业经营带来极大的负担。

为了防止经营风险出现，人们开始考虑如何降低库存，尤其是在精益生产管理方式出现后，各企业更是追求零库存的管理方式，于是出现了拉动式生产方式（Pull），即先销售库存产品，再根据市场需求量进行生产，极大地减少了库存量。为了与这种生产方式相适应，生产计划制订的思维模式也产生了相应的变化，变成先确认库存量，再确认销售量，用销售量减去库存量就是生产量，这种思维模式称为 ISP。因此在制订生产计划之前，需要先排查库存状况，然后根据销售预测量来确定生产量，最终形成 ISP 计划。图 4-8 所示为××年度××公司的 ISP 计划。

需要注意的是，ISP 计划一定要分解到具体的月份。

2）制订生产计划

ISP 计划中的生产量是每个月的生产总量，一般用于年度事业计划制订和月度使用物料的预测及购买。那么 ISP 计划能直接被当作生产计划来用吗？

有些企业直接根据月度预测总量进行生产，这样就会造成两个问题：一方面，生产部门对哪些产品在什么时间交付不清楚，只能由销售部门不断提醒和跟催，跟催的结果就是造成不断的生产插单，使得生产过程不均衡、不顺利，非常混乱，同时也会造成半成品库存居高不下；另一方面，这样生产，每天到底应该生产多少，完全由生产部门制定，其对于生产量是否合适、是否合理并不清楚。所以笔者不建议直接将月度预测总量作为生产计划量，而是要制定具体的每日生产计划量。这样做有两个方面的好处：一方面，让生产部门切实做到按计划生产，这样就不会造成生产浪费；另一方面，会带给生产部门一定的压力，确保生产过程按照计划进行。讲到这里，可能有人会说："我们的生产能力强，慢慢生产也没有关系，反正都会完成任务，为什么要那么快地生产呢？"如果这么做，大家将会养成不按照生产计划生产的习惯，导致生产效率低下，形成极大的浪费。习惯一旦养成，在生产量激增时生产部门将无法应对。所以，无论每天的生产计划量是多少，都要按照计划和固定的节拍去完成。

每日生产计划量应根据销售订单的完成日期，以及各部门各生产线的产能进行精确计算，而后形成每日的具体生产计划。图 4-9 所示为××公司××部门的生产计划。

单位：台

			上年度	4	5	6	……	1	2	3	10～3	本年度
第1线		生产体制		11h×2/3	11h×2/3	11h×2/3	……	11h×2/3	11h×2/3	11h×2/3		
		稼动日		30	30	30	……	22	28	30	150	302
	A产品	a型号 生产		144.0	151.5	149.0	……	103.5	133.5	143.5	658.0	1337.0
		a型号 销售		185.7	185.0	155.4	……	95.5	121.5	144.3	583.0	1322.0
		a型号 在库	100.0	58.3	24.8	18.4	……	103.8	115.8	115.0	115.0	115.0
		b型号 生产		14.0	6.5	9.0	……	10.5	11.5	12.5	58.0	105.0
		b型号 销售		14.0	11.5	9.0	……	10.5	11.5	12.5	58.0	110.0
		b型号 在库	10.0	10.0	5.0	5.0	……	5.0	5.0	5.0	5.0	5.0
	小计	生产		158.0	158.0	158.0	……	114.0	145.0	156.0	716.0	1442.0
		销售		199.7	196.5	164.4	……	106.0	133.0	156.8	641.0	1432.0
		在库	110.0	68.3	29.8	23.4	……	108.8	120.8	120.0	120.0	120.0
第2线		生产体制		11h×2/3	11h×2/3	11h×2/3	……	11h×2/3	11h×2/3	11h×2/3		
		稼动日		30	30	30	……	22	28	30	168	320
	B产品	生产		5.0	10.5	8.5	……	11.0	13.5	14.0	62.5	101.0
		销售		0.0	10.5	8.5	……	11.0	13.5	14.0	57.5	91.0
		在库	0.0	5.0	5.0	5.0	……	10.0	10.0	10.0	10.0	10.0
	C产品	c型号 生产		18.0	13.0	13.0	……	26.0	26.0	21.0	135.0	195.0
		c型号 销售		13.0	13.0	13.0	……	26.0	26.0	26.0	130.0	185.0
		c型号 在库	5.0	10.0	10.0	10.0	……	20.0	20.0	15.0	15.0	15.0
		d型号 生产		5.0	10.0	10.0	……	10.0	10.0	10.0	55.0	95.0
		d型号 销售		0.0	5.0	10.0	……	10.0	10.0	10.0	50.0	90.0
		d型号 在库	0.0	5.0	10.0	10.0	……	5.0	5.0	5.0	5.0	5.0
	D产品	e型号 生产		71.0	66.0	68.0	……	15.0	0.0	0.0	70.0	361.0
		e型号 销售		54.0	61.0	49.0	……	3.0	5.0	13.0	98.0	366.0
		e型号 在库	15.0	32.0	37.0	56.0	……	28.0	23.0	10.0	10.0	10.0
		f型号 生产		6.0	5.0	5.0	……	21.0	52.0	68.0	298.0	338.0
		f型号 销售		5.0	5.0	5.0	……	72.0	72.0	72.0	298.0	318.0
		f型号 在库	0.0	1.0	1.0	1.0	……	11.0	24.0	20.0	20.0	20.0
	E产品	生产		0.0	1.0	1.0	……	2.0	5.0	2.0	17.0	22.0
		销售		0.0	1.0	1.0	……	2.0	5.0	2.0	17.0	21.0
		在库	0.0	0.0	0.0	0.0	……	1.0	1.0	1.0	1.0	1.0
	小计	生产		105.0	105.5	105.5	……	85.0	106.5	115.0	637.5	1112.0
		销售		72.0	95.5	86.5	……	124.0	131.5	137.0	650.5	1071.0
		在库	20.0	53.0	63.0	82.0	……	108.0	83.0	61.0	61.0	61.0
总计		生产		263.0	263.5	263.5	……	199.0	251.5	271.0	1353.5	2554.0
		销售		271.7	292.0	250.9	……	230.0	264.5	293.8	1291.5	2503.0
		在库	130.0	121.3	92.8	105.4	……	216.8	203.8	181.0	181.0	181.0

图 4-8　XX 年度 XX 公司的 ISP 计划

世界一流制造企业这样做管理：从计划到生产

单位：台

物料编号	上月在库	日期	28 A勤	28 B勤	1 A勤	1 B勤	2 A勤	2 B勤	3 A勤	3 B勤	4 A勤	4 B勤	5 A勤	5 B勤	6 A勤	6 B勤
7022101		生产计划			5900	2200	2200	2200					2200		2200	
		当日合计	0		8100		4400		0		0		2200		2200	
		生产累计	0		8100		12500		12500		12500		14700		16900	
		消费计划	0	0	3800	2400	2500	2300	0	0	0	0	2466	0	2095	0
	8542	消费累计	0	0	3800	6200	8700	11000	11000	11000	11000	11000	13466	13466	15561	15561
		计划在库	8542	8542	10642	10442	10142	10042	10042	10042	10042	10042	9776	9776	9881	9881
		生产实绩			6189	2222	2206	2157					1983		2257	
		实绩小计	0		8411		4363		0		0		1983		2257	
		实绩累计	0		8411		12774		12774		12774		14757		17014	
		实际在库	8542	8542	10931	10753	10459	10316	10316	10316	10316	10316	9833	9833	9995	9995
合计		生产计划	0	0	5900	2200	2200	2200	0	0	0	0	2200	0	2200	0
		当日合计	0		8100		4400		0		0		2200		2200	
		生产累计	0		8100		12500		12500		12500		14700		16900	
		消费计划	0	0	3800	2400	2500	2300	0	0	0	0	2466	0	2095	0
	8542	消费累计	0	0	3800	6200	8700	11000	11000	11000	11000	11000	13466	13466	15561	15561
		计划在库	8542	8542	10642	10442	10142	10042	10042	10042	10042	10042	9776	9776	9881	9881
		生产实绩	0		6189	2222	2206	2157	0		0		1983	0	2257	0
		实绩小计	0		8411		4363		0		0		1983		2257	
		实绩累计	0		8411		12774		12774		12774		14757		17014	
		实际在库	8542	8542	10931	10753	10459	10316	10316	10316	10316	10316	9833	9833	9995	9995

图 4-9　XX 公司 XX 部门的生产计划

4.1.2　生产计划的管理

制订好了生产计划，并不等于万事大吉了，好的生产计划还需要好的管理。生产计划管理要做好以下事项。

1．生产计划的跟踪管理

在制订了生产计划后，在实施过程中如果不去跟踪，导致计划完成不好，那么制订的生产计划就是废纸一张。在制订了生产计划后，就应该每天跟踪其实施状况。在跟踪时，由生产部门在每日生产完成后填写生产计划跟踪管理表，并提交至生产管理部门。××公司的生产计划跟踪管理表如图 4-10 所示。

单位：台

产品	上月在库	日期	28日		1日		2日		3日	
		勤务	A勤	B勤	A勤	B勤	A勤	B勤	A勤	B勤
A	8542	生产计划			5900	2200	2200	2200		
		当日小计	0		8100		4400		0	
		生产累计	0		8100		12500		12500	
		消费计划	0	0	3800	2400	2500	2300	0	0
		消费累计	0	0	3800	6200	8700	11000	11000	11000
		计划在库	8542	8542	10642	10442	10142	10042	10042	10042
		生产实绩			6189	2222	2206	2157		
		实绩小计	0		8411		4363		0	
		实绩累计	0		8411		12774		12774	
		实际在库	8542	8542	10931	10753	10459	10316	10316	10316

图 4-10　XX公司的生产计划跟踪管理表

一旦发现计划未完成，就必须找出原因，并制定改善和挽回方案，进行挽回，否则将会影响后面的计划实施。很多公司在这方面没有很好地去应对，计划完成多少就算多少，久而久之，生产计划和生产节拍将变得毫无意义，生产过程浪费极大。有些公司采用计件工资制度，很多管理者认为生产时间长短没有关系，反正是按量计算工资，不会造成浪费。笔者在咨询过程中发现这种状况不是个例，而是很多公司都会存在的一个问题。生产成本除了包括人力成本，还包括能源费、办公费、折旧费等。虽然人力成本是按照计件进行计算的，没有增加，但能源费会随着时间的延长而增加，设备投资也会因为产能低下而耗费更多，同时折旧费也要高出很多……即使这些浪费企业主都能忍受，可延长生产时间会造成员工疲惫不堪，员工的安全、身体健康也得不到保证，久而久之，员工的稳定性会受到影响，最终会形成恶性循环，使得企业的生产成本居高不下。所以，无论在什么状况下，企业都要严格按照生产计划进行生产。

2．生产计划的变更管理

生产计划这么重要，所以企业要求其要尽可能地准确和稳定，然而在实际实施过程中，生产计划是经常发生变化的。这些变化会给生产造成混乱，使生产不稳定，最终带来的是生产效率低下、成本上升、不良率上升等问题，我们不得不想办法克服这一困难。

那么，怎么来控制生产计划，既能保证其平稳推进，又能使其适应市场的变化呢？我们可以考虑将生产计划制订成动态稳定性生产计划，也就是生产计划既要随着市场的变化而变化，又要保证生产稳定。

1）生产计划要适应市场的变化

根据市场变化，企业要及时调整生产计划，在调整好生产计划之后，应立即发放给生产部门，以保证其适应市场变化。

2）生产计划要保证生产稳定

前面提到要及时调整生产计划以适应市场的变化，这一调整要考虑到生产的稳定性，因此就需要固化一定时期的生产计划作为不可变动部分。那么，将多久的生产计划作为不可变动部分呢？这就需要详细了解生产过程中生产变动的难易程度，有些企业在调整生产计划时需要更换设备模具、生产工装夹具等，甚至修改人员出勤情况。这个变化周期是多久？比如，有些企业更换一次模具需要浪费1个班次的时间，这样就不能频繁更换。有些企业的生产工艺相对简单，这样的变更相对比较容易，用时较短，浪费的时间也不多。因此，在考虑保证生产的稳定性时，企业要根据实际状况，制定不同的锁定计划时间段。比如，生产变更相对容易的企业可以考虑锁定半天或者一天的生产计划不变；生产变更比较困难的企业可以考虑锁定生产计划的时间长一些。

在调整生产计划后，一定要及时将调整后的生产计划以正式的方式通知或者发放至所涉及的部门，以便各部门及时做出相应的安排。

3. 生产计划达成状况评价

在企业管理过程中，要制定相应的评价指标对工作进行评价。大家一定要清楚，评价是为了确认工作的结果如何，之后从结果入手对不足点进行分析，制定改善对策进行改善，而不是为了处罚相应的人员。

生产计划达成状况评价可以从两个方面进行：一方面是对生产部门的计划达成率进行评价，该评价的目的是关注计划达成率，从而给予生产部门一定的压力，要求其按时完成计划生产量；另一方面是对计划变动率进行评价，从结果方面关注计划的变动性，以督促销售部门准确地预测市场销量和订单量，从而保证生产平稳进行。具体评价指标的计算公式如下。

$$计划达成率 = \sum \frac{实际生产量}{计划生产量} \times 100\%$$

其中，实际生产量和计划生产量采用每日的实际产量进行计算，月度计划达成率采用每日计划达成率的平均值进行计算。需要注意的是，如果直接用月度实际生产量除以月度计划生产量，那么每天的计划达成率就不清楚，很可能存在月度数据看起来很好，但实际生产过程极不平衡的现象。

$$计划变动率 = \frac{月度计划变动次数}{月度计划生产次数} \times 100\%$$

4.2 采购管理

绝大多数生产性企业的第一大成本就是材料成本，这项成本的高低决定着企业利润的高低。除此之外，供应链的稳定性也决定着企业生产的稳定性。因此，采购管理对每一家企业来说都是至关重要的。

4.2.1 供应商开发及资格认定

采购部门的第一要务是选择合适的供应商。要选择合适的供应商，采购部门需要做好以下几个方面的工作。

1. 供应商开发

供应商的好坏，将影响企业经营的各个层面。一家企业一旦成立，就会有很多供应商可以选择，企业应该根据实际状况来选择相应的供应商。

在选择供应商时，企业首先要考虑的是供应的稳定性，该稳定性包括供应商的生产能力、产品质量和经营的稳定性等。

其次，在满足供应稳定性的前提下，企业要考虑供应距离。供应距离越短，供应速度越快，库存量越少，同时生产也将越顺利。实际状况是企业不同，面临的可选择的供应商也不同。比如，有些高科技企业的供应商选择面比较窄，甚至市场上就一两家供应商可供选择，此时供应距离问题就可以忽略不计。我们这里重点讲述的是一般性企业，这些企业所需的产品原材料及配件的市场获得性较好，必须考虑供应距离问题。在选择供应商时，企业可以以自身为核心，确定一个供应半径，然后在供应半径内选择供应商。

2. 供应商资格认定

在认定供应商资格时，企业需要综合考虑供应商的业绩、设备管理、人力资源开发、质量控制、成本控制、技术开发、客户满意度、交货速度等可能影响供应链合作关系的方方面面。供应商资格认定的具体原则如下。

- 系统全面性原则：全面、系统的评价体系的建立和使用。
- 简明科学性原则：供应商评价和选择步骤、选择过程应透明化、制度化、科学化。
- 稳定可比性原则：评价体系应该稳定、标准统一，减少主观因素。
- 灵活可操作性原则：不同行业、企业、产品需求，以及不同环境下的供应商评价应是不一样的，保持一定的灵活操作性。
- "门当户对"原则：供应商的规模和层次应与企业相当。
- 半数比例原则：购买数量不超过供应商产能的50%，反对全额供货的供应商。如果仅由一家供应商负责100%的供货和100%的成本分摊，则采购风险较大。因为一旦该供应商出现问题，按照"蝴蝶效应"的发展，势必影响整个供应链的正常运行。不仅如此，企业在对某些供应材料或产品有依赖时，还要考虑地域风险。
- 供应源数量控制原则：同类物料的供应商在数量上应有2~3家，并且有主次之分。这样可以降低管理成本和提高管理效率，保证供应的稳定性。
- 供应链战略原则：企业应与重要供应商建立供应链战略合作关系。
- 学习更新原则：评价的指标、标杆对象，以及评价的工具与技术都需要不断地更新。

仅根据这些原则，企业还不能明确到底该如何认定供应商资格，还需要建立和使用一个全面的供应商综合评价指标体系。图4-11所示是××汽车公司供应商调查评价内容（节选）。

在对重要供应商进行评价和调查时，企业需要聘请外部专业顾问公司，或者组建由内部各部门专家组成的专家团队，按照调查评价内容进行。供应商在通过调查评价之后，才能进入供应商名单，然后进行试供货，待其结果确认无误后才能开始批量供应。

如果是一般的供应商，企业可采用图4-11所示的供应商调查评价内容对其进行调查评价。该供应商调查评价内容过于庞杂，要求也过高，大多数供应商很难达到该要求。因此，在对一般的供应商进行调查评价时，也可按照图4-12所示的××公司供应商调查评价内容进行。

第 4 章 建立企业生态链——供应链管理

当然，图 4-12 所示的××公司供应商调查评价内容只是一个综合评分表，在使用时还应设定具体的评分标准，这样可防止因评价人员的认知、能力不同而造成评价偏差。

3.2 在得到产品和过程要求的基础上，是否从总体上对可制造性开展了评价？		
对于可加工性（可行性）评价的步骤，必须加以规范。	产品/过程开发	建立标准化生产体系的方法
必须检查合同和询价文本的可行性。	—— 客户要求	—— 行业比较、实践比较
必须有流程，通过它确定所有产品要求，包括哪些客户没有明确说明的要求（如法律法规要求）。	—— 时间安排、时间框架	—— 客户质量传感器
必须将经验（教训）以及对未来的期望考虑在内。	—— 对下级供应商权责关系的定义	—— 从过去的产品生产积累的经验
在向客户报价前的审批过程必须加以规范。	—— 规范、标准、法律、环保	—— 生产计划安排
所有相关负责/参与的部门必须确认客户要求的可行性（采购、研发、生产计划、生产、质量管理规划、物流……）	—— 客户规范	
在报价阶段，就已经考虑到样件制造、原型件制造等所需要的产能。	—— 产品责任要求	—— VDA第4卷，经济的过程设计和控制
必须考虑"客户关怀/客户满意度/服务"的要求。	—— 产能	—— VDA第4卷，可加工性分析
	—— 原材料到位情况	—— VDA文献：新开发零部件成熟度保障
	—— 负责研发的有资质的人员	—— 产品/过程创新
	—— 生产加工可行性、生产地点	—— 创新评价
	—— 建筑、空间	—— SPICE
	—— 设备、模具、生产/检验工具、辅助工具、实验室、运输工具、容器、仓库	
	—— CAM、CAQ	
3.3 是否为产品和过程开发编制了相关的计划？		
在项目计划表下，还应为产品和过程开发编制专门的计划。	—— 客户要求	建立标准化生产体系的方法
这些计划包含特定开发和规划活动的具体时间点/持续时间、里程碑、生产测试等相关信息。	—— 客户的时间安排（里程碑、前提）	—— 供应商质量管理
企业的里程碑和客户的里程碑应协调一致。为各里程碑确定考量指标和关键路径。内部开发计划应与对应的项目里程碑计划协调一致，必须确保内部开发计划始终处于更新状态。在内部开发计划中，应包括一套质量管理规划，其内容涉及检验规划、检验工具规划和风险分析。	—— 量产时间安排，样件认可时间安排	—— 确定采购审批、供应商审批和变更停止的时间安排
在开发阶段，必须采用合适的方法，为产品开发提供保证，使得量产产品能够满足使用条件（功能、可靠性、安全性）。	—— 开发阶段样件的时间安排、生产测试、模具的时间安排、准备时间	—— 验证/确认质量关卡的过程评审
产品和过程——FMEA是质量管理规划的组成部分。	—— 方法（QFD、DOE、FMEA、统计试验规划……）	
针对批量生产，提供具备相关工艺技术经验的证明。	—— 质量管理评审（可靠性测试、功能测试、试验计划）	—— VDA第3卷，第1部分
外包的过程和服务也是项目规划的组成部分。	—— 产能研究	—— VDA第4卷
	—— 原型件/试生产	—— VDA第4卷，产品和过程——FMEA
	—— 确定目标和监控落实程度	—— VDA13卷
	—— 定期询问开发进度（复查）	—— VDA文献：新开发零部件成熟度保障
	—— 向项目管理层提供信息/汇报	
	—— 针对投资计划的项目计划表（建筑和设备、生产装置……）	
	—— 客户变更时间和产量情况下的应对方法	
	—— 物流方面的规划要求、时间安排、规范	
	—— 采购审批、原型件/试生产	
	—— 开始批量生产	
	—— 批量生产方面的工艺技术经验	
	—— 模具时间表	
	—— 生产/检验工具、软件、包装的提供	
	—— 变更的保障方案（生产起步问题等）	

图 4-11 XX汽车公司供应商调查评价内容（节选）

项目		内容要点	评分
经营	经营者	人格、见识、行动、能力，对经营的热忱、视野、领导能力等	
	管理体制	吸收领导干部、中间管理人员的意见，确立方针、指导思想，并落实到各部门	
	财务体制	成长性、收益性好，财务内容和经营体制良好	
	对外信用	受到同行业、交易对象等的好评	
	劳务管理	工作人员道德观念强、队伍稳定、福利制度完善、劳资关系融洽	
品质	经营者	经营者品质观念强、品质方针明确、亲自实践和监督	
	组织体制	管理者各自的业务分工明确，具有履行职责的权限	
	保证体制	确定品质提高方针、具体实施计划、具体目标，有推进自主管理的能力	
	品质管理力	品质应变能力强、工序品质稳定、用户品质稳定	
	QC小组	监督者、领导者的品质提升意识强，定期举行小组活动	
生产	技术开发	具有专业领域的领先水平，具备技术革新的潜在力	
	制造技术	具备机械设备、金属模具、夹具的保养及设计制造能力，加工技术良好	
	生产管理	生产计划合适，能够保持实绩，有计划地利用购入物品	
	生产适应力	新产品开发阶段的适应能力强，而且能够适应生产的变动	
	成本	致力于提高生产力、降低价格，能够提出专业性建议	
	安全生产	经营干部和工作人员的安全卫生意识强，在活动上有实际成绩	
环保	ISO 14001	ISO 14001认证情况、推进力度及执行力度	
	绿色采购	对绿色采购要求及相关指令的达成程度	
	环保意识	管理者和全体人员的环保意识	
其他	人才培养	根据年度计划，实施教育、培训，人才培养风气良好	
	建议活动	有奖赏、推荐制度，每个工作岗位上的工作人员富有敬业精神	
	工作环境	整个公司有活动，工作氛围积极向上，劳动环境良好	
	长远性	培养新人，确定长远发展观念	

※评分基准　　5→特别优秀　　4→优秀　　3→普通　　2→稍差　　1→差

※评分基准：用满分（100分）减去各项目与项目满分的差为代理商成绩

总评：

评价分数	采购部门负责人裁决		
	采用	再检讨	不可
采用基准	AA：90～100　优秀购买单位		A：80～89　优良购买单位
	B：70～79　可采用		C：60～69　附加条件可采用
	D：0～59　不采用		

图4-12　XX公司供应商调查评价内容

4.2.2 价格确定

物料采购价格确定历来都是一件比较困难的工作。对企业来说，希望物料的价格越便宜越好，但对供应商来说，需要获得合理的利润，这就成了一对矛盾体。到底该如何确定所采购物料的价格？

在采购管理过程中，企业一般采用三种定价方式。

第一种，竞标定价：在对几家供应商进行评审以及对这几家供应商的产品确认无误后，企业通过竞标报价，确定取得最终供应资格的供应商，同时也确定了产品价格。这种方式在现有企业中仍然被大量使用。该方式的优点是通过竞标可以获得更低的价格;缺点是部分供应商为了获取订单,报出别的供应商难以承受的价格。在获取订单后,供货价格低于成本,供应商不得不进行非正常的成本递减活动,最终导致产品质量和供应及时性等各方面产生问题,致使企业的正常生产活动难以维持。更有甚者,有些供应商为了恶意竞争,故意报出低于成本的价格,在中标后,中途拒不执行合同,导致企业经营受损。

第二种,协议定价:企业与合作良好的供应商采用双方协商的方式确定产品供应价格。该方式的优点是企业与供应商之间是相互协作关系,在价格确定后不会因为价格问题而导致供应方面的问题;缺点是在协商过程中存在定价过高的风险和采购人员舞弊的风险。

第三种,标准成本定价:企业采用标准成本计算方法,与供应商一起公开、透明地对产品的原材料成本、生产成本、检验成本、仓储成本、物流成本等进行核算,之后加上合理的利润来确定最后的价格。该方式的优点是定价相对比较合理、科学,缺点是在计算过程中,企业采购人员需要对供应商使用的原材料的价格趋势、生产过程等情况掌握清楚、细致,否则很难计算准确。

从近几年的发展趋势来看,很多企业已经认识到了标准成本定价方式的优越性,并且采取这种方式定价。这种方式既能让企业取得较为合理的价格,又能让供应商取得相应的利润。

无论哪种方式,都有其相应的问题点,所以企业应当针对这些问题点制定相应的管控措施,进行严格管理,以降低采购风险。

4.2.3 最小采购批量、交货期等的确定

在进行物料供应时,供应商往往希望企业能够大量订购,这样生产成本、物流费用都将会下降;而企业希望按需订购,这样将会使库存大大减少,并且在生产变更时也不会造成物料呆滞。要解决这个矛盾,需要企业的采购部门与供应商协商制定对双方最有利的最小采购批量。

另外,在供应时,企业希望交货期越短越好,最好能做到零等待,这样对工厂的排产和生产协调各个方面都有利。事实上在供应物料时,供应商的生产、运输均需要时间。这同样需要企业的采购部门与供应商共同制定交货期,并且要区分首次交货的时间和正常交货的时间,便于确定订单提交时间和排产。

有了交货期，结合生产产能，企业就可以设定各种物料的最低安全库存。

目前，很多企业与供应商协商开展了 VMI 管理（供应商库存管理），由企业提供储存地点，供应商直接将产品存放于企业指定的存储地点，并进行库存管理，企业在生产时随用随领，之后供应商将企业领用的产品量计入供货数量。这样，供应商解决了运输批量问题和储存问题，企业解决了采购纳期和库存积压问题，一举两得。在该方案中，如果企业所需的物料发生变更，那么供应商暂存的物料如何处理？这就需要双方提前协商出一个对双方都有利的方案并执行。

4.2.4 订单分配

考虑到供应安全，对于每种物料，企业一般选择 2 家及以上的供应商，这样企业可以与多家供应商保持供应关系，降低单一供应的风险。

在确定价格后，企业到底订购哪一家供应商的产品呢？到底以什么原则进行订单分配呢？分配比例如何确定？企业应建立一套管理制度进行规范管理，一方面可以改善供应关系，另一方面可以防止因员工个人关系导致企业受损。

在一般情况下，企业应先根据供应商评价结果，以及产品质量、产品价格、供应速度等对供应商进行综合评价，再根据综合评价结果区分供应商的等级，然后根据不同等级设定不同的订单分配比例，具体可参考图 4-13 所示的供应商订单分配比例确定管理办法。

	评价要素1		评价要素2		评价要素3		评价要素4		综合评价得分	订单分配比例
	供应商评价结果	权重	产品质量	权重	产品价格	权重	供应速度	权重		
供应商A	90		90		70		90		86	50%
供应商B	80	30%	80	30%	80	20%	80	20%	80	30%
供应商C	70		70		90		70		74	20%
供应商评价结果评分标准：AA(90)；A(80)；B(70)；C(60)。										
产品质量评分标准：99.5%（90）；99%（80）；98.5%（70）；98%（60）。										
产品价格评分标准：从低到高分别评分90、80、70、60。										
供应速度评分标准：从最快到最慢分别评分90、90、80、70、60。										
综合评价得分=Σ评价要素×权重。										
订单分配比例：根据综合评价得分从高到低依次为50%、30%、20%。										

图 4-13 供应商订单分配比例确定管理办法

企业在确定供应商订单分配比例时，因经营状况不同、产品不同，所以对供应商的要求也不同。比如，企业对产品质量要求高，在设定评价要素权重时，就会给予产品质量绝对的权重；企业对供应速度要求高，则在设定权重时，就会给予供应速度比较大的权重。所以在确定供应商订单分配比例时，企业管理人员应根据实际状况制定不同的评价要素和评价权重，以及根据综合评价结果设定不同的订单分配比例。

4.2.5 供应计划管理

在生产过程中，供应过早和过晚都属于供应不及时，供应不及时往往会导致计划变更、生产停滞、设备切换、库存增加等，造成等待浪费、工时浪费和搬运浪费，甚至使企业不能及时交付产品，产生直接经济损失，这一切都将增加企业的经营风险。

因此，企业管理人员需要做好以下事项。

第一，根据所确定的供应周期、生产计划等制订详细的供应计划，并由专人跟进确认，直至供应到达。

第二，制定到货及时率等评价指标，对供应商进行评价，根据评价结果督促供应商不断改进。

第三，制定到货齐套率等评价指标，对订单跟踪人员进行评价。很多企业往往只制定了到货及时率，未制定到货齐套率。假如生产一款产品需要100个配件，如果有99个配件及时到货，一个配件推迟了到货时间，则到货及时率为99%，看起来还不错，可生产能正常进行吗？当然不能，为什么会这样？这就要看到货齐套率了，一款产品无论缺少几个配件，都不能完成生产，那么到货齐套率就是0。这个指标对成品生产企业来说尤为重要。

4.2.6 供应成本节约

在制造企业的经营成本中，供应成本（主要是物料成本）是最大的成本之一。因此，供应成本节约是供应链管理中不可或缺的工作重点之一。

节约的成本可以被看作是不包含任何成本的纯利润。如果节约10万元，企业就增加了10万元的利润；如果节约1000万元，企业就增加了1000万元的利润。

因此,企业必须加大力度进行成本递减活动。供应链管理人员应不遗余力地进行物料成本递减活动,使企业成本最低化。

到底该如何进行供应成本节约呢?这就要制定相应的采购成本递减战略。在一般情况下,企业可以从以下几个方面来节约供应成本。

第一,开展价值工程(Value Engineering,VE)等活动:内部团队大力开展价值工程、精益设计(Lean Design)等活动,通过对产品材料、材质、尺寸和结构等的研究,寻找更优成本方案来降低材料成本和生产制造成本。

第二,同步开发:让供应商参与产品的开发过程和工艺设计,利用供应商的专业能力,寻找更优设计方案,降低物料成本或者产品的生产成本。

笔者曾遇到过一家美国知名化妆品公司,它所设计的一款口红产品的外壳需要注塑成型后再进行喷涂,工艺比较复杂。国内一家小型注塑企业在接到订单后,认为此产品完全可以通过注塑一次成型达到其外观要求,于是向这家化妆品公司提出了改善建议,这样就大大降低了物料采购成本。

第三,成立专业团队或者外请专业团队,帮助供应商提升其在质量、生产效率、成本管控等方面的能力,降低供应成本。在这方面,目前很多公司都在实施,美的已经实施了好多年。

这里面存在两个问题,问题一是成本问题。如果企业拥有专业改善团队,一般不存在这个问题,这毕竟是他们的工作。可如果企业需要外请专业团队,其改善及辅导必然会产生成本,这个成本该如何处理?企业一般有以下几种处理方法。方法一,外请专业团队的成本由企业及供应商共同承担。企业可与供应商协商一个成本分摊办法,如五五分担等。后续的供应价格将在改善完成的基础上进行重新核算、确定。方法二,外请专业团队的成本完全由企业承担,后续供应价格将在改善完成后进行重新核算。方法三,外请专业团队的成本完全由供应商承担,在改善完成后核算后续供应价格时,先减去该成本,然后重新核算。至于到底如何进行,取决于企业与供应商之间的协商结果,以上三种方法,仅供参考。

问题二是到底要改善什么。我们可以根据供应链管理的目的去看待这些问题。企业的供应链需要有一个价格低廉、供应及时且稳定的供应体系,因此企业应该着眼于供应价格,以及供应及时性和供应稳定性。

供应价格和供应及时性,反映在企业经营上都是成本,所以企业可以对综合供应成本进行考量。为了反映不同供应商的差别,企业应引入供应商质量损失成本系数,建立综合考量采购价格和供应水平的供应商管理和决策体系,有效控制成本，为降低成本、选择供应商、决定物料价格提供依据。

我们可以将供应商质量损失成本系数设定为 f：

$$f = \left(\frac{COQ' + COD'}{QTY} + Price \right) / Price$$

COQ'——综合质量成本；

$COQ' = COQ_1 + COQ_2 + COQ_3 + COQ_4$

COQ_1：来料鉴定成本；

COQ_2：入库检验成本；

COQ_3：来料不良成本；

COQ_4：来料不良引起的生产浪费成本；

COD'——综合供应不及时成本；

$COD' = COD_1 + COD_2$

COD_1：供应不及时引起的生产浪费（等待）成本；

COD_2：供应不及时引起的市场（合同赔款）成本；

$Price$——采购价格；

QTY——总供应量。

$$使用成本 = Cost = Price \times f$$

引入供应商质量损失成本系数，可对供应商的成本递减工作起到指导作用。

引入供应商质量损失成本系数，可对材料的使用成本进行计算、分析，从而更好地选择供应商。使用成本的计算方法如图4-14所示。

供应商	A	B	C	D	E	F
供应商质量损失成本系数（f）	1.35	1.3	1.2	1.38	1.38	1.09
采购价格（$Price$）（元）	1	1	1	1	0.98	1
使用成本（$Cost$）（元）	1.35	1.3	1.2	1.38	1.35	1.09

图4-14 使用成本的计算方法

由图4-14可见，如果供应商供应的产品品质不好或供应不及时，为了保持总使用成本不变，必须降低采购价格；当供应商供应的产品品质改善、供应效率改善，而采购价格不变时，企业的使用成本会相应地降低，即"节约了成本"。同理，在选择供应商时，即使某个供应商提供的采购价格很低，但供应商质量损失成本系数高，企业的使用成本也有可能是高的。

在供应稳定性方面，企业可以对供应商其他经营方面进行相应的改善，这里就不再一一赘述了。

第四，可以从整个供应链的角度出发，对各环节进行改善和整合，从而降低供应成本。图 4-15 所示为某日化产品供应链的改善示意图。包装材料在生产完成后需要进行出货检验，在将包装材料运输至灌装厂进行成品生产时又要进行受入检验，从整个供应链来看，两次检验其中的一次是重复工作，属于浪费，那么就可以减少一次检验，从而降低生产成本。

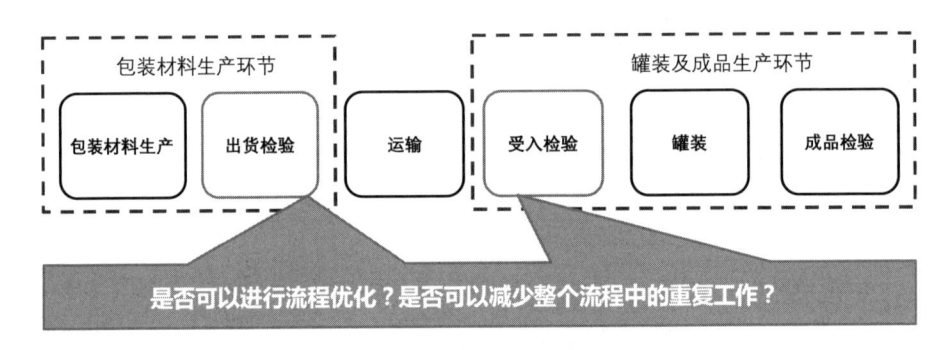

图 4-15 某日化产品供应链的改善示意图

具体改善内容及改善方法如图 4-16 所示。

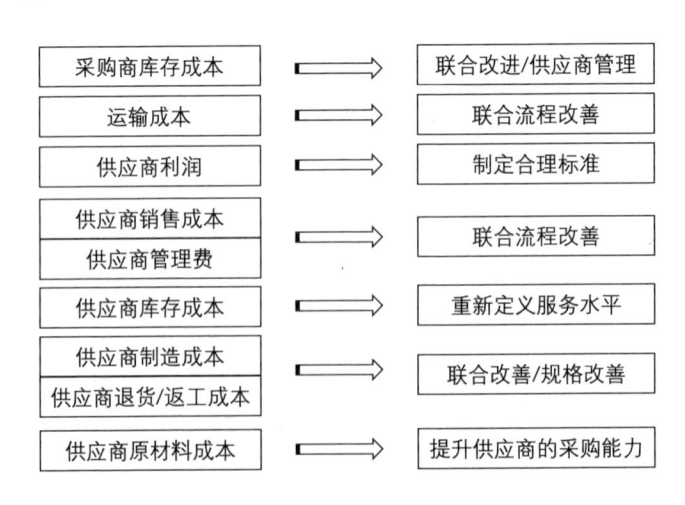

项目	改善方法
采购商库存成本	联合改进/供应商管理
运输成本	联合流程改善
供应商利润	制定合理标准
供应商销售成本 / 供应商管理费	联合流程改善
供应商库存成本	重新定义服务水平
供应商制造成本 / 供应商退货/返工成本	联合改善/规格改善
供应商原材料成本	提升供应商的采购能力

图 4-16 具体改善内容及改善方法

第五，集中采购：该条适用于集团公司采购。企业在采购使用量大且成本较高的产品（如原材料、零部件、设备及服务等）时应进行集中采购。通过集中采购，企业可以增加采购量，以量的增加换取成本的递减。企业在进行集中采购时要根据实际状况进行分析，要不然会适得其反。比如，笔者在对一家日化集团公司进行服务时，发现该公司的所有物品均采用集中采购，就连一个标准插座也要集中采购，这样不仅没有降低成本，反而因为采购审批流程过长、审批节点多，造成了工作处理成本远远大于采购物品本身的成本，并且导致了两个月都未采购到一个标准插座的尴尬状况。

4.2.7 建立专业供应管理体系

第一，完善、统一系统功能设计，为有效实施管理运行控制做好基础工作。

（1）统一规划集团公司采购系统的组织机构，对子公司的采购功能进行标准化设计。子公司应具备以下功能。

- 信息管理功能。
- 生产准备功能。
- 价格管理功能。
- 订单管理功能。
- 库存控制功能。
- 供应商及其供应质量管理功能。

（2）制定集团公司统一的采购政策、标准、流程，对各项采购业务进行标准化模板设计。

（3）对集团公司采购系统的人员进行培训、考评，全面开展对集团公司采购系统的评价工作。

第二，强化采购委员会对采购系统的运行控制作用。

- 保证供应体系有效运行。
- 重大采购事项必须由采购委员会集中决策。
- 由采购委员会统筹规划各层级采购组织的功能与采购责任。
- 子公司下属的分公司成立采购部必须报采购委员会批准。
- 新产品开发的采购组织工作由采购委员会分配。
- 采购委员会对供应商的确定行使质量与成本否决权。

- 采购委员会负责组织集中与专项采购会议，保持集团公司的采购政策、标准、流程的统一性，一个声音对外，重塑采购系统的形象。

第三，集中决策组织——集团公司采购部。

- 组织功能设计、划分采购责任、制定采购标准模板、培训采购技能、运行绩效评价。
- 为产品开发提供资源支持，为实施生产做好准备。
- 做出采购战略决策，并完成重要物资采购的关键环节。
- 统一进行供应商质量评审，实施采购信息系统。

第四，分散操作组织——子公司采购部。

- 完善"六种功能"——生产准备功能、价格管理功能、订单管理功能、库存控制功能、信息管理功能、供应商及其供应质量管理功能。
- 质量评审的功能集中于集团公司采购部。

4.3 供应商管理

要想维持稳定的供应链，企业必须对供应商进行相应的管理：其一，要能够选择合格的供应商；其二，要不断提升供应商的能力；其三，要维护自身与供应商之间的关系。

4.3.1 供应商评价及评审

虽然企业在选择供应商时已经对供应商进行了审核及评价，但市场风险总是存在的，所以在日常供应过程中，企业依然需要定期对供应商进行评价及评审，防止供应风险产生。

1. 供应商评价

对供应商进行评价可以根据供应商的供应结果设定不同维度的评价内容，每月进行数据统计并评价，具体评价内容包括到货及时率、到货质量、持续改善等。图 4-17 所示为供应商评价表。根据评价得分状况，可设定供应商的等级，可将供应商分成 A、B、C、D 四个等级。A 类为优质供应商，增大其订单分配比例；B 类为良好供应商，保持订单分配比例不变；C 类为需要整改的供应商，减少其订单数量；D 类为需要淘汰的供应商。每个季度对供应商进行一次评价。在评价结束后通过订单数量倾斜或者对需要淘汰的供应商进行淘汰，激励各供应商持续进行改善，保证供应质量及供应效率。

部门		评价项及分值	子项	分值（分）	备注
评价部门	采购部	成本（30分）	成本评分	25	A≥23.75；B≥21.25；C≥18.75；D<18.75
			降成本影响度	5	A≥4.75；B≥4.25；C≥3.75；D<3.75
	质量部	质量（30分）	质量评分	20	A≥19；B≥17；C≥15；D<15
			改善影响	5	A≥4.75；B≥4.25；C≥3.75；D<3.75
			质量服务	5	A≥4.75；B≥4.25；C≥3.75；D<3.75
	计划管理部	供应（30分）	生产供货	20	A≥19；B≥17；C≥15；D<15
			改善影响	5	A≥4.75；B≥4.25；C≥3.75；D<3.75
			供货服务	5	A≥4.75；B≥4.25；C≥3.75；D<3.75
	技术中心	技术开发、改进能力（10分）		10	A≥9.5；B≥8.5；C≥7.5；D<7.5
合计				100	A≥85；B≥75；C≥65；D<65
备注：A—优质；B—良好；C—需要整改；D—淘汰					

图 4-17　供应商评价表

对供应商进行评价的目的是要监控各供应商的供应状态，及时将供应问题点提供给供应商，以督促其改进。如果只有评价，没有改进，那么评价就没有任何意义。所以，在每个季度对供应商进行评价后，企业要及时将评价结果反馈给相应的供应商，督促其改进。

2．供应商评审

企业虽然在引进供应商时对其进行了详细的审查，但市场风云变幻，随时可能会发生变化，所以还应该定期对供应商进行评审，及早发现潜在风险。企业至少每年要对供应商进行一次评审。

对供应商进行评审的目的主要是确认供应商的管理体系运作是否正常，是否能够保证所供应产品有稳定的质量和供应状态。此时对供应商进行评审不需要像引入供应商时评审得那么细致，主要对供应商的管理体系方面进行审查确认。图 4-18 所示为某公司的供应商评审表。

条款	检查项目	等级 0 1 2 3 4	权重	实际得分	条款得分	审核发现	图片
合同评审	是否在向客户做出提供产品的承诺之前（接受合同或订单之前），对产品要求进行了评审？		2				
	如果客户的订单有变化，是否及时通知相关人员？		2				
	是否将评审结果回传给客户以确认？		1				
环境健康安全合法性验证表	根据EHS表单FEHS00 19E抽查2～3项，检查其是否合格。		2				
设计变更	ECN是否经过相关部门的评审和批准？		2				
	与ECN相关的措施是否得到有效执行？		2				
	更改后的文件是否发放给相关部门（包括供应商）？		2				
文件和质量记录控制	文件发放是否进行编号和有效放记录？		2				
	外来文件（如标准）是否包括在控制之列？		1				
	文件是否存在未被授权的修改？		1				
	技术文件、图纸是否受控，且有版本控制？		2				
	对保留的作废文件是否进行了隔离和专门标识？		1				
	工作现场是否容易得到文件的有效版本，是否存在应有却无的情况？		2				
	质量记录是否清晰易读？		1				
	质量记录是否按要求的期限进行保留？		1				
供应商管理	是否有选择、评估、重新评估供应商的准则和文件并执行？		2				
	是否有合格供应商名册？		2				
	是否定期对合格供应商进行评价？		2				
	是否对供应商的表现（包括质量、纳期、服务等）进行定期评估并采取相应措施？		2				
采购	在发放采购文件前是否让授权人员进行审批？		1				
	PO是否得到供应商的回传确认？		2				
生产管理	查看工作环境，如清洁卫生、安全措施、物品存放，是否有序（5S）。		2				
	抽取关键工位3～5人，检查有无培训记录，及其是否具备上岗资格。		2				
	每个工位是否制定了作业指导书并遵循其工作？		2				
	监视和测量装置是否被校验并在有效期内？		2				
	抽查2～3个产品的检验过程，确认是否有作业指导书并遵循其工作。		2				
	检验人员是否经培训合格上岗？		3				
	是否有设备和模具用、管、修的管理制度？		2				
	是否对设备和模具进行日常和定期保养，使之保持良好状态？		2				
	在现场抽查2～3批产品的检验记录，核实一下是否都按规定进行了检查。		2				
	在生产过程中，是否对各阶段的原材料和产品进行标识？		2				
	是否有产品和原材料的可追溯性记录？		2				
	存放的方法是否能区分不同的检验状态？		2				
	现场检查不合格品的标识、记录、隔离情况是否符合要求？		3				
	不合格品在得到纠正后是否被重新检验？		2				
	是否针对质量异常情况采取纠正措施并执行？		3				
设备维护	是否有设备和模具的年度预防保养计划（包括年、季度、月、周保养）并按其执行？		2				
	是否有设备和模具的维修履历卡并据此对保养频率做相应的调整？		2				
	是否有设备和模具的每日保养点检表并执行？		1				
控制计划	是否有关于客户产品的质量控制计划？		3				
	是否根据实际情况对控制计划及时更新并执行？		2				
测量仪器	测量和监视设备能力是否满足要求？		2				
	抽检部分测量设备，检查标签和登记是否一致。		2				
	是否在校验期内？		3				
	如果测量设备校验不合格，是否对用其测量过的产品进行追溯并采取相应的措施？		1				
	抽检部分测量设备的校验报告，检查是否可以追溯到国际或国家标准？		2				
	测量设备是否有作业指导书？		1				
进料检验	到仓库抽查3～5批货物，检查其是否都进行了进料检验并登记？		3				
	抽查3～5份检验报告，检查是否符合检验要求？		2				
	当无检验条件时，是否要求供应商提供合格证明（如材质证明）？		1				
	对检验不合格品是否做了适当的标识？		2				
	对于检验不合格品，是否要求供应商采取纠正措施并验证其有效性？		3				
	因生产急需而来不及进行检验的物料如何处置（如紧急放行）？		1				
客户抱怨处理	是否有对客户的投诉进行处理的相关记录？是否及时回复客户？		3				
	是否跟踪验证相关纠正措施？		3				
仓库和发运	是否有产品储存和保护的规定和防止产品损坏、变质的措施？		1				
	仓库是否进行区域划分，以防止不同状态产品的混淆？		1				
	是否采取措施保证产品无损坏、无丢失地安全到达目的地？		3				
	是否做出货检验？		1				
	当出货检验发现不良品时如何处理？		1				
	现场抽查3～5种产品，检查账、卡、物是否一致。		2				
	现场抽查3～5种产品，检查是否先进先出。		2				
质量和交付	从成品仓库抽检2～3种产品，检查其是否符合ITS的质量要求。		2				
	抽查3～5张客户订单，确认是否及时交货。		2				
持续改善	供应商是否根据每月质量统计报告做出持续改进计划？		2				

图4-18 某公司的供应商评审表

在对供应商进行等级评价时，可以依据图 4-19 所示的供应商等级评价标准进行。

等级	标准
0	没有文件系统，并且没有记录支持
1	有文件，但没有记录支持
2	有一些记录支持，但没有文件化的流程
3	有好的文件，并且有足够的记录支持
4	有非常好的文件和记录支持，并且超出了要求
N/A	不适用或者此次评价未涉及

图 4-19　供应商等级评价标准

4.3.2　战略供应商管理

传统供应商对企业来说只是产品的提供者而已，企业与其合作的目的纯粹是获得利润。在这种观点之下，供应商被看作成本结构的主要组成部分，企业可以使用各种方法将这一成本降低至最低，如多家竞标，让其相互厮杀，最后获得更便宜的供应价格。虽然这些方法可以使供应成本降得更低，但是如果过度使用，会影响企业与供应商之间的关系。

在这种关系下，对供应商来说存在以下困难点。

- 设计变更、计划变更等未及时获知。
- 设计变更、计划变更等带来成本增加。
- 贴息后，不能及时开具发票，造成经营现金流紧张。
- 设计精度过高，存在浪费。
- 质量罚款等很多不合理现象存在。
- 与企业共渡难关后没有实质优惠政策。
- 企业对优质供应商等无突出优惠政策。

……

对企业来说，同样存在以下困扰。

- 零部件质量差、交货周期长。
- 材料涨价与整机降价矛盾突出。
- 供应商数量多，但寻找优质供应商较为困难。
- 供应商脚踏几只船。

☊ 供应商满意度低。

……

后来,一些国际大企业经过实践发现,在保持稳定的供应关系的情况下,如果想进一步降低采购成本,需要通过采取先进的采购策略来实现。图 4-20 所示是科尔尼公司从 1995 年到 1998 年对一些公司进行跟踪的数据统计结果。[①]

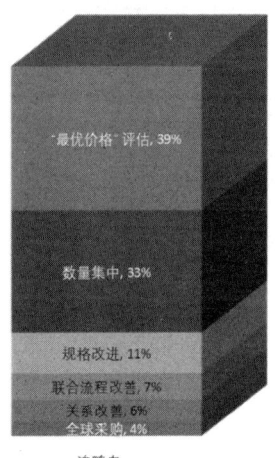

图 4-20 不同企业的采购成本节约策略对比

所以很多企业开始着手发展战略供应商(Strategic Suppliers),也就是指企业为了战略发展,在供应商中选择少数几家作为发展所必需的供应商,与之建立战略协作关系。战略供应商的业绩对企业的影响越来越大,在交货、产品质量、提前期、库存水平、产品设计等方面都影响着企业的运营。

1. 战略供应商选择

战略供应商应该怎么选择呢?企业可以对 A 类供应商就以下内容进行评估,然后根据评估结果进行选择。

1)意愿层面

☊ 确认供应商是否有意愿与企业协同发展。

☊ 确认供应商是否有意愿通过企业培养或者是否有能力通过自我学习不断提升。

☊ 确认供应商是否有意愿与企业建立长期合作关系(如 3 年以上)。

---

① 资料来源:A.T.Kearney AEP executive survey, question 8.1.4。

- ……

2）经营层面
- 确认供应商的企业文化、企业价值观是否与企业相同或者相近。
- 确认供应商的经营状况及经营团队是否具备长远发展的能力。
- ……

3）能力层面
- 确认供应商是否有能力进行自我改善并能为企业提供成本递减方案。
- 确认供应商是否有能力为企业的产品设计协同、改善协同提供建议及方案。
- 确认供应商的产能是否满足企业的需求。
- 确认供应商是否具备长期质量保证能力。
- 确认供应商是否具备自我革新及自我提升的能力。
- ……

4）产品层面
- 确认供应商提供的产品是否为企业战略性产品或关键性产品。
- 确认供应商提供的产品是否为企业瓶颈产品或材料。
- ……

对于以上内容，企业在评估时还可以根据所考虑的重点进行增加或者减少。

2．战略供应商管理

在选定了战略供应商后，要对其进行相应的管理，企业可以考虑从以下内容对供应商进行管理。
- 建立信息交流共享机制并实施。
- 建立供应商的激励机制并实施。
- 制订战略供应商培养计划并实施。
- 制定战略供应商评审方案并实施。

4.3.3 供应商培养

持续不断地获得高质量、低价格、及时供应的产品和服务，是采购人员的主要工作。然而供应商存在很多种状态，有的供应商管理能力强，有的供应商管理能力弱。不管是管理能力强的供应商，还是管理能力弱的供应商，都需要相应的培养。供应商培养内容包括培养供应商的忠诚度、供应能力等。

到底该如何培养供应商呢？通过什么方式来培养供应商？在这个问题上，虽然不同企业有各自不同的方式，但要做好供应商的培养，仍然有规律可循。

1. 供应商培养的准备工作

第一，做好心态调整。

企业与供应商之间是合作关系，并不是隶属关系和臣服关系，所以，企业人员要平等地对待供应商，切不可因供应商有求于企业而颐指气使，更不可高高在上、唯我独尊。

第二，组建专业团队。

如果企业本身管理能力强，那么可以从不同部门选择专业人员组建供应商辅导团队，定期对供应商开展辅导工作。如果企业本身能力并不强，那么可以求助于专业管理咨询团队，由相应的咨询顾问组成专业团队，对供应商进行辅导。当然，在求助于专业管理咨询团队时，将会产生一定的费用。有些企业自己承担这个费用，有些企业与供应商分摊这个费用，还有些企业采用改善后的成本递减对冲这个费用，方法不一，各企业可以根据实际状况灵活处理。

第三，尽可能多地提供帮助，减少要求。

2. 供应商培养的方法

第一，开展专业项目。

企业应定期开展一些精益管理改善项目，如全面成本管理（TCM）、全面质量管理（TQM）、全员设备管理（TPM）等。通过开展项目，企业一方面提升了供应商的管理能力，从而降低了供应商的生产成本，另一方面培养了供应商的专业管理能力。降低了供应商的生产成本，企业就可以降低采购成本，一举多得。该方法改善力度大，专业程度高，取得的效果也显著。

第二，开展专题培训活动。

企业应制订培训计划，根据培训计划定期召集供应商开展专题培训活动，提升供应商的管理能力。相较于专业项目，专题培训活动的内容是否能够转化为现实的管理改善，取决于供应商的管理能力和改善意愿。

第三，开展专题分享活动。

定期组织供应商开展管理改善方面的专题分享活动，由企业与供应商各自展示自己的管理优秀点，大家相互分享，共同学习，共同提高。该方法需要供应商具有自主学习的能力和意愿，才可以获得较好的效果。

笔者曾服务过的一家美国化妆品公司，采用成本递减专项活动来开展供应商培养。在项目开展时，该化妆品公司为各供应商聘请了专业的咨询服务团队提供咨询服务，并且定期召开供应商成本递减项目专题研讨会，让各供应商进行总结，相互学习。咨询服务费由供应商与该化妆品公司分摊（各占50%），在改善产生直接收益后，所对应的产品采购价格相应地递减。对于改善过程中需要投入的费用，如自动化设备的投入，该化妆品公司为了避免供应商不愿意投入，采用订单承诺和成本分摊等做法，打消供应商的顾虑。这样做，对该化妆品公司来说，既可以降低采购成本，又可以观察到各供应商的改善决心及其对公司的忠诚度；对供应商来说，虽然降低了该化妆品公司订单的单价，但学习到的改善方法提升了管理人员的管理能力，还可以将该方法应用到其他产品上，提升盈利能力。

4.4 库存管理

库存是指暂时闲置的将来用于生产的资源。这里所谓的资源并不仅仅指生产制造类企业的原材料、半成品、产成品，还指其他相关闲置的资源。

库存管理不仅要保管好这些资源，还要对其进行补充订购和数量控制等。

4.4.1 库存对企业的利与弊

库存在企业管理中有以下作用。
- 库存能够平衡供给与需求。
- 库存能够预防不确定的、随机的需求变动，以及订货周期的不确定性。
- 库存在供应链中起缓冲器的作用。
- 库存能够消除供需双方在地理位置上的差异。
- 库存能够使企业实现规模经济。

因为库存有以上作用，所以企业经常应用库存来解决很多问题。笔者在服务众多企业的过程中，发现各企业都有大量的库存。比如，某防水材料公司在已经爆仓的情况下，依然下达大量的生产计划，结果造成公司内到处存放着产品。更有甚者，一家医疗器械公司，年销售额大约为 4 亿元，结果库存金额高达 8000 多万元。经过仔细测算，该公司的生产周期居然长达 14 个月，而该公司的人员对这一切竟然一无所知。当我们将计算数据摆在他们面前时，他们才恍然大悟，觉得太不可思议。

那么，库存对企业的经营到底是有利还是有弊呢？我们来看看库存的弊端。

（1）库存占用大量资金。在大多数公司里，资源都是有限的，用在库存上面的资金还可以用在改进工厂设备、给股东支付红利、开发新产品等其他用途上，过量的库存没有用处，只是束缚了资金。

（2）库存产生库存成本。库存成本是指企业为持有的库存所花费的成本。库存成本包括占用资金的利息、储藏保管费（仓库费用、搬运费用、管理人员费用等）、保险费、库存价值损失费用（丢失或被盗、库存物品的变旧、发生物理化学变化导致价值降低）等。

（3）库存还会隐藏企业其他管理问题。库存会隐藏生产效率低下的问题、生产管理不善的问题和产品质量不足的问题。因为生产效率低下、生产管理不善和产品质量不足，企业管理者担心市场供应不足，造成企业经营受限，所以进行大量库存，这才是大量库存存在的根本原因。然而，当有了大量库存时，供应需求就没有那么迫切了，生产效率低下、生产管理不善和产品质量不高的问题也就没那么突出了，这就会使企业管理者麻痹，不会及时去解决这些问题，久而久之，积重难返。

综合以上内容来看，库存过多弊大于利。因此，丰田公司提出零库存管理。然而各企业的实际状况与丰田公司均不同，要完全做到零库存几乎是不可能完成的任务。即使是丰田公司，也不能完全做到零库存。所以零库存只是一种概念，其意是尽可能地降低库存，做到库存合理，也就是要找到与企业实际状况相匹配的必须库存量。库存管理主要包括两方面的工作：一方面，要消除引起过量库存的因素；另一方面，要建立为应对需求保持必须库存量的管理方法。

4.4.2　库存分类管理

库存分类管理是指按照一定的规则，将库存物品进行分类，并对各类物品采取不同的管理方式,从而减少工作人员的工作量,节约库存成本。

1. 库存分类管理的来源

1896 年,意大利经济学家帕累托出版了《政治经济学讲义》,其中描述了他所观察到的一些现象,如意大利 80%的土地掌握在 20%的人手中、花园里 20%的豌豆荚产出了 80%的豌豆。20 世纪 40 年代,美国一位管理顾问 Joseph M. Juran 观察到一个在商业和生活中普遍存在的现象:在某一过程中,80%的影响来自 20%的投入。这一现象被称为"帕累托原则"。

图 4-21 所示为各类物品的资金占用比例和存货数量比例示意图。在企业生产经营活动中,占总价值 70%的库存物品(A 类)在数量上大约占总数量的 10%,占总价值 20%的库存物品(B 类)在数量上大约占总数量的 20%,剩余占总价值 10%的库存物品(C 类)在数量上大约占总数量的 70%。

同样,在实际库存中,必须库存量往往仅占总库存的 20%左右。笔者在对一家大型企业调研时发现,其库存总金额大约为 2.1 亿元,而每年的消耗金额仅为 3800 万元,占库存总金额的 18%左右。

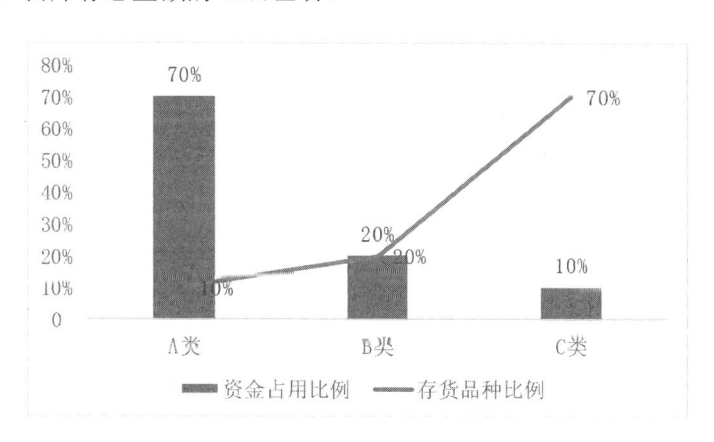

图 4-21　各类物品的资金占用比例和存货数量比例示意图

2. 库存分类管理的意义

为了实现库存的精准性,企业必须对库存物品进行分类管理。这样不仅可以压缩库存总量、解放占压资金,还可以使库存合理化,节约管理投入。

库存分类管理的意义如下。

♪ 分清质量和价值的等级,以及重要和次要。

- 突出资源利用效果、成本控制和利润。
- 减少不必要的损失浪费。
- 最大限度地降低成本和提高效率。

3．库存分类的方法

企业在进行库存分类时，可根据图 4-22 所示内容，从库存物品的价值、缺货影响、供应的不确定性、过时或变质的风险四个维度对库存物品进行评价，评价后依据图 4-23 所示内容对物品进行分类，形成 A、B、C 三个类别。

图 4-22　库存分类依据

分类	A	B	C
价值	大	中	小
缺货影响	大	中	小
供应的不确定性	高	中	低
过时或变质的风险	高	中	低

图 4-23　库存物品 A、B、C 分类方法

4．不同库存物品的管理方法

在将库存物品分类之后，在日常管理过程中，可以针对不同类别的库存物品，设定不同的管理方法。对于 A 类库存物品，由于其价值大，且缺货影响大，再加上供应的不确定性高和存在过时或变质的风险，因此在管理上应该进行寿命管理甚至趋势管理，确保其库存的精准性，一方面要保证在需要的时候有物品可用，另一方面要保证库存量为最低需求量。对于 C 类库存物品，由于其价值小、缺货影响小、供应的不确定性低，所以在管理上可以适当放宽，以追求最低订货成本为宜。B 类库存物品的管理方法介于 A 类库存物品与 C 类库存物品之间。不同类别库存物品的管理方法如图 4-24 所示。

分类项目	A	B	C
价值	大	中	小
管理要点	将库存压缩到最低水平	库存控制有时可严些,有时可松些	集中大量订货,以较高库存来节约订货费用
订货量	少	较多	多
订货量计算方法	按经济批量计算	按过去的记录计算	按经验估算
定额综合程度	按品种或规格	按大类品种	按总金额
检查库存情况	经常检查	一般检查	季度或年度检查
进出统计	详细统计	一般统计	按金额统计
保险储备量	少	较多	允许较多
控制程度	严格控制	一般控制	控制总金额
控制系统	连续型库存监测系统	综合控制系统	定期型库存监测系统

图 4-24 不同类别库存物品的管理方法

4.4.3 库存物品的订购

库存物品订购常用的方法有两种,一种是定量订货法,另一种是定期订货法。

1. 定量订货法

定量订货法是指当库存下降至预定的最低库存量(订货点)时,按照规定的数量(一般以经济订货批量为标准)进行补货的方法。其基本原理是:确定一个订货点 Q_k,在使用过程中随时检查库存,当库存下降到 Q_k 时,就发出一个订货批量 Q^*,一般选经济订货批量(EOQ),如图 4-25 所示。

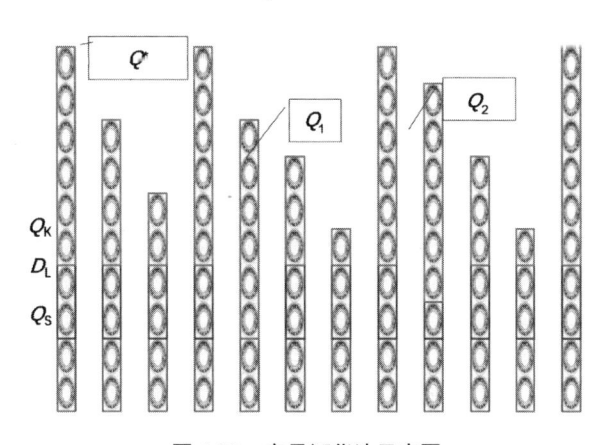

图 4-25 定量订货法示意图

定量订货法的两个关键值就是需求量和订货点。需求量和订货点可以是确定的，也可以是不确定的。订货点 Q_k 包括安全库存 Q_S 和订货提前期的平均需求量 D_L 两部分。在需求量和订货提前期都确定的情况下，不需要设置安全库存；在需求量和订货提前期都不确定的情况下，设置安全库存是非常必要的。控制了订货点 Q_k 和订货批量 Q^*，整个系统的库存水平就得到了控制，库存费用也得到控制。

1）订货点 Q_k 的确定

订货点：使用定量订货法发出订货订单时，仓库保有该货物的实际库存量称为订货点。它是直接控制库存水平的关键。在计算时，分两种状况，具体如下。

（1）在需求量和订货提前期都确定的情况下，不需要设置安全库存，可直接求出订货点，计算公式如下。

订货点 Q_k

=订货提前期的平均需求量

=每个订货提前期的需求量

=每天需求量×订货提前期（天）

=（全年需求量/360）×订货提前期（天）

（2）在需求量和订货提前期都不确定的情况下，安全库存的设置是非常必要的。此时订货点的计算公式如下。

订货点 Q_k

=订货提前期的平均需求量+安全库存 Q_S

=（单位时间的平均需求量×最大订货提前期）+安全库存 Q_S

安全库存 Q_S=安全系数×$\sqrt{最大订货提前期}$×需求变动值

其中，安全系数可根据缺货概率和服务水平在安全系数查询表中查得。安全系数查询表如图4-26所示。

缺货概率（%）	10	9	8	7	6	5	4	3	2	1
服务水平（%）	90	91	92	93	94	95	96	97	98	99
安全系数	1.29	1.34	1.41	1.48	1.56	1.65	1.75	1.88	2.05	2.33

图4-26 安全系数查询表

$$需求变动值=\sqrt{\frac{\sum(y_i-y_A)^2}{n}}$$

式中　y_i——第 i 月的需求量；

　　　y_A——月平均需求量；

　　　n——月数。

例：某商品在过去三个月中的实际需求量分别为 1 月 126 箱、2 月 110 箱、3 月 127 箱，最大订货提前期为两个月，缺货概率根据经验统计为 5%，求该商品的订货点。

解：平均月需求量=（126+110+127）/3=121（箱）

缺货概率为 5%，查表得安全系数=1.65

$$需求变动值 = \sqrt{\frac{(126-121)^2+(110-121)^2+(127-121)^2}{3}}$$

$$\approx 7.79$$

安全库存 Q_S=1.65×$\sqrt{2}$×7.79≈18.17（箱）

订货点 Q_k=121×2+18.17≈261（箱）

2）经济订货批量（EOQ）的确定

经济订货批量（Economic Order Quantity，EOQ）是指存货总成本最小的订货量。

如图 4-27 所示，图中 Q 为订货批量。这里描述了三个库存周期，每个周期都以 Q 个单位为开始，它是固定订货批量。刚收到订货时，库存水准为 Q 个单位，物品按斜率为负值的斜线表示的某一固定需求率 R 出库。当库存量降至订货点 Q_k 时，就按 Q 个单位发出一批新的订货，经过一个固定的订货提前期后，货物入库。这是经济订货批量法在确定性条件下应用的例子。

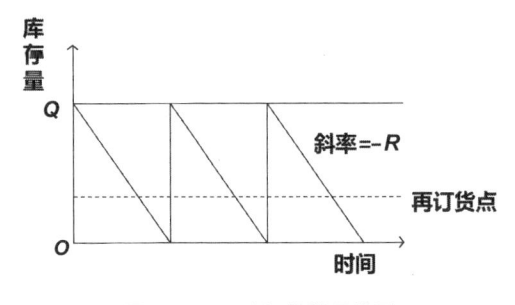

图 4-27　经济订货批量模型

（1）固定价格下的经济订货批量。

在确定计算模型前，先做以下假设：

- 需求稳定，单位时间内系统需求恒定。
- 订货提前期 L 不变。
- 每次的订货批量 Q 一定。
- 每次订货一次性入库，入库过程在极短时间内完成。
- 订货成本、单件存储成本和单价固定不变。
- 不允许出现缺货情况。

假设，D——每年的需求量（件）；

Q——订货批量（件）；

C——每次的订货成本或生产准备成本（元）；

P——每件货物的价值（元）；

H——每件货物的年储存成本占货物价值的百分比（%）；

S——每件货物的年储存成本（元），$S=PH$；

t——时间（天）；

TAC——年库存总成本（元）。

TAC＝货物年平均储存成本＋货物订购成本

$$= \frac{\text{期初存货}+\text{期末存货}}{2} \times \text{每件货物的年储存成本}$$

$$+ \frac{\text{年需求量}}{\text{订货批量}} \times \text{每次的订货成本或生产准备成本}$$

假设期初存货为一个订货批量，期末存货为 0，代入上式：

$$\text{TAC}=\frac{1}{2}Q \cdot PH + \frac{D}{Q} \cdot C$$

为获得使年库存总成本最少的 Q，即经济订货批量，将 TAC 函数对 Q 微分：

$$\frac{d(\text{TAC})}{dQ}=\frac{PH}{2}-\frac{CD}{Q^2}，\text{令}\ \frac{d(\text{TAC})}{dQ}=0$$

即可得出：$Q^2=\frac{2CD}{PH}$，则：$Q=\sqrt{\frac{2DC}{PH}}$

例：某种货物的年需求量为 3600 件，每件货物的价值为 100 元，每件货物的年储存成本占总成本的 25%，每次的订货成本为 200 元，求其经济订货批量。

$$Q=\sqrt{\frac{2DC}{PH}}=\sqrt{\frac{2\times 3600\times 200}{100\times 25\%}}=240\ （\text{件}）$$

在实际应用时,除了要知道订多少货,还必须知道在什么时候订货,即再订货点。在确定的条件下,订货补充期或订货提前期需要足够的库存,因此如果订货提前期已知,可以用订货提前期乘日需求量来确定再订货点。假设订货补充期或订货提前期为 10 天,已知日需求量是 10 个单位,那么再订货点就是 100 个单位(10 天×10 个单位/天)。

(2)折扣价格下的经济订货批量。

价格折扣可以是一次购买大批量货物的减价,也可以是运输大批货物,其单位运价较低,或两者兼而有之。大批量购买的结果将是手中有大量库存,而订货费用会降低。企业现在的问题是如果供应商提供折扣,无法确定大批量购买是否成本更低。

在这种情况下,企业需要按照以下步骤一步步进行计算、比较,最终找出合适的 EOQ。

第一步,计算各种价格 P_i 下的 EOQ_i。

第二步,淘汰不可行的 EOQ_i。"不可行"是指按照价格 P_i 计算出的经济订货批量未达到 P_i 所要求的最低订货批量。

第三步,计算可行的 EOQ_i 的年总库存成本 TAC(含产品买价)。

第四步,找出所有折扣的临界批量,按折扣价格计算年库存总成本 TAC(含产品买价)。

第五步,比较第三、四步求出的年库存总成本 TAC,找出最小值,相应的订货批量就是经济订货批量。

例:某公司每件货物的年储存成本占货物价值的百分比是 40%,每次的订货成本是 21 元,每年的需求量是 30 个,供应商给出的货物折扣如图 4-28 所示。

订货批量	1~6 个	7~12 个	13 个以上
价格	90 元/个	85 元/个	80 元/个

图 4-28 供应商给出的货物折扣

那么,该公司到底以什么样的订购批量进行订购最为合理?

根据 $Q = \sqrt{\dfrac{2DC}{PH}}$,

首先,计算各价格水平下的 Q_i 和年库存总成本,选择最小订货批量,可以得到图 4-29 所示的结果。

P_i	Q_i	是否可行	TAC
90 元/个	5.92 个	可行	2913 元
85 元/个	6.08 个	不可行	—
80 元/个	6.27 个	不可行	—

图 4-29　计算结果

其次，计算可行的 EOQ_i 的年库存总成本 TAC。

$$TAC = P_i \cdot D + \frac{Q}{2} \cdot PH + \frac{D}{Q} \cdot C$$

当价格为 90 元/个时：EOQ 为 5.92 个，应取为 6 个。

$$TAC = 90 \times 30 + \frac{6}{2} \times 90 \times 0.4 + \frac{30}{6} \times 21 = 2913 \text{（元）}$$

当价格为 85 元/个时：EOQ 为 7 个，应取 7 个。

$$TAC = 85 \times 30 + \frac{7}{2} \times 85 \times 0.4 + \frac{30}{7} \times 21 = 2759 \text{（元）}$$

当价格为 80 元/个时：EOQ 为 13 个，应取 13 个。

$$TAC = 80 \times 30 + \frac{13}{2} \times 80 \times 0.4 + \frac{30}{13} \times 21 \approx 2656.46 \text{（元）}$$

通过计算可以得出，当价格为 80 元/个时，年库存总成本最低，经济订购批量为 13 个。

2．定期订货法

1）订货周期的计算方法

定期订货法是指按预先确定的订货间隔进行货物补充的库存管理方法。其基本原理是预先确定一个经济订货周期 T 和最高库存量 Q_{max}，周期性检查库存，根据最高库存量、实际库存量、在途订货量和待出库商品数量，计算出每次的订货批量，发出订货指令，组织订货。

设　T——经济订货周期；

　　C——每次的订货成本或生产准备成本（元）；

　　S——每件货物的年储存成本（元）；

　　D——年需求量；

　　TAC——年库存总成本（元）。

TAC=货物年平均储存成本+货物订购成本

$$= \frac{期初存货+期末存货}{2} \times 每件货物的年储存成本$$

$$+ \frac{年需求量}{订货批量} \times 每次的订货成本或生产准备成本$$

这里，假设期初存货为一个订货批量，期末存货为0，代入上式：

$$TAC = \frac{1}{2} T \cdot D \cdot S + \frac{1}{T} \cdot C$$

为获得使年库存总成本最少的 T，即经济订货周期，将 TAC 函数对 T 微分，

$$\frac{d(TAC)}{dT} = \frac{DS}{2} - \frac{C}{T^2}, 令 \frac{d(TAC)}{dT} = 0$$

即可得出：$T^2 = \frac{2C}{DS}$，则：$T = \sqrt{\frac{2C}{DS}}$

例：某仓库 A 货物的年需求量为 16000 箱，每箱货物的年储存成本为 20 元，每次的订货成本为 400 元，求经济订货批量和经济订货周期。

$$Q = \sqrt{\frac{2DC}{PH}} = \sqrt{\frac{2DC}{S}} = \sqrt{\frac{2 \times 16000 \times 400}{20}} = 800（箱）$$

$$T = \sqrt{\frac{2C}{DS}} = \sqrt{\frac{2 \times 400}{16000 \times 20}} = 0.05（年）= 18（天）$$

2）最高库存量 Q_{max} 的确定

定期订货法的最高库存量 Q_{max} 是用来满足（$T+\bar{T}_k$）期间内的库存需求的，所以我们可以以（$T+\bar{T}_k$）期间的库存需求量为基础。考虑到最高库存量为随机发生的不确定库存需求，再设置一定的安全库存。

$$Q_{max} = \bar{R}(T + \bar{T}_k) + Q_S$$

式中　Q_{max}——最高库存量；

$\bar{R}$——（$T+\bar{T}_k$）期间内的库存需求量平均值；

T——经济订货周期；

$\bar{T}_k$——平均订货提前期；

Q_S——安全库存。

3）订货批量 Q_i 的确定

定期订货法每次的订货批量是不固定的，订货批量的多少是由当时的实际库存量决定的，应考虑到订货时的在途到货量和已发出出货指令、尚未出库的货物数量。

$Q_i = Q_{max} - Q_{Ni} - Q_{Ki} + Q_{Mi}$

式中　Q_i——第 i 次订货的订货量；

Q_{max}——最高库存量；

Q_{Ni}——第 i 次订货时的在途到货量；

Q_{Ki}——第 i 次订货时的实际库存量；

Q_{Mi}——第 i 次订货时的待出库货物数量。

3. 定量订货法和定期订货法的区别

1）提出订购请求的时间标准不同

定量订货法提出订购请求的时间标准是，当库存量下降到预定的订货点时即提出订购请求。

定期订货法提出订购请求的时间标准是，按预先规定的订货周期，到了该订货的时候就提出订购请求。

2）请求订购的物品批量不同

定量订货法每次订购的物品批量相同，都是事先确定的经济订货批量。

定期订货法每到规定的请求订购期，订购的物品批量都不相同，可根据库存的实际情况计算后确定，这种方法适用于重点物资的订购。

3）库存货物管理控制的程度不同

定量订货法要求仓库作业人员对库存物品进行一般的管理、简单的记录，不需要经常检查和盘点。

定期订货法要求仓库作业人员对库存物品进行严格的控制、精心的管理，经常检查、详细记录、认真盘点。

4）适用的货物范围不同

定量订货法适用于品种少、平均占用资金量大、需要重点管理的 A 类物品。

定期订货法适用于品种多、平均占用资金量少、只需要一般管理的 B 类、C 类物品。

4.4.4　库存控制

库存金额在企业的资产中往往占有较大比例。如果库存量过大，则对现金流的占用较多，导致企业现金流出现问题和资金使用成本高；如果库存量过小，则难以应对生产需求和市场变化。因此，企业管理者需要不断探索既能满足市场变化和生产需求，又能尽可能地降低库存金额的库存量。

1. 库存物品价值确认

在库存管理过程中，最困难的事情往往是判定一个物品到底该不该进行储存。对经常使用的物品来说，基本上不存在这个问题，但是对一些偶尔使用的物品来说，判断起来就特别困难，这些物品看着似乎有用，但在实际经营中又好像无用。这些物品到底有没有用？怎么来判断？这时候就需要进行价值确认，可以采用以下公式进行判断。

$$P(M)P/(HV) > 1$$

式中　$P(M)$——物品在一年内销售或使用的效率；

P——物品成本或销售价（内部使用价）；

H——存货的年储存费率；

V——残值。

$P(M)P$ 实际上是物品在当年的期望收益，HV 为储存费用。当期望收益大于储存费用时，也就是当 $P(M)P/(HV) > 1$ 时，该物品可以被判定为有经济价值；当期望收益小于储存费用时，也就是当 $P(M)P/(HV) < 1$ 时，对该物品进行储存的经济价值为负值。这个时候就应该将该物品处理掉，等以后需要时再购买。

2. 消除造成库存过多的原因

各企业库存过多的原因各不相同。比如，笔者在为一家天猫超市服务时，发现其所使用的包装箱库存过多。经过计算，库存居然可以使用一年之久。经调查，主要原因是一次性采购量过大。笔者在为一家大型化工企业服务时发现，其库存金额超过 2 亿元，而实际年使用金额仅为 3000 万元左右。造成库存过多的原因是使用标准不明确，再加上呆滞物料无相应的处理流程和方法。笔者在为一家医疗器械制造企业服务时发现，其年销售金额为 4 亿元左右，其成品、半成品的库存金额居然高达 8000 多万元。分析得知，主要原因是生产计划安排不合理。诸如此类案例不可胜数。综合分析，造成库存过多的原因主要有以下几个。

♪ 计划不准确，计划变动频繁。

♪ 采购方法不当。

- 库存分析、改善及其处理的方法不当。
- 生产过程不稳定。
- 无法判断库存物品的价值。

对于造成库存过多的原因，需要根据实际状况进行分析。如果是计划不准确的原因，那么就提升计划的准确性；如果是采购方法不当的原因，那么就按照前面所述的采购方法进行改善。

3. 库存循环盘点，提升库存的精准性

库存循环盘点的目的是提升库存的精确度，确保账、物数量一致。虽然工作内容相对简单，但要注意以下几个方面的内容。

① 根据库存物品价值的不同，设定不同的盘点周期，可分别设置日盘、周盘、月盘、季盘和年度盘点，提升工作效率。

② 根据库存物品价值的不同，设置不同的盘点部门和盘点人员。对于重要的物品，可由财务人员和仓库管理人员共同盘点。

③ 根据盘点周期不同，设置不同的盘点部门和盘点人员。

④ 盘点时，可采用账物分离的方法，先确认账目的准确性，再对物品进行盘点，然后进行核对。这样可防止以账找物，造成盘点不准确。

⑤ 在盘点后，应制定盘点总结报告。在报告中，要分析盘点出现差异的原因，无论是盘盈还是盘亏，都需要进行原因分析，并制定对策防止再出现。这一点，很多公司做得不到位，大部分只做了盘点数据调整，并未对造成差异的原因进行分析，更没有制定对策。这样的报告只是总结了差异，并未对导致差异产生的原因进行分析，下次还会产生差异。

第5章

建立企业独有的高效生产模式
——生产管理

生产管理对制造企业来说是核心。其主要任务是将输入资源转化成客户想要的产品或服务，满足客户需求，实现企业的经营战略和经营目标。简言之，生产管理就是将输入转化为输出的过程，如图 5-1 所示。

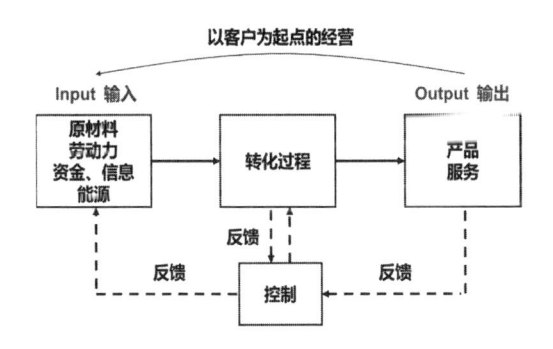

图 5-1 生产管理就是将输入转化为输出的过程

对制造企业来讲，生产管理最为复杂，管理内容几乎涉及企业管理的方方面面，如生产方式优化、产线布局、计划管理、产能管理、生产效率管理、质量管理、成本管理、设备管理、库存管理、安全管理、人员管理等，也就是大家常说的 Q（质量）、C（成本）、D（纳期）、S（安全）、M（设备）、M（人员）、F（柔性）。在这些方面中，无论哪一方面做不好，都会给企业的经营管理带来困难。所以，生产管理者就是一个杂家，需要什么都懂、什么都会，面面俱到。

5.1 生产方式优化

如图5-2所示，1776年，亚当·斯密在《国富论》中首次提出劳动分工的原理，生产劳动从之前的以个人或者家庭为单位的生产方式逐步转化为多人分工合作的生产方式，但仍旧以手工作业为主。

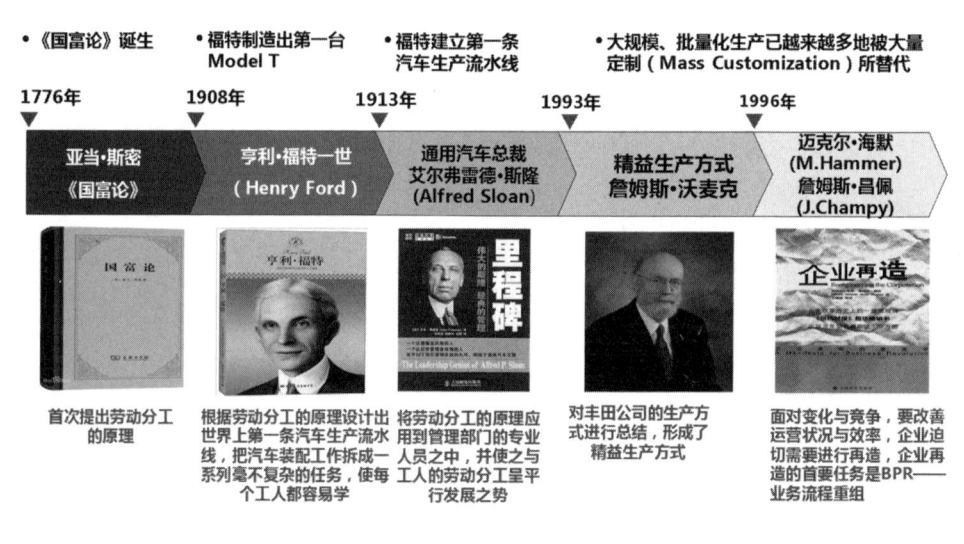

图5-2 企业生产模式及流程变更历程

到了1913年，美国的亨利·福特一世根据劳动分工的原理设计出世界上第一条汽车生产流水线。这种生产方式标准化程度高，产品一致化程度高，分工明确，生产效率较之前有了大幅度的提升。在亨利·福特采用这种生产方式大规模生产汽车之后，大规模、批量化生产一直是世界生产方式的主流。

然而，这一生产方式随着时间的推移和市场的变化（产品越来越丰富，竞争越来越激烈），暴露出了较多弊端，如生产工艺僵化、库存过多、中间等待环节浪费较多，生产效率已经不能满足市场需求。

因为大规模、批量化生产存在以上问题，丰田公司在企业内部对生产方式进行了深刻、仔细的研究，提出了以JIT（即时化——在需要的时候才进行生产）和

第 5 章 建立企业独有的高效生产模式——生产管理

自动化（此自动化并不是指设备的自动化改造，而是指在出现不良产品时，设备立即自动停止生产，在解决问题后继续生产）为核心的生产方式。这一生产方式旨在解决企业生产过程中的各种浪费问题，从而提升企业的生产能力和盈利能力。该生产方式让丰田公司的经营状况节节攀升。

后来，这一生产方式经过美国麻省理工学院以詹姆斯·沃麦克为首的教授团队的总结提炼，发展为精益生产方式。精益生产方式一出现，就受到了全球各大企业的青睐。

同时，迈克尔·哈默与詹姆斯·钱皮于 1993 年在《企业再造：企业革命的宣言书》中提出："现代企业普遍存在着'大企业病'，面对日新月异的变化与激烈的竞争，要改善企业的运营状况与效率，迫切需要'脱胎换骨'式的革命，只有这样才能应对生存与发展的挑战。"这就是著名的企业再造理论。

企业再造的首要任务是 BPR（业务流程重组），它是企业重新获得竞争优势与生存活力的有效途径。BPR 的实施需要两大基础，即现代信息技术与高素质的人才。以 BPR 为起点的"企业再造"工程将创造出一个全新的工作世界。随着企业业务流程重组工作的推进，生产方式也将发生变化。

为什么要重点研究生产方式？产品成本映射图适用于工厂的生产方式设计，后期运营成本的 70%浪费是由前期设计考虑不周导致的，所以，如果前期企业的生产方式和工厂布局设计考虑不周，将会导致后期生产运营过程中出现大量的浪费。想要通过后期的改善来弥补这一缺陷，企业需要投入更大量的资金、人力、物力。所以在工厂建设之初，企业应该着重考虑生产方式和工厂的产线布局。

生产方式到底怎么设计？产线布局该如何设计？要弄清楚这些问题，我们首先得总结大规模、批量化生产的特点。

（1）采用推动式生产方式：在研发出一款产品后，先进行大批量生产，形成库存，再进行销售。

（2）车间布局按照功能进行划分：比如，机床生产一般分为几个大车间，如铸造车间、机械加工车间、装配车间、涂装车间等；对于具体车间，同样需要按照功能进行划分，如机械加工车间可以分为丝杆工段、轴承工段、导轨工段等。

（3）相同的机器摆在一起：由于生产过程是按照功能进行划分的，所有相同的设备应摆放在同一区域内。

（4）机器大多为专用设备：为了完成大批量生产，企业在选择大部分设备时就锚定了该产品的生产，因此机器大多为适合产品生产的专用设备。

（5）大批量生产。

（6）工序间有大量库存：由于产线布局是以功能进行划分的，在将所有部件生产完成后再进行组装，因此，各工序间将会出现大量库存。

（7）工人一般只具备一种工序的工作能力：由于分工细致，一名工人只需要做好本岗位的工作即可，长此以往，一名工人只具备一种工序的工作能力。

这样的生产方式，在市场竞争不充分的情况下，只要能生产出产品，产品就能卖得出去，即使有大量库存，也不用担心库存呆滞。因此，在市场竞争不充分的情况下，这种大规模、批量化的生产方式效率高，生产成本低。

随着市场发展到了现阶段，各行各业竞争非常激烈，昨天还畅销的产品，明天就有可能滞销，甚至退市。另外，现在的客户要求也越来越高，很多产品都要体现个性化。在这种状况下，大规模、批量化生产就会造成库存，一旦市场发生变化，将造成巨大浪费；按照功能模块化所设计的生产线，各工序间的物料流转量大、速度慢，除了造成不必要的浪费，还会造成大量的中间在库浪费；如果小批量生产的产能不饱和，也会造成产能、人员等的巨大浪费；换型周期长、生产柔性不足等问题也会浮现。

因为大规模、批量化生产有这么多的不利因素，所以以丰田公司的生产方式为基础的精益生产方式着重考虑以下五个方面的内容。

- 价值（Value）：价值属于关系范畴，从认识论上来说，是表示客体的属性和功能与主体需要间的一种效用关系的哲学范畴。精益生产方式认为，企业的产品（服务）只有满足特定客户的需求，才具备存在的意义。简而言之，在企业经营中，价值决定了客户是否愿意为产品（服务）而付钱。

- 价值流（Value Stream）：价值流是指从原材料到赋予成品价值的全部活动，包括从资源输入到通过转换变成产品并交付客户的全过程。企业内及其与供应商、客户之间的信息沟通形成的信息流也是价值流的一部分。一个完整的价值流包括增值活动和非增值活动，如供应链成员间的沟通、物料的运输、生产计划的制订和安排，以及从原材料到产品的物质转换过程等。识别价值流是实行精益生产方式的起点，并按照最终客户的立场寻求全过程的效益最佳。

- 流动（Flow）：精益生产方式要求创造价值的各个过程要流动起来，强调的是"价值流动"，与传统观念上的分工和大批量生产既有相同点，又有不同点。相同点是均追求高效率；不同点是过程批量、节点和实现方式的不同。传统生产方式通过追求分工和批量化来实现高效率，精益生产方式通过追求各环节的价值流动来实现高效率。所以，在精益生产方式中，任何停滞均为浪费。
- 拉动：拉动是与推动相对应的。传统生产方式是企业先将产品生产出来，然后再将产品推向市场和客户，让客户选择购买。在精益生产方式中，企业要根据客户的需求来进行生产，由客户的需求来拉动企业的生产，这种生产方式又被称为拉动式生产方式（Pull），与之相对应的传统生产方式则被称为推动式生产方式（Push）。拉动式生产方式通过正确的价值观念和压缩提前期，保证客户在正确的时间得到需要的产品。
- 尽善尽美（Perfection）：精益生产方式对企业的基本要求是，用尽善尽美的价值创造过程（包括设计、制造等产品或服务的整个生命周期）为客户提供尽善尽美的价值。

5.1.1 采用拉动式生产方式

拉动式生产方式是后一道工序要求前一道工序制造自身正好需要的零部件，它是 JIT 的核心，具体如图 5-3 所示。

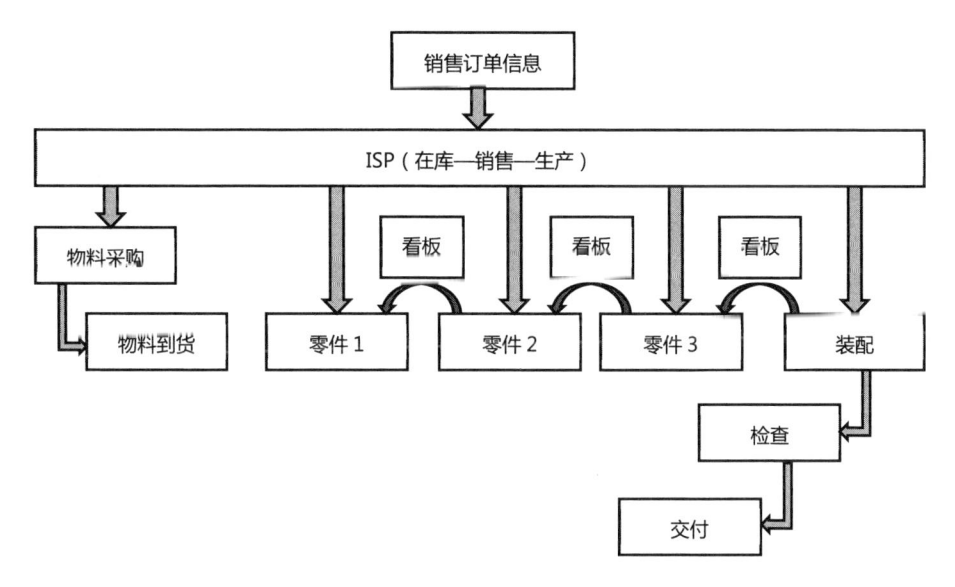

图 5-3 拉动式生产方式示意图

拉动式生产方式说起来简单，并且容易理解，那么在实施的时候，在制订 ISP 计划时要不要进行销售预测呢？

有些人认为既然是即时化,那么就应该按照订单生产,订单有多少,计划就安排多少。而有些人则认为,如果不做预测,那么就会出现订单数量不满足生产产能的情况,从而造成产能浪费。再者,订单一旦下达,要求的交货期就很短,如果等到订单下达才开始订购材料、生产,这样生产周期较长,很难快速满足客户的需求。那么,ISP 计划到底该怎么执行?

这要根据产品进行相应的判断,可以将产品分为两类。一类是完全定制化产品,该类产品自带防火墙,没有太多竞争对手。该类产品应该完全进行定制化生产,应严格按订单生产。

另一类是通用化产品或者快消产品,生产该类产品需要由销售人员进行销售预测,企业根据销售预测进行适当的原材料采购和少量产品预生产,以满足客户快速交货的要求。至于该预测多长时间的销量、生产计划锁定多久不予变更等,需要根据企业实际销售状况和销售人员预测的准确性进行综合研判后确定。

某企业的生产计划管理过程如图 5-4 所示。在该生产计划管理过程中,该企业直接将已确定的订单作为输入,不进行销售预测,这种生产方式到底是好还是不好呢?

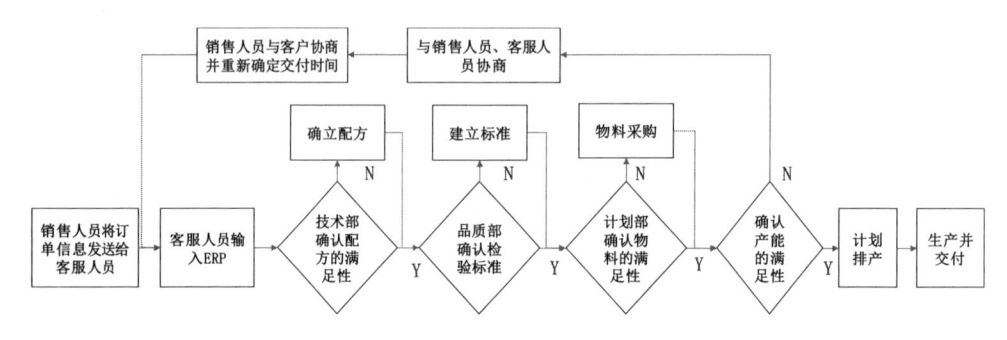

图 5-4 某企业的生产计划管理过程

经过仔细调研发现,其订单一般只有 7 天的量,并且在 7 天内,仅有两天的订单可以满足产能要求,其余几天的订单很少,不能满足产能要求,并且订单量均较小,导致生产过程不断地换型和出现等待。另外,采购人员在做物料采购计划时,无生产计划作为依据,所以只能根据前一个月的材料使用量进行自主预测,最终导致一方面材料库存居高不下,另一方面物料不足经常影响生产的正常进行。这样的结果表现为生产过程极不稳定,生产效率低下,生产成本居高不下。

因此,在选择生产方式时,一定要灵活处理,切不可生搬硬套。

5.1.2 让价值流动起来

快速响应与敏捷是制造企业成功的关键因素，其流程中最重要、最宝贵的资源就是时间，所有的利益都与材料流和信息流的速度成正比。流程效率可以用以下公式表示：

$$流程效率 = \frac{增值时间}{总提前时间+产品的总生产时间}$$

然而事实上，当今大多数产品的加工时间只占总时间的5%，储存、搬运、运输、销售、包装等作业占了95%的时间。我们要想获得更高的流程效率，就要区分哪些是增值活动，哪些是非增值活动，并且要将增值活动尽可能地增加，将非增值活动尽可能地减少。

增值（VA）活动是指客户愿意付费的、能改变产品形状和功能的活动。除此之外，任何消耗资源但不产生价值的活动称为非增值（NVA）活动。在非增值活动中，有一部分活动虽然是不产生价值的，但是又是生产或者服务过程中必不可少的环节，被称为必要的浪费；还有一部分活动需要消耗时间或资源，但不符合客户的需求，被称为纯浪费，具体如图5-5所示。

图 5-5 增值活动与非增值活动示意图

生产过程中的浪费就是大家经常说的"八大浪费"，包括等待浪费、不良浪费、库存浪费、搬运浪费、动作浪费、过度加工浪费、过量生产浪费和人才浪费。企业要想获得更多的利益或者利润，必须减少流程中的各种浪费。

本节主要研究生产方式的优化，接下来我们要考虑生产流程中哪些环节可以优化，可以减少浪费，让价值真正流动起来。

1. 消除流程中的无价值劳动

在流程设计中，往往有时候会过度设置一些工作，造成不必要的浪费，这些工作就是非增值活动中的纯浪费活动，应该予以识别并去除。比如，某快递公司的分拨人员在将物品装车后进行了装载率计算并进行了审核，然后将装载率数据发送至总部客服进行审核，在审核过程中，分拨人员只能等待审核结果，等总部客服审核完成后才能发车。在这个流程中，分拨人员已经进行了装载率审核，总部客服为什么还要进行审核？只要审核标准和处理流程一致，那么总部客服的这次审核就完全没有必要，纯属多此一举，不仅进行了无价值的工作，还造成了车辆不必要的等待浪费，所以应该及时予以去除。图5-6所示是该快递公司改善后的分拨工作流程图，改善后每次发车至少可以节约30分钟的等待审核时间，提高了发车效率。

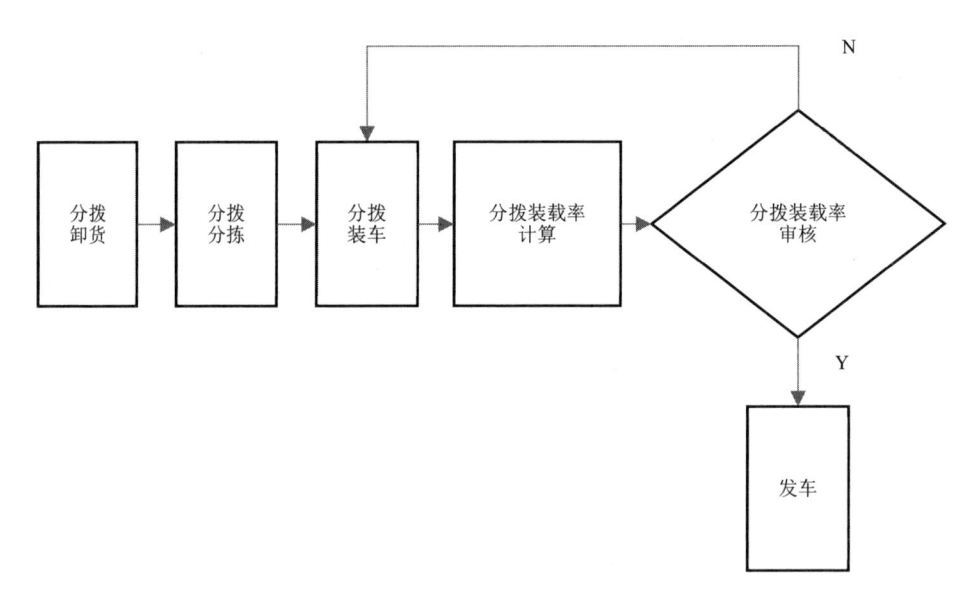

图5-6　该快递公司改善后的分拨工作流程图

在图5-4所示的某企业的生产计划管理过程中，一旦产品经过了定型，产品的配方、生产工艺标准、检验标准也就固定了，那么技术部确认配方的满足性、品质部确认检验标准根本就没有必要了，属于无价值的纯粹工作浪费，可以予以去除。某企业改善后的生产计划管理过程如图5-7所示。

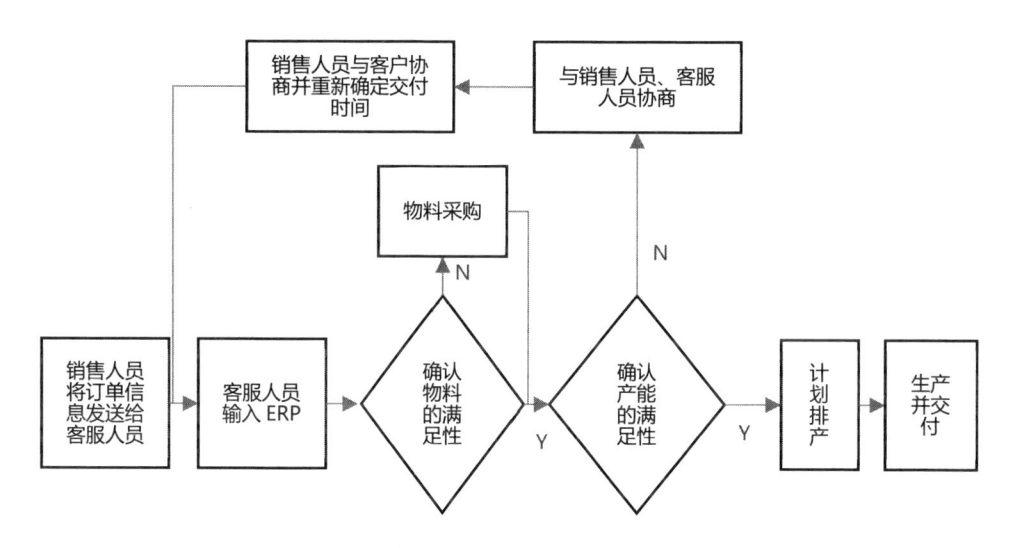

第5章　建立企业独有的高效生产模式——生产管理

图5-7　某企业改善后的生产计划管理过程

2. 消除流程中的等待

在流程设计中，如果设计不周，就会造成很多的等待，包括人员的等待、物品的等待和设备的等待等。如果有物品的等待或设备的等待，说明产线平衡存在问题；如果有人员的等待，说明人机配合存在问题。不管是哪种等待，都是纯粹的浪费，应尽可能予以消除。如图5-8所示，在某公司的产品加工过程中，NC1、NC2、NC3这三个设备相同，加工内容相同，其加工L/T为54s；YNC的加工L/T为18s，KVD1、KVD2这两个设备相同，其加工L/T为27s。乍一看，没有任何问题，线平衡配合非常好，没有任何浪费。但是仔细进行分析会发现，在NC设备的加工L/T中，人工拿取工件时间为12s，设备加工时间为42s。所以每人开一台设备，就意味着每个人在工作12s之后，要等待42s才能进行下一个动作，其中，这42s的等待就属于人员的等待，属于纯粹的等待浪费，应予以去除。同样，再经过分析发现，YNC总共有6个加工位，一次拿出1个工件后再放入1个工件，共需要17s，而设备的加工L/T为18s，基本上不存在浪费。KVD的拿取工件时间为12s，加工时间为15s，每个人员存在15s的等待时间，这15s的人员的等待时间属于浪费，应予以去除。

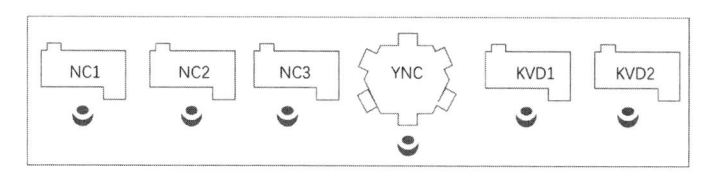

图5-8　某公司加工生产线设备及人员的配置示意图

经过上述分析可以看出，NC 的操作人员和 KVD 的操作人员存在等待浪费。改善后的加工生产线设备及人员配置示意图如图 5-9 所示。NC 段三台设备呈品字形布局，保留一名操作人员，操作人员在 NC1 上放入工件后，再去 NC2 上取下工件，接着放入新的工件，然后转到 NC3 上取下工件，放入新的工件，这样操作人员的操作时长变成了 40s（含 3s 的行走时间），基本与设备加工时间（42s）匹配。KVD 采取面对面布局，基本思路与 NC 一致。这样减少了 3 名操作人员，减少了人员的等待，降低了 50%的人工成本，同时还可以减少设备与设备之间的产品在库。

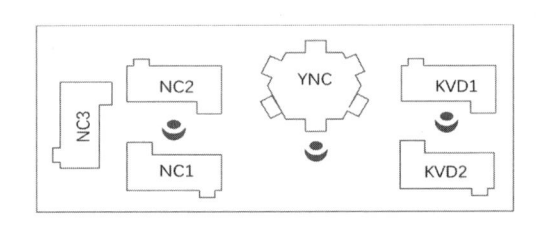

图 5-9　改善后的加工生产线设备及人员配置示意图

再如，某油漆制造企业的涂料生产工艺流程图如图 5-10 所示，分散、研磨工序由生产人员进行，然后由检验人员对研磨后的半成品进行检验确认，经过确认后，检验人员发出指令，再由生产人员进行调整……直到合格，接着由生产人员进行调色，调色后再由检验人员进行检验，再调整，再检验……直到合格，最后由生产人员进行包装。在这个过程中，检验人员检验一次的时间大约为 1 小时，在这 1 小时内，生产人员处于等待状态，等待时间过长，生产过程处于不可控状态。

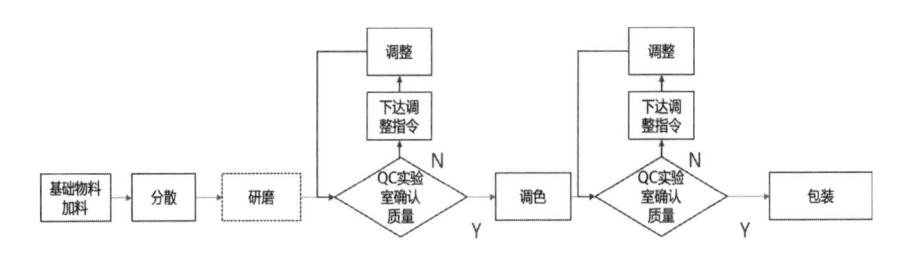

图 5-10　某油漆制造企业的涂料生产工艺流程图

造成这种局面的主要原因是生产过程工艺标准化不足，并且现场无快速检验手段，依赖于实验室的检验。在知道了具体原因后，质量部门与生产部门合力研发出标准作业方法和现场快速检验方法，将研磨后和调色后的确认工作交由现场人员快速进行，检验人员在调色后只进行质量检验确认，如图 5-11 所示。这样缩短了现场人员的等待时间，也缩短了检验人员的检验时间，提高了生产效率，使生产过程变得平稳、可控。

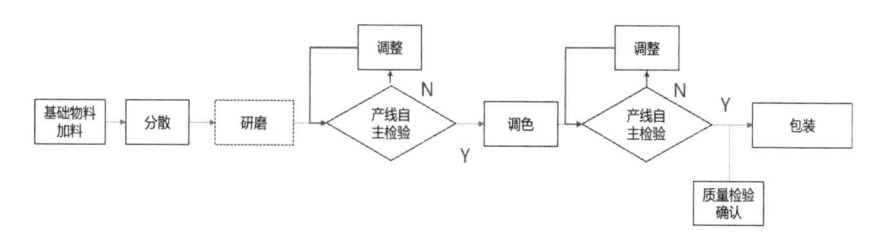

图 5-11 某油漆制造企业改善后的生产工艺流程图

流程中的等待案例还有很多，这里就不一一列举了。大家在工作过程中应仔细识别，减少浪费，让价值流动起来。

5.2 产线布局

产线布局是指通过对场地、工艺设备和设施等的合理安排，将企业所选择的生产方式实现。企业在进行产线布局时，要紧紧围绕让价值流动起来的原则进行。

一些企业在前期设计时都是采用功能模块化的设计方案进行的，生产过程中的搬运浪费严重。图 5-12 所示为某手术器械厂的生产工艺过程，大家可以看看其物流过程多么复杂，浪费有多严重。

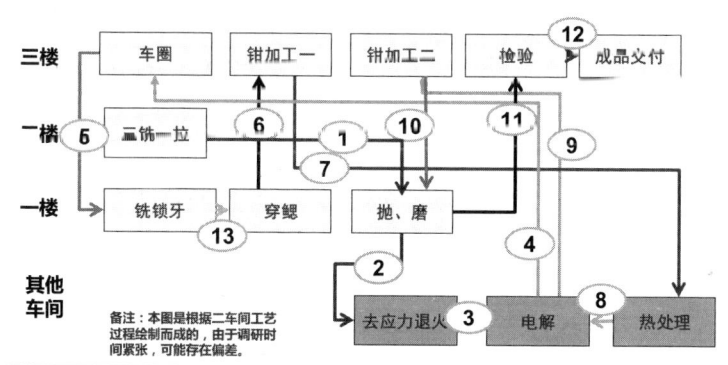

图 5-12 某手术器械厂的生产工艺过程

所以，现代化生产企业在进行产线布局时应重新思考，需要按照以下原则进行。

5.2.1 产线布局的设计原则

由于产线布局对后期的生产制造成本和生产效率影响巨大，因此企业在进行产线布局时就要做好产线布局规划设计。产线布局的设计原则具体如下。

（1）物流顺畅原则：在进行产线布局设计时，企业要尽可能地考虑到各物品流动的线路，保持其顺畅无阻碍，避免出现折返、穿插、孤岛等。

（2）最短距离原则：生产过程中的运输是无价值劳动，全部属于浪费，所以企业在生产过程中要尽量减少搬运，在进行产线布局设计时应该使运输距离最短，甚至不用搬运。

（3）线平衡原则：各工序的加工时间要尽量保持一致，如果各工序的加工时间不一致，就会造成部分工序的人员或者物料的等待浪费。

（4）经济批量原则：未来的产品越来越朝着个性化发展，所以生产也会是小批量、多品种的生产，企业在进行产线布局设计时要适应最小批量生产的情形。

（5）柔性原则：市场变化不断，产品的生命周期越来越短，企业很难只靠一款产品打遍天下了。所以企业在进行产线布局设计时，要使其具有充分的应变力和弹性，这样才能在市场发生变化时很快转型。

（6）充分利用空间原则：企业在进行产线布局设计时要尽可能地利用空间，减少地面放置的次数，减少搬运浪费。

5.2.2 产线布局的设计方法

有了设计原则，还需要有具体的方法，产线布局的设计方法概括起来有以下几种。

1. 采用单件流模式设计取代功能模块化设计

图5-13所示为采用功能模块化设计的工厂布局模型。在该设计方法中，将相同设备摆放在一起，形成工作群。这种方法对工人的技能要求单一，管理简单，是大型工厂进行产线布局设计时常用的方法。在该设计方法中，各设备加工的产品需要暂存，然后需要运输至下一车间加工，这种方式造成了工序间库存多、物

品搬运频繁,以及搬运和库存浪费严重。

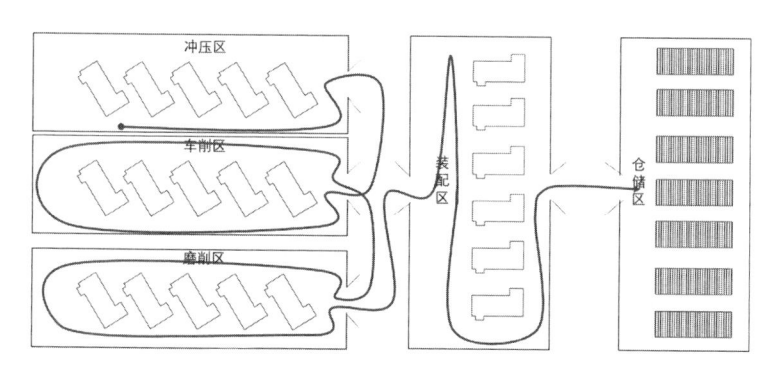

图 5-13 采用功能模块化设计的工厂布局模型

图 5-14 所示为采用单件流模式设计的工厂布局模型。该方法采用流线化设计,将不同功能的设备放置在一起,让员工手接手传送,这样既可减少工序间的库存,又可大大缩短运输距离,提高生产效率。同时,这样还可以降低生产批量,提高生产柔性。

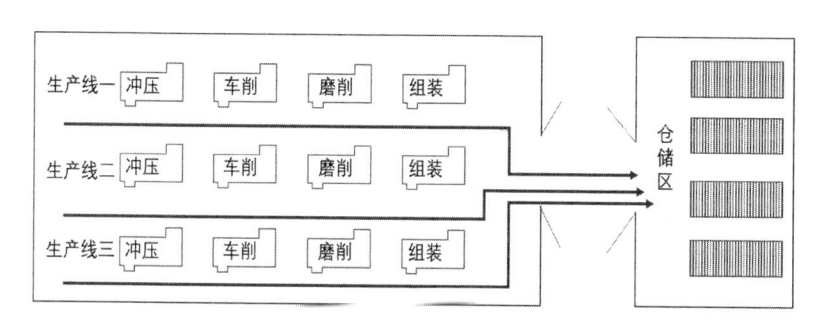

图 5-14 采用单件流模式设计的工厂布局模型

2. 采用 U 形生产线

图 5-15 所示为 U 形生产线,简称为 U 形线。

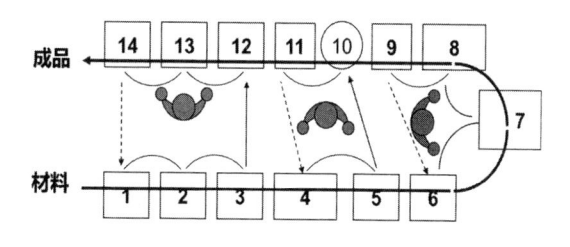

图 5-15 U 形生产线示意图

U 形线具有以下特点。

（1）U 形线按照逆时针方向的工艺流程安排生产，主要目的是希望员工能够一人完成作业，实现一人多机。一人完结与一人多机要求一个员工从头做到尾，因此员工是动态的，要进行巡回作业。大部分员工习惯了右手操作，而在逆时针排布的情况下，当员工进行下一道加工作业时，工装夹具或者零部件在左侧，作业并不方便，这样员工就会自动走到下一工位，这正是逆时针排布的目的——实现巡回作业。

（2）入口和出口在同一方向同一地点，可由同一员工负责。假设出入口的位置和方向不一致，员工采用巡回作业，那么当一件产品生产完了，要去重新取原材料进行加的位置和方向时，员工就会空手从成品出口走到原材料入口，这段时间是纯粹的浪费。如果出入口的位置和方向一致，员工立刻就可以取到新的原材料进行加工，从而避免了时间的浪费。另外，出入口的位置和方向一致，且布局为 U 形线布局，会使各工序在空间距离上非常接近，从而为一个人同时操作多道工序提供了可能，提高了工序分配的灵活性。

（3）U 形线各工序的生产时间按标准工时进行配置，浪费少，生产效率高。

（4）U 形线上的员工可增可减，作业既可以由一人从第一个工序一直工作到最后一个工序来完成，也可以由多人共同协作完成。多人协作时便于员工相互监督，异常时能停线，及时暴露问题并改善。

（5）U 形线上的员工步行距离最短，可单件流动，可以实现中间工序零库存。

（6）U 形线还可以以最小生产批量进行设计，在生产过程中，可根据产能需求设置多个 U 形线。在生产时，根据生产计划开启不同数量的 U 形线，产能浪费少，生产柔性高。

图 5-16 所示为某国际知名减速机组装生产线，该生产线就是按照 U 形生产线进行布局的。

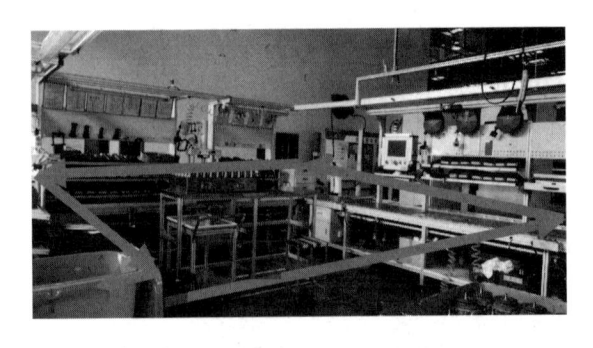

图 5-16　某国际知名减速机组装生产线

3. 采用其他形式的生产线

除了上文所述的单件流（一笔画）模式和 U 形线，还有很多形式的生产线，如 L 形、T 形、S 形、O 形（O 形线与 U 形线实质相同）、花瓣形等。这些形式的生产线其实都是单件流（一笔画）模式和 U 形线的变化而已，只要抓住单件流模式和 U 形线这两种形式的生产线的特点，根据各企业的生产实际进行适应性变化（如适应厂房形状、适应面积大小、适应空间利用等）即可，这里不再一一讨论。

4．工厂整体布局尽可能呈现一笔画式布局

前面讲了产线布局，每条产线的布局必须服从工厂的整体布局。为了让价值流动得更顺畅，生产效率更高，工厂整体布局应遵从一笔画式布局，具体如图 5-17 所示。

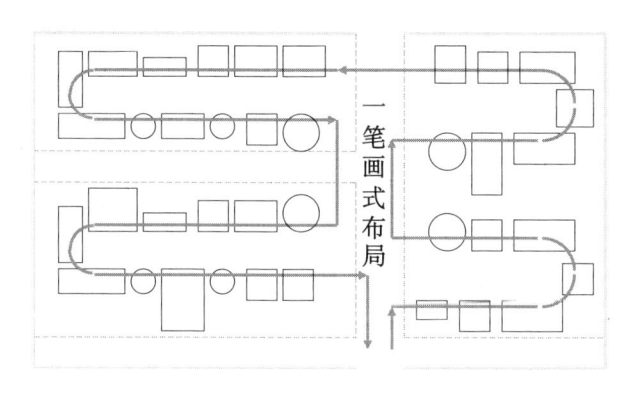

图 5-17　工厂整体布局呈现一笔画式布局示例

5.3　产能管理

产能就是生产能力，是指在计划期内，企业在既定的组织技术条件下所能生产的产品数量，或者能够处理的原材料数量。产能是反映企业的加工能力的一个技术参数，它也可以反映企业的生产规模。

产能包括需求产能、标准产能、实际产能等。生产企业的产能管理特别重要。

每位企业管理者之所以十分关心企业的生产能力，是因为他随时需要知道企业的生产能力能否与市场需求相匹配。当需求旺盛时，他需要考虑如何增加产能，以满足需求的增长；当需求不足时，他需要考虑如何缩小生产规模，避免产能过

剩，尽可能减少损失。

5.3.1 对 ST、T/T、C/T 的认识

ST 是 Standard Time 的缩写，即标准工时，是指一个经过培训且合格的熟练员工以标准的作业速度按照操作规范完成一个合格的产品或工序所需要花费的时间。标准工时的要求是：①一个经过培训且合格的熟练员工；②必须以标准的作业速度进行操作；③完成品必须是合格品。

T/T 是 Take Time 的缩写，即节拍工时，是指按照生产计划或客户要求的必须生产的产品数量而设定的生产线完成一个产品或工序的时间。

C/T 是 Cycle Time 的缩写，即周期工时。C/T 既可以是一条生产线的周期工时，也可以是一个工序的周期工时。生产线 C/T 是指一个产品的各个工序标准工时的总和，也就是将各个工序的标准工时相加得出周期工时。工序 C/T 是指一个产品在该工序从投料到加工完成的周期工时。

5.3.2 标准工时建立

在生产开始时，企业要确认产能、盈亏平衡状况和生产成本，那么就必须考虑要配置多少台设备、招聘多少个员工等。要考虑清楚这一切，企业必须用到标准工时。

1. 标准工时的概念

所谓标准工时，就是在规定的作业条件下，采用标准作业方法作业并获得客户需要的产品质量所需要的时间，具体包括以下内容。

（1）规定的设备数量和人数；

（2）在规定的作业条件下；

（3）拥有经过训练且身心及文化素养均能满足工作需求的作业者；

（4）具有完成工作的标准工作方法；

（5）在排除不利因素的情况下，每天以能够保证完成工作的最佳节奏进行作业；

（6）获得满足客户需求的产品质量。

很多企业在管理过程中,并未详细制定标准工时,只是有一个较为模糊的概念,最终导致在生产过程中,要么设备闲置率高,要么人员冗余,生产成本居高不下。面对这一状况,很多企业管理者要求生产管理人员降低成本,但对于从什么地方入手、该怎么处理,没有具体方法和措施,最终收效甚微。所以企业在生产过程中一定要制定标准工时,只有制定了标准工时,这些问题才能迎刃而解。

2. 作业时间的测定

作业时间的测定一般有图 5-18 所示的几种方法。

方法	序号	分类	内容
经验评估法	1	历史经验数据倒推法	生产日报表、工时报表
	2	标准样板法	小规模试产数据
	3	预定动作时间标准法:PTS	公司领导制定
码表测量法	4	直接码表法	现场测量
	5	间接码表法	录像测量
模特法	6	录像法	录像动作分析
	7	程序分析法	程序分析法是对产品生产过程的工序状态进行记录、分析和改善的IE手法
MTM法	8	MTM(Method-Time-Measurement,方法—时间—测量)法	对动作进行精确测量和分析的方法

图 5-18 作业时间测定的方法

测定作业时间的步骤:第一步,收集相应的资料;第二步,划分操作单元;第三步,制定合适、可用的时间测定表;第四步,测定作业时间。

在划分操作单元时,企业要特别注意以下几点。

(1)每一个操作单元都应该有明确的开始时间和结束时间。

(2)操作单元应该尽可能划分得长一些,不应该不到 3 秒就结束,要不动作难以测量。

(3)每一个操作单元要内容全面,应该包括除工作动作之外的必要的移动和等待。

(4)如果某种工作已经有成熟的工作方法,操作单元的划分就应与这种工作方法保持一致。

在测定作业时间时，企业可制作图 5-19 所示的作业时间测定表。

单位：秒

对象工序		XX工序				时间观测用纸									观测日期					分解号	
															观测时间					观测者	
NO.	作业项目		1	2	3	4	5	6	7	8	9	10	11	12	13	14	15	16	17	18	19	20	要素作业时间	着眼点(准备时间)
1	NC	观测数量（次）	0	45	90	35	85	27	73	20	68	15	43											
		平均时间			7	8	7	9	6	7	7	5	8	9									7.6	
2	YNC	观测数量（次）	43	32	95	36	45	38	35	44	48	65	74											
		平均时间			7	8	9	8	7	6	8	7	7	8									7.5	
3		观测数量（次）																						
		平均时间																						
4		观测数量（次）																						
		平均时间																						
5		观测数量（次）																						
		平均时间																						
6		观测数量（次）																						
		平均时间																						
7		观测数量（次）																						
		平均时间																						
8		观测数量（次）																						
		平均时间																						
9		观测数量（次）																						
		平均时间																						
10		观测数量（次）																						
		平均时间																						
11		观测数量（次）																						
		平均时间																						
12		观测数量（次）																						
		平均时间																						
一个循环时间			15.0	17.0	15.0	16.0	12.0	15.0	14.0	16.0	15.0	17.0	0.0	0.0	0.0	0.0	0.0	0.0	0.0	0.0	0.0	0.0	15.1	

图 5-19 作业时间测定表

在测定作业时间时，企业要特别注意以下几点。

1）剔除异常值

（1）三倍标准差法。

剔除异常值的方法有很多，一般常用的是三倍标准差法，具体如下。

假设对某个工序观察 n 次，所得时间为 X_1、X_2、X_3、$X_4\cdots X_n$，其平均值为：

$$\overline{X} = \frac{X_1 + X_2 + X_3 + \cdots + X_n}{n} = \frac{\sum X_i}{n}$$

其标准差为：

$$\sigma = \sqrt{\frac{(X_1-\overline{X})^2 + (X_2-\overline{X})^2 + \cdots + (X_n-\overline{X})^2}{n}}$$

$$= \sqrt{\frac{\sum(X_i-\overline{X})^2}{n}}$$

正常值为 $\overline{X} \pm 3\sigma$ 内的数值，超出的则为异常值。

例：在确认某工序的工时时，观测了 20 次，具体数值如下：

13、17、15、12、14、15、16、13、11、14、15、17、13、12、15、13、14、11、17、16。

则：$\bar{X} = \dfrac{\sum X_i}{n} = \dfrac{283}{20} = 14.15 \approx 14$

$$\sigma = \sqrt{\dfrac{\sum(X_i - \bar{X})^2}{n}} = \sqrt{\dfrac{69}{20}} = 1.86 \approx 2$$

管控上限为 14+3×2=20，管制下限=14-3×2=8；超过 20 和低于 8 的数值都是异常值，应予以剔除。

（2）简易确定法。

如果采用三倍标准差法进行计算过于复杂，则可以简化进行，将数据与邻近数值进行比较，如果数据小于邻近数值的 25%或者大于邻近数值的 30%，则认定其为异常值，直接予以剔除。

2）确定合理的观测次数，防止观测样本量过少

观测次数的多少，也就是大家常说的样本量多少，决定着观测结果的准确性。样本量过少，会造成取值可信度低；样本量过多，会造成太多的劳动浪费。所以，企业需要采取一种方法来确定合理的观测次数。统计学家已经帮大家设定了观测次数的计算公式，大家只要套用即可。

$$N = \left(\dfrac{40 \times \sqrt{n \times \sum X_i^2 - (\sum X_i)^2}}{\sum X_i}\right)^2$$

式中　N——合理的观测次数；

　　　n——已经观测的次数；

　　　X_i——每次观测的读数。

在使用该公式时，基本条件为置信区间在 2 个标准差范围内。如图 5-20 所示，置信区间在 95%范围内，误差界限为±5%。

例：对某工序进行观测，已观测了 5 次，其误差度为 5%，可信度在 95%以内，其结果分别是 5、7、8、6、7，那么还需要观测几次？

在计算时，我们可以先求 $\sum X_i$，再求 $\sum X_i^2$，将观测内容列成表，计算结果如表 5-1 所示。

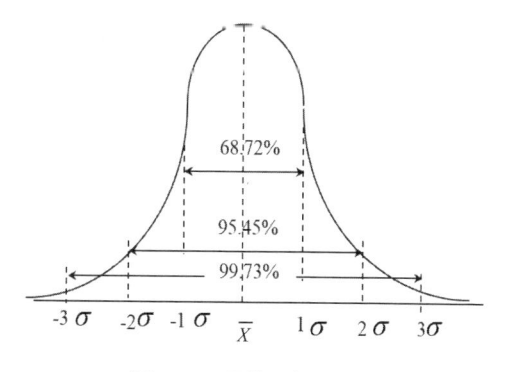

图 5-20　置信区间示意图

表 5-1 计算结果

i	1	2	3	4	5	合计
X_i	5	7	8	6	7	33
X_i^2	25	49	64	36	49	223

则：$N = \left(\dfrac{40 \times \sqrt{n \times \sum X_i^2 - (\sum X_i)^2}}{\sum X_i} \right)^2$

$= \left(\dfrac{40 \times \sqrt{5 \times 233 - 33^2}}{33} \right)^2$

$= 111.66$

≈ 112

那么，共需要观测 112 次，除已观测的 5 次外，还需要观测 107 次。

我们将第一次观测的数值稍微改动下，计算结果如表 5-2 所示。

表 5-2 改动后的计算结果

i	1	2	3	4	5	合计
X_i	6	7	8	6	7	34
X_i^2	36	49	64	36	49	234

则：$N=19.38$，记为 20。那么，除已经观测的 5 次外，只需要再观测 15 次即可。

看到这里，我想大家一定明白了数值准确的重要性。

3）确定每个操作单元的作业时间

在剔除了异常值之后，各次观测数值的平均数，就是该操作单元的作业时间。

$$\text{每个操作单元的作业时间} = \dfrac{\sum(\text{所有观测数值})}{\text{观测次数}}$$

3. 标准作业时间的设定

所谓标准作业时间，就是正常熟练程度的员工在正常作业环境下的作业时间。

前面我们讲述了作业时间的测定，那么测定出来的作业时间是否就是标准作业时间呢？这取决于测定作业时间的准确程度。如果在测定作业时间时，采用了不同熟练程度的员工（既包括很熟练的，也包括正常熟练程度的，还包括不太熟练的）的数据，并且在正常生产状况下进行了多次测定，那么结果基本上就可以被视为标准作业时间。

第5章 建立企业独有的高效生产模式——生产管理

可实际上在测定作业时间时，需要选定一个或者几个员工，在较为有利的工作环境下（如单独工作、无其他工作干扰，或者在试验线等）进行，这时候测量结果有一定的偏差，需要纠正。矫正方法就是用作业时间乘以评价系数。

因此，标准作业时间=观测作业时间×（1+评价系数）。

所谓评价系数，是指采用平准化法（西屋法），从熟练程度、努力程度、操作环境和一致性四个方面对所观测数据进行评价，评价得出的相应的系数就是评价系数。

评价系数的设置如图5-21所示。

熟练系数		努力系数	
优	0.08~0.11	优	0.08~0.10
良	0.03~0.06	良	0.02~0.05
均	0	均	0
可	-0.15~-0.1	可	-0.11~-0.04
欠	-0.22~-0.16	欠	-0.17~-0.12
操作环境系数		一致性系数	
优	0.04	优	0.03
良	0.02	良	0.01
均	0	均	0
可	-0.03	可	-0.02
欠	-0.07	欠	-0.04

图5-21 评价系数的设置

评价系数=熟练系数+努力系数+操作环境系数+一致性系数。

那么问题来了，该如何设定各系数呢？这就需要企业在设定各系数之前先制定对应的评价标准，评价标准制定得越详细，后面的评价结果越准确，具体可参照图5-22所示的系数设定评价标准参考表。

例：某员工的评价系数分别为：熟练系数为A1，努力系数为B1，操作环境系数为D，一致性系数为D，该员工的评价系数的计算过程如下。

评价系数=熟练系数+努力系数+操作环境系数+一致性系数
=0.15+0.10+0.00+0.00
=0.25

假如该员工的作业时间为20秒，则该工序的标准作业时间的计算过程如下。

标准作业时间=观测作业时间×（1+评价系数）
=20×（1+0.25）
=25（秒）

熟练系数			
超佳	A1	+0.15	工作犹如机器作业；熟练程度最高
超佳	A2	+0.13	有高超的技术；动作极为迅速，衔接圆滑
优	B1	+0.11	十分有效地使用机器，动作很快且正确；动作有节奏性
优	B2	+0.08	对所担任的工作高度适应；能够正确地工作而不需要检查、核对；工作顺序得当
良	C1	+0.06	能够担任高精度的工作；可以指导他人提高操作熟练度；非常熟练，动作相当迅速
良	C2	+0.03	几乎不需要接受指导；完全不犹豫；以相当稳定的速度工作
平均	D	0.00	对工作具有信心；工作速度稍缓慢；对工作熟悉；能够得心应手；工作成果良好
可	E1	-0.05	对机器设备的用法相当熟悉；可以事先安排大致的工作计划；对工作还不具有充分的信心
可	E2	-0.10	不适宜长时间地工作；偶尔失败，浪费时间
欠佳	F1	-0.16	对工作不熟悉，不得心应手，动作显得笨拙；不具有对工作的适应性
欠佳	F2	-0.22	工作犹豫，没有信心，常常失败

努力系数			
超佳	A1	+0.13	很卖力地工作，甚至忽视健康
超佳	A2	+0.12	这种速度不能持续一整天
优	B1	+0.10	动作很快；对改进工作很热心
优	B2	+0.08	工作方法具有系统性；对各个动作都很熟悉
良	C1	+0.05	工作有节奏性；很少浪费时间；对工作有兴趣且负责
良	C2	+0.02	乐于接受建议；工作场地布置井然有序；工作时使用适当的工具
平均	D	0.00	显得有些保守；虽然接受建议，但不实施；工作上有良好的安排；对自己拟定的工作采取良好的工作方法进行
可	E1	-0.04	勉强接受建议；工作时注意力不太集中；受到生活的影响
可	E2	-0.08	工作方法不太得当，工作时在摸索中进行
欠佳	F1	-0.12	时间浪费较多；对工作缺乏兴趣；工作状态显得迟缓、懒散，有多余动作
欠佳	F2	-0.17	工作场地布置紊乱；使用不适当的工具，工作在摸索中进行

操作环境系数			
超佳	A	+0.16	
优	B	+0.04	
良	C	+0.02	指工作环境对操作者产生的影响
平均	D	0.00	
可	E	-0.03	
欠佳	F	-0.07	

一致性系数			
超佳	A	+0.04	
优	B	+0.03	
良	C	+0.01	指操作者在同一操作周期内的差异（往往受到材料、工具等各方面的影响）
平均	D	0.00	
可	E	-0.02	
欠佳	F	-0.04	

图 5-22 系数设定评价标准参考表

4．标准工时的设定

在实际工作过程中，所有工作都是由员工去完成的，每个员工都有一些生理方面的需求，如吃、喝、上厕所、出现疲劳等。除此之外，在工作过程中，员工还会有一些其他方面的状况，如做5S、做设备自主保全等管理行为。所以，员工不可能把所有时间都用在工作上。

因此，在设定标准工时的时候，就不能直接采用标准作业时间，必须将上述所有可能影响工时的状况考虑在内。标准工时如图5-23所示。

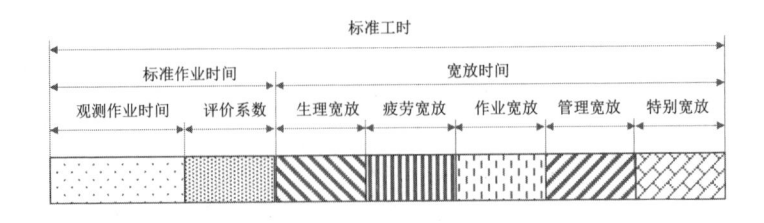

图 5-23 标准工时示意图

标准工时的正确计算方法如下。

标准工时=标准作业时间+宽放时间
　　　　=标准作业时间+观测作业时间×（1+宽放系数）

其中，宽放时间包含的内容如下。

（1）生理宽放——又称为私事宽放，如休息、喝水、吃饭等。

（2）疲劳宽放——分为体力疲劳和精神疲劳。

（3）管理宽放——包括作业流程中的相互联接时间、如开会、培训等。

（4）作业宽放——作业过程中的停机换型、现场清理、设备保养等。

（5）特殊宽放——以上各种宽放因素以外的宽放（如无特殊内容，建议不要考虑）。

具体宽放率可参考图5-24所示内容进行设置。

产业类别	生产形态	生理宽放	疲劳宽放	管理宽放
精密工业	量产	2%～3%	0～2%	4%～5%
量测仪器	量产	2%～3%	0～2%	4%～5%
轻电机	量产	2%	5%	8%
轻电机	单件	4%	1%～10%	3%
重电机	单件	3%	2%～25%	4%～7%
汽车	量产	3%～4%	0～8%	6%
汽车	单件	4%	1%～12%	5%
橡胶	量产	2%～5%	5%～15%	5%～15%
化学工业	量产	5%～7%	25%～35%	5%～10%

图5-24　不同产业的宽放率参考值

例：某汽车厂某工序，对A员工（已经工作5年以上，工作特别努力且操作非常熟练）在正常工作时进行了10次观测，观测作业时间如表5-3所示。

表5-3　观测作业时间

观测次数（次）	1	2	3	4	5	6	7	8	9	10
观测作业时间（秒）	10	9	12	11	9	8	9	10	12	11

该工序的标准工时应该设定为多少？

根据 $\overline{X}=\dfrac{X_1+X_2+X_3+\cdots+X_n}{n}=\dfrac{\sum X_i}{n}=\dfrac{101}{10}=10.1\approx 10$

根据 $\sigma = \sqrt{\dfrac{\sum(X_i - X)^2}{n}} = \sqrt{\dfrac{17}{10}} \approx 1.30$

根据 $\overline{X} \pm 3\sigma = 10 \pm 3 \times 1.30$

得出上限为 13.9，下限为 6.1，则所有观测作业时间均为正常值。

根据 $N = \left(\dfrac{40 \times \sqrt{n \times \sum X_i^2 - (\sum X_i)^2}}{\sum X_i}\right)^2 = \left(\dfrac{40 \times \sqrt{10 \times 1037 - 101^2}}{101}\right)^2 = 26.5 \approx 27$ 可知，在现有观测 10 次的基础上，还需要观察 17 次（由于这里是举例，篇幅有限，就不再增加 17 次的数据）。

根据该员工的状况及观测时的现场状况，可设定该员工的熟练系数为 +0.13，努力系数为 +0.12，操作环境系数为 0.00，一致性系数为 0.00。该员工的评价系数为 +0.25。该工序的标准作业时间应为 $10 \times (1 + 0.25) = 12.5$ 秒。

由于该产业为汽车产业，所以可以设置生理宽放为 3%，疲劳宽放为 5%，管理宽放为 6%。

该工序的标准工时应为：

$$10 \times (1 + 0.25 + 0.03 + 0.05 + 0.06) = 13.9 \approx 14 \text{（秒）}$$

5. 产线标准工时

前文所讲的标准工时均是单个工序的标准工时，而一条产线并非只由一个工序组成，而是由不同的工序共同组成的。那么产线标准工时又该如何设定呢？

很多人认为产线标准工时应该是各工序标准工时的总和。也就是说，如果第一道工序的标准工时是 X_1，第二道工序的标准工时是 X_2……第 n 道工序的标准工时是 X_n，则产线的标准工时应该是：$X = X_1 + X_2 + \cdots + X_n = \sum X_i$。

这样的算法对不对？从理论上看毫无问题，一个工件从投料一直到生产完成的确需要这么久。但实际上，企业产品的生产大部分都是连续生产，除非是完全定制化的产品。在连续生产的情况下，第一个产品从投料到下线的确需要经过各个工序的加工，时长为各工序工作时长之和，但是在第一个产品生产完成后，后面的产品会连续不断地被生产出来，这时候每个产品下线的时间间隔就是产线上最长工时的工作岗位的标准工时。

所以产线标准工时应该分为两种：一种是连续生产的产线标准工时，其计算公式为 MAX（工序 1 的标准工时、工序 2 的标准工时……工序 n 的标准工时），也就是该产线瓶颈工序的标准工时；另一种是单件定制化生产的标准工时，其计算公式为∑（各工序标准工时）。

6. 工数

无论是工时，还是标准工时，都是指生产一个产品所需要的时间。由一个人完成和由多个人完成，对企业经营来说，成本相去甚远，所以为了更好地控制生产成本，企业还需要引入另外一个概念，那就是工数。

工数这个概念来自日本企业，具体是指进行某项作业所需要的总作业时间。工数的计算方法如下。

$$工数 =（净工作时间 \times 人数）/ 良品数$$

公式中的净工作时间又是指什么呢？净工作时间其实就是工时，一般用 C/T 代替。

$$工数 = \frac{C/T \times N(人数)}{良品率}$$

$$标准工数 = \frac{C/T \times N(人数) \times (1 - 宽放率)}{良品率}$$

$$标准工数（全线）= \frac{C/T(\text{MAX}) \times N(人数) \times (1 - 宽放率)}{良品率}$$

企业在实际生产效率计算中，常常会用到标准工数这个概念，可参考图 5-25 所示内容进行计算。

生产线	生产机种	C/T(MAX) S	人员N 人	检查不良（J） PPM	仕损不良(S) PPM	标准不良(=J+S) PPM	标准工时 h
产品A	型号a-1					0.00	
	型号a-2					0.00	
	型号a-3						
	型号……					0.00	
产品B	型号b-1					0.00	
	型号b-2					0.00	
	型号b-3						
	型号……					0.00	
产品C	型号c-1					0.00	
	型号c-2					0.00	
	型号c-3						
	型号……					0.00	
产品……	……					0.00	
						0.00	

备注：宽放率可以从宽放系数表中查得，也可人为设定。

图 5-25　标准工数计算

5.3.3 产能分类管理

产能一般分为需求产能、标准产能和实际产能。每一种产能都需要企业进行详细的管理。

1. 需求产能

需求产能是指为了满足客户的需求企业需要具备的产能。比如，客户每月需要某产品 3 万台，那么企业每天的需求产能就是 3 万台/30 天=1000 台。

企业要满足客户的需求，就需要配置相应的资源，包括设备、人员等。

2. 标准产能

标准产能是指标准工时下的产能。比如，某公司的产线标准工时为 1 分钟/台，该公司采用两班倒，每班每天出勤 8 小时，则该公司的日产能为：2×8 小时/天×60 分钟/小时÷1 分钟/台=960 台。

标准产能在一般情况下要大于或等于需求产能，这样才能满足客户的需求。

3. 实际产能

实际产能是指实际生产的产能。由于受制于生产过程中设备、人员稼动率和各种时间浪费等因素，企业可能会出现实际产能小于标准产能的状况。

统计实际产能的目的，主要是让生产管理人员清楚地掌握企业实际的生产能力。标准产能的设置，目的是给生产管理人员一个衡量标准，用于衡量实际产能与标准产能之间的差距，明确改善空间，从而开展相应的改善工作。

4. 产能达成率

所谓产能达成率，是指实际产能相较于标准产能的达成状况。产能达成率可以用以下公式进行计算。

$$产能达成率 = \frac{实际产能}{标准产能} \times 100\%$$

在实际工作过程中，生产管理人员需要不断地对产能达成率进行统计、分析、总结，然后根据统计分析的结果，不断地进行改善，使之无限接近标准产能。

5.3.4 产能改善

在生产过程中，企业一定要将实际产能与需求产能和标准产能进行对比。

如果实际产能低于需求产能，企业则不能按时交货，不能满足客户的需求，最终导致客户流失或者其他损失。笔者在一家生产高压变压器的工厂调研时发现，该工厂在交付产品后，经常因为交付不及时或者质量问题遭到客户投诉，这让管理者头疼不已。我们经过深入了解后发现，在产品生产过程中，密性检验本应做浸水实验30分钟，但由于该工厂的场地紧张，实验水槽数量、面积不足，为了达成产能，只做15分钟左右的浸水实验就匆匆结束，这样就导致产品在被交付给客户后出现漏气等问题。这种问题产生的根本原因就是该工厂的实际产能低于需求产能。

如果实际产能超过了需求产能，但低于标准产能，则造成的问题是人员工时或者设备效率的浪费，这种浪费表现出来就是工厂制造成本居高不下，利润减少，必须加以改善。

无论是实际产能低于需求产能，还是实际产能低于标准产能，最终的结果都是企业利润减少，企业在实际生产过程中必须加以改善。至于具体改善方法，笔者会在生产效率改善环节进行说明。

5.4 生产效率管理

生产效率是指在固定投入量下制程的实际产出与最大产出两者间的比率。生产效率可反映企业制程达成最大产出或者最佳营运服务的程度，可衡量经济个体在产出量、成本、收入或者利润等目标下的绩效。

生产效率一般包括两类：一类是劳动生产效率，指的是工人的劳动效率；另一类是设备生产效率，指的是机器设备的工作效率。这里重点介绍劳动生产效率。

企业的生产效率管理各不相同，企业会根据自身所关注的内容进行计算，所以计算公式比较多，解释也五花八门。我们还是追本溯源，以最根本的生产效率定义来确认计算公式。

$$\text{生产效率} = \frac{\text{标准工时}}{\text{实际工时}} \times 100\% = \frac{\text{标准工时}}{\text{投入总工时} - \text{转嫁工时}} \times 100\%$$

标准工时就是根据标准工时测算方法测算并最后决定的工时。

$$实际工时=总投入工时-转嫁工时$$

$$总投入工时=实际工时+损失工时$$

$$损失工时=转嫁工时+非转嫁工时$$

转嫁工时是指非本部门或者本岗位因素所造成的浪费（如排程错误、订单不足、缺料等待、插单过多、停水停电、产品设计错误等原因所造成的工时浪费）。

非转嫁工时是指部门内或者岗位因素所造成的浪费（如领料不及时、作业人员技能不足、设备保养不足造成的故障、换型超时、产出不良等因素所造成的工时浪费）。

笔者曾接触过一家制漆企业，该企业的总经理和总裁总是批评运营总监（该企业的运营总监分管生产、设备、计划、仓储及客服部门），认为其管理下的生产效率低下。笔者经过深入了解后发现，该企业的生产过程分为三段：投料、分散、研磨在生产部门进行；生产部门在将产品研磨后便交给质量部门进行调色及检验；在调色、检验完成后，质量部门又将产品交还给生产部门进行灌装、包装。在整个生产过程中，因为配方不准确且调色作业未标准化，所以每批产品的调色时间和调色次数均不固定，最短需要 2.5 小时，最长需要几十小时。从产品的整个生产周期来看，调色及检验的时间占到了整个生产周期的 70%以上。所以在生产过程中，往往是生产部门在将产品交给质量部门去调色后，就不知道什么时候才能进行灌装了，造成极大的等待浪费。

从过程分析来看，大部分的工时损失均产生在质量部门，这些损失的工时也就是前文所说的转嫁工时。

下面我们通过举例来说明生产效率如何计算。

例：有家公司的产品生产标准工时为 25 秒，该公司共有生产该产品的生产线 6 条，某天计划在 8 小时内生产产品 1200 台。在生产过程中，生产线因缺料等待 1 小时，又因质量不良等，最终只生产出 800 台产品，该公司当天的生产效率是多少？

标准工时=$800 \times 25 \times 6 = 120000$（秒）

投入总工时=$8 \times 3600 \times 6 = 172800$（秒）

转嫁工时=$1 \times 3600 \times 6 = 21600$（秒）

$$生产效率 = \frac{标准工时}{投入总工时 - 转嫁工时} \times 100\%$$

$$= \frac{120000}{172800 - 21600} \times 100\%$$

$$\approx 79.37\%$$

5.4.1 实际生产效率跟踪确认

要想清楚地了解企业生产线的生产效率,并根据生产效率制定改善对策,需要对生产效率数据持续不断地进行统计、确认和分析。

道理很简单,但是实际情况不容乐观。笔者接触过的一些企业都没有进行相应的统计、确认和分析,还有一部分企业,虽然统计了数据,但也只是做了数据统计而已。因此,笔者还是有必要为大家讲解生产效率数据统计及跟踪确认的方法的。

在进行生产效率数据统计时,可参考图 5-26 所示的生产日报,对各条生产线当日产生的所有数据进行统计,然后形成每日生产效率数据。

在进行数据统计时,一定要对生产现场所有产生的问题及时间进行翔实的记录,只有数据记录清楚、完整,所计算出的生产效率才更准确,对实际管理才更有指导意义。

部门						经理	主管	统计员
工作中心:			生产日报					
202 年 月								
勤务		A勤	完成	班长	C勤	完成	班长	
		在籍 人	缺勤 人	出勤 人	在籍 人	缺勤 人	出勤 人	
勤务时间		人×	h/人	h	人×	h/人	h	合 计
加班时间		人×	h/人	h	人×	h/人	h	
勤务时间合计(A)				h			h	h
作业时间合计(Z)		台×	h/台	h	台×	h/台	h	h
计划停机时间(K)				h			h	h
负荷时间(A=Z-K)				h			h	h
非作业时间	早晚会时间			h			h	h
	设备清扫点检时间			h			h	h
	日常准备时间			h			h	h
	机种交换时间			h			h	h
	设备故障时间			h			h	h
	设备调整时间			h			h	h
	待机待料时间			h			h	h
	其他时间			h			h	h
非作业时间合计(B)				h			h	h
实际作业时间(C=A-B)				h			h	h
勤务	生产订单号	机种编号	生产台数	报废数	机器时间	人工时间	批 号	标准工数	标准时间d
			台	台	h	h			
			台	台	h	h			
			台	台	h	h			
			台	台	h	h			
			台	台	h	h			
实际生产合计(S)			台	台			A勤标准时间合计(D)		h
生产计划台数(J)			台	生产达成率(L=J/S)		%	C勤标准时间合计(D)		h
标准时间 d=生产台数(良品)×标准工数							标准时间合计(D)		h
交换步骤									
工作效率 F=D÷A				%			%		%
设备稼动率 E=C÷A				%			%		%
特记事项:									

备注:数据更改务必签名确认!

图 5-26 生产日报

5.4.2 生产效率改善

在实际生产过程中，无论是什么样的企业，都会存在生产效率的浪费现象；无论企业的管理水平有多高，都会存在浪费现象，这是客观事实。不同的是，有些企业浪费得多，有些企业浪费得少。作为管理者，其任务就是要将这些浪费减到最少，并且不断地为之努力。

在进行生产效率改善时，我们可以采用图 5-27 所示的工作改善四阶段法进行。

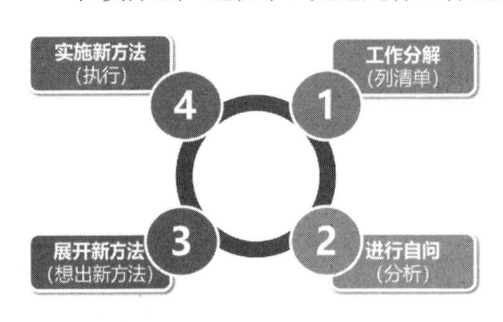

图 5-27 工作改善四阶段法

1. 第一阶段：工作分解

工作分解的目的是将现行作业的实际状况正确地、完整地加以记录，掌握与作业有关的所有事实。

工作分解有两项重要内容：其一，查找瓶颈工序（如果生产过程特别简单，每个工序都进行改善，这一步可以省略。实际上大部分企业的生产过程还是比较复杂的，所以每次改善先从查找瓶颈工序开始，这样比较有针对性）；其二，对瓶颈工序的工作过程进行详尽的分解。

1）查找瓶颈工序

瓶颈工序（Bottleneck Process）是指制约整条生产线产出量的一部分工作步骤或工艺过程。广义上的瓶颈工序是指整个流程中制约产出的各种因素。瓶颈工序也叫关键工作中心，主要是针对生产流程来定义的，我们通常把一个流程中生产节奏最慢的环节叫作"瓶颈工序"。

查找瓶颈工序就是要对生产线所有工序的工时进行统计分析，找到该生产线工时最长的工序。查找瓶颈工序最常用的方法是线平衡分析法。

线平衡的全名为生产线平衡，是指构成生产线的各工序加工时间的平衡状态。线平衡的目的是希望各工序人员的加工时间能够尽量保持平衡，从而减少和消除各工序之间的时间浪费。

线平衡分析法就是对生产线的平衡状况进行分析。其目的是通过线平衡分析，找到生产工时浪费的源头，一个个地进行改善，从而减少工时浪费。

（1）各工序工时统计。

在采用线平衡分析法之初，需要对各工序的工时进行统计，各工序工时统计表如图 5-28 所示。企业也可根据实际状况自行设计各工序工时统计表。

（2）采用线平衡分析图。

在统计完各工序的工时后，可以采用线平衡分析图将各工序的工时状况进行可视化，这样大家就可以快速地发现哪些工序是瓶颈工序，这就是我们要进行改善的点。图 5-29 所示是某眉笔生产线的线平衡分析图。从图 5-29 中我们可以发现，装按钮工序和全检装箱工序的工时明显长于其他工序，这在实际生产过程中将会造成其他工序的等待浪费。这两个工序就是我们要着重进行改善的瓶颈工序。

产品名称			标准产能			文件编号	
产品编号			花费时间			发行日期	
规格型号			标准人数			版本号	
工序编号	工序名称	操作人数	标准工时(S)	合并工时(S)	备注	现场排布示意图	
1	工序1						
2	工序2						
3	工序3						
4	工序4						
5	工序5						
6	工序6						
7	工序7						
8	工序8						
9	工序9						
10	工序10						
……	……						

图 5-28　各工序工时统计表

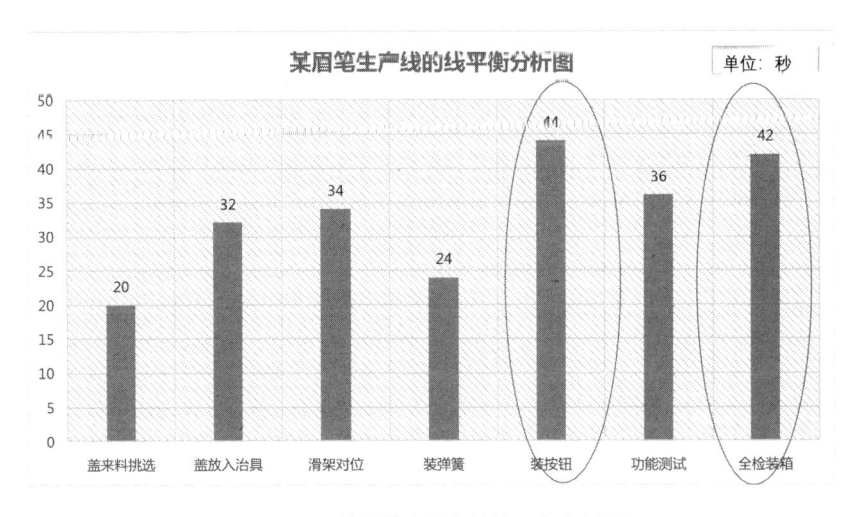

图 5-29　某眉笔生产线的线平衡分析图

（3）线平衡率和线平衡损失率计算。

线平衡率就是采用百分比来衡量生产线各工序工时平衡状况的一种方法。其计算方法是用各工序所需要的工时总和除以生产过程中各工序实际工时的总和。

$$线平衡率=\frac{\sum T_i}{(C/T)\times N}\times 100\%$$

其中，$\sum T_i$ 是各工序的工时总和，N 是工序个数。

图 5-29 所示眉笔生产线的线平衡率的计算过程如下。

$$线平衡率=\frac{(20+32+34+24+44+36+42)}{44\times 7}\times 100\%$$

$$\approx 75.32\%$$

线平衡损失率和线平衡率相对应，是指生产线非作业时间在生产线各工序工时总和中的占比。其计算方法就是用全线非作业时间总和除以生产线各工序作业时间的总和。

$$线平衡损失率=\frac{\sum L/T_i}{(C/T)\times N}\times 100\%=1-线平衡率$$

其中，$\sum L/T_i$ 是各工序非作业时间总和，N 是工序个数。

图 5-29 所示眉笔生产线的线平衡损失率的计算过程如下。

$$线平衡损失率=\frac{44\times 7-(20+32+34+24+44+36+42)}{44\times 7}\times 100\%\approx 24.68\%$$

2）瓶颈工序工作分解

找到了生产线的瓶颈工序，接下来我们要对瓶颈工序的工作过程进行详细分解并记录。

在分解瓶颈工序时，要将所有步骤进行详细记录，并且要分解到最小单元。在作业过程中，所有的动作，包括每一项检查、每一个等待都需要描述出来。将瓶颈工序分解得越细致、越精确、越完整，就可以越多地发现问题，这样改善的必要性就越能显示出来。

在进行工序动作分解时，我们可以采用图 5-30 所示的工序动作分解记录纸，详细记录每一个工序动作的时长等要素。

在进行工序动作分解时，如果涉及人机配合的状况，我们还可以采用人机作业时间组合表进行分解，这样更容易分析出人与设备之间的配合有无时间浪费，从而进行更好的改善。人机作业时间组合表如图 5-31 所示。

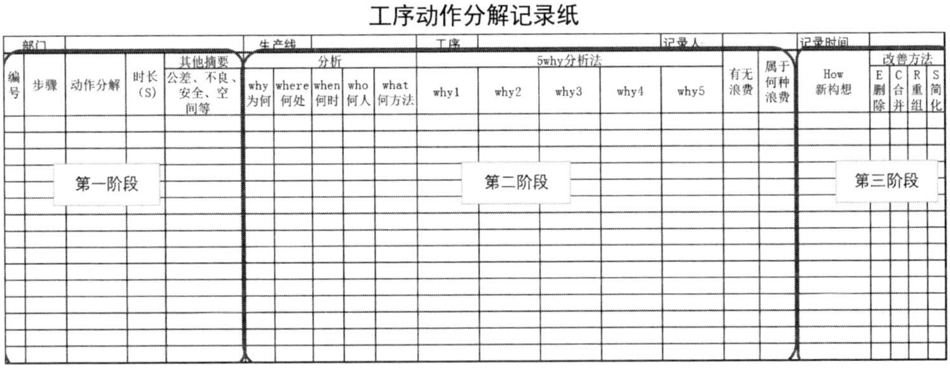

第 5 章 建立企业独有的高效生产模式——生产管理

工序动作分解记录纸

图 5-30 工序动作分解记录纸

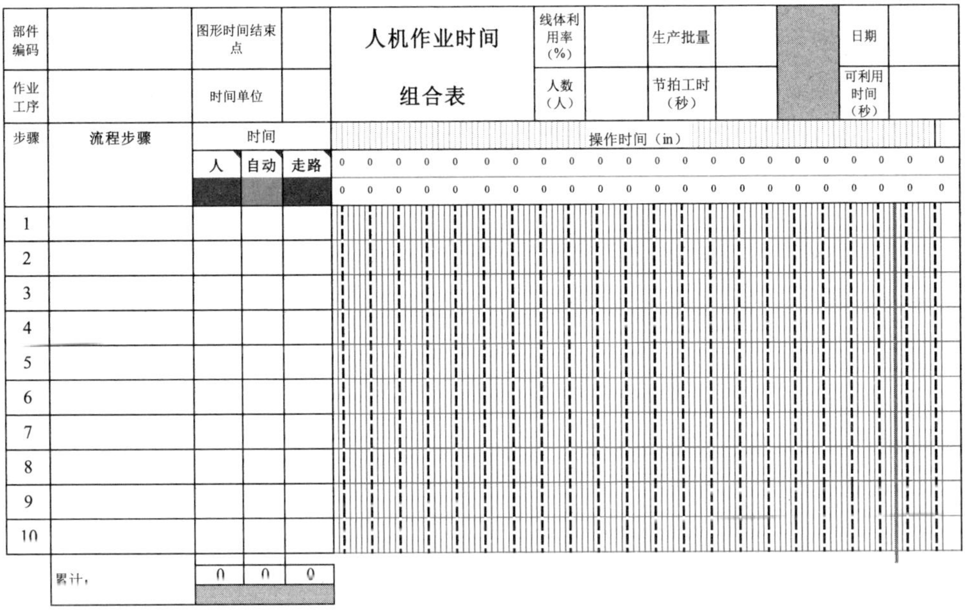

图 5-31 人机作业时间组合表

2. 第二阶段：进行自问

在完成了瓶颈工序工作分解后，我们就会对该工序的每个动作和每个动作所花费的时间一目了然。接下来我们需要对每个动作按照 5W1H 的方法进行提问。

♪ 为什么需要这样做（Why）？

♪ 这样做的目的是什么（What）？

♪ 在什么地方进行最好（Where）？

♪ 应该在什么时候做（When）？

♪ 什么人最适合去做（Who）？

♪ 用什么方法做最好（How）？

改善能否成功，主要取决于企业发现问题和解决问题的能力。在分析过程中，企业要针对每一个细目进行仔细的分析，并且按照顺序进行，在分析完一个细目后，再对下一个细目进行分析。这样做的目的是确保能够发现所有的问题点和可改善点。后续改善工作的所有数据将从这些分析的内容中获得。

针对不能确定的问题点，还可以采用 5why 分析法，对其进行深入分析，确保分析彻底、深入。

在分析后，如果发现某个细目是必要的且没有任何疑问的，那么就不需要在工序动作分解记录纸中的 5W 栏进行填写了；如果发现某个细目是没有必要的，或者是可以改善的，那么就需要在对应的栏里进行打钩，并在后面的 How 栏里填写新构想。

3. 第三阶段：展开新方法

在第二阶段分析的基础上，我们要对存在的问题点或者可改善点制定相应的工作方法。常用的方法是根据 ECRS（删除、合并、重组、简化）原则进行改善。需要特别注意的是，在改善时，一定要按照删除、合并、重组、简化的顺序进行，不可打乱顺序。细目问题点所对应的改善原则如图 5-32 所示。

存在的问题点　　　　　　改善原则

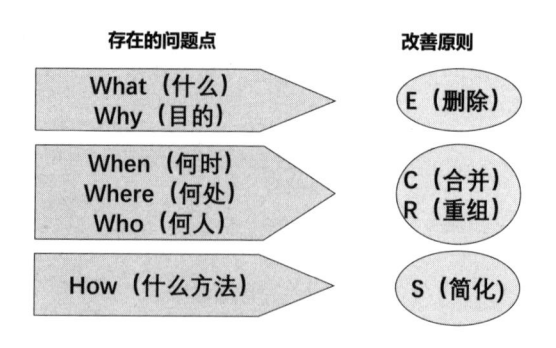

What（什么）　　→　　E（删除）
Why（目的）

When（何时）
Where（何处）　→　　C（合并）
Who（何人）　　　　　R（重组）

How（什么方法）→　　S（简化）

图 5-32　细目问题点所对应的改善原则

各改善原则的说明如图 5-33 所示。

序号	改善原则	目的	事例
1	删除	➢ 杜绝浪费 ➢ 去除不必要的作业	① 合理布局，减少走动 ② 取消不必要的动作 ③ 消除设备故障 ④ 减少库存
2	合并	➢ 同时进行 ➢ 合并作业	① 将串行变并行 ② 将某些流程或动作并到一起
3	重组	➢ 改变次序 ➢ 改用其他方法或别的东西	① 改变流程的先后次序 ② 调整流程的检验或检查
4	简化	➢ 连接更合理 ➢ 使之更简单 ➢ 自动化	① 简化流程间的连接（方式、文件等） ② 简化某些流程步骤，使效率更高 ③ 使用自动化设备、信息系统、工装等

图 5-33　各改善原则的说明

4．第四阶段：实施新方法

该阶段的工作内容是实施第三阶段所确定的新的工作方法。实施并不是一个人就能决定的，必须取得上司的认可和相关部门的同意，还要让下属能够完全理解并执行。该阶段的重点工作如下。

♪ 采用改善提案详细描述改善内容，并呈交上司，取得上司的支持。

♪ 与相关部门进行沟通，得到相关部门的理解和配合。

♪ 对下属进行培训，确保其理解新方案并能认真执行。

♪ 在做好以上工作后立即实施新方案。

♪ 在新方案实施后，对相应的人员进行激励，以鼓励他们进行更多的改善和创新。

当然，以上只是针对瓶颈工序的一种改善方法。针对较为复杂的效率改善内容，还可以采用 PDCA 十步法进行改善。

PDCA 十步法的具体实施步骤如图 5-34 所示。

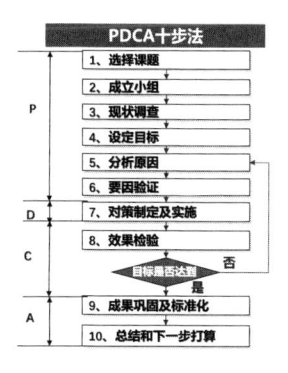

图 5-34　PDCA 十步法的具体实施步骤

5.5 生产性管理

产能管理用来明确企业满足客户需求的能力，生产效率用来明确企业的实际产出与最大产出之间的差距，那么如何衡量企业的投入产出比？这就需要用到生产性这个概念。

5.5.1 生产性的相关定义

生产性常见于日本企业。在我国国家标准中，中国航空工业总公司于1998年发布的《生产性分析》（GJB 3363-1998）对生产性分析的定义是：在满足性能和生产率要求的前提下，对备选的设计、材料、工艺和制造技术方案进行比较，以确定最经济的制造工艺和材料。

生产性分析的主要目的是选择经济、高效的生产工艺和材料。因此，很多企业将生产性分析引入生产企业管理分析当中，称之为"企业经营的生产性分析"。生产要素通常包括劳动力、劳动手段、劳动对象和资金等方面，生产性分析就是对企业的劳动生产率及其影响因素的分析，是企业经营分析的重要内容之一。它包括生产战略分析、生产现状分析、生产计划和工序管理分析，以及产品开发分析等内容[1]。

因此，我们可以得出以下定义。

生产性：为了完成一定的产出而投入的经营资源的多少，有时也称为生产力。

生产性改善：通过充分利用有限资源，达到最大化产出的改善活动。

5.5.2 生产性的计算公式

从生产性的定义可以看出，生产性就是产出除以投入的资源，用公式表示就是：

生产性=产出/投入

企业在生产过程中投入的内容比较多，最主要的是人员、设备、材料、资金、能源等，所以生产性可以分为人员劳动生产性、设备生产性、材料生产性、资金生产性、能源生产性等，其各自的计算公式分别如下。

人员劳动生产性=产出/人员劳动投入量

---

[1] 绍兴. 第六讲企业经营的生产性分析(上)[J]. 银行与企业，1987（10）：61-64+7.

设备生产性=产出/设备生产投入量

材料生产性=产出/材料投入量

资金生产性=产出/资金投入量

能源生产性=产出/能源消耗量

企业在管理中可以根据需要选择不同的生产性计算公式。

在计算人员劳动生产性时，由于产出及投入量太过笼统，所以人们又引入了生产能率这个概念，用来衡量人员劳动生产性。

生产能率是指按照标准工时进行计算，生产出相同数量的产品所应耗用的时间与实际作业时间的比值。

人员劳动生产性=产出/人员劳动投入量

≈生产能率

=纯作业时间/总作业时间

=（基准时间×合格数）/总作业时间

5.5.3 生产性分析及改善的意义和必要性

大家都知道，企业存在的最大目的就是获取最大的利润。然而利润等于售价减去成本，售价是由市场决定的，并不是企业想要卖多少就能卖多少。因此，要想获得更多的利润，企业必须将成本降到最低。

前文讲述的生产效率管理和生产效率改善也是成本递减活动。有了生产效率改善，为什么还要进行生产性分析及改善？一方面，生产效率改善仅为生产性分析及改善的一种，也就是人员劳动生产性分析及改善。另一方面，生产效率改善是从结果入手进行的分析和改善，生产性分析及改善可以直接从资源投入入手进行控制，属于过程分析和控制措施。大家都知道，有好的结果未必有好的过程，但有好的过程，一定会有好的结果。因此，生产性分析及改善还是非常有必要的。此外，多采用一些分析方法，各企业的选择会更多，企业从不同的角度进行分析改善，发现和改善问题就会更彻底。

5.5.4 生产性管控措施

前文讲过，有好的结果未必有好的过程，但有好的过程，一定会有好的结果。

因此，要想管理好生产性，我们必须从过程管控着手。

在进行生产性管控时，企业可以制作图 5-35 所示的生产性作业标准书，根据该标准书进行各岗位管控，定期对数据进行统计、分析，再根据分析结果制定相应的改善措施。

生产性作业标准书

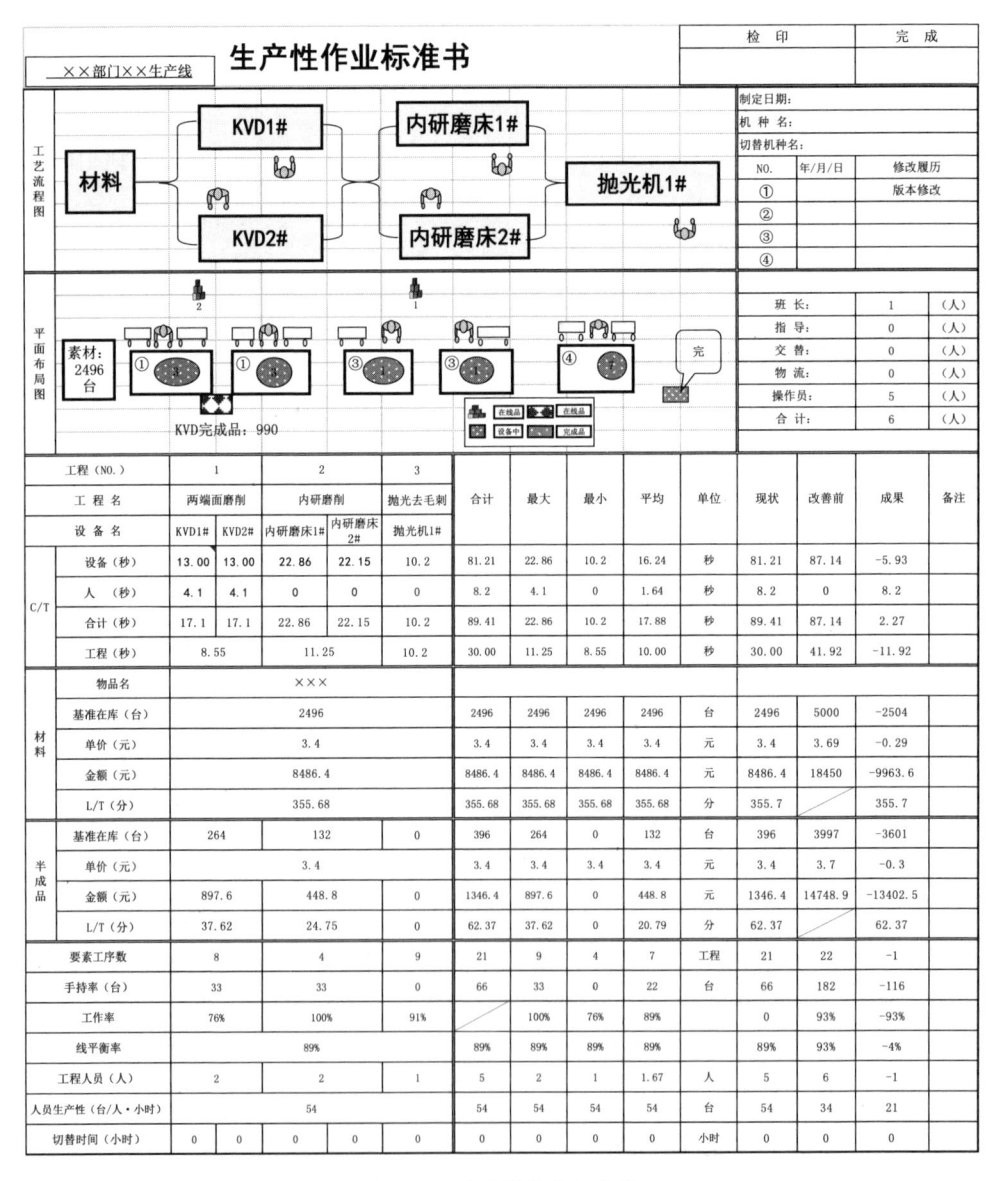

××部门××生产线

				检印		完成	

工艺流程图： 材料 → KVD1# / KVD2# → 内研磨床1# / 内研磨床2# → 抛光机1#

平面布局图： 素材 2496 台 → ① → ② → ③ → ④ → 完（KVD完成品：990）

制定日期：	
机种名：	
切替机种名：	

NO.	年/月/日	修改履历
①		版本修改
②		
③		
④		

班长	1	(人)
指导	0	(人)
交替	0	(人)
物流	0	(人)
操作员	5	(人)
合计	6	(人)

	工程 (NO.)	1	2		3	合计	最大	最小	平均	单位	现状	改善前	成果	备注
	工程名	两端面磨削	内研磨削		抛光去毛刺									
	设备名	KVD1#	KVD2#	内研磨床1#	内研磨床2#	抛光机L1#								
C/T	设备 (秒)	13.00	13.00	22.86	22.15	10.2	81.21	22.86	10.2	16.24	秒	81.21	87.14	-5.93	
	人 (秒)	4.1	4.1	0	0	0	8.2	4.1	0	1.64	秒	8.2	0	8.2	
	合计 (秒)	17.1	17.1	22.86	22.15	10.2	89.41	22.86	10.2	17.88	秒	89.41	87.14	2.27	
	工程 (秒)	8.55		11.25		10.2	30.00	11.25	8.55	10.00	秒	30.00	41.92	-11.92	
材料	物品名		×××												
	基准在库 (台)		2496				2496	2496	2496	2496	台	2496	5000	-2504	
	单价 (元)		3.4				3.4	3.4	3.4	3.4	元	3.4	3.69	-0.29	
	金额 (元)		8486.4				8486.4	8486.4	8486.4	8486.4	元	8486.4	18450	-9963.6	
	L/T (分)		355.68				355.68	355.68	355.68	355.68	分	355.7		355.7	
半成品	基准在库 (台)	264		132		0	396	264	0	132	台	396	3997	-3601	
	单价 (元)		3.4				3.4	3.4	3.4	3.4	元	3.4	3.7	-0.3	
	金额 (元)	897.6		448.8		0	1346.4	897.6	0	448.8	元	1346.4	14748.9	-13402.5	
	L/T (分)	37.62		24.75		0	62.37	37.62	0	20.79	分	62.37		62.37	
	要素工序数	8		4		9	21	9	4	7	工程	21	22	-1	
	手持率 (台)	33		33		0	66	33	0	22	台	66	182	-116	
	工作率	76%		100%		91%		100%	76%	89%		0	93%	-93%	
	线平衡率		89%				89%	89%	89%	89%		89%	93%	-4%	
	工程人员 (人)	2		2		1	5	2	1	1.67	人	5	6	-1	
	人员生产性 (台/人·小时)		54				54	54	54	54	台	54	34	21	
	切替时间 (小时)	0		0		0	0	0	0	0	小时	0	0	0	

图 5-35 生产性作业标准书

在该生产性作业标准书中，C/T 一栏中的设备是指设备加工时间，人是指手工作业时间，工程是指各工序时间（各工序所有设备的 C/T 均值）中的最大值；L/T 是 Lead Time 的缩写，即交货期；材料 L/T=本工程 C/T×本工程材料基准在库数，半成品 L/T=本工程 C/T×本工程半成品基准在库数；要素工序数是指附加价值的工序数（加工+检查）；手持率=本工程半成品基准在库数/本工程要素工序数；工作率=本工程 C/T／工程最大 C/T；线平衡率=工程 C/T 合计/（工程最大 C/T×工程数）；人员生产性= 3600 秒×线别稼动率×工程人数/工程最大 C/T。

这种方法在工序作业人员、设备作业时间、人员作业时间、切替换型时间、在制品数量等各个方面制定了相应的标准，让员工及管理人员在工作过程中有据可依，一目了然地知道哪些地方存在问题，让问题容易暴露，让管理变得简单、明了，真正做到了问题可视化。

5.5.5 生产性改善方法

1. 生产性改善活动着眼点

从生产性的定义及内容可以看出，生产性的提升是一个综合的管理问题，需要企业生产管理的各个方面进行相应的改善。生产性向上活动涉及的方面及改善内容如图 5-36 所示。

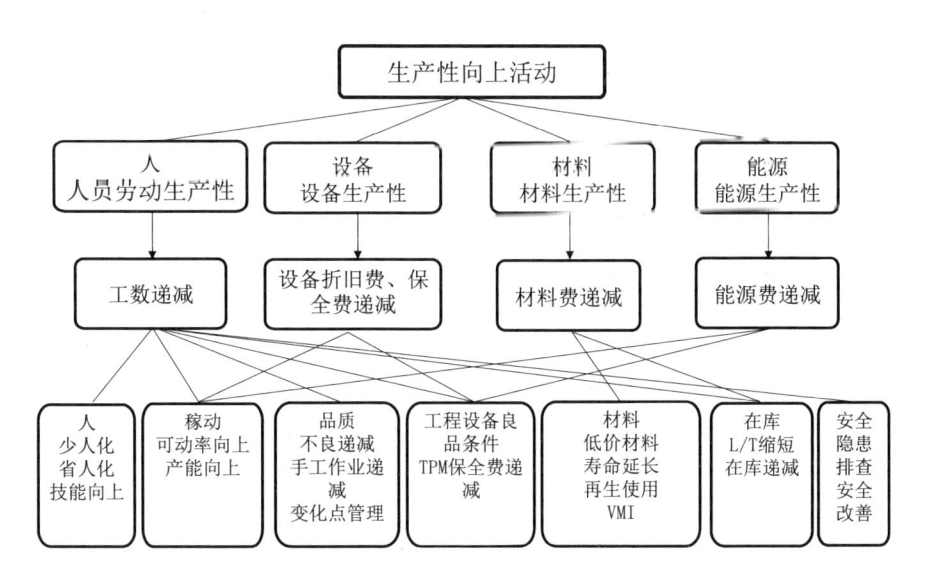

图 5-36 生产性向上活动涉及的方面及改善内容

2. 生产性改善推进要点

1）作业标准化

以作业标准书为基础，任何人在任何时候都按照同一方法进行作业。作业标准化能够减少生产过程中的波动，使生产稳定。

作业标准化是生产效率、成本、品质及安全的保证。只有严格按照作业标准进行作业，所有工作结果才是可控的。作业标准化的目的就是通过标准作业的贯彻达到生产效率化、省人化。

作业标准化的 PDCA 循环如图 5-37 所示，需要先制定作业标准书，并给员工进行培训，使员工完全理解并掌握作业标准书的内容，然后让员工在作业过程中按照作业标准进行作业，并在完成作业后对作业结果进行统计、分析，根据分析结果再对现场作业进行观察，找出问题点后对作业标准书进行修订，然后再投入使用。在这个过程中，管理人员还需要不断地对员工的作业遵守率进行评价，以确保作业标准书能够得到贯彻。

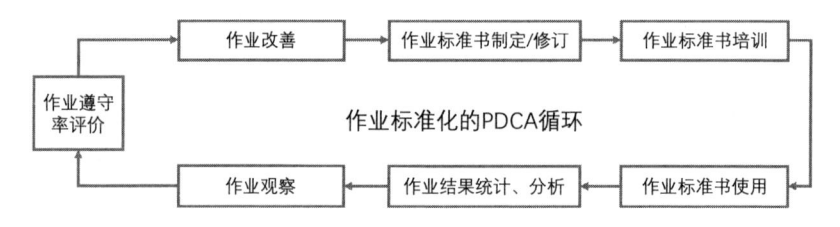

图 5-37 作业标准化的 PDCA 循环

在这个过程中，各级人员的工作内容如表 5-4 所示。

表 5-4 各级人员的工作内容

各级人员	工作内容	频率
作业人员	按照作业标准进行作业，并进行数据统计	每日/每项作业
主管	进行作业观察，确保作业人员能够完全按照作业标准进行作业；通过作业观察，修订并优化作业标准书	每日
部门长	定期检验现场作业标准书的执行状况，确保作业标准体系运行正常（作业人员按作业标准作业，主管监督、检查并确认）	每月

2）产品加工点管理

产品加工点管理是指通过对各加工点及关键质量要求点的管理，提升产品一次性合格率，减少产品的不良损失。

产品加工点管理要结合作业标准书进行。在制定作业标准书时，要对各加工点及质量管控点进行严格要求；作业人员在作业时，要按照作业标准书中的内容严格执行。

图 5-38 所示为某产品加工点管理的作业标准书（已修改真实数据），其不仅详细规定了各加工点的质量要求、所使用量具的检查方法，还详细规定了检查频率、记录频率等。有了这样的标准，作业人员就能够在作业过程中选择合适的加工工艺，在加工完成后，再根据作业标准书中的规定，对产品进行测量和记录。只有严格按照这样的作业方式进行作业，产品的质量才能够得到保证，这样的产品加工点管理就比较完整。

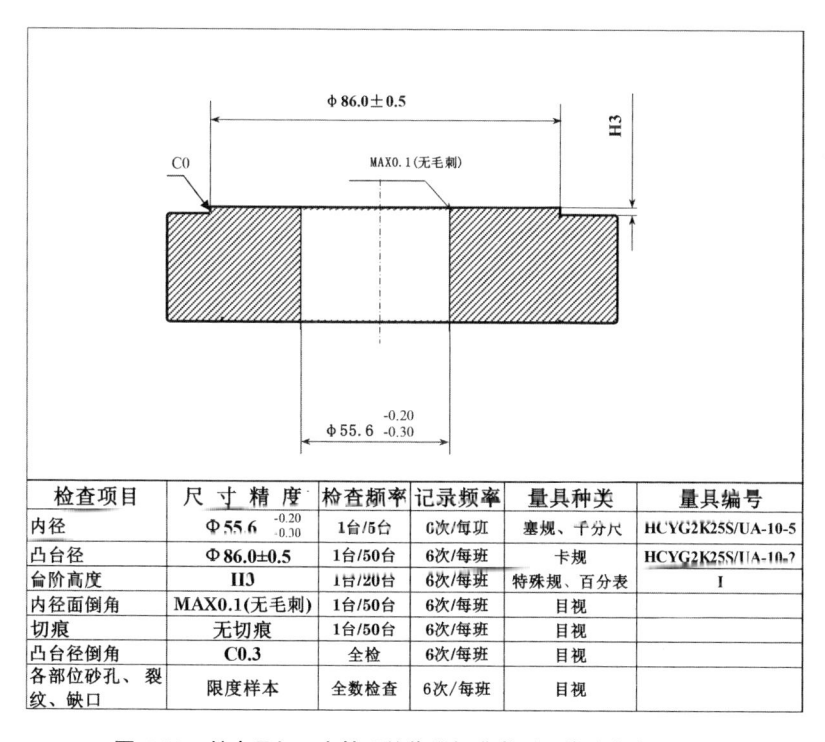

检查项目	尺寸精度	检查频率	记录频率	量具种类	量具编号
内径	Φ55.6 -0.20/-0.30	1台/5台	6次/每班	塞规、千分尺	HCYG2K25S/UA-10-5
凸台径	Φ86.0±0.5	1台/50台	6次/每班	卡规	HCYG2K25S/UA-10-7
台阶高度	H3	1台/20台	6次/每班	特殊规、百分表	I
内径面倒角	MAX0.1(无毛刺)	1台/50台	6次/每班	目视	
切痕	无切痕	1台/50台	6次/每班	目视	
凸台径倒角	C0.3	全检	6次/每班	目视	
各部位砂孔、裂纹、缺口	限度样本	全数检查	6次/每班	目视	

图 5-38 某产品加工点管理的作业标准书（已修改真实数据）

3）开展 TPM 活动

TPM 是 Total Productive Maintenance 的缩写，TPM 活动是指全员生产性保全管理活动。

简单点来说，企业生产过程就是通过设备将资源转换成客户想要的产品。如果设备管理不好，则生产效率、生产成本、产品质量、安全等都将得不到保证。随着社会的发展，设备自动化程度越来越高，生产对设备的依赖性也越来越强。所以，设备在整个生产过程中的重要性越来越强。在管理上，企业必须加强对设备管理的重视。

TPM活动就是通过不同层级人员对设备进行不同的侧重点管理，最后形成一套防止设备发生故障的方法。

4）开展人才教育培训

开展人才教育培训是指不断对员工进行教育培训，提升员工的作业技能、管理技能。开展人才教育培训通过技能提升，提升生产过程的稳定性，同时，通过持续不断的教育培训，形成企业文化，使员工有归属感，减少因人才流失而造成的损失。

在笔者接触的众多企业中，绝大部分企业的人才教育培训都是由人力资源部门负责的，他们在实施时，就是找各种培训机构对员工进行集中授课，结束后在做工作汇报时，罗列出一大堆培训课程目录，看似工作开展得不错，然而实际呢？为什么要培训？培训的目的是什么？培训的结果是什么？他们对这些都一无所知，所以这样的培训就只是做做样子而已。当然，并不是说这种培训毫无作用。培训有两种：一种是为了扩大大家的知识面和知识储备而进行的培训，这种培训可以采用这样的方式进行；另一种是为了解决当下的问题而进行的培训，这种培训不能以这种方式进行，而是要结合问题，制定具体的培训方案。企业管理者一定要记住，先弄清做一件事情的目的是什么，然后再考虑采用什么方式去做，以及做完之后的结果如何评判。

开展人才教育培训的主要目的是提升生产性。在实际实施过程中，企业应该持续不断地围绕这几项内容进行：作业标准化、产品加工点管理、开展TPM活动，可根据实际需要选择不同的培训内容。

5.5.6 生产性评价

有管理，没评价，管理的效果就难以体现。同理，既然要对生产性进行管理，那么就需要对生产性进行评价。

在进行生产性评价时，企业需要先每天进行生产性数据统计，然后根据统计结果进行评价。

在进行生产性数据统计时,企业可以制作图 5-39 所示的生产日报。

线 班 当天生产状况									年 月 日 制作人:				
No.	批号	机型	批量	计划累计	投入累计	生产累计	差别	标准工时	直通率	无作业工时/再作业工时(D)			
										No.	开始	结束	分类	原因
1										1				
2										2				
3										3				
特别事项:										4				
										5				

	区分	正常投入		延长投入		累计	区分	公式	结果
		人员	时间	人员	时间		直接工时 H	B-F	
总投入工时	间接工时(F)						完成工时 A		
	直接工时						间接率	F/B	
	早退工时(-)						综合效率	A/B	
	支援工时(+)						能率	A/(H-O-D)	
	总工时(B)						生产性增长	(当日生产能率/基准生产能率-1)×100%	

图 5-39 生产日报

生产性评价的公式如下。

生产性评价=(实际生产能率/基准生产能率-1)×100%

对于生产性评价的结果,企业可根据管理状况,设置相应的奖惩机制,以督促各级管理人员更好地对生产性进行管理和改善。

第6章

建立企业产品质量的"护城河"
——质量管理

质量管理在现代管理学中起步较早、研究人员多、学术理论也多，可以算得上是一个老生常谈的问题，也是企业关注较多、人员接受培训较多、可使用工具较多的内容。

按说发展到现在，质量管理的方法、内容应该算是比较完备和成熟的了，各企业也应该做得较为优秀。然而实际上并非如此，在很多企业中，质量管理依然是"老大难"问题，主要有以下几个原因：一，产品不断推陈出新，质量管理的内容当然也要随之变化；二，与质量相关联的内容较多，如设备、工艺过程、操作过程等，哪一点做不好都会影响产品的最终质量；三，很多企业管理人员对质量管理方法掌握不充分，在管理过程中存在较大漏洞。

在走访很多企业之后，笔者发现企业管理人员对质量管理方法掌握不充分才是最关键的原因。比如，有家企业在产品设计上要求某个孔距离定位孔的尺寸为 10 ± 0.02mm，然而在实际加工过程中采用的是简易冲床，测量工具采用的是简单的钢尺（最小刻度为mm），这样的设备怎么能达到产品设计要求呢？还有一家科技企业，其产品工序较多，一共有七大工序（每个大工序包括若干小工序），每当开始生产一款新产品时，各大工序制定各自的质量标准，每个大工序按照其所设定的质量标准生产出的产品均合格，然而等到最后一个工序生产完成之后，产品总是存在问题。存在类似问题的企业比比皆是，所以说企业的质量管理不好，主要是由企业管理人员对质量管理方法及内容掌握不充分所造成的。

可能有人会说："我们天天在培训质量管理内容，天天强调质量管理，也有质量体系，怎么可能是对质量管理方法及内容掌握不充分造成的呢？"

笔者翻阅了大量的培训资料，结果发现大部分企业在给员工培训质量管理的相关工具和使用方法，很少有人去关注质量管理的根本性问题——质量管理的每项基本内容之间的逻辑关系和基本内容的实践方法。为什么？其原因就在于这些基本内容看起来简单，讲起来乏善可陈，听起来了无生趣，培训完让你感觉老师的水平一般，毫无新意。而质量管理工具和使用方法就不同，一大堆"高大上"的工具、软件，看起来高深莫测，让你听完似乎茅塞顿开，如同打通了任督二脉，浑身舒坦。大家要注意，我这里用了"似乎"，而不是"确实"。

等到培训、训练完，回到工作场所，改善课题做了一大堆，汇报 PPT 各个"貌美如花"，而产品质量却没有迎来"春暖花开"，依然"面朝黄土、贴地而行"。为何？因为大部分人不想做默默的守护者，只想着怎么样能脱颖而出、惊艳于众人。可质量管理恰恰要做的就是默默地守护，关注好细节，做好日常该做的事情，一点也来不得马虎，来不得虚假。基础管理是地基，分析改善是楼阁，只有地基打得扎实，楼阁才会稳固。质量管理只有在做好基础工作之后，不断地分析、改善，才能让产品质量稳步提升，最终得到质的升华。

质量管理应该一步步稳扎稳打，先打好基础，准备好体系、流程、标准、作业方法、管控方法、检验方法等，然后再进行持续改善，这样才能持续向上。

6.1 质量管埋的发展及概念

质量管理并不是一蹴而就的，而是通过几代人不断探索、实践而形成的。了解质量管理的发展历史，会让企业管理者更清楚企业的质量管理目前处于什么阶段，从而更好地了解企业的现状。

6.1.1 质量管理的发展

如图 6-1 所示，1911 年弗雷德里克·温斯洛·泰勒（简称泰勒）推出了经典著作《科学管理原理》。在该著作中，他主张把产品检验从制造中分离出来，单独作为一道工序，这促成了质量管理的起步和发展。

```
产品质量由工匠个人控制              工业革命前：
           1911年                 泰勒制诞生：科学管理的开端。
                                （检验活动与其他活动分离）
    休哈特：统计过程控制理论          1925年
（检验只能验证质量，不能制造质量和控制质量）
           1930s                 道奇/罗明：统计抽样检验方法。
                                （最大问题：重理论，轻操作，造成"质量管理就是数理统计"）
贝尔、美国军方应用统计质量控制技术     1940s
美国军方：战时质量管理标准Z1.1~Z1.3（最初QM标准）
           1950s                 戴明：戴明十四法。
                                 1960s
  NATO：AQAP标准（引入设计质量控制的要求）   戴明/朱兰：全面质量管理理论在日本推广
           1970s                 统计技术应用：因果图/流程图/直方图/检查单/散点图/排列图/控制图（老七种工具）
                                TQC在日本取得巨大成功，在世界范围内产生影响
   英国：BS 5750（国家质量管理标准）      QFD（质量功能展开）、QC新七种工具等
           1980s                 1979年
                                 菲利浦·克劳士比："零缺陷"概念/"质量是免费的"
ISO 9000系列国际质量管理标准问世（基于BS 5750）  中国、美国，以及欧洲的许多国家设立国家质量管理奖
           1988年                1987年
     ISO 9000：1994问世            摩托罗拉：六西格玛管理
           1990s末               1994
                                 全面质量管理：全过程、全员、经济性
                                 质    量：从"符合规范"发展到以"客户满意"为目标
                                 企业文化：CI（MI+BI+VI）策划
     ISO 9001：2000问世            新 方 法：并行工程、企业流程再造
                                 2000年
```

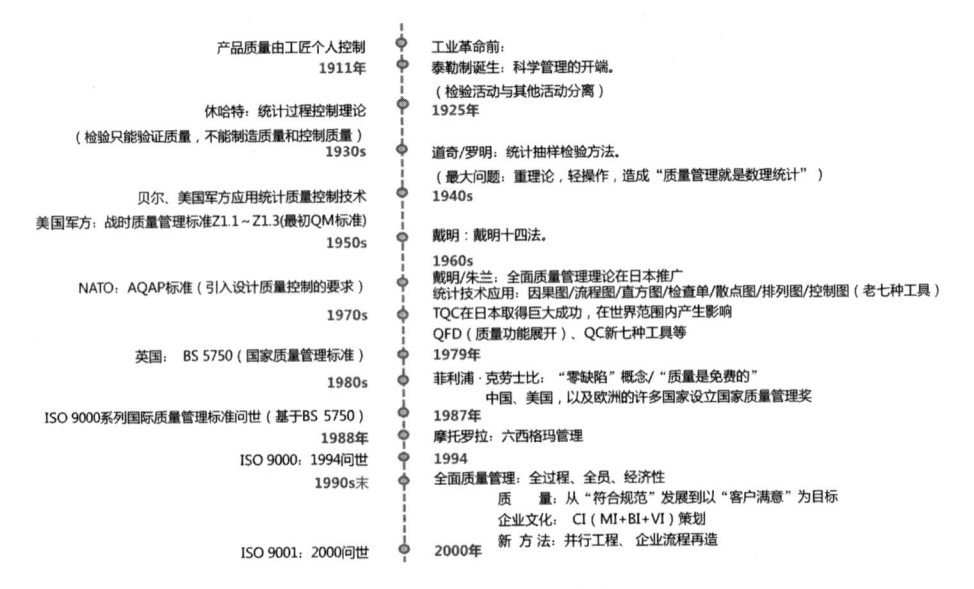

图6-1 质量管理发展年鉴

到了1925年，沃特·阿曼德·休哈特（简称休哈特）认为检验只能验证质量，不能制造质量和控制质量，所以他提出了统计过程控制（SPC）理论，应用统计技术对生产过程进行监控，以减少对检验的依赖。

20世纪30年代，道奇和罗明提出统计抽样检验方法。

20世纪40年代，美国贝尔电话公司应用统计质量控制技术取得成效；美国军方物资供应商在军需物资中进行统计质量控制技术的应用；美国军方以休哈特、道奇、罗明的理论为基础，制定了战时质量管理标准Z1.1、Z1.2、Z1.3，形成了最初的质量管理标准。

20世纪50年代，戴明博士提出质量改进的观点——在休哈特之后系统、科学地提出用统计学的方法进行质量和生产力的持续改进，强调大多数质量问题是生产和经营系统的问题，以及最高管理层对质量管理的责任问题。此后，戴明不断完善他的理论，最终形成了对质量管理产生重大影响的"戴明十四法"。戴明开始开发提高可靠性的专门方法，可靠性工程开始形成。

1958年，美国军方制定了MIL-Q-8958A等系列军用质量管理标准，提出了"质量保证"的概念，并在西方工业社会产生影响。

第 6 章　建立企业产品质量的"护城河"——质量管理

20 世纪 60 年代初,约瑟夫·莫西·朱兰(简称朱兰)、阿曼德·费根堡姆(简称费根堡姆)提出全面质量管理的概念。他们提出,为了让生产具有合理成本和较高质量的产品,以适应市场的要求,只注意个别部门的活动是不够的,需要对覆盖所有职能部门的质量活动进行策划。戴明、朱兰、费根堡姆的全面质量管理理论在日本被普遍接受。日本企业创造了全面质量控制(TQC)的质量管理方法。统计技术,特别是因果图、流程图、直方图、检查单、散点图、排列图、控制图这老七种工具,被普遍用于质量改进。

20 世纪 60 年代中期,北大西洋公约组织(NATO)制定了 AQAP 标准,AQAP 标准以 MIL-Q-9858A 等质量管理标准为蓝本。不同的是,AQAP 标准引入了设计质量控制的要求。

20 世纪 70 年代,TQC 方法的使用使日本企业的竞争力获得极大提升,其中,轿车、家用电器、手表、电子产品等占领了国际市场,促进了日本经济的极大发展。日本企业的成功,使全面质量管理理论在世界范围内产生巨大影响。日本质量管理学家对质量管理的理论和方法的发展做出了巨大贡献。这一时期出现了石川馨、田口玄一等世界著名质量管理专家。这一时期产生的管理方法和技术包括 JIT(即时化生产方式)、Kanben(看板生产)、Kaizen(质量改进)、QFD(质量功能展开)、田口方法、QC 新七种工具等。由于田口玄一的努力和贡献,质量工程学开始形成并得到巨大发展。

1979 年,英国制定了国家质量管理标准 BS 5750,将军方在合同环境下使用的质量保证方法引入市场环境。这标志着质量保证标准不仅对军用物资装备的生产产生影响,而且对整个工业界产生影响。

20 世纪 80 年代,菲利浦·克劳士比提出"零缺陷"的概念。他指出,"质量是免费的",突破了传统的高质量是以高成本为代价的观念。他提出高质量将给企业带来高的经济回报。质量运动在许多国家展开,中国、美国,以及欧洲的许多国家设立了国家质量管理奖,以激励企业通过质量管理提高生产力和竞争力。质量管理不仅被引入生产企业,而且被引入服务业,甚至医院、机关单位和学校。许多企业的高层领导开始关注质量管理,全面质量管理作为一种战略管理模式被引入企业。

1987 年,ISO 9000 系列国际质量管理标准问世。国际标准化组织质量管理和质量保证技术委员会(ISO/TC176)在 BS 5750 的基础上,提出了 ISO 9000 系列国际质量管理标准,质量管理与质量保证开始在世界范围内对经济和贸易活动产生影响。

1988年，六西格玛管理在摩托罗拉诞生。20世纪80年代，日本产品凭借着高质量、低成本横扫全球，美国的制造企业持续遭受打击，摩托罗拉也遭受重创。最让它们难以接受的是，日本一家企业从摩托罗拉手中收购一家电视机厂后，迅速应用日本管理模式治理和运作，很快使产品质量产生了极大的变化，电视机的缺陷率只有摩托罗拉管理时期的1/20，摩托罗拉不得不承认自己的产品质量在衰退，管理已落伍。于是，摩托罗拉走上了艰辛的质量改进之路，通过制定质量战略、采取改进措施，来满足客户的需求。六西格玛管理是摩托罗拉质量改进活动中最大的创意。摩托罗拉将六西格玛管理用于整个制造领域，产品质量大幅提高，满足了客户的需求，使摩托罗拉产品成为质量的象征，还减少了大量的浪费和返工，为企业增加了利润。这些成绩使摩托罗拉在1988年获得了美国国家质量管理奖——波得里奇奖。摩托罗拉的成功效应影响了众多的美国企业，联合信号公司、德州仪器公司纷纷跟进，GE公司更是将六西格玛管理推向高潮，GE公司的前任CEO韦尔奇几乎沉醉其中，乐此不疲。在他任职期间，六西格玛管理成了GE公司的三大战略之一，六西格玛黑带是一个员工晋升的必经之路，员工奖金的40%与推行六西格玛管理挂钩，明星、黑带大师、黑带、绿带等新名词成为企业内让人羡慕的新职位。

1994年，ISO 9000系列标准改版，新的ISO 9000标准更加完善，为世界绝大多数国家所采用。第三方质量认证普遍开展，有力地促进了质量管理的普及和管理水平的提高。朱兰博士提出："即将到来的世纪是质量的世纪。"

20世纪90年代末，全面质量管理（TQM）成为许多"世界级"企业的成功经验，被证明是一种使企业获得核心竞争力的管理战略。质量的概念也从狭义的符合规范发展到以"客户满意"为目标。全面质量管理不仅提高了产品与服务的质量，而且在企业文化改造与重组的层面上，对企业产生了深刻的影响，使企业获得持久的竞争能力。在提高质量、降低成本、缩短开发和生产周期等方面，新的管理方法层出不穷，包括并行工程（CE）、企业流程再造（BPR）等。

2000年，ISO 9001：2000问世。

从质量管理的发展历程可以看出，质量管理理论及方法就像金字塔一样，是一层层搭建起来的，并不是迭代性的。所以并不是有了ISO 9000系列标准和六西格玛管理方法，就不需要传统检验和过程控制了，而是要将所有这些都做好，这才是质量管理的正确做法。

总体来说，质量管理从1911年到现在总共经历了三个阶段，具体如图6-2所示。

第 6 章 建立企业产品质量的"护城河"——质量管理

阶段	事后检验阶段	统计质量控制阶段	全面质量管理阶段
时期	20世纪40年代前	20世纪40、50年代	20世纪60年代后
过程	操作工人检验 → 工长检验 → 专职检验员检验	统计过程控制 抽样检验	全面质量管理 ISO 9000 → 质量改进 TQC/六西格玛管理等
代表人物或单位	泰勒（美）主张成立专职检验部门 休哈特（美）质量控制图	美国军方 战时质量管理标准 戴明（美）强调系统性 朱兰（美）强调经营性 石川馨（日）因果图	GE公司 全面质量管理 摩托罗拉 六西格玛管理 丰田汽车 自动化
意义	把产品检验从制造中分离出来	把数理统计引入质量管理	把数理统计引入企业经营全过程

图 6-2 质量管理的发展阶段

第一阶段：事后检验阶段。从 1911 年泰勒主张把产品检验从制造中分离出来，事后检验就成为一道独立的工序。这是质量管理的第一阶段——事后检验阶段。

第二阶段：统计质量控制阶段。20 世纪 40 年代，美国大批生产民用品的公司转为生产各种军需品，当时面临的一个严重的问题是没有办法控制废品的产生。到了 1941 年和 1942 年，美国军方制定了一系列战时质量管理标准。这就开启了质量管理的第二个阶段——统计质量控制阶段。

相较于以检验把关的传统管理，统计质量管理是概念的更新、检查职能的更新，是质量管理方法上的一次飞跃。这一阶段的质量管理侧重于制造过程，在实践当中难免过分强调数理方法的运用，而对有关的组织管理工作有所忽视。

第三阶段：全面质量管理阶段。随着科学技术的发展和经营管理上的需要，美国的著名专家在 20 世纪 60 年代初，在传统质量管理的基础上提出全面质量管理理论，至此，质量管理进入全面质量管理阶段。

6.1.2 质量管理的概念

质量从广义上来讲是一组固有特性满足要求的程度。质量在国家标准中的定义是产品或服务满足明确或隐含的要求的特征和特性的总和。

在质量的概念中，要认识到以下内容：
- 质量的对象不限于产品、服务，还可以是过程、体系，以及任何可以单独描述的事物。
- 固有特性区别于赋予特性，是事物本来就有的。
- 要求可以是明确的，也可以是隐含的。
- 要求可来自不同的相关方。
- "特性"满足"要求"的程度决定质量的优劣。

这样的定义太过宽泛，各企业在实际管理过程中应对质量再进行定义，明确质量的内涵和所包含的内容，以便所有员工更清楚地掌握。图 6-3 所示为某著名汽车公司对质量的释义及对目标的设定。

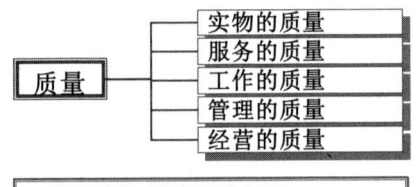

```
                ┌── 实物的质量
                ├── 服务的质量
        质量 ───┼── 工作的质量
                ├── 管理的质量
                └── 经营的质量
```

> 120%良率（某著名汽车公司）
> 对客户而言，交到他们手上的每台车都是本公司的技术研发本身。正因为如此，连几千分之一、几万分之一的不合格品也不允许有，所以无论如何都要达到120%的良率。

图 6-3 某著名汽车公司对质量的释义及对目标的设定

管理是指"为持续高效地达到某一目的（工作）而进行的一切有必要的活动"。

质量管理是指为了达到质量目标而进行的一切必要的活动，包括确定质量战略、目标和职责，并通过质量体系中的质量策划、质量控制、质量保证和质量改进实现所有管理职能的全部活动。

全面质量管理（Total Quality Management，TQM）是指以客户为中心的全部工作质量的提高活动。

美国质量管理专家费根堡姆给出的定义：全面质量管理是指为了能够在最经济的水平上和充分满足客户要求的条件下进行市场研究、设计、生产和服务，把企业内各部门研究质量、维持质量和提高质量的活动组成的一个有效体系。

日本质量管理专家石川馨给出的定义：为了达到开发、生产、提供最经济、最有用且买方满意购买的优质产品这一目的，以经营者为首，公司内所有部门、全体员工都必须参加的质量管理活动。

第 6 章 建立企业产品质量的"护城河"——质量管理

中国质量协会给出的定义：企业全体员工和各个部门同心协力，综合运用管理技术、专业技术和科学方法，经济地开发、研制、生产和销售让客户满意的产品的管理活动。

国际标准化组织给出的定义：一个组织以质量为中心，以全员参与为基础，通过让客户满意和本组织所有成员及社会受益而达到长期成功的管理途径。

综合以上定义，全面质量管理包含以下内容。

- 全面的质量管理：产品质量和工作质量。
- 全过程的质量管理：事后检验→事中控制→事前预防。
- 全员性的质量管理：企业所有部门和所有员工。
- 综合性的质量管理：综合多样的方法体系。

6.2 质量管理的核心

从上文可以看到，质量管理的核心就是"满足客户的需求"。

满足客户的需求，主体是客户，主要事项是满足其需求。所以我们首先要了解客户是谁，然后再了解其需求是什么。

6.2.1 客户是谁

客户一般是指用金钱或某种有价值的物品来换取财产、服务、产品或某种创意的自然人或组织。客户是商业服务或产品的采购者，他们可能是最终的消费者，也可能是代理人或供应链内的中间人。

从上面的定义可以看出，客户并不完全是指购买产品的人或组织，还包括代理人或供应链内的中间人。

客户既包括外部客户，又包括内部客户，如图 6-4 所示。其中，对于外部客户，大家一般都比较清楚，关注也比较多；对于内部客户，很多公司及其员工目前不明了、不重视，对职级客户、职能客户和工序客户认识不足。

如果没有明确的内部客户关系，那么各部门之间就会出现部门壁垒、相互扯皮、推卸责任等问题，员工之间同样会出现相互扯皮、推卸责任等问题，这是造成公司管理效率低下的罪魁祸首。所以企业在管理过程中，必须厘清内部客户关系，并且按照客户第一的原则将其切切实实地运用到管理实践中去。这一点在一些世界级的优秀企业中得到了很好的运用。比如，在松下、本田、丰田等企业中，当两个部门之间，甚至两个工序之间有问题需要协调时，首先要考虑的是谁是客户，然后依次来确定具体实施事项。

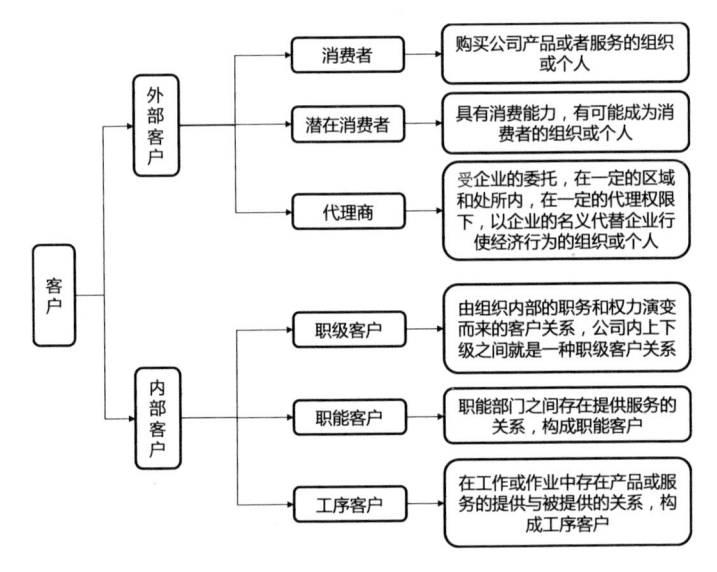

图 6-4　客户分解图

职级客户如图 6-5 所示，是指由组织内部的职务和权力演变而来的客户关系，如公司内上下级之间就是一种职级客户关系。上级是下级的客户，在工作过程中，上级的需求必须得到满足。

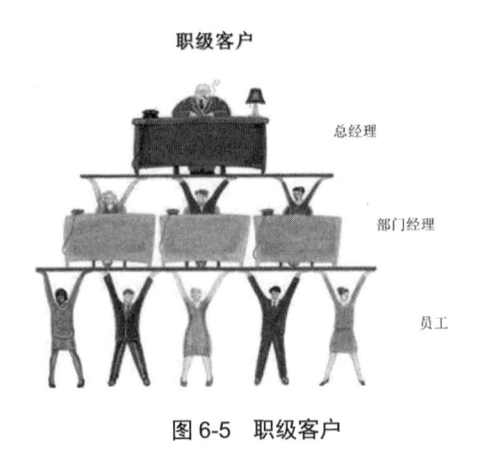

图 6-5　职级客户

第 6 章 建立企业产品质量的"护城河"——质量管理

职能客户是指职能部门之间存在的提供服务的关系，如图 6-6 所示。

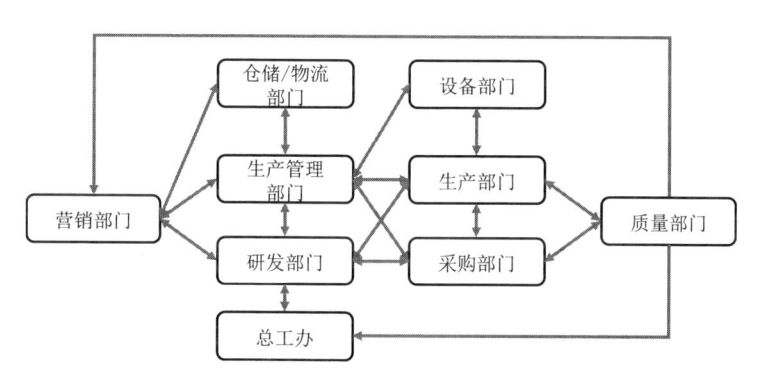

图 6-6　职能客户

职能客户一般是相互的，比较难以判断。比如，生产部门与质量部门之间互为客户关系，在解决具体问题时，到底以谁为客户来进行问题处理？也就是说，在实践中，怎么判断哪个部门是哪个部门的客户呢？

在具体区分时需要用到各部门的具体职能，这里以生产部门和质量部门为例进行说明。质量部门具有双重职能。其一是服务职能，质量部门的服务职能是为生产部门提供相应的质量服务，如检测仪器的校验、质量管理技术的支持等。这个时候，质量部门是向生产部门提供服务的，生产部门是质量部门的客户。其二是管理职能，质量部门除了提供质量技术服务，还具有质量管理职能，如监督生产部门是否按照公司质量管理体系、流程、标准等进行作业，以及监控生产部门的质量目标达成状况。在这种情况下，质量部门是管理部门，生产部门是被管理部门，质量部门是生产部门的客户。

工序客户是指在工作或作业中存在的产品或服务的提供与被提供的关系。简单来说，下道工序是接受上道工序的产品和服务的，所以下道工序就是上道工序的客户。如图 6-7 所示，钻孔是车削的客户，磨削是钻孔的客户……

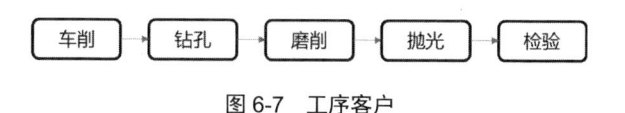

图 6-7　工序客户

看到这里，很多人一定会有一些疑问："这是在探讨质量管理，怎么讲这么多内部客户关系的内容？内部客户关系与质量管理有什么关系呢？即使内部客户关系做得再好，产品质量提不上去，外部客户关系还是不会好。"

这里有几个观点大家一定要想明白：首先，客户质量是公司质量管理的最终结果的体现，如果生产过程质量管理不佳，最终的客户质量也一定不会太好；其次，质量是制造出来的，并不是检验出来的，制造过程所涉及的方方面面都必须考虑周全，不能有任何疏漏和短板，所以就要求内部管理水平一定要提高；最后，质量并不仅仅包括产品质量和服务质量，还包括工作质量。综合以上三点，在关注客户时，不仅要关注外部客户，还要关注内部客户。这一点，恰恰是很多公司所忽略的，所以在此特别强调。

6.2.2 客户需求

客户需求一般有两个层面，一个层面是显性需求，另一个层面是隐性需求。

- 显性需求——客户能做出清楚的陈述的需求或期望。比如，我想要什么样的产品，该产品具备什么样的功能等。
- 隐性需求——客户经常以抱怨、不满、抗拒、误解做出陈述的需求，如价格低的需求、购买便利性的需求等。

总而言之，客户需求其实就是客户的价值主张或者价值需求。在图 6-8 所示的客户价值主张模型中，客户价值主张=收益-成本。其中，收益包括产品收益、服务收益、精神收益和形象收益；成本包括金钱成本、时间成本、体力成本和精神成本。所以客户价值主张包括产品质量、优质服务、货真价实、及时交付等，这也是所谓的客户让渡价值。

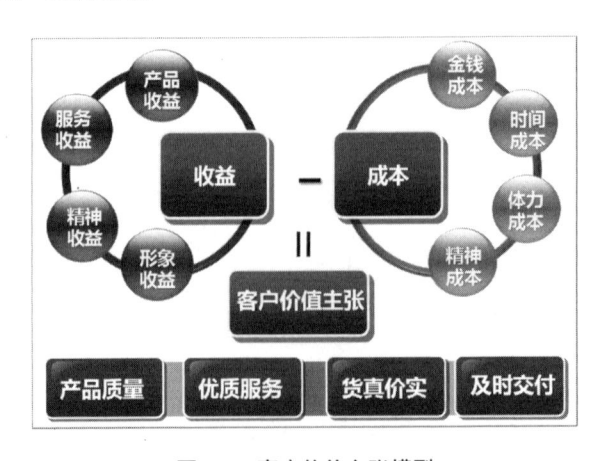

图 6-8 客户价值主张模型

6.2.3 客户满意

企业管理的一条重要原则就是让客户满意，那么什么是客户满意？怎么衡量客户满意度？

1. 客户满意的内容

前面了解了客户需求就是客户价值主张，那么客户满意就是客户价值主张得到满足，归纳起来客户满意包括以下几个方面。

（1）产品满意，是指企业产品带给客户的满足状态，主要是产品的质量满意、价格满意。

（2）服务满意，要求企业在产品售前、售中、售后和产品生命周期的不同阶段采取相应的服务措施，并以服务质量为中心，实施全方位、全流程的服务。

（3）社会满意，指的是客户在对企业产品和服务的消费过程中，所体验到的社会利益的维护。它要求企业的经营活动要追求先进文化、遵循诚信原则、促进社会和谐。

在图 6-9 所示的客户满意"三箭图"中，客户满意是指产品不仅要满足客户的需求，还要有超越预期的"迷人"品质。本章重点讲解质量管理，所以下文重点针对产品质量管理方面进行探索，也就是对产品满意方面进行研究，对服务方面不予研究。

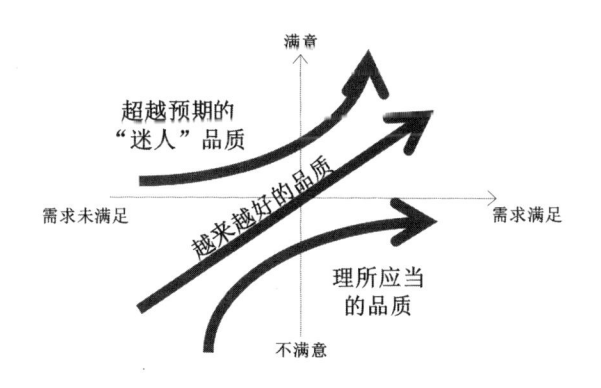

图 6-9 客户满意"三箭图"

仅知道产品满意代表的是企业产品带给客户的满足状态还不够，因为这个定义非常宽泛，尚停留在口号和概念层面。在管理过程中，我们还应结合企业的管理实际对其进行深入分解。图 6-10 所示是某著名汽车公司对客户满意的深入分解，有具体的条款和层次，这样客户满意的定义更加具体，让员工更加容易理解。

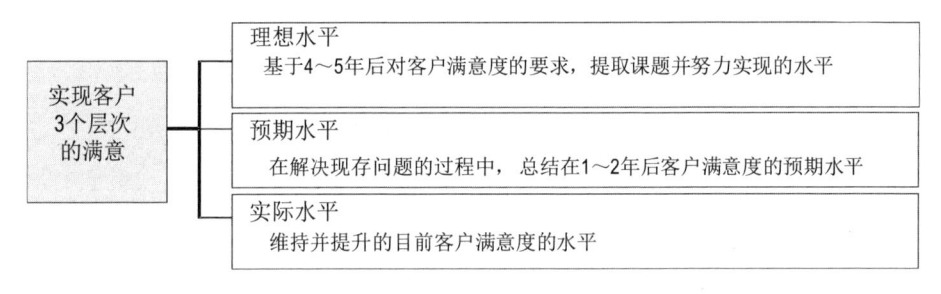

```
                    ┌─ 理想水平
                    │   基于4～5年后对客户满意度的要求，提取课题并努力实现的水平
实现客户             │
3个层次    ─────────┤─ 预期水平
的满意              │   在解决现存问题的过程中，总结在1～2年后客户满意度的预期水平
                    │
                    └─ 实际水平
                        维持并提升的目前客户满意度的水平
```

图 6-10 某著名汽车公司对客户满意的深入分解

2. 客户满意度

1）专业衡量方法

客户满意度是指客户满足水平相对于客户期望水平的比值，采用客户满意度指数（Customer Satisfaction Index）来衡量，用其缩写 CSI 表示。

$$CSI = \frac{客户满足水平}{客户期望水平}$$

客户满意度是一个相对的概念，并且客户满足水平和客户期望水平是两个感性的概念，很难直接用数字表达出来，除非公司建立数据统计模型，并通过专业调查的方法来取得相应的数据。客户满意度指数是一种相对专业的衡量方法，一般用在专门的调查统计中，如公司定期对客户满意度进行调查统计时采用。

当然，专业衡量方法还有很多。

净推荐值（NPS）=（推荐者数/总样本数）×100% −（贬损者数/总样本数）×100%。

绝对客户流失率=（流失的客户数/客户总数）×100%。

相对客户流失率=[（流失的客户数/客户总数）×流失客户相对购买额]×100%。

客户保持率（Customer Retention Rate，CRR）=[（某时间段结束时的客户数−该时间段获得的新客户数）/ 该时间段开始时的客户数]×100%。

2）日常衡量方法

既然专业衡量方法很难在日常质量管理过程中得到应用，那么在日常质量管理过程中就需要找到一些指标来反映客户满意度，这就是客户投诉率、客户抱怨率和客户不良率等。

公司管理内容不同,各指标的计算方式也不相同。如果是面向消费者的产品,则客户投诉率可以采用如下公式计算。

$$客户投诉率 = \frac{客户投诉产品数}{销售产品数} \times 100\%$$

如果是零部件类产品,则客户投诉率可以采用如下公式计算。

$$客户投诉率 = \frac{投诉产品批次数}{销售产品批次数} \times 100\%$$

类似的方法有很多,各企业可以根据自身状况进行选择,这里不再一一列举。

6.2.4 以客户为中心

既然客户是公司质量管理的核心,那么所有工作就要围绕客户来进行。要以客户为中心开展具体工作,就要做好以下三方面的事情。

1. 倾听直接的客户声音

了解社会及客户所追求的是什么。
了解接受自己工作成果的人所追求的是什么。

2. 制定目标

认清客户所追求的东西,将了解到的客户的真正需求转化成自己的工作目标,以此来鞭策自己达到让客户满意。

3. 提升客户满意度

重新考虑自己所认定的,以及自己觉得已经做得不错的做法及理念,真正以客户满意为出发点,制定工作开展思路及工作理念。

6.3 质量管理策划

在开展任何一项管理活动之前,都需要进行相应的管理策划:策划得当,事半功倍；策划不足，结果难以保证。质量管理同样，无论是刚成立的企业，还是成熟企业，每年都需要进行质量管理策划。

6.3.1 制定质量管理战略

在清楚了质量管理的核心任务之后，就要制定质量管理战略。

质量管理战略，又称为质量政策，是由组织的最高管理者正式发布的该组织总的质量宗旨和方向。通常，质量管理战略与组织的总战略相一致，并为制定质量目标提供框架。质量管理原则可以作为制定质量管理战略的基础。对企业来说，质量管理战略是企业质量行为的指导准则，反映企业最高管理者的质量意识，也反映企业的质量经营目的和质量文化。从一定意义上来说，质量管理战略就是企业的质量管理理念。[1]

简单一点来说，质量管理战略就是由企业管理层明确地定义出的企业质量管理的理念、方法和目标。图 6-11 所示是某世界著名公司某年度的质量管理战略。该公司的质量管理理念是"品质就是生命"，采取的方法是让全体员工全心投入质量管理中并不断改善，最终目标是要为客户提供让其"感动"和"信赖"的产品。

图 6-12 所示是某著名汽车公司的质量管理战略，其基本理念是以"客户第一"的观念，从制造产品的原点出发，永远生产品质、价格、技术优秀的产品，采取的方法是确保基本品质和杜绝重要品质问题。

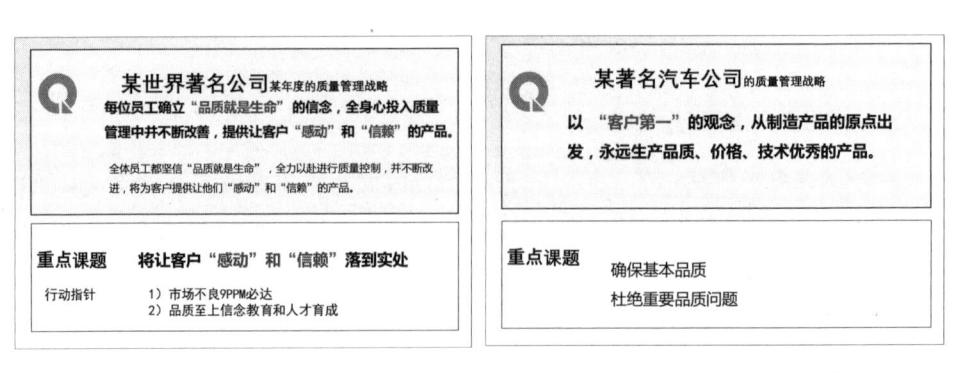

图 6-11 某世界著名公司某年度的质量管理战略　　图 6-12 某著名汽车公司的质量管理战略

---

[1] 万融. 商品学概论[M]. 北京：中国人民大学出版社，2010.

6.3.2 制定质量管理目标

设定目标就是根据量化的数据或者较容易衡量的定性内容,明确指出要达到什么样的目的,或者把问题解决到什么程度。同理,制定质量管理目标就是要明确指出质量管理要达到什么程度。质量管理目标一般每年制定一次(在特殊情况下可进行修订)。

虽然在制定质量管理战略时也制定了质量管理总目标,但这个目标是一个长远的、宏观的目标。在实际管理过程中,企业在一个时间段内(一般是一年)还需要制定一个明确而清晰的、能够衡量出一定时期内质量管理工作的效果,以及能够反映产品的质量特征表现状况的目标,这就是质量管理目标。

图 6-13 所示是某公司制定的质量管理目标。

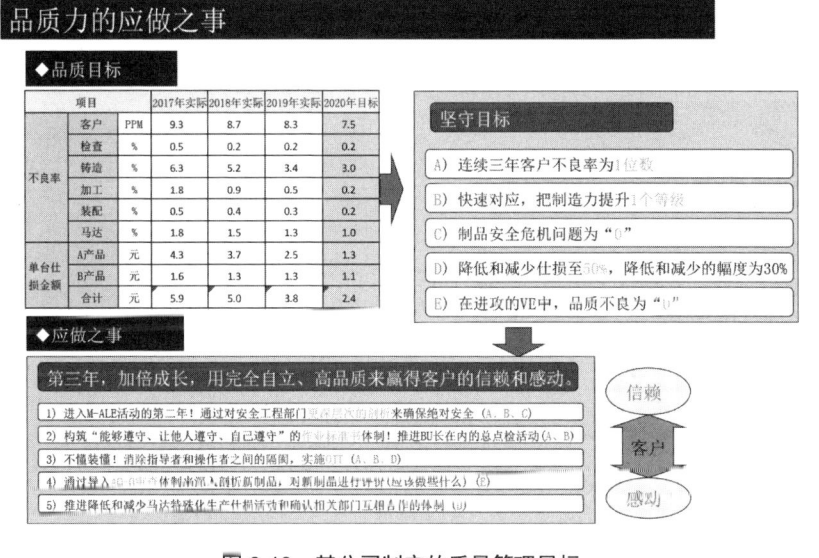

图 6-13 某公司制定的质量管理目标

除了要制定公司级的质量管理目标,各部门还要将该目标分解至各产品,以便进行日常管理。图 6-14 所示就是某公司生产部通过对公司质量管理目标的分解设定的品质不良率目标。

在制定质量管理目标时,企业要注意以下几个问题。

- ♪ 目标要与问题对应。
- ♪ 目标要非常明确,要能够量化。
- ♪ 目标的制定要实事求是,制定的目标既要具有挑战性,又要经过努力才能够实现。
- ♪ 目标要有明确的时间要求。

2018年某公司生产部品质不良率目标设定

完成日期：2018年2月20日

一、正常量产品品质不良率目标设定（在2017年4月—12月实际不良率的基础上下降10%）

生产线		2016年品质目标	2017年品质目标	2017年实际（4月—12月）	2017年实际比2017年目标下降比例	达成率	2018年品质目标	2018年目标比2017年实际下降比例
A产品	A1线	1.20%	0.441%	0.225%	49.0%	196.0%	0.203%	10%
	A2线	2.50%	1.103%	0.422%	61.7%	261.4%	0.380%	10%
	A3线	0.30%	0.173%	0.001%	99.4%	17300.0%	0.003%	-200%
	A4线	0.25%	0.118%	0.060%	49.2%	196.7%	0.054%	10%
	A5线	0.12%	0.295%	0.001%	99.7%	29500.0%	0.003%	-200%
	整体	0.87%	0.426%	0.147%	65.5%	289.8%	0.132%	10%
B产品	B1线	1.80%	0.813%	0.314%	61.4%	258.9%	0.283%	10%
	B2线	5.00%	1.053%	0.911%	13.5%	115.6%	0.820%	10%
	B3线	0.60%	0.201%	0.003%	98.5%	6700.0%	0.003%	10%
	B4线	0.80%	0.344%	0.114%	66.9%	301.8%	0.103%	10%
	B5线	0.50%	0.295%	0.187%	36.6%	157.8%	0.168%	10%
	B6线	0.50%	0.200%	0.013%	93.5%	1538.5%	0.012%	10%
	整体	1.53%	0.484%	0.257%	46.9%	188.5%	0.231%	10%
A/B整体		1.20%	0.46%	0.202%	56.22%	225.33%	0.182%	10%

二、新机种品质不良率目标设定

2018年的新机种有KDC、VDC和2V47WⅡ机种，目标设定均以2V47WⅡ机种在2017年的品质不良率为基础，参考：①A产品在2015年10月—2016年10月一年间品质不良率下降了35%；②B产品在2015年10月—2016年10月一年间品质不良率下降了55%；③现在人员的技能比2016年时有所提升。因此，计划2018年的品质不良率要在2017年的基础上下降80%，具体数据如下表所示。

	2017年实际（4月—12月）	2018年品质目标	2018年目标比2017年实际下降比例
C1线	4.136%	0.414%	90.000%
C2线	1.945%	1.128%	42.000%
C3线	0.000%	0.003%	
C4线	0.456%	0.160%	65.000%
C5线	0.471%	0.118%	75.000%
C6线	1.248%	0.025%	98.000%
整体	1.534%	0.308%	79.932%

三、综合以上，2018年的品质不良率目标设定如下表所示。

生产线		2017年实际（4月—12月）	量产品2018年不良率目标	量产品所占比例	新机种2018年不良率目标	新机种所占比例	2018年品质目标	2018年目标比2017年实际下降比例
A产品	A1线	0.225%	0.203%	100.000%			0.203%	10%
	A2线	0.422%	0.380%	100.000%			0.380%	10%
	A3线	0.001%	0.003%	100.000%			0.003%	-200%
	A4线	0.060%	0.054%	100.000%			0.054%	10%
	A5线	0.001%	0.001%	100.000%			0.001%	10%
	整体	0.147%	0.132%	100.000%			0.132%	10%
B产品	B1线	0.314%	0.283%	58.600%	0.414%	41.400%	0.337%	-7%
	B2线	0.911%	0.820%	58.600%	1.128%	41.400%	0.947%	-4%
	B3线	0.003%	0.003%	58.600%	0.003%	41.400%	0.003%	6%
	B4线	0.114%	0.103%	58.600%	0.160%	41.400%	0.126%	-11%
	B5线	0.187%	0.178%	58.600%	0.118%	41.400%	0.153%	18%
	B6线	0.013%	0.012%	58.600%	0.025%	41.400%	0.017%	-32%
	整体	0.240%	0.216%	58.600%	0.318%	41.400%	0.258%	-7%
A/B/C整体		0.194%					0.195%	-1%

图 6-14　某公司生产部通过对公司质量管理目标的分解设定的品质不良率目标

制定质量管理目标时可采用 SMART（S 代表 Specific，具体的；M 代表 Measurable，可衡量的；A 代表 Attainable，可以达到的；R 代表 Relevant，要与其他目标具有相关性；T 代表 Time-bound，有明确的截止期限）原则。

6.3.3 确立质量管理方法

有了质量管理战略、质量管理目标当然还不够，企业还要确立具体的质量管理方法。质量管理方法是指开展重点工作所采用的管理方法。

图 6-15 所示是某著名汽车公司的质量管理方法（节选）。其质量管理主要是通过采用 2Way 沟通（部下与上司间的双向沟通）、日常管理/方针管理、实施计划·PDCA 表、月度报告/素质诊断等方法来实现的。这些管理内容所要遵循的工作程序是 DST-PDCA 工作法。

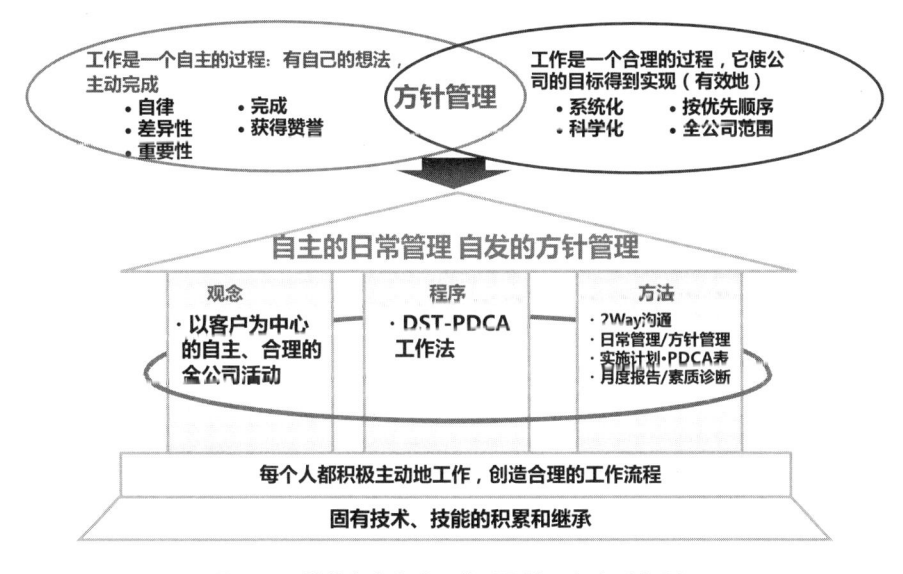

图 6-15 某著名汽车公司的质量管理方法（节选）

DST-PDCA 工作法如图 6-16 所示，是指针对每项工作，先描绘出其理想状况，然后仔细对现实状况进行观察、分析，根据现实状况与理想状况之间的差距，找出需要改善的内容及项目。在需要改善的内容及项目确定之后，企业还需要确定工作计划、标准等，然后按照工作计划、标准实施，实施完成后进行工作成果分析、总结，然后进行理想状况设定、现实状况分析……进入下一个循环。这样就形成了一个不断设定新的理想状况、分析现实状况、确定改善内容并进行改善的螺旋上升状态。企业通过采取这种方法开展改善工作，最终会使管理项目逐渐趋于理想状况。

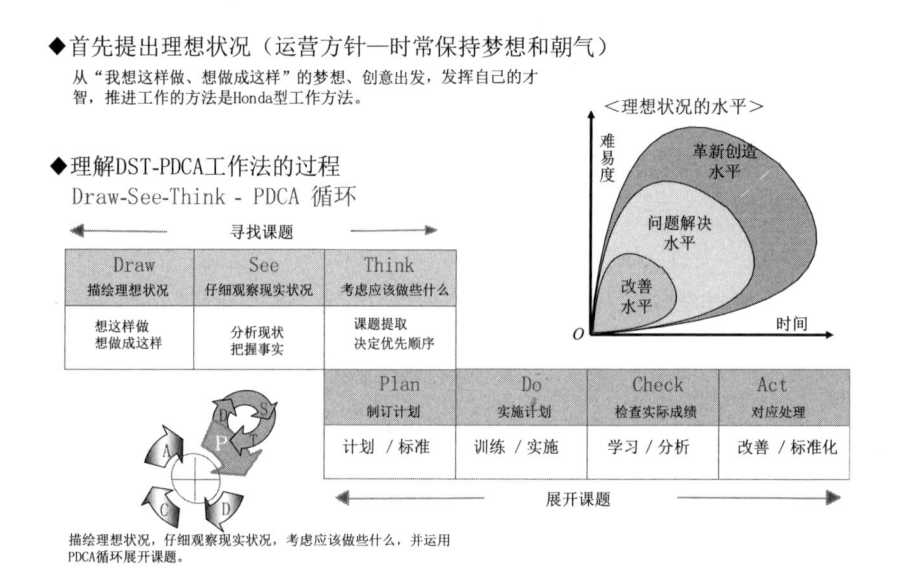

◆首先提出理想状况（运营方针—时常保持梦想和朝气）
从"我想这样做、想做成这样"的梦想、创意出发，发挥自己的才智，推进工作的方法是Honda型工作方法。

◆理解DST-PDCA工作法的过程
Draw-See-Think - PDCA 循环

Draw 描绘理想状况	See 仔细观察现实状况	Think 考虑应该做些什么
想这样做 想做成这样	分析现状 把握事实	课题提取 决定优先顺序

Plan 制订计划	Do 实施计划	Check 检查实际成绩	Act 对应处理
计划 / 标准	训练 / 实施	学习 / 分析	改善 / 标准化

寻找课题 ← → 展开课题

描绘理想状况，仔细观察现实状况，考虑应该做些什么，并运用PDCA循环展开课题。

<理想状况的水平>
难易度：革新创造水平、问题解决水平、改善水平
时间

图 6-16　DST-PDCA 工作法

图 6-13 所示案例中的公司就是按照这种方法制定的质量管理目标，质量管理目标包括质量管理工作的重点内容和每项内容的具体开展方法。

6.4　质量保证

质量保证就是大家常说的 QA，QA 由 Quality Assurance 缩写而来。

质量保证是指为了使产品达到满足客户需求的目的，企业所建立的一套完整的质量管理体系。

6.4.1　质量管理体系建立

质量管理体系就是 ISO 质量管理体系，如图 6-17 所示，其内容包括质量手册、管理规程/基准、作业标准书、规格和质量记录。

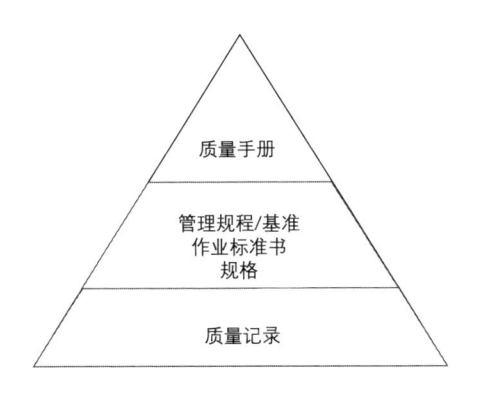

第6章 建立企业产品质量的"护城河"——质量管理

图 6-17 质量管理体系的内容全貌

很多公司虽然通过了 ISO 认证,但是其良好的质量管理体系只是为了通过 ISO 认证而建立的。

笔者服务和调研过很多企业,有世界一流的企业,也有国内大型上市企业,还有一些民营企业。很遗憾地告诉各位,除了一些外资企业,国内企业不管是大型央企,还是上市企业、小型民企,它们的质量管理体系都不完善,甚至有的只是摆设,被束之高阁,纯粹是为了应付 ISO 审查而存在的。

企业管理者一定要认识到,质量管理体系不仅仅是为了进行产品管理而存在的,还是一个企业所有工作内容的管理纲领,是企业治理的基础。所以在管理过程中,企业管理者不但要将质量管理体系做扎实,还要认真践行质量管理体系的内容。

为什么很多企业不使用或者不认真履行质量管理体系的内容?笔者经过调研,认为大致存在以下几个方面的原因。

第一,企业在编制质量管理体系时对实际状况考虑不足,其很多内容与企业实际状况不相符,难以执行;甚至有些企业的质量管理体系是请外部顾问编制的,外部顾问在编制时未考虑企业的实际状况;更有甚者,有些企业直接购买其他企业的材料套用,与自身实际完全不相符。

第二,在建设好质量管理体系之后,在实际使用过程中无人对质量管理体系的运作状况进行监督,质量管理责任者未起到相应的作用。

第三,管理意识薄弱,认为质量管理体系所规定的内容增加了工作负担,没有必要。

第四,不会使用质量管理体系。

第五,现场条件不具备。

所以，要想获得一套能够指导企业实际工作的质量管理体系，必须做好以下几点。

第一，要明确相关责任人的工作责任，并将责任落实到具体工作中。

第二，要与各部门充分研讨，确保将各项工作内容都纳入质量管理体系中。

第三，要与各部门充分讨论，将各项工作的工作流程、方法进行明确，不仅要确保各流程、方法在实际工作中可用且有效，还要确保各流程、方法是最优的。

第四，编制完成的质量管理体系必须得到标准化委员会的审核。

第五，在质量管理体系运作过程中，要按照规定对其进行监督，确保其有用、在用且有效。

第六，当发现质量管理体系中有任何与实际不相符的地方，或者在现实状况发生了改变时，要对基准文件进行修订，修订后需要标准化委员会进行审核、批准，之后方可正式发行。

图6-18所示为某公司的质量管理体系基准文件的内容总括，从中我们可以看出，该公司的质量管理体系基准文件囊括了公司的所有作业内容。该基准文件并不是一蹴而就生成的，而是经过标准化委员会的成员与各部门管理人员反复研讨最终确定的。该基准文件在经过标准化委员会的审核、裁定、认可后正式被发布。

同时大家也可以看到，在使用过程中，该公司还在不断对其中一些内容进行修订，并且每次修订都经过了标准化委员会的审核及裁定。

有了这么详细的基准文件，所有工作就能做好吗？答案是否定的。可能有人会想，这样做岂不是浪费精力？

当然不是浪费精力，所有的工作都是必须做的。基准文件给出了各个事项的管理方法、定义、管理范围等内容，是工作的指导思想，在应用时还要在此基础上进行细化，细化到具体的工作责任人、流程、标准等。下面举例进行说明。

图6-19所示为某公司质量管理体系中的不适合品管理基准。

该不适合品管理基准规定了不适合品的定义、处理人员责任区分、处理方法和防止再发生对策等。看起来内容比较齐全，这些内容到底能不能直接使用呢？我们再来看看具体内容，比如，识别和分离不适合品的工作由工作人员来完成，并联络系长或课长，然后由部门长进行判断和处理。可实际上，不适合品既包括加工不良的产品，还包括材料不良的产品。另外，是发现了一台不适合品就要联络系长或课长吗？还是在发现多台后再联络系长或课长？在实际使用过程中，这些漏洞一定会引起麻烦。

所以在实际使用时，还需要具体管理部门对此基准进行细化，细化到具体可执行的细节。图6-20所示为某公司机械加工部门在实际执行时所细化的不适合品管理规定。

第6章 建立企业产品质量的"护城河"——质量管理

2000年版质量管理体系基准文件一览表

某公司制品审查课 2005.10.18

序号	名称	编号	第一版	一次修订	二次修订	三次修订	四次修订	五次修订	六次修订
1	品质手册	CGZH-400-00	05.11.03	06.03.30	06.05.27	06.06.26	07.6.29		
2	诸规程总则	CGZH-421-00	05.10.21						
3	品质文书管理基准	XXXX-423-01	05.10.21						
4	诸规程·标准书编号基准	XXXX-423-02	05.10.21						
5	诸规程发放收回保管基准	XXXX-423-03	05.10.21	06.05.25	06.06.26	06.09.11	06.09.14	07.01.05	07.6.29
6	紧急通知发行处理基准	XXXX-423-04	05.10.26	07.5.22					
7	诸规程制定、修改、废除手续基准	XXXX-423-05	05.10.21						
8	制造标准书运用基准	XXXX-423-06	05.10.21	07.6.23					
9	规程、基准格式及做成基准	XXXX-423-07	05.10.21						
10	返修作业标准书做成基准	XXXX-423-08	05.10.21						
11	标准化委员会运用基准	XXXX-423-09	05.10.21	06.03.02	06.03.28	06.07.10			
12	标准化推进委员会基准	XXXX-423-10	05.10.21	06.05.25	07.6.29				
13	标准书改订申请书的发行、接受、处理基准	XXXX-423-11	05.12.15	06.03.28					
14	技术文书管理基准	XXXX-423-12	05.10.26						
15	品质管理部门品质记录管理基准	XXXX-424-01	05.10.28						
16	生产管理部门品质记录管理基准	XXXX-424-02	05.10.26	06.03.28					
17	制造部门品质记录管理基准	XXXX-424-03	05.10.28						
18	总经理品质监察实施基准	XXXX-560-01	05.10.21	05.11.19	06.05.25	07.6.29			
19	教育训练基准	XXXX-622-01							
20	岗位技能、能力教育训练基准	XXXX-622-02	06.07.10	06.09.28	07.01.18	07.02.07	07.6.29		
21	设备保全实施基准	XXXX-630-01	05.10.21	06.04.17					
22	夹具管理基准	XXXX-630-02	05.10.21						
23	切削用工具管理基准	XXXX-630-03	05.10.21						
24	设备管理实施基准	XXXX-630-04	05.10.21						
25	动力原料来源与供给管理基准	XXXX-630-05	06.07.10						
26	工作环境识别和管理基准	XXXX-640-01	05.10.28						
27	订单(合同)管理基准	XXXX-720-01	05.10.26	06.03.30					
28	生产计划做成基准	XXXX-720-02	05.10.26	06.06.09	07.6.23				
29	生产贩卖会议运用基准	XXXX-720-03	05.10.21						
30	技术法规管理基准	XXXX-730-01	05.10.21	05.11.19	06.03.28				
31	制品安全管理基准	XXXX-730-02	05.10.26	05.12.15	06.09.28	06.12.26	07.01.05		
32	与TCC技术接口基准	XXXX-730-03	05.10.21	06.03.28					
33	购买管理规程	CGZH-740-00	05.10.26	06.05.25	06.07.28	06.12.06	07.6.11		
34	购买直材订单做成基准	XXXX-740-01	05.10.26	06.01.16	06.07.10				
35	购买间材订单做成基准	XXXX-740-02	05.10.26	06.01.16	06.07.10				
36	供应商选定基准	XXXX-740-03	05.10.26	05.12.15	06.05.25	06.06.09	06.07.28	06.12.01	
37	供应商品质保证确认基准	XXXX-740-04	05.10.28	06.01.16	06.11.22				
38	供应商工程审查运用基准	XXXX-740-05	05.10.28	06.09.11	06.11.22				
39	供应商评价、定级基准	XXXX-740-06	05.10.26	06.05.25	06.06.09	06.12.06	07.01.05		
40	绿色采购管理基准	XXXX-740-07	05.10.28	06.07.28	06.09.26				
41	进口报关业务管理基准	XXXX-740-08	05.10.26	06.07.10					
42	受入检查基准	XXXX-743-01	05.10.28	06.01.16	06.11.22				
43	绿色部品管理基准	XXXX-743-02	05.10.28	06.09.11	07.03.29				
44	制造管理规程	CGZH-750-00	05.10.28						
45	良品限度申请和承认基准	XXXX-750-01	05.10.28						
46	机种切换表运用基准	XXXX-750-02	05.10.28						
47	品质情报采集和传递基准	XXXX-751-01	05.10.26						
48	品质危机处理基准	XXXX-751-02	06.06.09	06.06.26	06.12.26				
49	批量管理基准	XXXX-753-01	05.10.28						
50	制造日期标示基准	XXXX-753-02	05.10.28						
51	制品、部品识别管理基准	XXXX-753-03	05.10.28						

图6-18 某公司的质量管理体系基准文件的内容总括

序号	名称	编号	最终裁决日						
			第一版	一次修订	二次修订	三次修订	四次修订	五次修订	六次修订
52	压缩机机种名刻印表示基准	XXXX-753-04	05.10.28						
53	铭牌系列编码赋予基准	XXXX-753-05	05.10.28						
54	部品、材料、半成品保管基准	XXXX-755-01	05.10.26	06.12.01					
55	部品材料出入库管理基准	XXXX-755-02	05.10.26	06.12.01					
56	制品保管基准	XXXX-755-03	05.10.26	06.06.09	07.6.23				
57	包装作业基准	XXXX-755-04	05.10.26	06.06.09	06.09.11	06.12.01			
58	出货管理基准	XXXX-755-05	05.10.26	06.06.09	06.09.11	06.09.28	07.6.23		
59	物流公司选定、评价基准	XXXX-755-06	05.10.26	06.06.09					
60	间接材料管理基准	XXXX-755-07	05.10.26						
61	计测计量管理规程	CGZH-760-00	05.10.26						
62	检验及试验软件管理基准	XXXX-760-01	05.10.26						
63	试验设备管理基准	XXXX-760-02	05.10.26						
64	计测器管理运用基准	XXXX-760-03	05.10.26	05.11.19	06.06.26	06.8.31			
65	检查设备管理基准	XXXX-760-04	05.10.28						
66	客户服务管理基准	XXXX-821-01	05.10.26	06.03.30	07.6.23				
67	销售进度管理基准	XXXX-821-02	05.10.26						
68	压缩机样机管理基准	XXXX-821-03	05.10.26	06.03.30					
69	内部品质审核基准	XXXX-822-01	05.10.26						
70	内部审核员管理基准	XXXX-822-02	05.10.26						
71	量产先行品质确认运行基准(AQ1)	XXXX-823-01	05.10.26	06.03.28	06.04.30	06.06.09	06.11.22		
72	入库、出厂认定运用基准(AQ2)	XXXX-823-02	07.6.11						
73	合理化/品质改善试作品质确认运行基准	XXXX-823-03	06.04.30	06.11.22					
74	出厂检查基准	XXXX-824-01	05.10.28						
75	工程检查基准	XXXX-824-02	05.10.28						
76	性能试验管理基准	XXXX-824-03	05.10.26	05.11.19					
77	检验和试验状态管理基准	XXXX-824-04	05.10.28						
78	批量生产抽样检查基准	XXXX-824-05	05.10.28						
79	内部制品安全监察实施基准	XXXX-824-06	05.10.26	06.06.09	06.11.22				
80	寿命试验基准	XXXX-824-07	05.10.26						
81	寿命试验评价基准	XXXX-824-08	05.10.26						
82	不适合品管理基准	XXXX-830-01	05.10.28						
83	停止出厂及解除运用基准	XXXX-830-02	05.10.28						
84	特采申请处理基准	XXXX-830-03	05.10.28						
85	废弃基准	XXXX-830-04	05.10.28						
86	统计手法管理基准	XXXX-840-01	05.10.28						
87	不良解析顺序基准	XXXX-840-02	05.10.26						
88	品质改善活动委员会基准	XXXX-850-01	05.10.26	06.03.02					
89	纠正预防处置基准	XXXX-850-02	05.10.28						
90	用户、市场品质处理基准	XXXX-850-03	05.10.28						
91	新制品客户首次量产品品质确认基准AQ3（初期管理和对应）	XXXX-850-04	05.10.28						
92	用户、市场品质改善有效性监察基准	XXXX-850-05	05.10.28						

图 6-18　某公司的质量管理体系基准文件的内容总括（续）

第6章 建立企业产品质量的"护城河"——质量管理

种 类：基 准		编　号：××××-830-01			
名称：	**不适合品管理基准**	总页数	2	页数	1
1.目　的	确保在品质上不符合松下电化住宅设备机器(杭州)有限公司(××××-×××)的判定基准，或者存在不良因素的制品、零件不被投入使用或不能出厂。				
2.适用范围	本基准适用于XXXX-XXX的压缩机零件及不适合品的管理、处理业务。				
3.用语定义	不适合品 　　A）受入检查或工程检查中发现的不合格的零件或制品。 　　B）在加工过程中、保管中、搬运中产生异常的零件或制品。 　　C）被品质管理部门判断为不合格的零件或制品。 　　D）从计器检测不合格到最近一次计器检测合格的时间段内所制造的产品。				
4.遵守事项					
4.1初期处理	1）识别和分离不适合品（工作人员） 2）联络系长或课长（工作人员） 3）系长或课长进行处理 ＊制造部门进行分析，制造部门负责人根据分析结果进行处理。 4）将不良状况通知品质管理部门，由品质管理部门做出判断				
4.2再审和处理	1）做到对象批量明确 　　A）通常检查不合格的制品。 　　B）抽样检查不合格的场合。 　　C）不合格计器检测的产品。 2）处理方法 ＜受入检查和工程检查中发现的品质异常的处理＞ 　　A）异常处理流程见附表1。 　　B）特采、限度设定（在对异常内容追加检查后综合判断处理）。 　　C）返修品处理（按《返修作业标准书》执行，返修品需要重新检验，并加以标识，进行区分）。 ＜完成品品质异常处理＞ 　　A）暂定生产中止（停止生产　等待处理方法）。 　　B）限度设定（设定限度样本并签字确认，按照确认的限度样本处理）。 　　C）停止出厂（按停止出厂和解除运用基准进行处理）。 〈不合格计器检测的产品的处理〉 　　A）对不合格计器进行修理或更换				
裁决日	××××年××月26日	修订裁决日			

图6-19　某公司质量管理体系中的不适合品管理基准

种类：基准		编　号：××××-830-01			
名称：	不适合品管理基准	总页数	3	页数	2

	B）用符合要求的计器对从最后一次计器检测合格到发现计器检测不合格这一时间段内所制造的产品进行再检测。 3）处理决定 　　在品质管理部门与其他部门协商的基础上，由品质管理部门负责人或代理人认可。 4）处理的实施 　　制定实施步骤，在得到品质管理部门负责人或代理人的认可后实行。 5）批量的管理 　　下面项目的管理是按批量进行记录和保管的。 　　A）不适合内容。 　　B）处理方法和处理结果。
4.3 防止再产生	为防止不适合品再产生，品质管理部门负责人要组织相关品质负责人追查不适合品产生的原因，制定防止不适合品产生的措施或方案并实施。
4.4 返品和废弃	对于返品，要尽快退回外协厂家；对于废弃品，按照《废弃基准》进行处理。
4.5 不适合品的识别方法	1）放在指定场所 2）不适合品的管理颜色为红色 3）不适合品的识别表示 　　单品：用红色表示。 　　批量：添加"不适合品""不良品"等表示不适合使用的标记，必要时在每个包装上加上识别标记。
5. 制定、修改、废除、承认	本基准的制定、修改由品质管理部门负责，经标准化推进委员会审议，交管理者代表裁决。
6. 附则	本基准从裁决日开始实行。

裁　决　日	××××年10月26日	修订裁决日	

图6-19　某公司质量管理体系中的不适合品管理基准（续）

第6章 建立企业产品质量的"护城河"——质量管理

种类	规定	编号	机规006	基准来源	×××-830-01
名称	机械加工部门不适合品管理规定			总页数	2	页数	1
检印		检印		完成		承认日期		完成日期	

1.目的		确保在品质上不符合作业标准或存在不良因素的制品、零件不被投入使用或不流至下一工序。
2.适用范围		此规定适用于机械加工部门相关不适合品的管理、处理业务。
3.制定、修改、废除		此规定的制定、修改、废除由机械加工部门品质负责人负责,经机械加工部门ISO负责人审议,交机械加工部门负责人裁决。
4.定义		不适合品 (1)在接收、生产过程中存在某些缺陷、不符合作业标准的产品(材料、半成品、成品)。 (2)在工程中、保管中、搬运中、操作中发现的异常零件或产品。 (3)被品质管理部门判定为不适合品的零件或产品。
5.遵守事项		5.1 不适合品处理流程 (1)加工不良。 ①定义:产品在生产过程中的尺寸、外观(打痕、表面处理)不符合作业标准要求。 ②处理流程。

品质管理部门	机械加工部门		
	课长、系长	线长、班长	作业者
			不良发生 → 报告
		确认	
		OK → 生产继续	
		NG ↓	
	确认	报告完成(5W1H)	
	OK → 采用(区分)		
	NG ↓		
	OK ← 确认 ← 报告确认(5W1H)		报废(出入库记录)
	NG		

图6-20 某公司机械加工部门在实际执行时所细化的不适合品管理规定

种类	规定	编号	机规006	基准来源	×××-830-01
名称	机械加工部门不适合品管理规定			总页数 2	页数 2
检印	检印	完成	承认日期	完成日期	

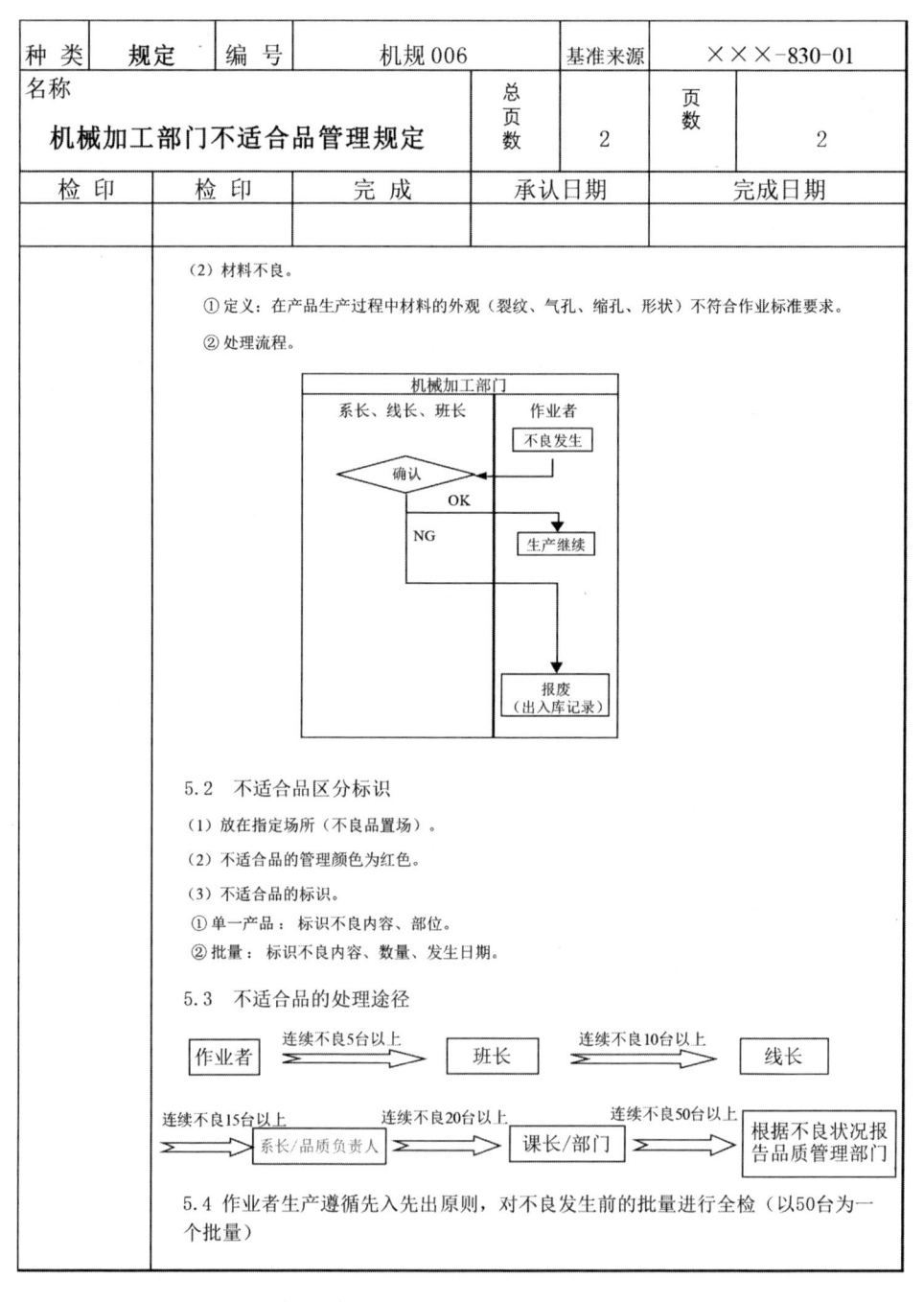

(2) 材料不良。

① 定义：在产品生产过程中材料的外观（裂纹、气孔、缩孔、形状）不符合作业标准要求。

② 处理流程。

```
                机械加工部门
  系长、线长、班长        作业者
                        不良发生
                           │
        确认 ←──────────────┘
         │
       OK ──→ 生产继续
         │
       NG
         │
         ↓
        报废
      （出入库记录）
```

5.2 不适合品区分标识

(1) 放在指定场所（不良品置场）。
(2) 不适合品的管理颜色为红色。
(3) 不适合品的标识。
① 单一产品：标识不良内容、部位。
② 批量：标识不良内容、数量、发生日期。

5.3 不适合品的处理途径

```
作业者 ─连续不良5台以上→ 班长 ─连续不良10台以上→ 线长
─连续不良15台以上→ 系长/品质负责人 ─连续不良20台以上→ 课长/部门 ─连续不良50台以上→ 根据不良状况报告品质管理部门
```

5.4 作业者生产遵循先入先出原则，对不良发生前的批量进行全检（以50台为一个批量）

图6-20 某公司机械加工部门在实际执行时所细化的不适合品管理规定（续）

从该不适合品管理规定中可以看出，有了基准文件，再配合各部门的流程细化和工作方式细化，各项工作开展过程中可能会出现的问题都被纳入了不适合品管理规定。只要按此规定执行，就不会再出现较大的管理纰漏和疏忽。这就是质量管理体系所要达到的效果。

6.4.2 领导关注

在质量管理体系做好之后，就解决了公司无基准可用的问题。但是，到此为止，尚是可用、能用，到底用不用、在不在用，这就要靠公司领导对质量管理体系进行关注来解决了。

一说到领导关注，大家就会默认为总经理的关注。一个公司的领导不仅仅只有总经理，还包括各级管理者，如班组长、部门长等。所以领导关注并不是指总经理的关注，而是指所有管理人员的关注。

在质量管理体系的实际使用过程中，各级管理人员都要做好相应的管理工作，确保质量管理体系有效运行，具体如图 6-21 所示。

内容	实施者	实施内容	实施周期	实施方法
实施	操作人员	按照标准作业，填写作业记录	每日	按标准执行
一级管理	班组责任者	检查操作人员是否按照标准执行，是否认真记录；识别标准及体系的漏洞，提出改善建议	每日	每日巡检
二级管理	部门责任者	检查操作人员是否按标准执行，是否认真记录；检查班组长是否认真执行一级检查监督职能；确保质量管理体系得到认真落实；识别标准及体系的漏洞，提出改善建议	每周	定期抽查
三级管理	公司质量管理责任者	检查各部门是否认真执行一级检查监督职能；对质量管理体系的运行状况进行评估，确保其有效运行	每月	定期抽查
四级管理	公司责任人（总经理）	定期进行质量管理体系监察，保证其有效运行	每年	每年质量管理体系监察

图 6-21 质量管理体系的运行保障机制

只有各级管理人员切实履行各自的职责，质量管理体系才能得到更好的落实，这样所有工作才可控、可管，质量管理体系的使用就得到了有效的保证。

6.4.3 质量管理体系监察

1. 自主监察

班组、部门是落实质量管理体系的主体，如果班组和部门不认真执行质量管理体系，那么该体系就形同虚设，起不到任何作用。所以在管理过程中，各部门要定期对质量管理体系的实施状况进行评估、监察，确保其落实到位。

图 6-22 所示是某公司某部门的质量管理体系自主监察工作安排。从中我们可以看出，在自主监察前，该部门认真地将质量管理体系的关键内容进行了整理、罗列，建立了监察内容列表，这样实施起来比较有针对性、效率高，效果可以得到保证。

自主监察工作安排

一、目的

为确保质量管理体系有效运行，开展部门内自主监察活动，提出不符合点并制定整改对策，以完善部门内质量管理体系。

二、监察时间

2018年5月18日至2018年6月5日

三、监察人员

责任人：xxx xxx　　　执行人：xxx xxx xxx xxx

（当班班长陪同）

四、监察内容基本点

	项目		确认内容
1	制作作业标准书	1-1	作业标准书是不是最新版
		1-2	QC一点通是否揭示
2	作业者	2-1	是否理解作业标准书并遵守
		2-2	良品的判断和处理是否妥当
		2-3	测定量具的使用方法是否正确
		2-4	对于新的规定，作业者是否充分理解
3	作业管理	3-1	品质推移每天都得到管理吗
		3-2	检点表的记录内容是否正确
		3-3	再发防止体系和实施状况是否确认
		3-4	部品的先入、先出管理是否在进行
		3-5	完成品、半成品的置场是否标识出来
		3-6	是否有不明工件或生产以外的工件
4	管理监督者	4-1	对于所有的作业者，是否进行了正确的作业方法的教育
		4-2	管理者是否每天确认作业者的行动
		4-3	作业者对部品、条件、作业方法等各种变化点能否及时对应
5	不良品处理	5-1	不良品置场的设置和标识是否妥当
		5-2	限度样本的设定和管理是否完善
		5-3	返修品的置场是否明确标识
		5-4	返修标准是否明确
		5-5	跌落品的置场是否明确标识
6	设备、量治具	6-1	量治具的有效期限是否确认
		6-2	是否有现生产机种以外的量治具
		6-3	保管状况是否妥当
		6-4	量治具有无故障
7	环境	7-1	整理、整顿、清扫是否彻底进行
		7-2	现场布局是否有不合理的地方
		7-3	照明等是否适合作业
8	反映到品质	8-1	是否满足规格公差
		8-2	确认外观是否生锈、有划痕、有异物

图 6-22　某公司某部门的质量管理体系自主监察工作安排

2. 公司内审

除了自主监察，公司还需要定期组织人员进行内审。在内审时，公司可安排审核员进行审查，还可以让各部门之间相互审查。

前文讲过，各部门之间会形成内部客户关系，那么各部门之间相互审查，就相当于客户之间相互审查。各部门从不同的角度审视质量管理体系的规范性、有效性等，更有利于提升质量管理体系的有效性和规范性，同时也弥补了各部门人员对质量管理体系掌握不足的缺点，还能提升各部门人员对质量管理体系的认知水平。公司内审的方法与自主监察的方法相同，这里就不一一列举了。

3. 总经理监察

总经理监察是质量管理体系所规定及要求的。

公司的质量管理体系详细规定了总经理监察的内容与要求。在具体实施时，总经理要实实在在地对质量管理体系各项内容的实施状况进行确认，确认内容包括各部门的质量管理指标完成状况、质量管理体系的运行状况和质量改善开展状况等。总经理监察的实施基准如图6-23所示。总经理不仅要听取各部门的汇报（见图6-24），还要在现场进行实际确认，以保证质量管理体系有效运行。在监察完成后，总经理还要对监察过程及内容进行相应的记录，如图6-25所示。

种类：基　准		编　号：××××-560-01			
名称：	**总经理监察的实施基准**	总页数	3	页数	2

1. 目　　的	为了使客户及ISO标准要求的事项得到落实，对质量管理体系、质量方针、质量目标、重大质量问题的纠正及预防处置措施进行监察管理，特制定该项实施基准。	
2. 适用范围	本实施基准适用于各部门。	
3. 计划、立案	总经理监察的计划、立案由总经理及制品审查部部长共同完成。	
4. 定期监察	定期监察，每年1次，原则上在11月至次年2月实施，必要时不定期实施。	
5. 实　　施	制品审查部在总经理决定的日期召开总经理品质监察会议。 　　对于总经理品质监察会议的议题，按照ISO标准的要求，围绕以下项目进行资料准备，记录会议内容并整理成《总经理品质监察记录》。 　　（1）质量管理方针开展情况； 　　（2）质量管理目标完成情况； 　　（3）质量管理体系所有项目运行情况； 　　（4）内部品质监察指摘事项的结果处置； 　　（5）不符合项的纠正、预防处置情况； 　　（6）来自客户的抱怨和重大索赔，以及客户满意度的改进情况； 　　（7）与品质相关的教育； 　　（8）生产不良情况； 　　（9）上一次监察事项追踪措施； 　　（10）可能影响质量管理体系的变更； 　　（11）改进建议； 　　（12）总经理要求理解的方面； 　　（13）确保认证产品的一致性。 　　如果是ISO标准要求的项目，必须做确认。	△1
6. 纠正处置	对于监察指摘事项，被监察部门的责任者要按照《纠正预防处置基准》来实施改善，并向总经理做报告。	
7. 记录的管理	制品审查部要对总经理在质量监察过程中所发现的不适合事项进行记录，并组织相关部门进行纠正处置，做好不适合事项的处置记录。该记录根据《质量管理部门质量记录管理基准》进行管理。	
裁　决　日	××××年10月21日　　　修订裁决日　　××××年11月19日	

图 6-23　总经理监察的实施基准

第6章 建立企业产品质量的"护城河"——质量管理

图 6-24 某部门的质量监察汇报内容（节选）

总经理监察的记录				
监察生产线：××生产线			时间：2018.04.26 PM3:30	
序号	问题点	改善建议	改进执行者	
1	交接班事宜没有真正去做（班组间）	口头与书面交接→线内看板/交接班记录本/早晚会	●	
2	对于"问题或项目责任"未跟踪到底	项目责任者去执行并跟踪→落实项目责任者	◎	
3	YNC449、YNC450等治具定位销的更换频率高，现场是否真正去执行	对于问题对策中、进行中，要可视化管理，真正做到再发→定期更换完成	●	
4	情报交接不到位，执行不到位（槽研××8/20入职，对于这段时间VCY产生的品质异常不清楚）	情报交接一定要覆盖全员，做到"报告、联络、商谈"一体化→早晚会上不定时确认	●	
5	槽铣××对作业标准书基本了解，但对于特殊品质检测（槽偏差角）不清楚	再教育是否正确		○
6	YNC450员工对"特殊不良"及以前本岗位产生的特殊不良不清楚	要让新进员工认识到本岗位产生的"特殊、批量不良"，并对其进行"实物化"教育→深入学习失败事例	●	
7	YNC处悬挂着复印的外观限度样本	ISO 9001质量管理体系不符合处→文书管理再次确认	◎	
8	NC处内径千分尺无校对规	联络量具室	●	
9	再发防止对策实施不到位	再发防止对策要真正起到防止再发的作用→再次联络保全人员	●	
10	内研磨××使用的测量方法不当（逆向旋转测量）	测量方法再教育	●	
总负责人：xxx		执行者：◎线长 ●班长 ○指导员		

图 6-25 总经理监察的记录

如果能将以上几点做好、做扎实，那么公司的质量管理体系就可用，并且要保证在用，这就是质量保证要做好的事情。

6.5 过程质量控制

质量是生产出来的，不是检验出来的。因此，质量管理的一个重要环节就是过程质量控制，有好的过程，才能有好的结果。只有对生产过程中的每个环节进行深入的管理和控制，最终的产品才能获得好的质量。如果没有好的过程控制，结果就很难控制。

过程质量控制主要包括以下几个方面的内容。

6.5.1 作业标准化管理

图 6-26 所示为某产品零件的设计图（真实数据已涂抹）。该零件的工艺特别复杂，对尺寸要求严格，加工过程肯定不能一蹴而就，是需要多道工序配合完成的。那么，具体需要哪些工序？各工序要设置哪些管理项目？每项工作完成的标准是什么？如何才能保证生产出来的产品满足客户的需求？下面我们就以此零件为例来说明该如何完成这些内容。

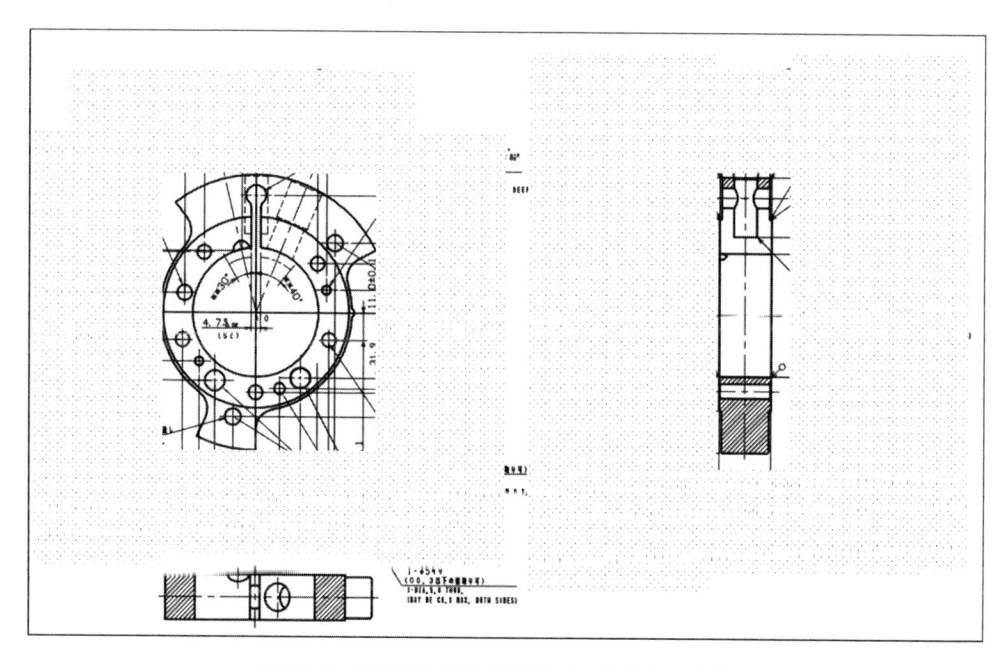

图 6-26 某产品零件的设计图（真实数据已涂抹）

1．制作工艺流程图

要想生产出这么复杂的零件，首先要考虑该分哪些步骤来完成，这就要设置该产品的工艺流程。工艺流程设置包括设置各工艺流程所对应的岗位及岗位名称，还包括对各工程分类，区分关键工程、安全工程、特殊工程等。在工艺流程设置完成后需要制作如图 6-27 所示的工艺流程图，以固化该产品的工艺流程。

2. 制作管理工程图

在制作了工艺流程图之后，就能开始生产了吗？当然不能，此时只有岗位，每个岗位该管理哪些内容、每项管理内容该如何实施，我们还没有搞清楚。如果就这么开始生产，自然会产生管理不到位、产品质量不高的状况。所以，企业在工艺流程图的基础上还要制作管理工程图。

如图6-28所示，管理工程图的内容包括各工序的管理内容、管理方法、管理频次、管理人、检查内容、检查方法、检查频次、检查人等。在将这些内容一一列出之后，就明确了每一道工序应该管理的内容和应该采取的管理方法。此时，各位读者可能觉得可以按照这些内容开展工作了。不过这些内容还是太宽泛，员工仍然不能很好地据此开展工作，所以企业还要在此基础上制作各岗位的作业标准书。

3. 制作作业标准书

图6-29所示为某工序的作业标准书。作业标准书详细规定了完成某工序所要遵循的一系列标准，包括作业安全管理内容（安全状态确认及检查项目、图样、尺寸精度、量具种类、检查频次、记录频次等）、管理项目、应知内容等。

笔者在调研过程中发现，有些公司直接根据作业过程图纸进行生产，有些将文字要求作为作业标准。更有甚者，一些公司根本没有任何标准，纯粹按照口头要求进行生产。

如果直接根据作业过程图纸来生产，那么需要员工有很强的生产技能和管理技能，并且同一岗位所有员工的技能状态要保持一致，这样才能生产出合格的产品。可想而知，这种管理方式很难实现。如果将文字要求作为作业标准，文字内容看起来枯燥乏味，并且理解起来还有可能存在歧义，所以在这种状况下，没有多少员工会去看。如果员工不去看，这样的作业标准又有何意义？最终就是标准得不到应用。所以企业在管理过程中要制作详细的作业标准书，以便员工在作业过程中能够做到有标准可依。

第6章 建立企业产品质量的"护城河"——质量管理

工 艺 流 程 图

工程分类用记号表示：△（特殊工程）⊕（安全工程）、Q（关键工程）

工艺流程图	系列名称	部门名称	生产线	批准	审核	检查	完成
××××—VM10	×××机种	机械加工部门	×××线				
				裁决日：			

岗位NO.	岗位名称	工程分类	流程	部品
				毛坯
005	毛坯粗车OP1			
007	毛坯粗车OP2			
015	孔加工			
018	吸气孔、弹簧孔加工	Q		
023	排气孔加工			
025	两端面粗磨			
030	滑块槽粗加工			
035	两端面精磨			
040	内研磨	Q		
045	滑块槽精加工	Q		
050	抛光去毛刺			

清洗

修改履历	No.	修改裁决日	修改理由	完成	检查	审核	批准

图 6-27 工艺流程图

世界一流制造企业这样做管理：从计划到生产

管 理 工 程 图

工程分类用记号表示：△（特殊工程）、⊕（安全工程）、Q（关键工程）

记号名：△ 执行者　▲班长或指导预备　○系长　◇品质负责人　□品管检查员　●课长

部门名		生产线	管理工程图号	适用机种	总页数		页数		批准	审核	检查	完成
PHAH-ADD 机械加工部门		气缸二线	CSZH-VM10	V2P机种	3		1					
流程	岗位No.	岗位名称	工程分类	品质特性	管理内容	管理方法	管理频次	管理人	管理资料	检查内容	检查方法	检查频次	检查人	检查资料
气缸转件 ▽ ○	005	毛坯粗车OP1		尺寸	切削液浓度确认 工具交换 基准块校验	浓度计 加工台数 基准块	1次/日 寿命管理表 6次/每班	△▲ △▲	浓度管理表 工具台账	内径 凸台径 台阶高度 内径面倒角 外径倒角 切痕 各部位砂孔、裂纹、缺口	塞规、千分尺 卡规 特殊规和百分表 △1 目视 游标卡尺 目视 目视	1台/10台 1台/50台 1台/20台 1台/50台 1台/50台 1台/50台 全数检查	△▲○ △▲○ △▲○ △▲○ △▲○ △▲○ △▲○	
○	007	毛坯粗车OP2		尺寸	切削液浓度确认 工具交换 基准块校验	浓度计 加工台账 基准块	1次/日 寿命管理表 6次/每班	△▲ △▲	浓度管理表 工具台账	外径 凸台径 台阶高度 厚度 凸缘宽度 平行度(A//B) 同轴度(C◎D) 垂直角(C⊥A、B) 外径面倒角 内径面倒角 切痕 各部位砂孔、裂纹、缺口	特殊规和百分表 卡规 特殊规和百分表 特殊规和百分表 卡规 特殊规和百分表 特殊规和百分表 特殊规和百分表 游标卡尺 △1 目视 目视	1台/10台 1台/50台 1台/50台 1台/20台 1台/50台 1台/50台 1台/50台 1台/50台 1台/50台 1台/50台 1台/50台 全数检查	△▲○ △▲○ △▲○ △▲○ △▲○ △▲○ △▲○ △▲○ △▲○ △▲○ △▲○ △▲○	
○	015	孔加工		尺寸	切削液浓度确认 基准块校验 工具交换	浓度计 基准块 加工台数	1次/日 6次/每班 寿命管理表	△▲ △▲	浓度管理表 工具台账	定位孔（钻） 定位孔（铰） 沉孔 叶片孔 螺纹孔钻 攻丝孔 螺纹孔倒角 叶片孔倒角 消声孔 消声孔倒角 LB侧间距 UB侧间距 沉孔倒角 通孔 通孔倒角 销孔 定位孔倒角	塞规 塞规 塞规 塞规 塞规 螺纹规 游标卡尺 游标卡尺 塞规 游标卡尺 节气规 节气规 游标卡尺 塞规 游标卡尺 塞规 游标卡尺	2台/班 1台/50台 1台/50台 1台/50台 2台/班 1台/50台 1台/50台 1台/50台 1台/50台 1台/50台 1台×6台/200台 1台×6台/200台 1台/50台 1台/50台 1台/50台 1台/50台 1台/50台	△▲○ △▲○ △▲○ △▲○ △▲○ △▲○ △▲○ △▲○ △▲○ △▲○ △▲○ △▲○ △▲○ △▲○ △▲○ △▲○ △▲○	工程检查表
○	018	吸气孔、弹簧孔加工	Q	尺寸	切削液浓度确认 基准块校验 工具交换	浓度计 基准块 加工台数	1次/日 6次/每班 寿命管理表	△▲ △▲	浓度管理表 工具台账	吸气孔（钻） 吸气孔（铰） 吸气孔（辊） 吸气孔贯通孔 吸气孔圆柱度 吸气孔粗糙度 吸气孔高度 弹簧孔（钻） 弹簧孔（铰） 弹簧孔倒角 气孔和裂纹	塞规 塞规 塞规、气动量仪 塞规 气动量仪 粗糙度仪 节气规 塞规 塞规 游标卡尺 目视	2台/每班 2台/每班 1台/50台 1台/50台 2台/50台 2台/50台 1台×6台/200台 2台/每班 1台/50台 1台/50台 全数检查	△▲○ △▲○ △▲○ △▲○ △▲○ △▲○□ △▲○ △▲○ △▲○ △▲○ △▲○	
NO.		修改裁决日					修改理由			完成	检查	审核	批准
△1							005、010的检查方法及检查频次						

图 6-28　管理工程图（节选）

作 业 标 准 书

部门名/生产线	标准书编号	岗位名称	附表	适用机种	制定裁决日	批准	审核		检查		完成
							品管部	制造部	课长	系长	
		两端面精磨	□有（ 张）■无	V2P 机种							

安全状态确认：

1. 光电开关动作有效性确认
2. 非常停止开关动作有效性确认
3. 双手启动开关动作有效性确认
4. 劳保用品穿戴确认（工作帽、工作服、手套、耳塞、防砸鞋、防护眼镜）

安全管理项目

	№	管理项目	管理基准	检查方法	检查频次	记录方法
安全确认	1	光电开关	手触摸光感器，设备停止并报警	手试/目视	2次/班	安全状态检查表
	2	非常停止开关	设备停止、报警、信号灯亮	手试/目视	2次/班	安全状态检查表
	3	双手启动开关	单手按键，设备不能启动	手试/目视	2次/班	安全状态检查表
	4	劳保用品穿戴	正确穿戴工作帽、工作服、手套、耳塞、防砸鞋、防护眼镜	手试/目视	2次/班	安全状态检查表

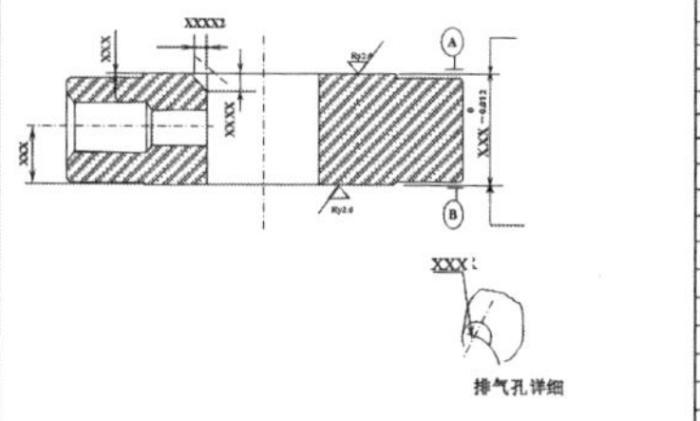

管理项目

序号	项目	定期	转型	更换
1	严格按照工具寿命管理表作业	○	○	○
2	每日1次确认切削液浓度及喷向、喷出量	○		○
3	气动量仪基准块校验4次/每班	○	○	○
4	换工具、设备故障调整、品质调整及机种切替后需要另行连续全检10台（送品管检测的为1台即可）		○	○

机种	成品编号	B成品编号	H等级尺寸分布表
2V49/47/44W(上气缸)	7022133	7022133B	H1
2V49/47/44W(下气缸)	7022134	7022134B	H2
			H3
			H4

检查项目	尺寸精度	检查频次	记录频次	量具种类	量具编号
高度	XXX	1台/10台	6次/每班	气动量仪	HCYG-2V36S-35-1
平行度（A//B）	XXX	1台/10台	6次/每班	气动量仪	HCYG-2V36S35-1
平面度（▱A、B）	XXX	1台/10台	6次/每班	平台/千分表	HCYG-2V49W-35-1
粗糙度（A、B）	XXX	2台/每班	2次/每班	粗糙度仪	送品管测量
吸气孔高度	XXX	2台/每班	2次/每班	节距规	HCYG-2V49W-35-2
台阶高度	XXX	2台/每班	2次/每班	特殊规	HCYG-2V36S-35-3
排气孔	XXX	2台/每班	2次/每班	特殊规	HCYG-2V49W-35-4
气孔和裂纹	XXX	全数检查	6次/每班	目视	
		2台/每班	2次/每班	粗糙度仪	送品管测量

应知内容

序号	项目	对策内容
1	平行度大	砂轮修磨；调整下砂轮高度，调整送料器转盘的速度。
2	平面度大	砂轮修磨；当工件表面出现凹陷时，互换上、下砂轮。
3	尺寸偏差	砂轮补正，变更修磨次数。

附属文书名称/编号：

- 工程检查表：CSZH-VM10-035附表01
- 设备保全检查表：CSZH-VM10-035附表02
- 机种切替表：CSZH-VM10-QT附表03
- 设备操作手册：CSZH-VM10-035附表04
- 安全状态检查表：CSZH-VM10-035附表05

修改履历	序号	修改裁决日	修改理由	完成	检查		审核		批准
					系长	课长	制造部	品管部	

图 6-29 作业标准书（图中隐去了关键数据）

4. 制作工程检查表

前面制作的工艺流程图、管理工程图和作业标准书，一步步从粗到细地规定了各岗位的工作标准。那么问题来了，有了这么详细的标准，质量管理还有问题吗？答案是肯定的，肯定还有问题。大家一定要明白，最终实施的主体是员工，是操作人员。所有的文件制作得再规范，如果没有得到实施，那就等于废纸一张。所以，企业除了要建立这些标准，还要进行相应的记录，并且要督促员工在检查完成后按照标准填写相应的记录。如果没有记录，怎么来确认员工检查过并且合格？所以企业还要制作与各岗位的作业标准相对应的检查记录表，这就是工程检查表，如图 6-30 所示。

工程检查表的内容是与作业标准书相对应的，所以工程检查表中的检查项目、尺寸精度、量具种类、记录频次等要与作业标准书中的内容完全一致。另外，在记录时，各项目对应的内容要记录具体的数据，判定部分要填写“OK”或者“NG”。

工程检查表

部门：机械加工部门									
日期：___年__月__日									

生产线名	文书标准号	设备号	适用机种	工程名		课长	系长		线长
气缸二线	CSZH-VM10-035	H2CY-35J1	V机种	两端面精磨					

检查项目	尺寸精度	量具种类	记录频次	记录时间											
				A勤						C勤					
				9:00	10:30	12:00	14:30	16:30	18:30	21:30	23:00	1:00	3:30	5:30	7:30
高度		气动量仪	6次/每班												
平行度(A∥B)		气动量仪	6次/每班												
平面度(∥A、B)		平台/千分表	6次/每班												
吸气孔高度		节距规	2次/每班												
台阶高度		平台/百分表	2次/每班												
排气孔		特殊规	2次/每班												
粗糙度(A、B)		粗糙度仪	2次/每班												
H面砂孔、裂纹、缺口		目视	6次/每班												
判定															
现生产机种确认															
签 名			作业者												
			班长												

备注：操作者每检查一次后将结果记录好，并将工件标记保留。若结果数据不合格，先将不合格数据填入，待调试设备后再填入合格数据；班长在巡检时，检查标记工件与填写的数据是否一致，并做出判定，合格填"OK"，不合格则填"NG"，调试后再次填入"OK"。

图 6-30 工程检查表

5. 制作其他检查记录表

在管理工程图中可以看到，一个岗位除了有质量检查项目，还有一些管理项目。比如，上述案例给出的管理内容包括切削液浓度确认、基准块校验（检测仪器校验）和工具交换。这些管理内容看似和质量的关联度不高，但会给质量带来较大影响。比如，切削液看似对质量没有任何影响，但如果切削液的浓度不够，则在加工过程中，由于刀具或者磨具的温度上升，加工的产品的表面会出现一些质量不良点。再如，在更换刀具后，由于刀具参数发生了变化，加工的产品的尺寸也有可能发生变化，最终影响产品的质量。所以对于这些项目，企业同样要进行管理。

图 6-31、图 6-32 所示分别为切削液浓度记录表和测量仪器检测记录表。由于篇幅有限，其他相关记录表就不一一展示了。大家一定要记住，对于需要管理的内容，要考虑如何将其管理措施落地，不能仅仅停留在口头上。

第6章 建立企业产品质量的"护城河"——质量管理

图 6-31 切削液浓度记录表

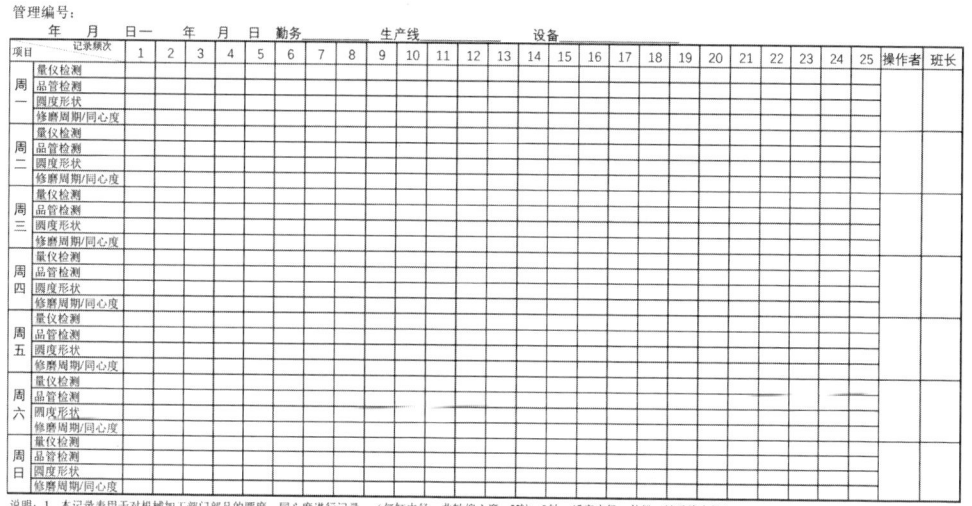

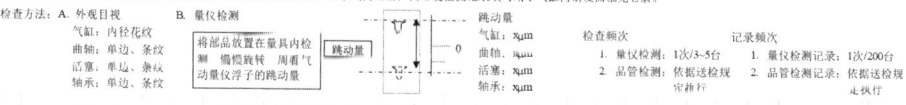

图 6-32 测量仪器检测记录表

为什么要记录？记录的目的有两个：一个是要保证产品的追溯性，一旦在后期发现质量问题，可以追溯、查找问题产生的源头；另一个是督促员工认真按照标准执行，将质量管理标准落到实处。

6.5.2 过程控制

过程控制分为两个方面：一方面是人员上岗控制，另一方面是作业过程控制。

1. 人员上岗控制

准备了那么多的标准、流程、规定，但如果执行者不去执行，那么一切皆为空。所以就要对各岗位人员进行控制，让其知道、理解且会用这些标准、流程、规定。这就需要在上岗前对各岗位人员进行相应的培训，使其掌握应掌握的工作技能，取得上岗资格证。图6-33所示为某公司某部门上岗资格考核标准及记录表，大家在工作时可制定自己企业或部门的人员上岗考核标准。

需要注意的是，在员工已经工作了一段时间，需要调岗时，应将要调整的岗位当作新岗位处理，该员工同样要经过培训、考核并取得上岗资格证，之后方可上岗。

当然，在日常工作中，还要定期对员工的技能进行考核评价，员工如果不能通过考核，就需要再次参加培训，并在重新获取上岗资格证后才能上岗。

某公司某部门上岗资格考核标准及记录表

姓名：_____

NO.	考核内容	要求	考核记录	判定要求	判断(OK/NG)
1	作业标准书			*超过3项内容错误NG，尺寸精度错误一项NG	
2	量具使用			*超过5项内容错误NG	
3	限度样本			*超过5项内容错误NG	
4	机种区分			*超过2个机种区分错误NG	
5	设备操作			*超过3次设备自动、手动操作错误NG	
6	故障对应			*基本设备故障解除方法不懂NG	
7	调整补正			*超过3次尺寸补正、精度调整错误NG	
8	设备点检部位			*超过5项设备点检部位、项目不清楚NG	
9	设备点检方法			*超过5种设备点检方法不清楚NG	
10	机种切替			*超过3种机种互切替方法不懂NG	
11	不良分类			*超过2项不良分类错误NG	
12	检查表填写			*超过2项检查单填写错误NG	
13	6SK			*本岗位6SK工作未彻底开展NG	
14	安全作业			*有任何1项安全作业注意事项错误NG	
综合判定					

▲ 该记录表记录的是新员工在教育培训过程中的考核实绩，指导者按实际推进过程如实考核确认。
▲ 考核要求表示：◐ 清楚基本知识；● 完全熟悉。
▲ 综合判定填写合格或不合格。
▲ 考核记录中用文字描述考核的实际情况。

图6-33　某公司某部门上岗资格考核标准及记录表

2．作业过程控制

为了防止员工不按规定进行检测，或者不按规定进行记录，管理人员必须对其工作状况进行巡检。如果员工未进行检测，产品已经流向了下一道工序，怎么办？为了防止这一问题产生，企业必须进行实物保留。实物保留包括机种切替后20台实物保留、按作业标准书检查并填写记录的实物保留（检查并填写实物保留）、抽检品（班组长抽检）实物保留，以及按规定送品质管理部门检查的部件的实物保留。实物保留的目的：一方面是让管理人员和品质管理部门的巡检人员在现场进行确认，确认员工是不是按照真实检测数据填写的；另一方面是督促员工按照标准执行。实物保留管理规定如图6-34所示。

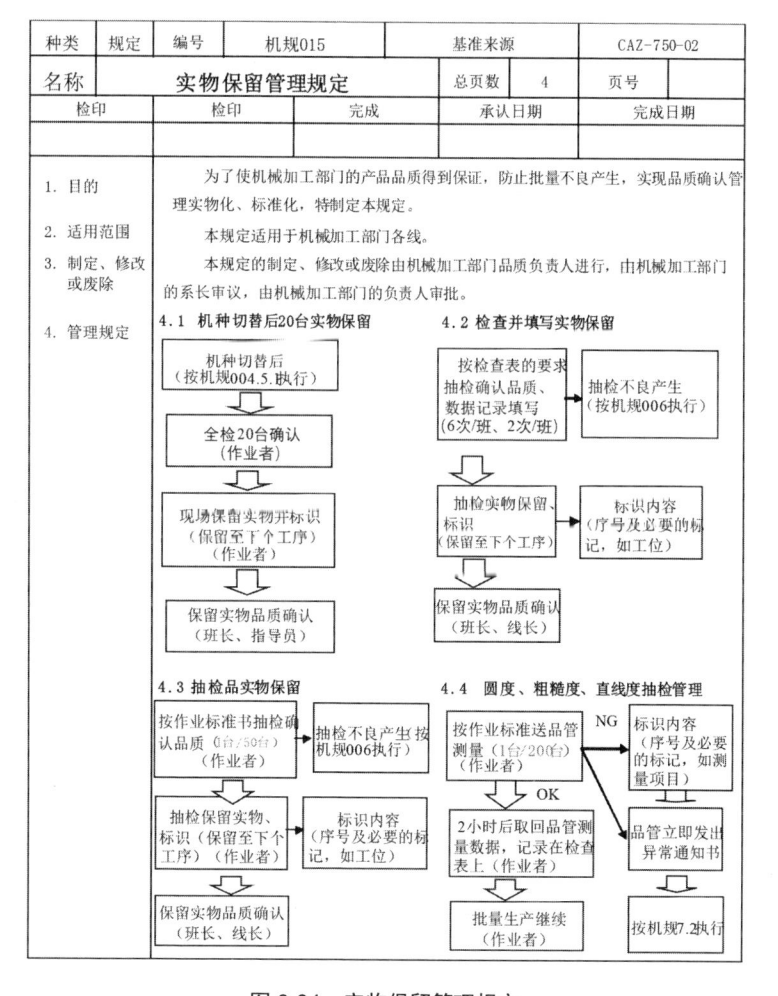

图6-34 实物保留管理规定

图 6-35　实物保留现场的可视化管理

在进行实物保留时，现场要做好保留物品的三定管理及可视化管理，如图 6-35 所示。这些保留的实物，在经过现场巡检、管理确认之后，待到当班生产完成或者该批生产计划完成时，将得到统一处理，流入下一道工序。

巡检的实施包括两部分：一部分是制造部门管理人员的巡检，另一部分是质量管理部门的巡检。各部门人员在巡检时按照管理规定进行即可。在巡检时，各部门人员一方面要查看员工是否按标准执行，另一方面要对保留的实物进行再次检测，并将检测结果与之前记录的检测结果进行核对，确保检测结果一致。

6.5.3　工序能力管理

过程控制是日常控制，是以检查为主的工作。大家都知道，检查一定是在工序完成之后才进行的。这里就又有问题了，如果设备本身的精度达不到要求，生产出来的是不良品，那么即便检测得再周密，生产出来的产品还是不良品。所以企业除了进行过程控制，还要对工序能力进行管理，预防不良品的产生。

工序能力是工序在稳定状态时所具有的保证产品质量的能力，受工序中的操作人员、机器设备、原材料、工艺方法、工作环境等因素的综合影响和制约，表现在产品质量是否稳定、产品质量精度是否足够两方面。[①]

工序能力管理包括两个方面：一方面是对设备进行保养和维护，让设备一直处于良好的状态；另一方面是对工序能力进行测定。这里着重讲述的是对工序能力进行测定。

对工序能力进行测定分为三种情况：第一种是在导入新设备时，一定要进行工序能力测定；第二种是对正常生产设备工序能力进行测定，这种工序能力测定一般不需要经常进行，只需要定期进行即可；第三种是大修后的设备需要重新测定工序能力。图 6-36 所示为某公司对正常生产设备的工序能力进行测定的管理规定。从该规定中可以看出，该公司每年对正常生产设备进行两次工序能力测定，

---

① 陆雄文. 管理学大辞典[M]. 上海：上海辞书出版社，2013.

并对测定结果进行了分级管理。

各位读者可根据自己工作的需要，参照 CP 值管理办法，制定相应的管理方法。

说明：工序能力测定，即用“度数分布表”进行相应的计算；

工序能力测定每年2次（每年的6月和12月）。

工序能力测定

数　据	判 断	措　施
CP ≥ 1.33	OK	按作业标准书的规定检查
1.0 ＜ CP ＜ 1.33	尚可	该项目在未能彻底对应前，要求加大检查力度(粗加工10台一检、精加工5台一检)
CP≤1.0	NG	①粗加工项目视该项目在精加工时的情况，如大于1.33，对该项目按正常频次检查； ②做问题点报告，原则上在休假期间进行改进； ③精加工项目则进行全检

说明：粗加工项目是指后面的工序仍要加工的项目；

精加工项目是指以图纸上的尺寸为加工标准的项目。

习惯上可将CP分级：CP > 1.67为特级；1.67≥CP≥1.33为1级；1.33>CP>1.0为2级；1.0≥CP>0.67为3级；CP≤0.67为4级。

图 6-36　某公司对正常生产设备的工序能力进行测定的管理规定

6.5.4　变化点管理

前面所讲的内容均是正常状况下的管理。如果大家有经验，就会知道质量问题或者故障大多是在生产过程发生变化时产生的。所以企业不仅要管理好正常状况，还要着重管理好每个发生变化的节点，这就是变化点管理。

生产过程中的变化点包括更换材料、更换刀具、产品切换、人员更替、设备维修、设备更替、加工参数变化、工艺变化等。

在管理过程中，企业需要罗列出实际生产中可能产生的变化点，并对每个变化点设置管理流程及管理方法。图 6-37 所示为某公司机械加工部门变化点管理规定（节选）。其详细规定了变化后的工作流程及各级人员应做的事情。

在将所有变化点管理了之后，即使变化产生后有了质量问题，也能在第一时间发现并解决。变化点管理一方面可防止产生更多的不良品，另一方面可防止不良品流入客户手中。

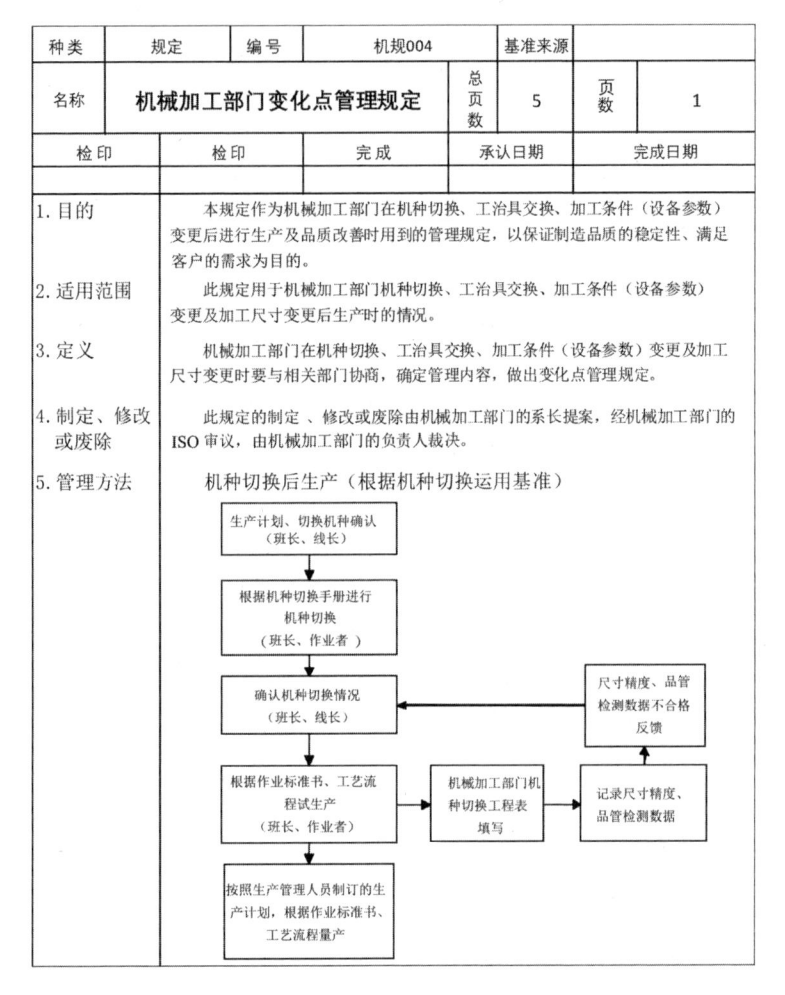

种类	规定	编号	机规004	基准来源			
名称	机械加工部门变化点管理规定			总页数	5	页数	1
检印	检印	完成	承认日期		完成日期		

1. 目的	本规定作为机械加工部门在机种切换、工治具交换、加工条件（设备参数）变更后进行生产及品质改善时用到的管理规定，以保证制造品质的稳定性、满足客户的需求为目的。
2. 适用范围	此规定用于机械加工部门机种切换、工治具交换、加工条件（设备参数）变更及加工尺寸变更后生产时的情况。
3. 定义	机械加工部门在机种切换、工治具交换、加工条件（设备参数）变更及加工尺寸变更时要与相关部门协商，确定管理内容，做出变化点管理规定。
4. 制定、修改或废除	此规定的制定、修改或废除由机械加工部门的系长提案，经机械加工部门的ISO审议，由机械加工部门的负责人裁决。
5. 管理方法	机种切换后生产（根据机种切换运用基准）

```
生产计划、切换机种确认
   （班长、线长）
        ↓
根据机种切换手册进行
     机种切换
  （班长、作业者）
        ↓
确认机种切换情况  ←── 尺寸精度、品管
  （班长、线长）        检测数据不合格
        ↓               反馈
根据作业标准书、工艺流   机械加工部门机    记录尺寸精度、
  程试生产       →    种切换工程表  →    品管检测数据
 （班长、作业者）         填写
        ↓
按照生产管理人员制订的生
产计划，根据作业标准书、
   工艺流程量产
```

图 6-37　某公司机械加工部门变化点管理规定（节选）

6.5.5　质量异常管理

虽然企业采取了诸多手段防止质量不良产生，但是在生产过程中依然存在质量不良。这是客观事实，企业并不能根据人的意志将其完全杜绝。前文所讲述的是如何防止质量不良产生，那么当质量不良产生时，企业又该如何处理？企业同样需要制定质量不良产生后的处理流程和管理办法，这就是质量异常管理。

质量异常包括加工质量异常、材料质量异常等。当质量异常产生时，员工首先需要将质量异常的产品进行隔离存放，并按规定做好相应的标识，然后按照异常联络规定联系相关人员进行确认。在将这些事情完成之后，员工还需要对前一

批次的产品进行隔离并全检，确认是否有质量异常品出现。相关人员在接到员工的报告后，需要按照质量异常品处理流程对该质量异常品进行判定、处理。图6-38所示为×××部门质量异常品处理管理办法。

在产生质量异常后，相关人员需要填写品质异常报告书，一方面是督促员工按照质量异常处理办法进行处理，另一方面是督促员工对质量异常产生的原因进行深入分析，并制定相应的对策进行改善。品质异常报告书如图6-39所示。

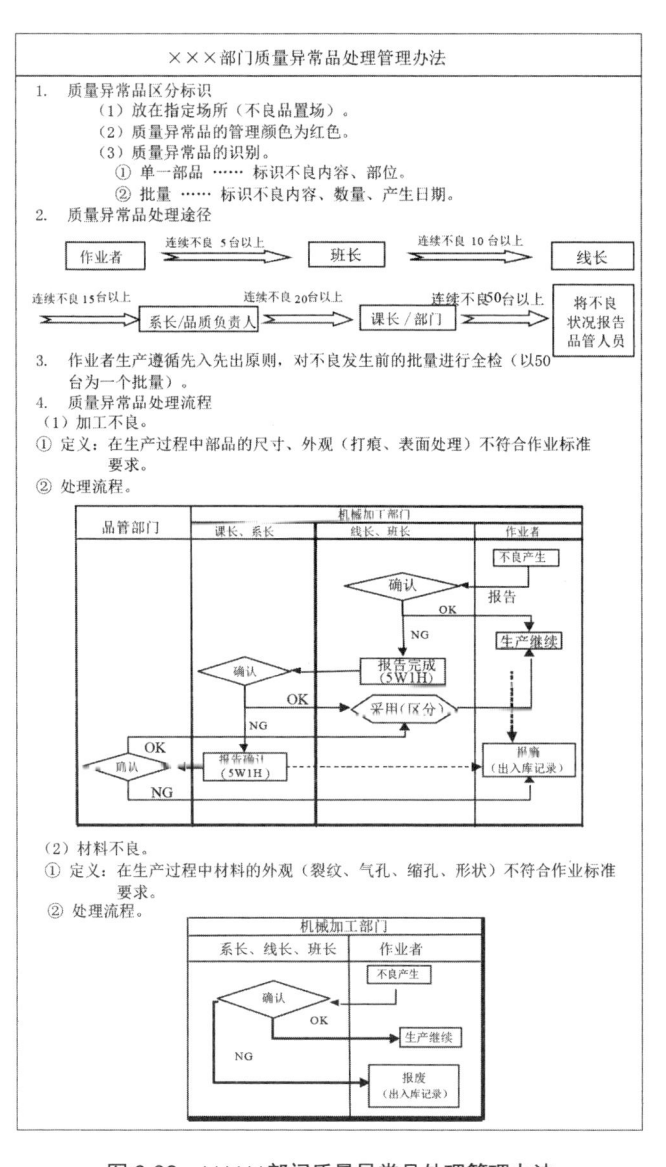

图6-38 ×××部门质量异常品处理管理办法

品质异常报告书

日期：____年____月____日						
生产线		设备名称		不良机种编号		不良台数	
异常内容				设备故障时间	h	设备调整时间	h

●故障背景

●异常发生前品质确认

检查台数	不良台数	不良项目数量	……	……	……	……	……	……	……

●故障原因分析

●对策

●效果确认

●实施对策后品质确认

台数	项目									
	1	2	3	4	5	6	7	8	9	10
判定(OK、NG)										

●再发防止对策

图 6-39 品质异常报告书

6.5.6 特殊工序管理

特殊工序是指在将产品生产出来后，不能快速地、轻易地判断生产出来的产品是不是良品的生产工序。比如，在一些化工产品被生产出来之后，工作人员需要进行较长时间的检测才能确定其是不是良品，如果检测完成后发现不是良品，且已经生产了很多，造成巨大浪费，这类工序就被称为特殊工序。

既然在将产品生产出来之后不能快速地判断其是不是良品，那么该如何控制不良品的产生呢？

对于特殊工序，企业需要在三个方面下功夫。

其一，要对生产过程进行严格的控制，严格控制生产参数（如气体流量、压力；生产温度、升温曲线；电压、电流；生产速度、时间等）。在生产前，企业需要研究并制定各生产参数的标准范围及标准数值。只要各生产参数在标准范围之内，就能保证生产出的产品是良品。

其二，严格进行变化点管理。

其三，建立外观限度样本，从外观上初步判断产品是不是良品。

图 6-40 所示是某活塞的外观照片，该产品对表面粗糙度的要求极高，在抛光完成后，现场人员不能及时判断其粗糙度，需要在品管部门的粗糙度检测仪上进行检测后，根据数值及形状才能确定该产品是否合格。如果将每个产品都拿去检测，由于时间关系生产就不能正常进行，但是等到检测数据出来之后，如果出现不良品，则已经生产了一大批不良品，显然也不合适。这就出现了矛盾。

除了前面所讲的生产参数控制、变化点控制、定期检测，企业还可以建立外观限度样本，一旦产品外观与限度样本不符，就需要立即进行质量检测，以防出现批量不良。图 6-41 所示的活塞表面出现了条纹形图案，这时，就需要立即停机进行送检，根据检测结果判断质量状况是否良好。待对判断结果进行确认后，再决定后续是正常生产还是进行质量调整。

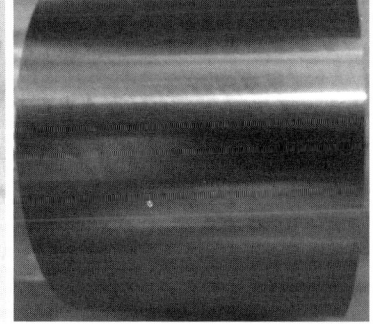

图 6-40　某活塞的外观照片　　图 6-41　活塞表面出现了条纹形图案

比如，在某日化产品生产过程中，在清洗完反应釜、管道后，需要对清洗的水样进行检测，确认其含菌量，可是检测过程耗时较长，如果等待结果就会造成时间浪费。所以工作人员现场制定了色泽限度样本和标准色卡，根据水样在发生化学反应之后的颜色变化来初步判定其是否合格。如果初步判定水样合格，则可进行后续的工作；如果不合格，则需要重新进行清洗（需要注意的是，现场的这种判断为初步判断,是为了降低不良品产生的概率,并不能代替最终的数据检验)。

6.5.7 质量信息统计

质量信息统计包括日报、不良项目统计、月报等。

1. 日报

在每天的生产完成后,各班组都要对当天的质量状况进行统计,形成质量日报。其目的有两个方面:一方面是管理人员需要从数据上对当天的质量管理状况进行复盘,确认当天的质量管理状况;另一方面是需要将每天的质量数据进行统计、存档,以便后续分析。

2. 不良项目统计

除了日报,企业还应将所有质量不良项目进行统计,以便后期进行分析。在统计时,企业可根据数据状况采用不同的统计方法(如控制图、排列图等),弄清楚到底有哪些不良项目、每个不良项目的具体表现如何等。

图 6-42 所示为某企业采用 P 管理图对不良项目进行统计的统计表。所谓 P 管理图,就是不良品率控制图(P 图),属于计数型控制图的一种,是对产品不良率进行监控时用的控制图。

在采用 P 管理图对不良项目进行统计之后,就很容易对各不良项目进行分析了。图 6-43 所示为所统计的不良项目的帕累托图。从中我们可以看出该部门产品本周不良项目的前三项分别是内径尺寸大、沙孔和 H 大,这样就为后期的改善指明了方向。在后期改善时就可以建立三个改善课题,分别对这三个不良项目进行重点分析、查找原因,并制定改善对策。

3. 月报

除了日报、不良项目统计,企业还应每月对质量管理活动、管理结果进行深入分析,查找漏洞,并制订后续的改善计划,这就是月报。图 6-44 所示为某公司某部门的质量月报(节选)。

第6章 建立企业产品质量的"护城河"——质量管理

图 6-42 某企业采用 P 管理图对不良项目进行统计的统计表

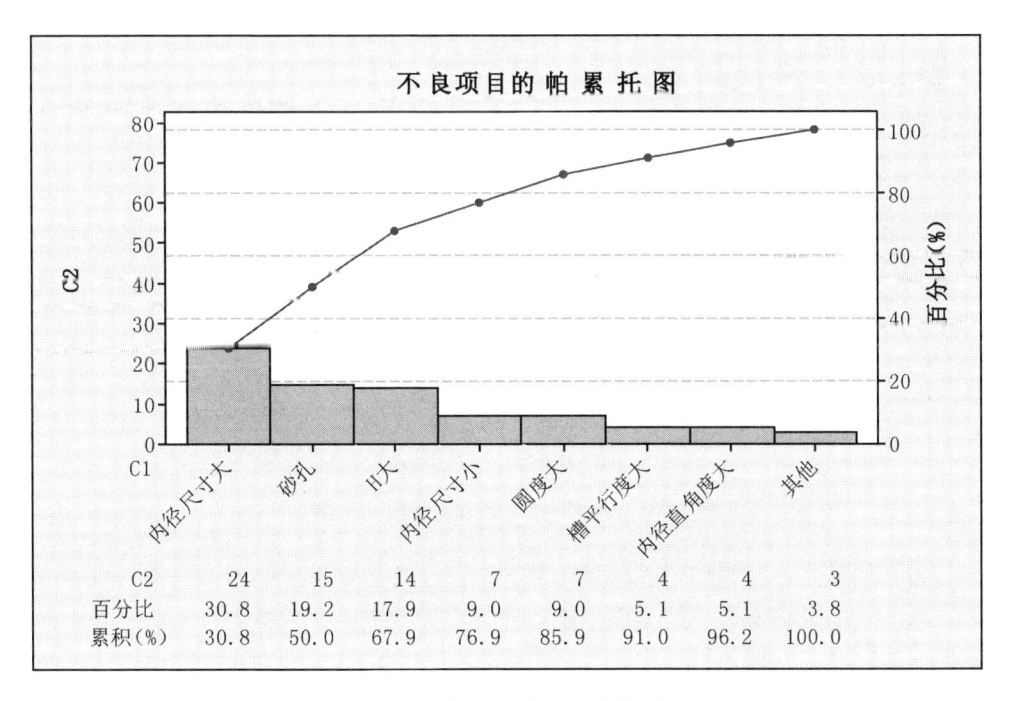

图 6-43 所统计的不良项目的帕累托图

◆ Y系列返品不良实绩推移图

月份	4月	5月	6月	7月	8~9月	10月	11月	12月	2019年1月	2019年2月	2019年3月	平均
比率	0.299%	0.532%	0.427%	0.307%	0.233%	0.141%	0.170%	0.201%				0.289%

◆ Y系列三大返品不良追踪管理

线别	上月(11月) 三大返品不良项目	上月	本月	比上月	本月(12月) 三大返品项	现状	原因	2009年1月对应 对策
CY	H大	0.084%	0.036%	下降	内径直角度大	0.041%	过程检频率低，导致流出	频率由2小时1次变更为1小时1次
	内径尺寸大	0.022%	0.018%	下降	H大	0.036%	全检不到位	全检岗人员培训，检前各隔离
	吸气孔尺寸大	0.015%	0.006%	下降	打痕	0.030%	设备部品筐碰撞工件	制作部品筐防护
CS	T面毛刺	0.194%	0.005%	下降	T面打痕	0.308%	将YNC工件放置在V型座上造成	放置手法培训，制作V型座防护
	垂直度不良	0.077%	0.001%	下降	油孔异物	0.276%	YNC岗位气管吹气力度不足	变更吹气口，下一工序检查频次增加
	C径小	0.680%	0.120%	下降	喷涂不良	0.120%	在C径加大，没有确认好喷头方向	喷头防呆改善
UB	泄漏	0.153%	0.043%	下降	泄漏	0.043%	阀座高度偏差大，测量存泄漏	修订毛刺作业流程，全检泄漏情况
	砂孔	0.026%	0.013%	下降	砂孔	0.013%	检查方法不正确	重新培训，并跟踪效果1周
	裂纹	0.020%	0.000%	下降	生锈	0.013%	法兰面生锈	原因查找中，暂无对策
LB	内径刀痕	0.057%	0.000%	下降	砂孔	0.024%	检查方法不正确	重新培训，并跟踪效果1周
	砂孔	0.011%	0.024%	上升	打痕	0.003%	阀座打痕：1台	原因调查中
	泄漏	0.009%	0.000%	下降				
CP	H大	0.013%	0.000%	下降	砂孔	0.019%	员工检查不仔细	做成砂孔统计表，制定各岗位流出标准，制定奖罚措施
	H平行度	0.001%	0.000%	下降	外径大	0.001%	检测仪器未校对好	每周对检测仪器进行一次校对
	砂孔	0.004%	0.019%	上升				
ZB	砂孔	0.023%	0.000%	下降				

◆ 客户不良(特殊不良/批量不良、异常联络)、市场不良推移

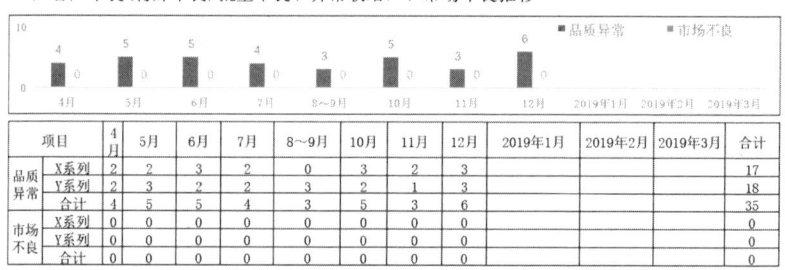

项目		4月	5月	6月	7月	8~9月	10月	11月	12月	2019年1月	2019年2月	2019年3月	合计
品质异常	X系列	2	2	3	2	0	3	2	3				17
	Y系列	2	3	2	2	3	2	3	3				18
	合计	4	5	5	4	3	5	3	6				35
市场不良	X系列	0	0	0	0	0	0	0	0				0
	Y系列	0	0	0	0	0	0	0	0				0
	合计	0	0	0	0	0	0	0	0				0

◆ 客户不良(特殊不良/批量不良、异常联络)、市场不良推移

生产线		不良事件数	不良品数	不良明细	不足点	下月改善对策
CY	X系列	0	0		虽然本月现场品质结果较好，但特殊不良流出较多，比上月升了13%，这增加了内部客户(组装)的工作难度，使内部客户满意度有所下降	针对不良流程，各生产线建立相应的改善课题和改善小组进行改善，杜绝不良品流出在改善对策实施后，邀请内部客户(组装)进行现场观察，共同研讨
	Y系列	1	1	不同系列混入		
CS	X系列	1	1	T面无倒角		
	Y系列	1	1	T面未加工		
CP	X系列	1	1	内径未加工		
	Y系列	1	1	外圆角未抛光		
UB	X系列	0	0			
	Y系列	0	0			
LB	X系列	1	1	内径未加工		
	Y系列	0	0			
ZB		0	0			

图6-44 某公司某部门的质量月报（节选）

笔者在很多企业做顾问时发现，企业人员（包括职员、部门领导）总是觉得报告过多，不愿意编写工作总结报告，其理由是编写工作总结报告没有必要，只要把问题解决了就好，甚至好多经理也持这一态度。那么，为什么要编写工作总结报告？编写工作总结报告的目的是什么？

编写工作总结报告的目的有两个。其一是将一段时间内的工作内容进行汇总，对其结果进行数据分析，从数据分析结果寻找管理漏洞，然后制定改善对策进行改善。牛顿说过，没有数据你就不知道你在说什么，没有数据你就不知道你要做什么。通过对数据进行分析、总结，就可以不断地发现管理问题、管理短板，并制订改善计划进行改善，这就是 PDCA 的合理使用，其目的是让工作越来越好，形成一种螺旋上升的良性循环。其二是对工作思路进行复盘，理顺工作思路，让思路越来越清晰、明了，这属于人才的自我培养内容。

如果不及时对工作进行总结、改善，只埋头做事，久而久之，问题就会越来越多。工作人员每天忙乱不堪，可每天在忙什么，到底哪里存在短板，问题在哪里，这些都搞不清楚，只知道哪里冒出问题就扑上去解决，这就进入了救火状态。长此以往，企业中每个人员都成了救火队员，可大家都知道，火越救越大，这就形成了一种恶性循环，最终会让火吞噬自己。

基于以上道理，企业人员应定期对工作进行复盘、分析、总结，理顺思路，对问题制订改善计划。这就是编写工作总结报告的好处，希望各位企业管理者不要忽视。

6.6 质量改善

当不良产生时，企业管理者应该考虑如何让这种不良不再产生。这就要求企业管理者在第一时间了解不良产生的过程，根据事实分析不良产生的原因，在找到原因之后制定改善对策进行改善。

6.6.1 不良发生后再发防止改善

所谓再发防止改善，是指对问题产生的根本原因进行改善，从而使该问题得到彻底解决，以后不再产生的改善方法。

当不良产生时，企业要在第一时间了解不良产生的过程，只有掌握了这些事实，才能正确判断不良产生的原因，也就能制定出正确的改善对策。在具体调查时，可采用 5why 分析法进行追根究底，找到根本原因并改善。在改善后还要对改善效果进行确认，并且将改善对策横向或者纵向展开，对同样存在此缺陷的内容一并进行改善。图 6-45 所示为某公司采用 5why 分析法制定的再发防止对策书，企业管理者在改善过程中可以借鉴。

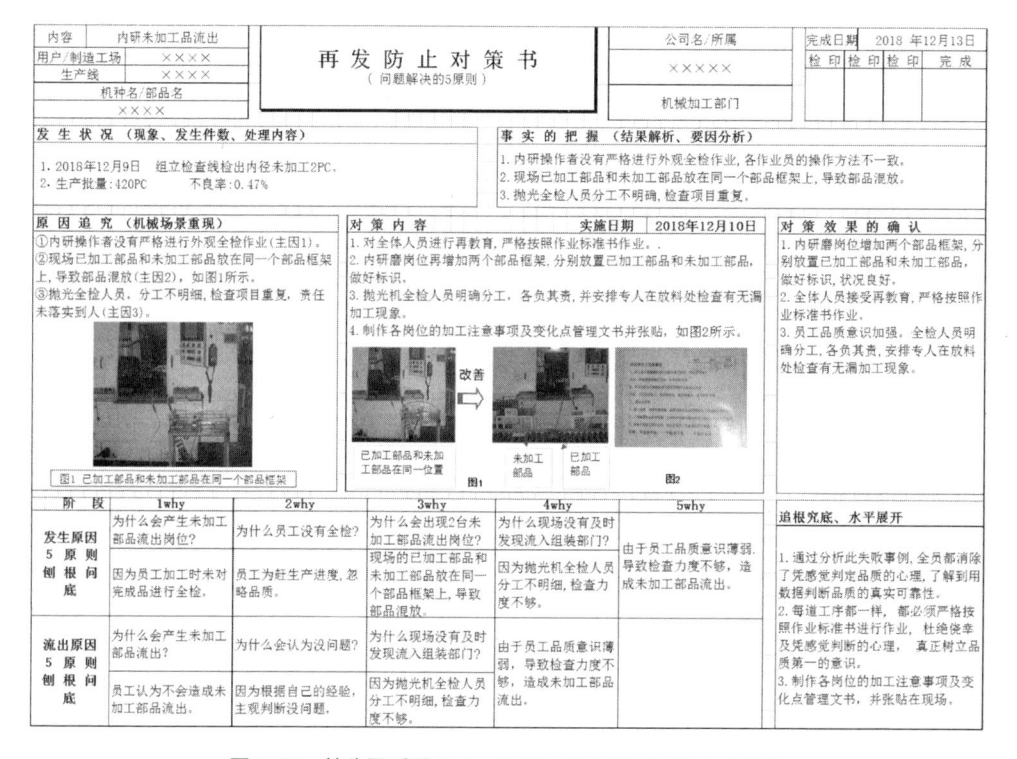

图 6-45　某公司采用 5why 分析法制定的再发防止对策书

这里有个问题，如果企业的不良较多，对所有不良都采用这种方式进行改善，工作人员肯定没有那么多的精力去做，该怎么办？这时就需要抓典型，对典型的质量不良（如客户不良）、批量不良和特殊不良（如从未出现过的不良或者一些较为奇特的不良），采用再发防止对策进行改善，将其消灭在萌芽状态。

6.6.2　专项改善

事实上，不良是长期存在的，昨天产生了，今天仍然会产生，我们将这种不良称为慢性不良。慢性不良的特点是长期存在，并且产生的原因有多个方面，错综复杂，很难直接分析出根本原因。针对慢性不良，企业需要成立专项改善小组，采用较为复杂的改善工具进行改善，如 PDCA 十步法、6-Sigma 改善方法。

6-Sigma 改善方法的步骤如图 6-46 所示。

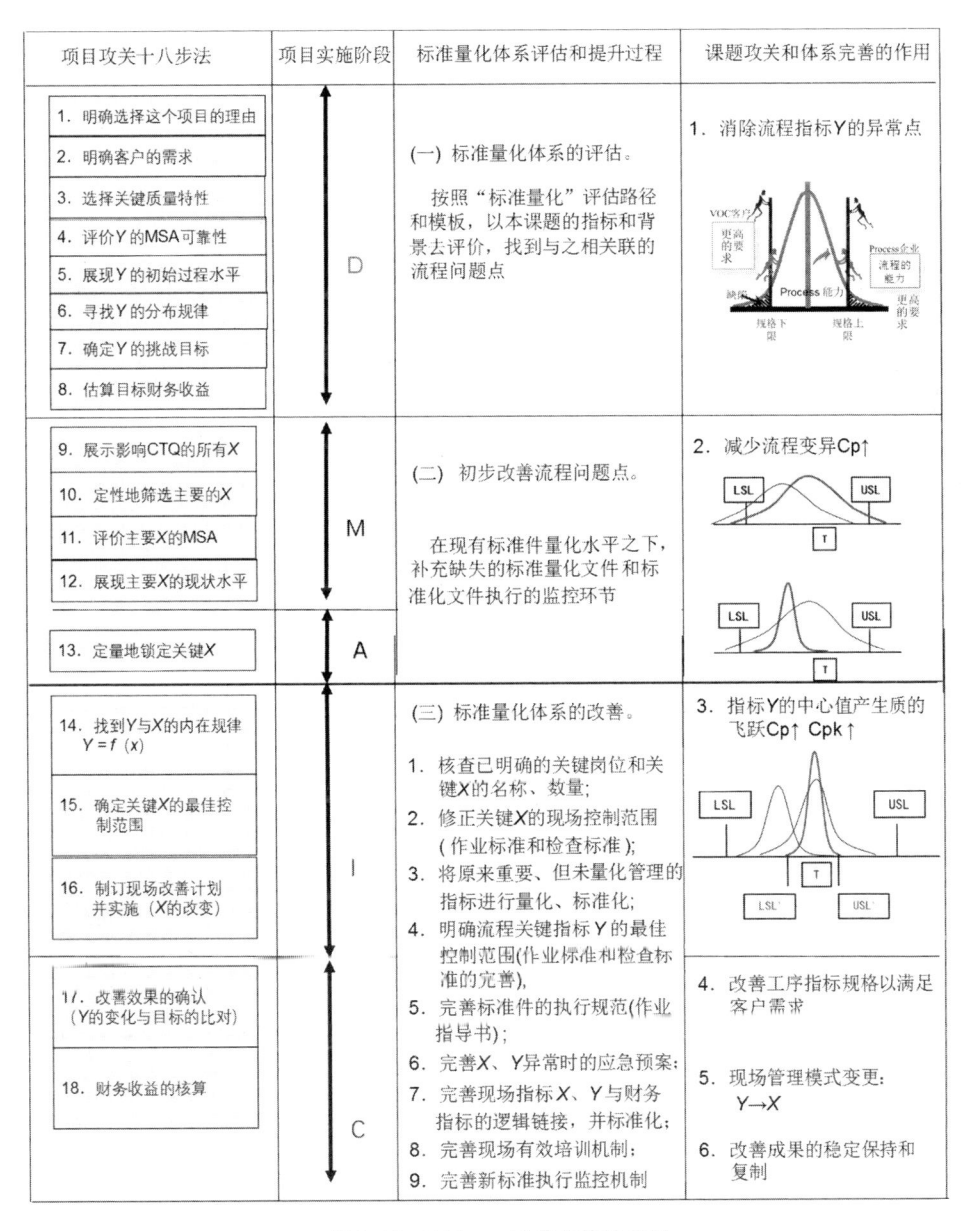

第 6 章 建立企业产品质量的"护城河"——质量管理

项目攻关十八步法	项目实施阶段	标准量化体系评估和提升过程	课题攻关和体系完善的作用
1. 明确选择这个项目的理由 2. 明确客户的需求 3. 选择关键质量特性 4. 评价Y的MSA可靠性 5. 展现Y的初始过程水平 6. 寻找Y的分布规律 7. 确定Y的挑战目标 8. 估算目标财务收益	D	(一) 标准量化体系的评估。 按照"标准量化"评估路径和模板,以本课题的指标和背景去评价,找到与之相关联的流程问题点	1. 消除流程指标Y的异常点
9. 展示影响CTQ的所有X 10. 定性地筛选主要的X 11. 评价主要X的MSA 12. 展现主要X的现状水平	M	(二) 初步改善流程问题点。 在现有标准件量化水平之下,补充缺失的标准量化文件和标准化文件执行的监控环节	2. 减少流程变异Cp↑
13. 定量地锁定关键X	A		
14. 找到Y与X的内在规律 Y = f (x) 15. 确定关键X的最佳控制范围 16. 制订现场改善计划并实施 (X的改变)	I	(三) 标准量化体系的改善。 1. 核查已明确的关键岗位和关键X的名称、数量; 2. 修正关键X的现场控制范围 (作业标准和检查标准); 3. 将原来重要、但未量化管理的指标进行量化、标准化; 4. 明确流程关键指标Y的最佳控制范围(作业标准和检查标准的完善), 5. 完善标准件的执行规范(作业指导书); 6. 完善X、Y异常时的应急预案; 7. 完善现场指标X、Y与财务指标的逻辑链接,并标准化; 8. 完善现场有效培训机制; 9. 完善新标准执行监控机制	3. 指标Y的中心值产生质的飞跃Cp↑ Cpk↑ 4. 改善工序指标规格以满足客户需求 5. 现场管理模式变更: Y→X 6. 改善成果的稳定保持和复制
17. 改善效果的确认 (Y的变化与目标的比对) 18. 财务收益的核算	C		

图 6-46 6-Sigma 改善方法的步骤

6.6.3 改善提案

操作人员和基层管理人员是与产品、设备等接触最多的人员,他们更清楚现场到底发生了什么，也更清楚不良产生的原因是什么，以及怎么改善，所以在改善过程中还应发挥全员的作用，让每个员工参与到改善中来。这可以通过实施改善提案来实现。

在实施改善提案时，公司应成立改善提案委员会，由该委员会来制定改善提案的实施办法，包括改善提案征集、评审和奖励制度，鼓励员工积极参与到改善提案活动中来。

员工可采用图6-47所示的改善提案表，针对自己所发现的问题点制定改善对策，提交至改善提案委员会进行评定。

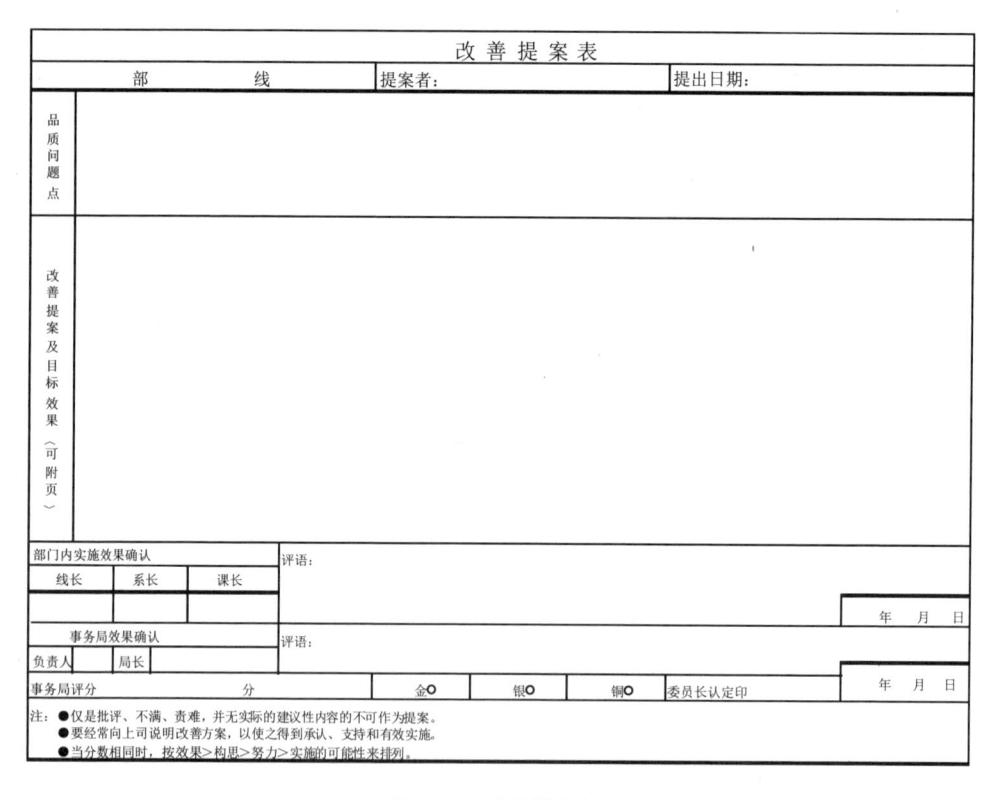

改 善 提 案 表			
部　　　　线	提案者：		提出日期：
品质问题点			
改善提案及目标效果（可附页）			
部门内实施效果确认	评语：		
线长　系长　课长			年　月　日
事务局效果确认	评语：		
负责人　局长			年　月　日
事务局评分　　　分	金〇　银〇　铜〇	委员长认定印	年　月　日
注：●仅是批评、不满、责难，并无实际的建议性内容的不可作为提案。●要经常向上司说明改善方案，以使之得到承认、支持和有效实施。●当分数相同时，按效果＞构思＞努力＞实施的可能性来排列。			

图 6-47　改善提案表

很多人肯定会有疑问："我们已经在竭尽全力地鼓励员工进行改善提案了，可员工无动于衷，或者为了应付差事，提一些不痛不痒的方案，这该怎么办？"这里面有几个方面的原因。

原因一：无奖励或者奖励很少，与员工的付出不成正比，导致员工不愿意参与到改善提案活动中来。

原因二：奖励太过随意，无论什么样的提案，都同等对待，普遍奖励，这就造成了员工提案的随意，总是提出一些无关痛痒的方案。

原因三：在员工提出方案后，无人跟进或者无人进行实质性的改善，打击了员工的积极性。

原因四：在员工提出改善方案后，需要员工自己进行改善，而员工不会或者不能改善。

原因五：员工不会提案。

针对这些问题，改善提案委员会应当制定合理的管理办法，解决员工的困扰，使员工积极参与到改善活动中来。比如，在奖励方面，有些公司没有任何奖励，而有些公司将改善收入的一部分奖励给员工。

在改善提案活动中不进行员工奖励的企业管理者认为，这些改善都是员工应该做的事情，是正常工作的一部分。这样想貌似没有错，可大家想一想，如果不给予相应的奖励，员工就不进行改善，这个浪费就会一直存在，对公司来说就是损失。如果将改善收入的一部分奖励给员工，公司也有一部分收益，并且这些收益是实实在在的利润。所以公司在改善提案方面应当适度给予员工奖励。这样一来，改善提案的收益越高，员工获得的奖励金额越高，公司的收益越多，相得益彰，何乐而不为？

同时，公司也要切记，奖励金额不能过高，并且不能疏忽日常业务管理。疏忽了日常业务管理，管理上的问题就会越来越多，如果再加上奖励金额过高，员工就会将很多正常工作中要做好的事情专门放到改善提案中进行改善，如此一来，改善提案反而成了完成正常工作的"绊脚石"。

所以，公司要弄清楚其中的逻辑关系：正常工作是纲，必须按照前文所述的管理内容逐条管理好；改善提案是对正常工作的补充，其目的是弥补正常工作的不足；奖励是为了提升员工参与改善提案的积极性，千万不能混为一谈。

6.6.4 其他改善活动

除了以上改善活动，公司还可以举办一些旨在加强员工质量管理意识和提高员工质量管理技能的改善活动，如品质强化月活动（见图6-48）、演讲比赛、技能大比武、质量知识大讲堂等。

序号	活动项目	实施内容	活动日程	地点	负责部门
1	启动大会	①事务局局长宣布"XX公司品质强化月活动"开始 ②总经理、BU长为"品质强化月活动"致辞，致辞内容在各部门看板展示 ③品质强化月日程表说明 ④总经理、BU长现场检查（活动现场布置、两个重点岗位）	11月1日	组立研修室	品管部门
2	全员品质意识强化	①各部门"品质强化月活动"宣传栏布置	10月27日至10月31日	各部门现场展板	各部门
		②各部门每周一在早会上朗读本部门的品质宣言	11月6、13、20、27日	各部门早会地点	各部门
		③各部品质失败案例收集、本部门工序宣传栏张贴（第一批资料于10月31日张贴完毕，之后11月16、17日更换新的案例）、将典型案例纳入作业标准书	10月20日至10月31日，11月16、17日	各部门现场展板	各部门
		④各部门现场不良品展示（实物、图片、说明、不良品或不良现象的影响说明）	11月1日至11月30日	见各部门具体方案	各部门
		⑤对新员工的品质意识、操作技能进行培训（各部门提交新员工教育培训计划、培训考核结果）	11月1日至11月30日	见专项方案	各部门及品管制品审查课
		⑥对管理人员实施ISO 9000标准的教育和考核	10月中、下旬	见专项方案	各部门及品管制品审查课
3	供应商品质意识强化	①以品管部门为中心，联合购买部门对供应商展开品质强化活动	11月1日至11月30日（10月16日完成监察方案）	品管部门	品管部门
		对2006年存在品质问题的重点供应商开展品质改善活动监察，总结其生产现场不利于提高产品品质的因素，帮助其改善（方案、实施时间、效果确认时间）		资材部门	资材部门
4	制造品质强化	①各部门根据品管部门的大计划，结合本部门实际，制定本部门的品质强化月活动课题，在10月25日之前制定并提交事务局	11月1日至11月30日	各部门	各部门
		②部门间现场监察（以制品审查课和本部门的内审员为成员）	11月上旬（10月25前方案确定）	品管部门制品审查课	品管部门制品审查课
		③内部制品安全监察（安全工程、安全部品、安全设备）	11月下旬（11月10前方案确定）		
		④对新员工进行作业标准书考核（形式：抽查25%，笔试+实操）	同上		
		⑤各部门根据计划实施，品管部门根据计划进行跟踪确认	11月1日至11月30日	事务局	事务局
5	小集团活动	公司第一届QC成果发布大会	11月27至11月30日	QC事务局	QC事务局
6	活动总结：各部门总结，将结果提交给品管部门		11月30日	各部门	各部门
7	总结发布（各部门总结本部门负责的项目并发布）		12月初	各部门	各部门

图 6-48　品质强化月活动

第7章

建立企业安定化运营基础——设备管理

如图 7-1 所示，企业生产过程就是将资源转化成客户所需要的产品或服务的过程。随着社会及企业的发展，这个转化过程越来越依赖设备。

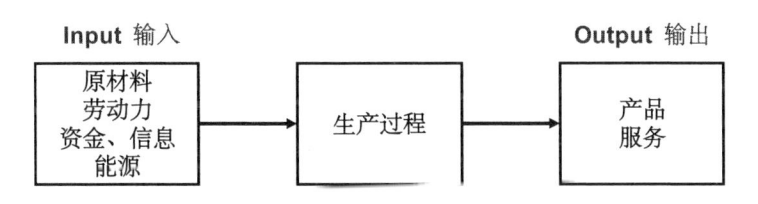

图 7-1 企业生产过程简图

目前，设备自动化、智能化程度越来越高，"黑灯化"（完全无人化）工厂逐渐出现，并且这一趋势不会逆转。同时，随着社会的发展，产品的生产速度、上市速度也越来越快。这就要求在生产过程中，设备要尽可能地处于一种良好的状态，才能保证生产过程顺利进行。可事实上，设备在使用过程中受到摩擦、灰尘、温度、湿度等因素的影响，会逐渐劣化，甚至发生故障。这就与设备要保持良好状态这一需求产生了矛盾。

另外，设备在产生问题后并不会告诉你哪里产生了问题（除非是智能化程度特别高的设备），需要你去判断、分析，甚至猜测。一旦猜测不对，它就要罢工……

一旦出现这种状况，你就不得不去维修，甚至更换配件，总之就是要投入更多的资金去处理和善后。

因此，企业管理者不得不去研究如何才能保证设备不产生故障。

究竟该如何防止设备产生故障？我们要先了解故障是什么和故障产生的机理。

7.1　故障及"零"故障思维

所谓故障，是指设备、机器等丧失机能的情况。故障通常被称为人为引起的设备功能障碍。为什么呢？要想知道具体原因，需要详细分析故障产生的机理。

7.1.1　故障产生的机理

设备到底是怎样丧失机能的？经过分析发现，故障的产生是一个从量变到质变的过程，故障的产生过程如图 7-2 所示。由于空气和环境中含有灰尘、脏污、水汽等，这些东西附着在设备上，会逐步造成设备锈蚀；同时，设备在运转过程中产生的热量，会使设备部分部件老化、发热、变形等；再加上设备在运转过程中的震动，会使某些部件松动、脱落、磨损，甚至产生裂纹等。这些问题虽然不会使设备产生故障，但是会使设备的原有状态发生变化，我们将这些变化统称为微缺陷。虽然这些微缺陷不会使设备产生故障，但是如果我们置之不理，任由其发展，久而久之，某些缺陷就会逐步变大，如某些部件破损需要更换，或者某些部件脱落造成设备运转不良等，这些问题会使设备出现短暂的停机，此时微缺陷就变成了中缺陷。这时候，如果我们还是对这些缺陷置之不理，任由其发展，那么中缺陷会变成更大的缺陷，甚至造成设备一些小的故障，我们将其称为大缺陷。如果我们还对其不管不问，这些大缺陷就会转变成设备的故障。这就是故障的整个产生过程。

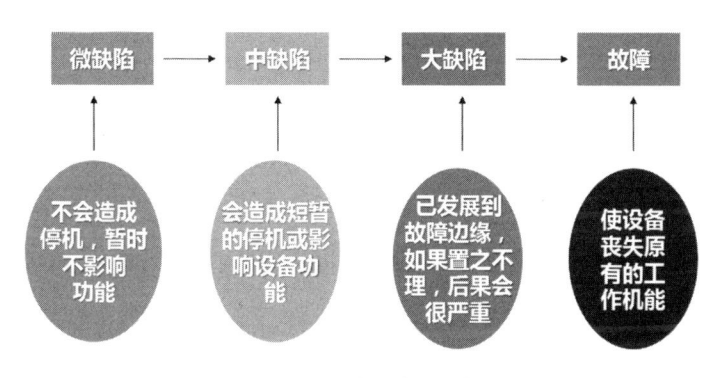

图 7-2　故障的产生过程

从故障的整个产生过程可以看出，所谓的设备故障，是由人们在使用过程中操作不当，或者未进行相应的维护造成的。所以说，故障就是人为引起的设备功能障碍。这一说法也得到了专业统计数据的支持，经过统计发现，70%～80%的设备故障的确是由人们操作不当或者未进行保养维护所造成的。剩下的 20%～30%的故障是由什么造成的呢？其主要是由设计及制造过程中的考虑不足所造成的。

7.1.2　"零"故障思维

之前，人们一直认为设备故障是一定会产生的，只要努力地去解决这些故障即可。因此，大家将研究重点放在了如何快速解决设备所产生的故障上。

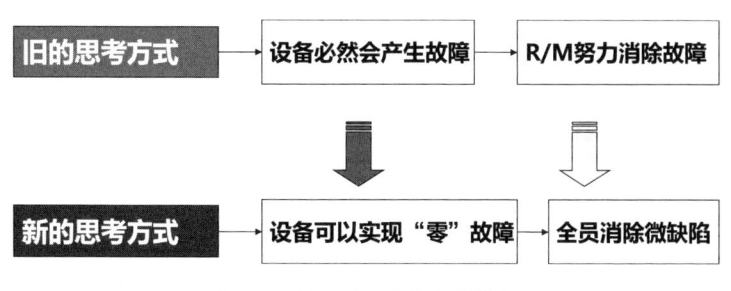

然而，从故障产生的机理可以看出，绝大部分故障产生的原因主要是一些微缺陷没有得到及时的处理。这就意味着只要能够消除微缺陷，设备就不会产生故障，就可以达到"零"故障的状态，如图 7-3 所示。也就是说，如果人改变了思考方式，那么实现"零"故障是完全可能的。

图 7-3　设备故障思考方式转变

看到这里，一定会有人说："处理了微缺陷，还有20%～30%的故障不能解决，还是不能实现'零'故障。"我们既然知道了剩下的20%～30%的故障是由设计及制造过程中的考虑不足所造成的，那么一方面在设计和制造设备过程中，就要将后期使用过程中可能出现的问题点进行着重考虑，逐一提前预防；另一方面在后期使用过程中，也要对前期设计不足及制造存在缺陷的部位进行改善。通过这两方面处理，设备设计和制造过程考虑不足所产生的缺陷是可以得到解决的。因此，"零"故障是完全可以实现的。

7.1.3 "零"故障对策

只有"零"故障思维是不够的，"零"故障思维只能让大家知道故障是可以预防和消除的，究竟怎么做才能够真正实现"零"故障呢？设备故障的主要源头有以下几个：

灰尘、脏污——产生锈蚀、圆滑不良（润滑液脏污）、卡死等劣化；
润滑不良——产生过度磨损、温度升高、破损、变形等劣化；
紧固不良——产生脱落、泄漏、动作不良等劣化；
受热、潮湿——产生锈蚀、磨损、破损、过热保护等劣化。
对这些劣化进行改善的具体方法有以下几种。

1. 预防劣化

预防劣化需要通过正确使用、精心维护、合理润滑和改善维修几个方面来实现，具体方法如下。

（1）日常点检维护：给油脂、更换、调整、紧固、清扫。
（2）改善维修：维持性能。

2. 测定劣化

测定劣化的方法有点检、故障诊断。

3. 消除劣化

消除劣化的方法有适时修理、技术改造、更新设备。

除了知道和理解这些方法，我们还需要深入地去研究该如何实施这些方法，这就需要引入 TPM。

7.2 TPM 的概况

TPM 是 Total Productive Maintenance 的缩写，它是一套用于设备的设计、制造、操作、保养、维护，以及提高作业质量与保养协调程度的常识性方法。

近年来，经各大企业的实践验证，TPM 是一套设备管理的最佳实践方法。

7.2.1 TPM 的定义及内涵

TPM 主要研究如何通过全员维护来提升设备的可靠性，所以人们也将 TPM 称为全员生产设备维护体制，这是对 TPM 的狭义理解。

然而在实施过程中，要将所有对策落地，需要对公司生产管理过程中的制度、流程、标准等进行全方位的梳理，对存在问题的地方进行全面改善，所以 TPM 也被称为全面生产管理体制，这是对 TPM 的广义理解。

TPM 的任务是建立一种涉及与设备相关的所有部门（包括设计规划、制造安装、使用、维护保养等部门），企业全体人员都参与的，贯穿设备整个生命周期的生产维护管理体制，来提升设备的稳定性，使设备的运行总效率达到最高。

要想完成以上内容，企业需要在 TPM 实施过程中不断地采用不同的方式来开展教育培训，使各级人员理解 TPM 的精髓，掌握 TPM 的管理方法和知识，并且要在教育培训完成后积极实践，使 TPM 真正在企业中生根发芽。

7.2.2 TPM 的来源及发展

图 7-4 所示为 TPM 的发展历程。1951 年，美国人在军工产品的制造过程中率先提出了预防保全（Preventive Maintenance，PM）的概念，主要内容是通过对设备进行一些简单的维护，如定时上油、经常擦拭灰尘、更换螺丝螺母等，防止设备故障的产生。我们将这一阶段称为预防保全阶段。

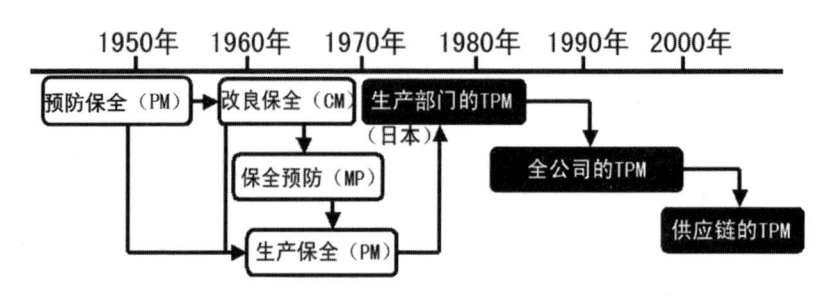

图 7-4　TPM 的发展历程

这些简单的维护对延长设备的使用寿命确实有益，但还远远不够。因此，到了 1957 年，人们开始对原来的维护方法进行改良，除了采用上述简单的维护方法，还增加了根据设备的使用周期来定期更换零件的内容，使设备运转更加正常。这种方法既有效地利用了零件，又防止了故障的产生。我们将这一阶段称为改良保全（Corrective Maintenance，CM）阶段。

随着企业的发展，从 1960 年开始，人们通过对设备的运行情况进行记录，根据设备的运行情况（如声音、颜色的变化）来判断设备是否正常，这样不但对设备进行了保养，还把保养和预防结合了起来。我们将这种做法称为保全预防（Maintenance Prevention，MP），这个阶段称为保全预防阶段。

1971 年，日本企业引进了 PM 活动。在引入 PM 活动之后，日本企业开始注重全员参与，将其改造为生产部门的 TPM 活动。这样，狭义的 TPM 就出现了。此时的 TPM 主要以生产部门为主，我们将这个阶段称为生产保全（Productive Maintenance，PM）阶段。

1989 年，TPM 被定义为广义的 TPM，它是指以建立不断追求生产效率最高境界（No.1）的企业体质为目标，通过开展企业全员参与的创新小组改善活动，构筑预防管理及生产工序中所有损耗产生的良好机制，最终达成损耗的最小化和效益的最大化。

从 2000 年开始，随着全球化的发展，TPM 取得跨行业、跨国界的发展。世界各地的企业对 TPM 的关注度逐年升高。这时 TPM 逐渐向服务、流通等行业发展，逐步优化供应链系统。

7.2.3　TPM 的两大基石及八大支柱

如图 7-5 所示，TPM 的两大基石（也叫两大基础）分别是彻底的 6S 活动和重复性小组活动。

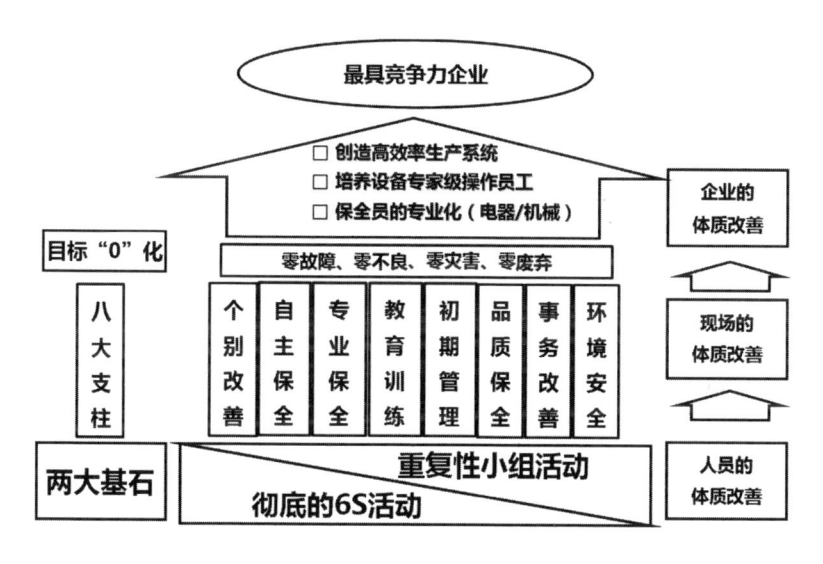

图 7-5 TPM 的两大基石及八大支柱

其中，彻底的 6S 活动主要起两个方面的作用：其一是消除微缺陷和故障产生的基础；其二是通过 6S 活动和减量改善（让工作变得轻松、容易的改善），让后续工作变得轻松，容易完成。

重复性小组活动就是由不同层级、不同部门的人员组成联合攻关小组，然后根据小组活动的方法及流程，对现场设备不断地进行改善，减少设备的问题点，使设备保持良好的状态。

下文着重介绍 TPM 八大支柱的具体内容和开展方法。本书主要讲述管理的逻辑和思维方法，对每个步骤实施的方法讲得较为粗略，大家在学习时可根据实际需要选择相应的工具书进行深入学习。

7.3 个别改善

个别改善是 TPM 八大支柱之首，其工作方法是利用 QCC 的工具和方法，对设备的疑难问题点进行分析和改善。

在 TPM 中，为何将个别改善放在八大支柱之首呢？这主要有以下两个方面的原因。

（1）根据木桶原理，迅速找到企业的短板，并给予改善，这样做能够用最少的投入取得最好的效果，既可以改善现状，又可以最大限度地给员工提供良好的示范，让员工对推进 TPM 产生信心和兴趣。

（2）在一项变革的推行过程中，组织中一定会存在图 7-6 所示的几种人员。同样，在 TPM 导入初期，大家对其将来所产生的效果是有疑虑的，不同的人对 TPM 的接受程度也是有差异的。这个时候，我们选择 TPM 的某个模块或者某个项目推进，一方面能够集中有限的力量进行局部突破，既让推行人员积累第一手经验，也让企业上下增添信心；另一方面，在这些模块或者项目的推进过程中，可以让各部门员工不断地磨合，让他们体会到活动的意义和效果，逐步打消大家的疑虑和担心，以便后期更好地开展工作。

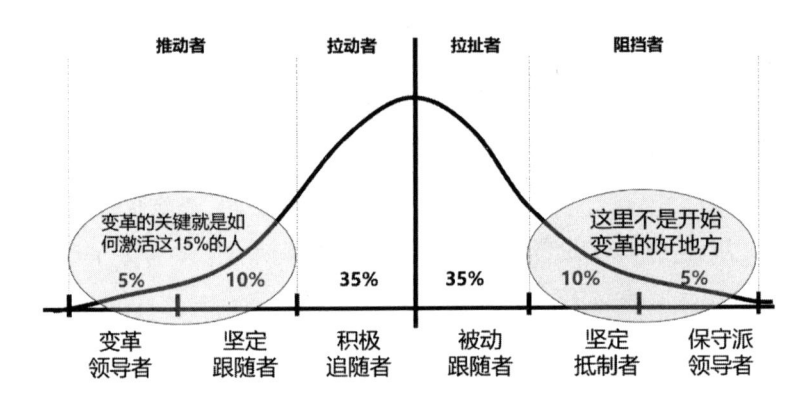

图 7-6　变革推行之初人员状态的分布情况

个别改善的开展步骤与 PDCA 十步法的步骤相同，这里不再赘述。

7.3.1　选择课题

1．选择课题的三个方面

1）系统分解课题

所谓系统分解课题，就是对所管理的内容进行详细分解，并设定相应的指标，进行指标数据统计。在统计数据后，将其与指标目标进行对比，寻找未达成目标且与目标有较大差距的指标进行改善。

系统分解课题的切入点是生产企业要管理的五大内容：Q——设备对产品质

量方面的影响；C——设备问题造成的维修成本、管理成本和损失成本；D——设备故障对生产效率的影响程度；S——设备问题对安全管理方面的影响；F——敏锐地感觉市场，使设备能够适应变化并预见性地满足客户的需要。

采用系统分解课题的优势在于自主选择，自己能全力投入研究，自主性强；劣势是单兵作战的可能性较大，项目成功的概率较低。

2）VOC 课题

VOC 是 Voice Of Customer 的缩写，意思是客户的声音。只要是客户所关注的问题点，企业必须无条件地予以改善。所以，一旦有客户提出投诉、建议，企业就可以将其设置为改善课题进行改善。

这里要注意的是，客户并不一定是外部客户，也可以是内部客户。内部客户同样属于客户，内部客户所关心的，企业也需要进行改善。

采用 VOC 课题的优势是针对性强，各方面的关注度也较高，所以在项目实施过程中，资源获取较为容易；劣势是客户提出的问题点一般比较难解决，课题开展难度较大，需要各方面共同努力才能取得较好的结果。

3）VOB 课题

VOB 是 Voice Of Boss 的缩写，意思是老板的声音。老板的声音既可以指企业老板所指定的内容，也可以指部门领导所指定的项目，还可以指根据公司或者部门的经营战略，在一定时期内必须完成的工作任务。

采用 VOB 课题，由于课题是领导所指定的改善内容，所以领导比较关注，资源也容易获取，项目成功率高；其困难点在于领导指定的内容一般涉及面比较广，并且主观性较强，项目实施难度较大。

2. 选择课题的注意事项

（1）课题宜小不宜大，课题范围应灵活，不受限制。如果课题过大，需要投入的资源（人力、物力、时间）较多，有可能由于投入不足，导致改善项目难以完成。无论是因为投入不足还是因为时间不足，只要项目不能完成，就会对实施人员的自信心造成打击，同时也不能对观望的人员起到示范作用，这样企业人员就会失去信心，从而导致后期项目开展困难重重。

（2）课题的名称应明确地表示要解决什么问题，不可抽象。如果课题的名称过于抽象、模糊，就不能让大家清楚地了解要解决什么问题，也不利于项目团队成员在研究课题时做到有的放矢，后续的改善可能会走向歧途。

(3) 选择课题的理由应该是选此课题的目的和必要性，不能是课题背景。

7.3.2 成立小组

在选定了课题后，就要成立小组，由小组成员共同来完成课题的分析、研究及改善。

这里要说明的是，有些企业将成立小组放在第一步，其主要指导思想是，先成立小组，然后由小组成员共同来选择课题，最后进行课题改善。这样做的好处是课题是由小组成员共同选择的，在项目开展过程中思想较为统一，开展较为容易；缺点是不能针对具体课题选择适合的小组成员。

还有一些企业将成立小组放在了选择课题后面，正如本文所使用的顺序。这样做的优点是前面三种选择课题的方法都适用，另外在选定课题后，可以根据课题内容有针对性地选择小组成员，使改善更有针对性。

在选择小组成员时，企业需要根据课题内容，选择不同岗位，甚至不同部门的人员，让他们组成联合改善小组进行课题实施。

在选择小组成员后，要对成员进行分工，确定各个成员负责什么内容。另外，在小组成立后，还要确定小组名称、活动战略、活动体制及口号等，如图7-7所示。

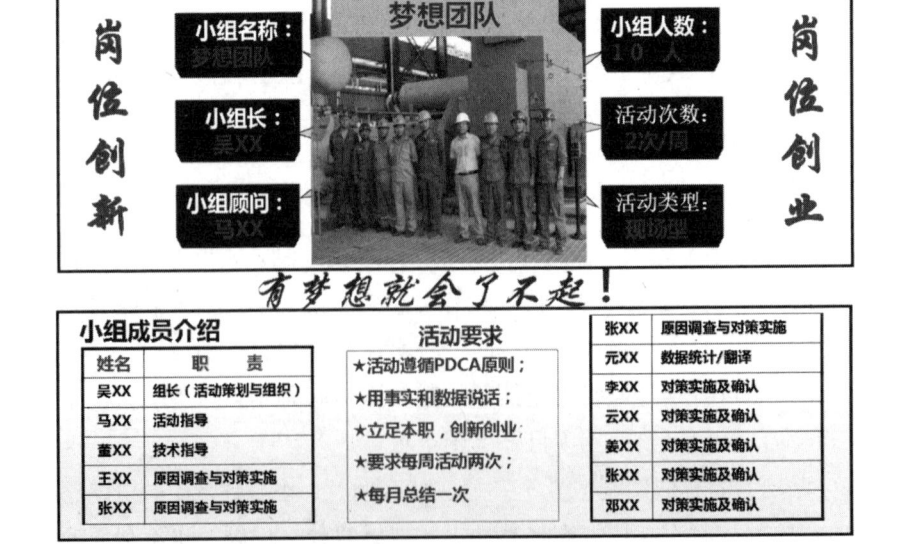

图7-7 小组简介

很多人认为小组的名称、口号和活动战略等都没有用，属于作秀。古人曾说"神者生之本也，形者生之具也"和"神大用则竭，形大劳则敝，形神离则死"。这两句话说的都是人的精神与肉体的关系：前一句的意思是精神是人生命的根本，形体是生命的依托；后一句的意思是人活着是因为有精神，而精神又寄托于形体。人过度使用精神就会衰竭，过度使用形体就会疲惫，如果形、神分离，就会死亡。做事情也一样，我们可以将做事情本身看作人的形体，将小组的名称、口号、活动战略等看作人的精神。如果没有精神，人就只剩下一具空洞的形体，与行尸走肉无异，所以形体与精神不可分离。在小组建设中，不但要做事情，还要有相应的小组文化。其目的是使小组成员有一种使命感，让大家清楚地知道做这件事情的重要性。

很多企业既没有相应的文化内容（理念、信条），也没有相应的文化行动，员工上班就工作，下班就走人，这样的企业员工有多少归属感？企业还有多少凝聚力？看到这里很多人一定会说，差不多每个企业都有经营理念、信条等，怎么能说没有企业文化呢？是的，绝大多数的企业都确立了经营理念和信条，可那是放在文件夹中的经营理念和信条，有几个员工知道？又有多少员工在做事情的时候是按照经营理念、信条来做的？这些"躺"在文件夹里的经营理念和信条又有什么用？另外，即使员工会背经营理念和信条，可没有一些强化活动，又怎么让员工来重视这些经营理念和信条？

7.3.3 现状调查

所谓现状调查，就是要了解问题严重到什么程度。现状调查可采用"三现""两原"（现场——到现场去、现物——确认实物、现实——掌握事实，两原——原理、原则）去了解课题的实际状况。其主要目的是确定项目改善的关键指标的实际状况，不仅要了解关键指标的实际状况，还要了解关键指标可能的最佳状态。

现状调查的步骤及实施注意点如下。

1. 确定关键指标

关键指标应与项目课题保持一致，能够真实反映课题的实际状况。

2．确定关键指标的数据采集期限

关键指标的数据采集时间如果太短，则数据量太少，不能反映课题的实际状况。因此在流程正常的情况下，需要采集六个月以上的数据进行分析，并将这六个月的数据的平均值作为基线。如果数据呈现连续上升或下降的趋势，可以取最近三个月的数据的平均值作为基线，或者取最后一个月的数值作为基线。

3．关键指标数据采集分析

4．关键指标数据分析结果确认

7.3.4 设定目标

在现状调查完成之后，就需要设定改善目标了，这就是设定目标。设定目标就是要明确通过小组活动，将问题解决到什么程度，为效果检查提供依据。设计目标包括采用什么指标（对象特性）、指标设置为多少（目标值）、到何时达到目标（活动期间）等。

1．设定目标的注意事项

（1）目标应与课题名称保持一致。

例如，课题名称为《降低×××的故障率》，则目标应该设定为故障率由20%降到5%以下。

（2）目标要定量，不能定性。

2．目标具备的特性

（1）目标要有一定的挑战性。

（2）目标应该是通过小组的努力可以达到的。

（3）当所要完成的课题的现状与上级的考核指标，或与产品、工艺的规格要求有较大差距时，可以把上级的考核指标或产品、工艺的规格要求作为小组活动的目标。

3．设定目标的依据

（1）上级下达的考核指标（或标准的要求）必须达到。

（2）客户提出的需求，必须予以满足。

（3）通过水平对比，在设备条件、人员条件、环境条件等方面都差不多的情况下，与同行业已达到先进水平的企业进行比较，从而确定自己达到该水平时的目标。

（4）历史上曾经达到的最高水平。

4. 目标值设置的国际通用公式

国际通用的目标值设置公式如下。

$$目标值=现状+差距\times（60\%\sim70\%）$$

这个目标值设置公式并不是万能公式，所以用该公式设定的目标值未必准确。使用该公式设置目标值，一定要在采用其他方法无法设置目标值时再进行。

5. 设定目标后的必要性分析和可行性分析

（1）必要性分析。

必要性分析就是用简短的语言说明为什么一定要设置这个目标。大家都知道，做一件事情从较差达到较好相对比较容易，但要从较好达到极好，就需要付出巨大的努力。可问题是，这样的努力有没有必要？

怎么来判断设定目标有没有必要呢？这要根据客户（内、外部客户）的需求来判断。如果客户有需求，那么设定目标就有必要，而且这个目标必须达成；如果客户没有需求，那么设定目标就没有必要。

（2）可行性分析。

可行性分析是指用简短的语言说明设定的这个目标能不能达成，可以从确认人员的能力有无提升，以及历史最好水平、同行最好水平、行业最佳水平是否可以达到等方面进行。

7.3.5 分析原因

1. 分析原因的步骤

分析原因就是对课题指标未达到目标的原因进行详细分析、查找的过程，其步骤如下。

（1）绘制课题所涉及的工作整体流程图。

（2）筛选关键影响流程（岗位）。

（3）筛选关键影响工序。

（4）分工序绘制树状图（原因分析表）。

（5）头脑风暴，输出所有末端影响因素。

（6）绘制原因分析图（因果图、系统图、关联图、鱼骨图等）。

2．分析原因的切入点

在具体分析时，可将 5M1E1T（人、机、料、法、环、测、时）作为切入点。

人：操作人员/管理人员（熟练程度、性别、年龄等）。

机：机器设备（型号、机号、结构、新旧程度、工装夹具、模具等）。

料：材料及零部件（规格、成分、产地、供应商、批次等）。

法：作业方法（工艺、操作参数、操作方法、生产速度等）。

环：作业环境（温度、湿度、清洁度、照明度、地区、使用条件等）。

测：检查及测量方法（计量器具、测量人员、检查方法等）。

时：作业时间（班次、日期等）。

3．分析原因的注意事项

（1）要针对所存在的问题分析原因。

（2）要展示问题的全貌——5M1E1T。

（3）所有可能的因素都要分析到，不能靠主观判断进行删减。

（4）要采用 5why 分析法，一定要分析到末端影响因素，直到可采取对策为止。

（5）要根据实际情况选择合适的工具。

7.3.6　要因验证

所谓要因，就是主要原因的简称。要因验证就是针对所有末端影响因素，一个一个地进行分析、确认，找出主要原因的过程。

前文讲过，分析原因的过程是一个推理、分析，甚至猜测的过程，并且要将所有可能的因素罗列出来。所谓推理，就是一个假设的过程。比如，"如果发生××事情，就会产生××结果"，其中，"发生××事情"是条件，"产生××结果"

第 7 章　建立企业安定化运营基础——设备管理

是"发生××事情"这个条件的结果。所以，要因验证就是要证明两个方面：第一，"发生××事情"这个条件是成立的，也就是"××事情"肯定是会发生的；第二，发生了××事情，就一定会产生××结果。只有证明这两个方面都是成立的，这两个方面才是要因。

这样说明大家可能很难理解，下面举例来说明。

图 7-8 所示是某设备的活塞杆下沉造成填料使用寿命缩短的要因验证。从理论分析来看，如果活塞杆下沉且未及时处理，则会使填料磨损，缩短填料的使用寿命。其中，活塞杆下沉是条件，填料磨损是结果一，填料使用寿命缩短是结果二。要因验证就是要验证在使用过程中会不会出现活塞杆下沉，并且还要验证如果出现活塞杆下沉，会不会出现填料磨损和填料使用寿命缩短这两个结果。

要因验证——12活塞杆下沉

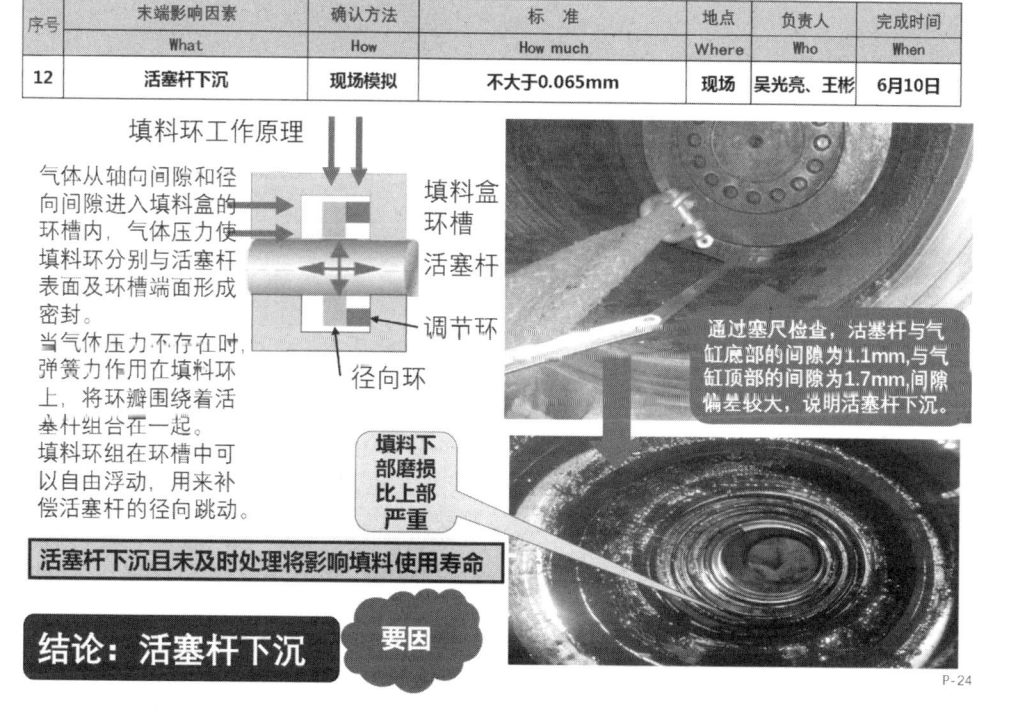

序号	末端影响因素 What	确认方法 How	标　准 How much	地点 Where	负责人 Who	完成时间 When
12	活塞杆下沉	现场模拟	不大于0.065mm	现场	吴光亮、王彬	6月10日

填料环工作原理

气体从轴向间隙和径向间隙进入填料盒的环槽内，气体压力使填料环分别与活塞杆表面及环槽端面形成密封。
当气体压力不存在时，弹簧力作用在填料环上，将环瓣围绕着活塞杆组合在一起。
填料环组在环槽中可以自由浮动，用来补偿活塞杆的径向跳动。

填料盒环槽　活塞杆　调节环　径向环

通过塞尺检查，活塞杆与气缸底部的间隙为1.1mm，与气缸顶部的间隙为1.7mm，间隙偏差较大，说明活塞杆下沉。

填料下部磨损比上部严重

活塞杆下沉且未及时处理将影响填料使用寿命

结论：活塞杆下沉　　要因

P-24

图 7-8　某设备的活塞杆下沉造成填料使用寿命缩短的要因验证

在现场对设备进行拆解并使用塞尺进行检查后发现，活塞杆与气缸底部的间隙为 1.1mm，与气缸顶部的间隙为 1.7mm，其差值为 0.6mm，而标准是不大于 0.065mm，差值超过了标准，这就可以证明活塞杆下沉这个条件是成立的。同时，通过对填料进行检查发现，填料下部磨损比上部严重，这可以证明只要出现活塞杆下沉，就会造成填料磨损不均匀这个结果。那么填料磨损会不会缩短其寿命呢？从原理分析可以看出，只要填料出现磨损不均，就会造成气体泄漏，这属于常识，不需要进行验证。这就意味着只要出现填料磨损不均，就一定会使填料的使用寿命缩短。

从这个验证过程可以看出，活塞杆下沉这个条件是成立的，填料磨损这个结果是成立的，填料寿命缩短这个结果也是成立的，所以活塞杆下沉就是使填料寿命缩短的一个要因。

这就是要因验证过程。

7.3.7 对策制定及实施

对策制定要采用的原则及注意事项如下。

1. 对策制定要采用的原则

对策制定要采用 5W2H 原则。

- Why（为什么）：为什么制定对策，问题是什么。
- What（做什么）：做到什么程度，即目标值。
- Where（在哪里）：在哪里进行。
- Who（谁）：谁来做，即负责人是谁。
- When（何时）：何时进行和完成，即完成限期。
- How（怎样）：怎样进行和完成，即对策措施。
- How much（多少）：需要多少钱或者要达到什么程度。

2. 对策制定的注意事项

- 应尽可能对每一项要因制定出不同的对策。
- 对每项对策从经济性、可行性、有效性三个角度进行评价，最终选择出最适合的对策。

第7章 建立企业安定化运营基础——设备管理

3. 对策实施的注意事项

- 对策实施应严格按照对策制定表中的内容及时间进行。
- 在实施对策时，要采用定点摄影法将改善前、改善后的状况进行拍摄并保留照片。不仅如此，还要保留好过程中的照片，以便后期编写改善报告。
- 在对策实施完成后，要在改善报告中详细阐述对策实施过程。

7.3.8 效果检验

在改善完成后，需要对改善效果进行检验和确认。效果检验有三个方面的内容。

第一，确认项目的目标是否达成。确认时，可采用推移图进行数据展示，如图7-9所示。

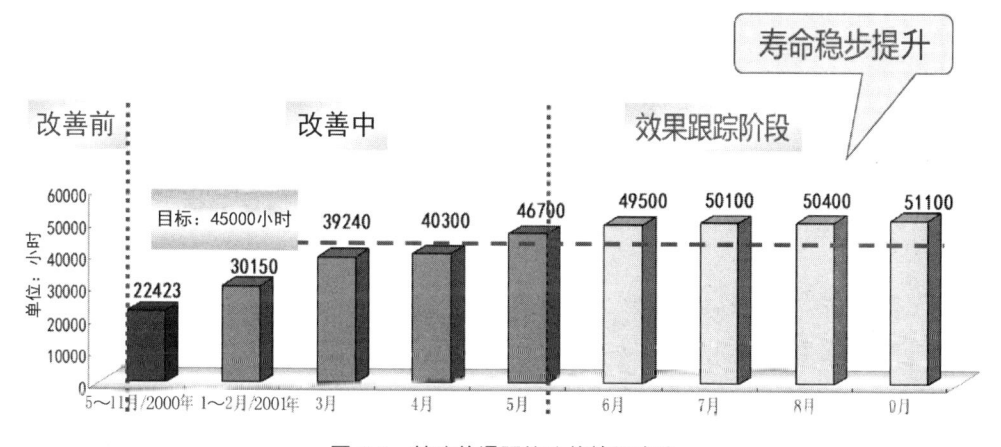

图 7-9 某改善课题的改善效果确认

第二，如果项目目标达成了，还需要对改善的有形效果和无形效果进行确认。有形效果是指经济效益，所有改善最终都希望能够取得经济效益，这样才能够展现改善所取得的效果。无形效果是指通过改善，小组成员得到的成长，以及公司得到的除经济效益之外的那些效益。某改善课题的有形效果和无形效果如图7-10所示。

第三，如果项目目标未达成，则需要再次进行原因分析、要因验证，确认哪些因素有可能在分析时未被考虑到，然后再制定对策并实施，直至项目目标达成为止。

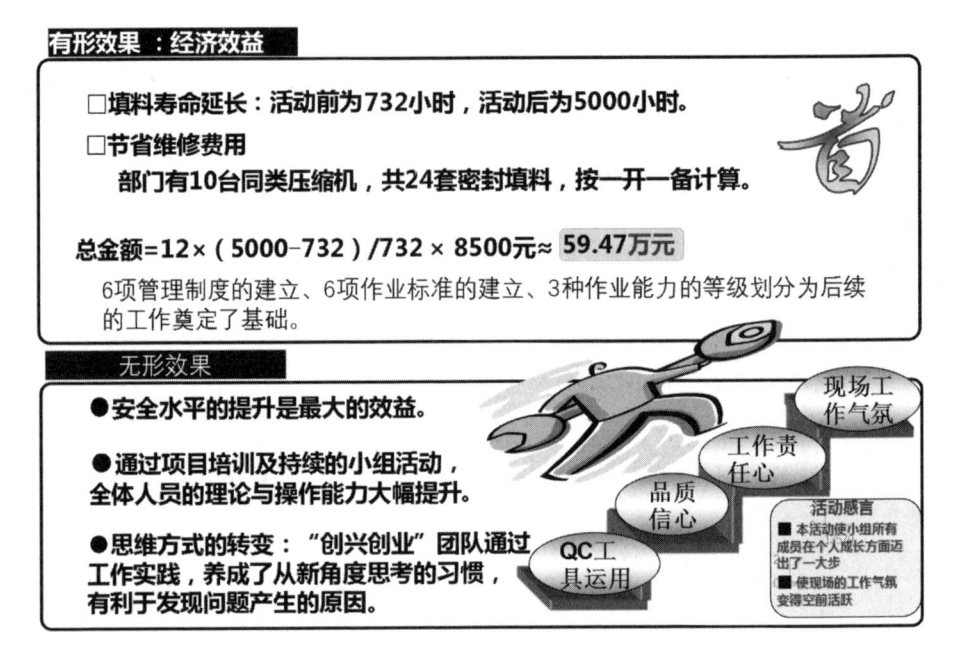

有形效果：经济效益

□ 填料寿命延长：活动前为732小时，活动后为5000小时。
□ 节省维修费用
　　部门有10台同类压缩机，共24套密封填料，按一开一备计算。

总金额=12×(5000-732)/732 × 8500元≈ **59.47万元**

6项管理制度的建立、6项作业标准的建立、3种作业能力的等级划分为后续的工作奠定了基础。

无形效果

● 安全水平的提升是最大的效益。

● 通过项目培训及持续的小组活动，全体人员的理论与操作能力大幅提升。

● 思维方式的转变："创兴创业"团队通过工作实践，养成了从新角度思考的习惯，有利于发现问题产生的原因。

QC工具运用　品质信心　工作责任心　现场工作气氛

活动感言
■ 本活动使小组所有成员在个人成长方面迈出了一大步
■ 使现场的工作气氛变得空前活跃

图 7-10　某改善课题的有形效果和无形效果

7.3.9　成果巩固及标准化

在改善目标达成后，需要将改善成果进行巩固，以便将这些改善成果长久保持下去，这就是成果巩固及标准化。成果巩固及标准化包含以下三个方面的内容。

1. 制定作业标准文件

（1）为了防止问题再产生，解决问题的方案和内容必须进行标准化。

（2）在标准化时，要将解决问题的方案和内容做成作业标准文件，按照公司作业标准文件的制作流程和方法进行。

（3）作业标准文件以一目了然、简明易懂、能够得到遵守为基本条件。

2. 确定管理的方法

（1）全工序依据品质管理工程图（QC工程表）实施。

（2）各工序的作业依据作业标准文件（标准作业书、作业指导书）实施。

（3）作业标准文件中必须明确写有发生异常时的处理方法，以便相关人员能够迅速地应对。

3．落实管理、效果跟踪

（1）对操作人员进行教育培训，以"做给他看，说给他听，让他做做看"为基本思想，让其掌握管理的内容。

（2）对基层管理人员进行教育培训，确保基层管理人员理解并掌握管理工程图和作业标准文件。

（3）管理人员每天运用QC工具（检查表、折线图、管理图、工程能力指数）确认设备是否处于受控状态。

7.3.10 总结和下一步打算

在完成课题后，要采用简短的话语总结课题实施的感想和体会，并对小组成员进行感谢，然后确定小组成员下一步的改善课题。

这样，课题改善就完成了，但是工作还未结束，在课题改善完成后，还需要进行课题发布。课题发布的目的是要让所有人员了解课题改善的实施过程、结果，让所有人员学习这种改善方法。

在进行课题发布时，可以采用各种形式进行，如记者采访式、单口相声式、对口相声式、擂台赛式等，语言要幽默风趣、简洁明了。这样做一方面可快速让听众听懂所改善的内容，另一方面还可使这项工作变得有趣，激发大家对改善的兴趣。

在课题发布完成后，还要对各项目进行评价，对优秀的项目及项目成员进行相应的激励，这样才能够更好地激发员工的改善积极性。

7.4 自主保全

自主保全是TPM的第二大支柱。什么是自主保全？该如何开展自主保全？我们一起来详细了解一下。

7.4.1 自主保全的定义

自主保全，顾名思义，就是指设备使用部门在设备管理部门的指导和支持下，自行对设备进行日常管理和维护。

实施自主保全是实现设备"零"故障的基本要求。

自主保全的目的及实现手段如下。

（1）防止设备劣化，实现手段是通过正确的操作，减少微缺陷，消除设备故障产生的基础。

（2）使设备保持最佳状态，实现手段是通过日常的自主维护及保养，减缓设备劣化，最终使设备保持最佳状态。

（3）培养设备专家级操作人员，实现手段是通过保全技能培养及小组活动实践，让操作人员掌握设备原理、设备日常维护及保养技能，升级为设备专家级操作人员。

设备专家级操作人员具备以下六种能力。

- 明确判别正常与异常的能力（可以设定条件的能力）。
- 遵守条件管理规则的能力（能够维持的能力）。
- 迅速处理异常事件的能力（处理及修理的能力）。
- 发觉设备不妥当的地方、及时改善的能力。
- 了解设备的构造、发现异常原因的能力。
- 了解设备的质量关系、预知质量异常及其原因的能力。

7.4.2 自主保全实施之前要改变的三个观念

1. 改变故障的发生是因为设备部门没有做好的观念

很多企业生产部门的员工在设备发生故障后，往往都认为是设备部门没有将设备管理好。实际上，设备是由生产部门使用的，其管理权当然应该归生产部门，所以设备发生故障，更多地需要生产部门反思是怎么管理设备的。在自主保全实施后，相关部门一定要树立"我的设备我做主"的观念。

2. 改变设备引进的错误与我无关的观念

设备引进的错误确实存在，存在的错误或者不足点最终一定会影响生产过程和生产结果。另外，无论多严谨的设计，多多少少都会存在一些不足，所以抱怨是没有任何用处的。既然抱怨没有用处，那么就需要相关人员努力进行改善，改正这些错误，弥补不足。

3．改变我只要懂得如何操作设备的观念

操作人员不仅要懂得如何操作设备，还要懂得如何维护和保养设备。一旦设备的保养维护不到位，设备就会产生故障，故障一产生，就会影响生产。所以，操作人员除了要会操作设备，还要会维护和保养设备。

除了操作人员要改变观念，管理人员也要改变观念。笔者在很多企业服务时发现，在设备发生故障之后，操作人员和管理人员一致认为原因是设备部门没有做好。这个观念是要不得的，必须改变。

7.4.3　自主保全的实施步骤及方法

自主保全的实施共分七个步骤，分别如下。

1．初期清扫

初期清扫的目的是清除设备的各种微缺陷，并进行基础保养，让设备达到正常状态。

初期清扫的内容包括清扫、点检、润滑、紧固和可视化。

清扫就是让小组成员亲自动手对设备各个部位进行深度清洁，其主要作用有两个方面：一方面，去除设备常年存在的污垢，消除微缺陷；另一方面，亲自动手全面清洁的过程，也是一个对设备全面点检的过程。点检就是要发现设备的问题点，然后对这些问题点进行改善，提升设备的稳定性。润滑及紧固就是对该加油的地方进行加油润滑，对该紧固的地方进行紧固。

那么，什么是问题？怎么能够发现这些问题？确定问题并发现问题是做好初期清扫的关键点。

所谓问题，是指事物的现有状态与应有状态的差异。设备问题点是指设备的现有状态与应有状态之间的差异。设备的现有状态与应有状态不相符的地方，就是问题点所在。

只有这个概念，很多员工还是不能准确地找到问题点。所以，在初期清扫推进时，企业还必须采用相应的方法，让员工能够清楚地知道设备存在哪些问题点，具体有五个方面的工作要做。

（1）确立红票作战方法。

在活动之初，可以制作图7-11所示的白票和红票。当发现小组成员自己可以处理的问题点时，挂上白票；当发现小组成员需要外部门协助才能处理的问题点时，挂上红票。这样的红票和白票称为问题票，当发现问题时，就挂上票，这样可以提醒所有人员挂票的地方存在问题，需要解决。如果问题没有得到处理，则问题票一直挂在设备上，这样时时提醒所有人员，这个问题还没有得到处理，起到提醒和督促作用。等问题处理完成之后，再将问题票取下，这称为撤票，让大家清楚地知道该问题已经得到了解决。

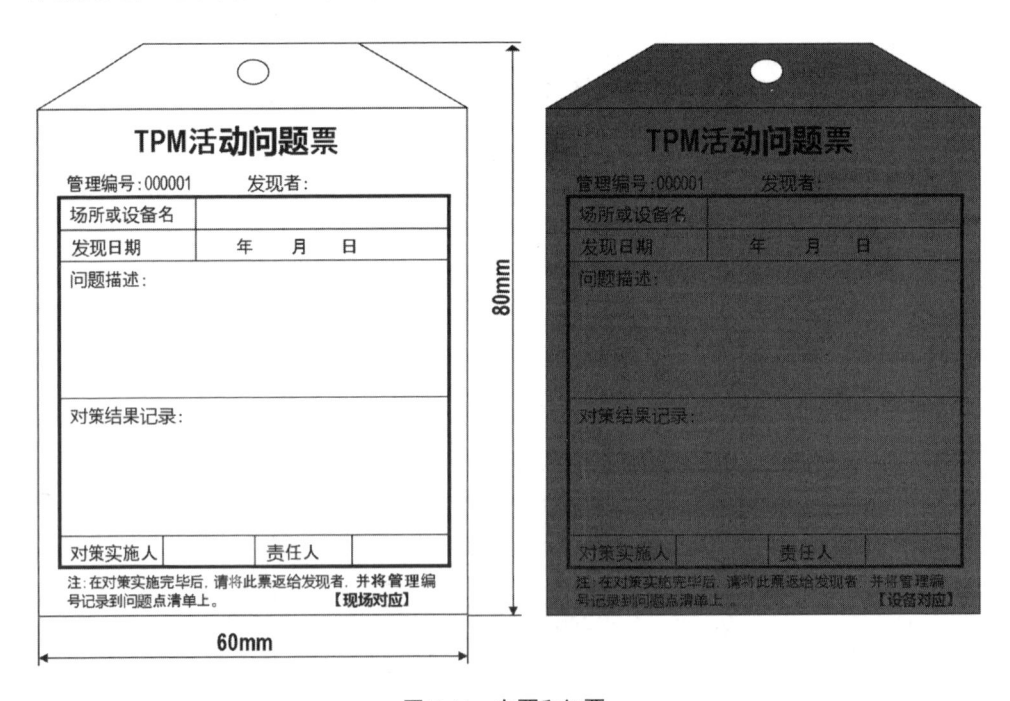

图7-11　白票和红票

（2）确立问题点挂票基准，让员工能够清楚分辨哪些问题需要挂票，以及挂什么票。

哪些问题需要挂票呢？为了让员工能够清楚地分辨和识别问题，并知道该挂什么样的问题票，企业还需要确立图7-12所示的问题点挂票基准。

第7章 建立企业安定化运营基础——设备管理

问题点挂票基准					
标签分类：红色标签(设备、技术对应项目)；白色标签(生产部门对应项目)					
项目	类别	内容	判定标准	标签颜色	对应部门
清扫	设备清扫	大量油污/严重生锈/大量异物是否堆积、灰尘	是(悬挂) 否(不挂)	白色	现场
点检	1.压力设定	低压空气压力、液压系统压力、润滑系统压力是否异常	是(悬挂) 否(不挂)	白色/红色	现场/设备
	2.传动机构	主轴、销、链条、齿轮、变速箱、导轨、滑台、丝杆是否异常	是(悬挂) 否(不挂)		
	3.电气点检	开关、按键(含按钮)、指示灯、电气连线绝缘是否损坏	是(悬挂) 否(不挂)		
	4.跑冒滴漏	油类、水、低压空气是否泄漏	是(悬挂) 否(不挂)	白色/红色	现场/设备
	5.安全装置	安全门、安全光栅、非常停止是否失效	是(悬挂) 否(不挂)	红色	现场/设备
润滑	给油润滑	油液液位过高、油液液位过低、油液是否变质(碳化变黑/进水乳化)，以及链条、齿轮、导轨、轴承油脂是否异常	是(悬挂) 否(不挂)	白色	现场
紧固	1.螺丝状态	螺丝/螺栓/螺母是否松动，是否有未安装的	是(悬挂) 否(不挂)	白色	现场
		螺丝断裂/螺纹损坏			
	2.滑台与导轨	马达、滑台、导轨、气缸、变速箱是否震动大	是(悬挂) 否(不挂)	白色红色	现场/设备
	3.盖板松动	工作台、设备盖板、防护门是否松动	是(悬挂) 否(不挂)		
	4.线路	线路是否凌乱、紧固，接线端子有无氧化、线路及套管有无破损	是(悬挂) 否(不挂)		

图7-12 问题点挂票基准

（3）确立问题点清单，对问题点进行统计，并制订改善计划。

发现问题是解决问题的开始，发现问题且挂上问题票并不等于万事大吉，这只是改善的开始，还需要对问题进行跟踪处理。那么，谁去处理？在什么时间处理？怎么处理？所以还需要制订相应的改善计划。TPM样板设备活动问题点清单如图7-13所示。

TPM样板设备活动问题点清单 (月 第 次)											
编号	区域/工序	设备名称	设备问题、缺陷描述	缺陷区分	发现人	对策	实施人	解决		解决日程		验收人
								自己	支援	计划日期	完成日期	

缺陷区分：(A)整理；(B)整顿；(C)微缺陷；(D)基本条件；清扫/注油/紧固；(E)困难部位；(F)污染发生源；(G)不安全部位；(H)其他

图7-13 TPM样板设备活动问题点清单

（4）按照改善计划，对问题点进行改善。

问题改善一般有三种方式，在实际改善时可根据改善的可行性、经济性及有效性等方面进行综合评估，选择最优改善方式。

第一种方式：直接改善，使问题不复存在。这种改善方式主要对必须彻底改善，且改善较为容易、花费不高的问题点进行改善。比如，某设备的某个部件生锈破损，则直接对该部件进行更换。这种改善就属于直接改善。

第二种方式：间接改善，改善后问题虽然存在，但不会产生其他问题。比如，某个泵体的机封处泄漏液体，但是泄漏量较少，不影响使用，可如果任由其泄漏，则会造成设备或者环境脏污。在改善该问题时，可以制作一个接液盒对泄漏的液体进行收集，定期清理。此改善方法虽然不能直接解决泄漏问题，但可以使设备或环境不受污染。

第三种方式：管理改善。比如，某个零部件会定期损坏，对其进行寿命管理，在其寿命将要结束时直接更换，这种改善方式就是管理改善。

（5）制作改善 B/A 表，以便汇报及展示。

在改善前，要对问题点进行拍照；在改善后，在同一位置、同一高度、同一角度再次进行照片拍摄。在改善完成后，制作图 7-14 所示的改善 B/A（Before/After）表，以便留存和展示改善过程。

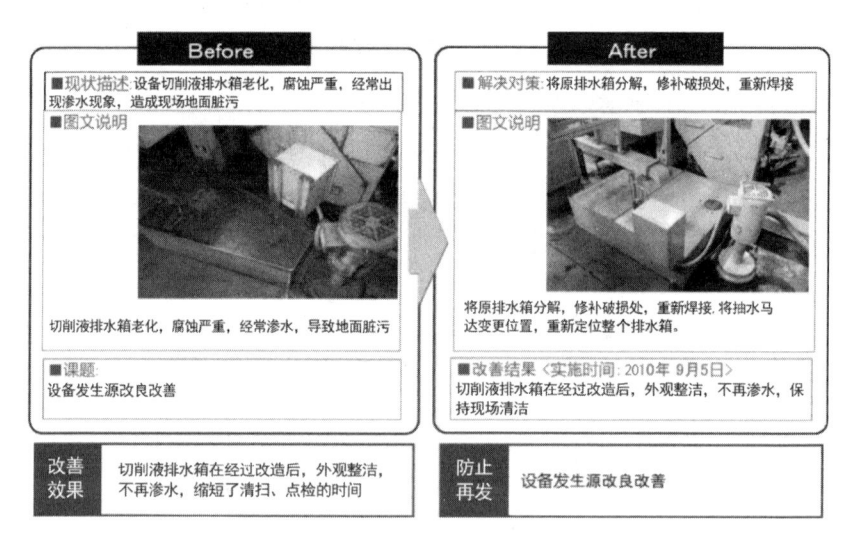

图 7-14 改善 B/A 表

2. 两源改善（发生源、困难个所）

发生源：是指对环境和设备造成污染的污染物及出处（根源）。

困难个所：来自日文翻译，是指受客观因素所限，阻碍人行动并使工作困难（清扫困难、润滑困难、紧固困难和操作困难）的场所或部位。困难个所也称为困难部位、困难源等。

两源改善所追求的效果如下。

- 清扫容易\控制脏的范围\断绝脏源\加速切削液流动、减少切削液积聚\使切削液流动范围最小\使切削液的飞溅最小。
- 防止松动\防止破损（含配线）\更换配管布置。
- 容易点检\容易操作。
- 容易润滑\容易分辨油量的多少\变更加油口\变更加油方式。
- 容易保养\使零件更换更容易。

困难个所改善案例如图 7-15 所示。

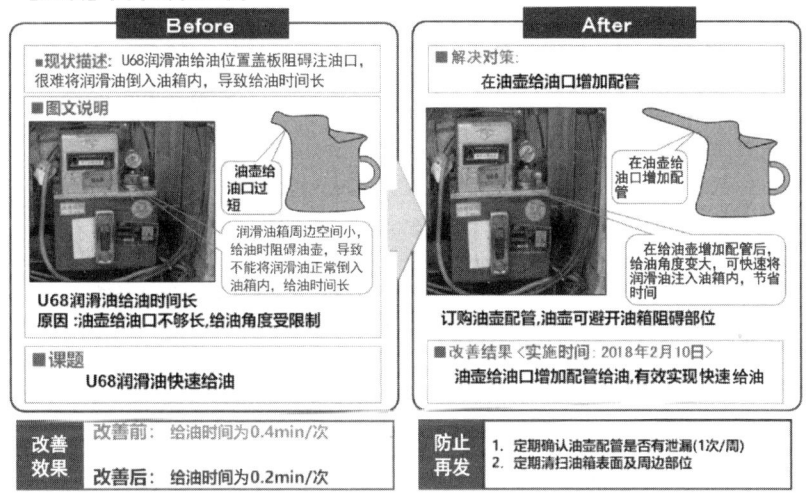

图 7-15　困难个所改善案例

3．建立基准

当设备达到良好状态时，怎么才能将这种良好状态保持下去？这就需要将各管理点形成管理基准，以便后期按此基准执行。

建立基准就是为确保在短时间内有效地进行清扫、点检、润滑、紧固，制定可执行的行动基准，如每天上班前 10 分钟或下班后 30 分钟进行清扫、点检、润滑、紧固等。

建立基准的步骤如下。

第一步：确定清扫、点检项目和部位。

第二步：确定清扫、点检的周期与时间。

第三步：确定清扫的工具、方法。

第四步：确定点检的工具、方法。

第五步：确定润滑部位、油品、方法及周期等。

第六步：参考图 7-16 所示内容，制作表格，将以上内容置入表格中，形成设备清扫、润滑、点检作业指导书。

设备清扫、润滑、点检作业指导书

确认	编制

设备名：　　设备位号：　　启用日期

类别	NO.	场所	标准	状态	点检方法	处理		周期			责任人
						方法	道具	日	周	月	
清扫	1	铁架	无脏物、油污、杂物	运	目视	擦拭	抹布		□		操作人员
	2	电机	无脏物、油污、杂物	停	目视	擦拭	抹布		□		操作人员
	3	皮带外壳	无脏物、油污、杂物	停	目视	擦拭	抹布		□		操作人员
	4	气缸	无脏物、油污、杂物	停	目视	擦拭	抹布		□		操作人员
	5	真空缓冲罐	无脏物、油污、杂物	运	目视	擦拭	抹布		□		操作人员
	6	真空缓冲罐脚	无脏物、油污、杂物	运	目视	擦拭	抹布		□		操作人员
	7	螺旋板冷凝器	无脏物、油污、杂物	运	目视	擦拭	抹布		□		操作人员
	8	油窗	无脏物、油污、杂物	停	目视	擦拭	抹布		□		操作人员
	9	视镜	无脏物、油污、杂物	停	目视	擦拭	抹布		□		操作人员
	10	防爆电线管	无脏物、油污、杂物	运	目视	擦拭	抹布		□		操作人员
	11	地面	无脏物、油污、杂物、污水	运	目视	清扫	扫把		□		操作人员
	12	气液分离器	无脏物、油污、杂物	运	目视	擦拭	抹布		□		操作人员
	21	液位计	无脏物、油污、杂物	运	目视	擦拭	抹布		□		操作人员
润滑	8	油窗	油窗1/4	停	目视	20#机械油	油壶/油枪	●			操作人员
	8	油窗	油窗1/3～1/2	运	目视	20#机械油	油壶/油枪	●			操作人员
	13	换油	油窗1/4	停	目视	20#机械油	油壶/油枪			3■	操作人员
点检	14	循环水	水温不高于30℃	运	测枪	停机	手工	●			点检人员
	14	循环水	冬天停机时排空循环水	停	目视	排空循环水	手工	●			点检人员
	15	管路	不漏气	运	耳听/目视	紧固	扳手		□		点检人员
	14	循环水管	不漏水	运	目视	紧固	工具		□		点检人员
	17	噪音	无冲击声	运	耳听	停机维修	工具	●			点检人员
	18	皮带	转向正常	运	目视	停机维修	工具		□		点检人员
	5	缓冲罐	无积液	停	目视	排空积液	手工	●			点检人员
	20	紧固件	紧固合适	停	目视	紧固	工具		□		点检人员

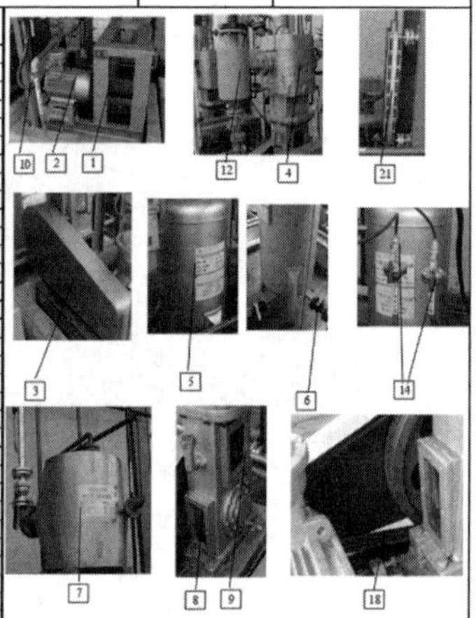

备注：“●”表示每天执行一次　“□”表示每周执行一次　“■”表示每月执行一次　“3■”表示每3个月执行一次（数字表示月数）

图 7-16　设备清扫、润滑、点检作业指导书

4．教育培训及总点检

在改善的时候，自主保全是由小组成员实施的，在改善完成后，是需要全员实施的。所以在建立基准后，企业需要开展两方面的工作：一方面，对所有操作人员进行培训，使其掌握基准内容并能按照基准内容对设备进行日常保养；另一方面，小组成员要根据基准对设备进行总点检，以期发现基准中不合理的地方并加以改善。

5．自主点检

通过第四步的培训，操作人员掌握了设备保养基准，这时候就需要按照基准进行自主点检，确保设备保养基准能够正常实施。在实施过程中，操作人员要及时发现基准中不存在的问题点，提交给小组负责人，进行基准改善。

6．标准化

通过实施前面几步，设备保养基准已经非常完善了。这个时候就需要公司标准化委员会对其进行审核并下发至各个部门了。

7．自主保全

在将标准化的设备保养基准下发后，就可以让全员按照自主保全标准进行自主管理了。在这个过程中，小组成员还需要建立设备管理规章制度，以保证自主保全能够有效开展。

在进行自主保全工作后，小组成员的工作就结束了吗？不，他们还要制定一些管理措施，保证各级员工都能按照标准作业书进行作业。另外，各级管理者还需要进行相应的管理，具体可分为三级管理，称为三级管理制度，如图7-17所示。

	类别	日常实施	实施确认	日常检查
班组级日常管理	内容	按照清扫、润滑、点检作业指导书每日执行，并在记录表上打钩确认	确认操作人员有无实际实施，作业是否正确，确认无误后签名	检查确认操作人员及生产主管的工作是否有效
	频次	按规定时间进行	每日	每日
	人员	操作人员	生产主管	设备主管
车间级（或部门级）日常管理	类别	工作确认	工作确认	—
	内容	抽查确认操作人员及生产主管、设备主管的工作是否有效	抽查确认操作人员及生产主管、设备主管的工作是否有效	—
	频次	1次/周	1次/周	—
	人员	设备主任	车间主任	—
公司级日常管理	类别	工作确认	工作确认	—
	内容	检查各车间的设备管理工作是否有序、有效	检查公司的设备管理体系运作是否正常、有序	—
	频次	1次/周	1次/月	—
	人员	精益推进办公室负责人	TPM推进委员会负责人	—

图7-17 三级管理制度

第一级为班组级日常管理，由操作人员每天按照作业指导书实施，生产主管和设备主管每天抽查，确认各操作人员是否按标准进行作业。

第二级为车间级（或部门级）日常管理，由车间主任、设备主任每周对各生产线的实施状况进行确认，保证员工按照作业指导书进行作业、生产主管按照要求进行工作巡查。

第三级为公司级日常管理，由公司TPM推进委员会负责人和精益推进办公室负责人每月对现场进行抽查，以确保设备管理体系有效运行。

7.4.4 自主保全的评价

在自主保全的七个步骤完成后，自主保全工作基本上就可以实现自主化管理了。企业还需要建立相应的评价机制，确保该项工作能够被做到位。

自主保全的验收主要从以下几个方面进行。

（1）项目管理方面：自主保全成功实施的基础。

（2）初期清扫方面：活动主要内容之一。

（3）两源改善方面：活动主要内容之一。

（4）可视化方面：活动主要内容之一。

（5）标准化方面：活动主要内容之一。

（6）教育培训方面：活动的基础保障。

（7）指标改善方面：活动结果。

自主保全阶段验收表如图 7-18 所示。

自主保全阶段验收表

合格基准	有条件通过	让步通过	通过	优秀	小组名称		
	120~140分	140~160分	160~180分	180~200分	诊断人		年 月 日
					诊断分数		

诊断类别	诊断项目	诊断基准	很差 1分	差 2分	一般 3分	良 4分	优 5分	指摘事项
项目管理	项目管理体制	（1）项目管理体制建设。 ①是否建立明确的项目推进组织架构？ ②是否确定具体推进的方法？ ③是否确定项目活动流程和活动体制						
	项目过程管理	（2）项目过程管理。 ①是否制订推进计划（大日程计划、月度计划及周计划）？ ②是否对活动过程进行监督管理？ ③是否对活动结果进行总结及考核评价，有无激励						
初期清扫	清扫	（1）设备内部（主轴及传动部、卡盘、治具、模具、托盘、机械手、回转部、滑台、搬出装置、移载装置）是否有油污、生锈						
		（2）设备表面、操作面板、传送带、设备顶部、指示灯是否有油污、生锈						
		（3）附属设备是否有油污、生锈？ ①油压系统（油箱、油泵、马达、压力表、管路等）； ②空气、特种气体系统（过滤器、压力阀、油雾器、流量计、管路）； ③水冷却系统（箱体、水泵、排腐装置、管路、压力表、过滤器）； ④控制电柜（外表、内部、线路、配线槽、冷却风扇等）						
		（4）设备周边是否进行了整理、整顿、清扫？ ①设备周边、通道是否干净、无杂物堆积堵塞？ ②设备周边是否有其他设施乱放置影响到安全及生产？ ③设备周边地面是否有杂物、污水、油污						
	紧固	（1）确认设备本体各部位有无松动、异常音、振动、磨损等 （螺钉、螺母、治具部、回转部、移载部、搬出装置）						
		（2）附属设备各部位有无松动、异常音、振动、磨损等 （螺钉、螺母、配线、配线插口、马达、水泵底座）						
	润滑	（1）确认设备需要润滑的部位有无垃圾、积尘、油污、生锈等。 ①润滑油箱、变速齿轮箱、减速器、油压力表、油分配器、油管等； ②移载导轨、光轴、齿条、齿轮等						
		（2）润滑状况是否良好？ ①油量、油位在限度内；油无变质；油泵压力在限度内；油管接头无松动、漏油，油管无破损、漏油；油分配器无堵塞。 ②移载导轨、光轴、齿条、齿轮等有适量的润滑脂						

图 7-18 自主保全阶段验收表

分类		检查项目	0分	5分	10分	15分	20分
两源改善		（1）问题点发现。 ①是否采用挂撤票方式进行问题点发现？ ②是否确立了问题点清单					
		（2）发生源及困难个所改善。 ①是否确立了发生源及困难个所的问题点清单？ ②是否对发现的问题点进行了全部改善？ ③改善方法是否对问题点的本质进行了改善？ ④改善效果如何					
		（3）未彻底进行改善的发生源及困难个所是否制订了改善计划？是否制定了改善方案？是否明确到了具体的负责人					
		（4）改善后是否制定了改善B/A表？是否对改善B/A表进行了展示					
可视化		（1）设备本体可视化是否完成（设备名称；设备状态牌；控制按键、开关；管道流向、介质、阀门；仪表标准范围、油位上下限等）					
		（2）附属设备可视化是否完成（设备名称；开关；管道流向、介质、阀门；仪表标准范围、油位上下限等）					
		（3）加油、点检标识可视化是否完成（加油点、加油周期、加油量；点检点等）					
		（4）区域环境标识可视化是否完成（通道标识；设备定位标识；物品定位、名称；责任划分；物品柜标识等）					
制定基准及标准化	作业标准书制作	（1）制作作业标准书。 ①是否制作了作业标准书？ ②作业标准书是否采用公司指定的统一格式					
		（2）作业标准书的内容是否齐全？ ①作业标准书是否包含了清扫、点检、给油（润滑）几部分内容？ ②各项目标准是否明确、清晰？ ③各清扫、点检及给油点是否有图示？图示是否对应					
		（3）现场作业人员是否清楚掌握作业标准书的内容？ ①是否进行了作业标准书培训？ ②员工是否掌握作业标准书中的内容？ ③作业标准书是否在现场进行了可视化					
	点检表制作及使用	（4）是否制作了点检表？ ①点检表的内容是否和作业标准书的内容一致？ ②点检表是否采用公司指定的统一格式					
		（5）点检表是否有可适用性？ ①点检表是否被悬挂在现场？ ②点检表中各项内容的填写是否正确					
		（6）点检表使用是否良好？ ①是否每日进行填写？ ②点检表填写内容是否真实？ ③管理人员是否对填写内容的正确性进行确认					
教育培训		（1）是否制作了OPL，并通过OPL学习设备结构、原理及管理知识					
		（2）是否制作了三现地图，并通过三现地图来学习设备结构、原理及管理知识					
设备管理指标		（1）是否制定了设备管理指标，并对其进行统计、分析					
		（2）指标统计方法是否合理					
		（3）指标统计数据提升比例	0分	5分	10分	15分	20分
		①OEE提升比例					
		②设备效率提升比例					
		③设备故障间隔时间提升比例					

图 7-18　自主保全阶段验收表（续）

7.5 专业保全

所谓专业保全,是指通过培养一批专业的设备维护保养人员,借助他们通过对设备的点检、分析、预知等所收集的信息,发现设备因故障停止及性能低下的状态,制定对策并实施的预防保全活动。

专业保全就是要积极地运用在活动中所收集的信息,建立以专业人员为主的保全技术体系,提高设备的可靠性、保全性和经济性。

专业保全是一个大概念,专业人员对设备所做的保养维护均称为专业保全。如图7-19所示,专业保全一般分为定期保全、预知保全和事后保全。

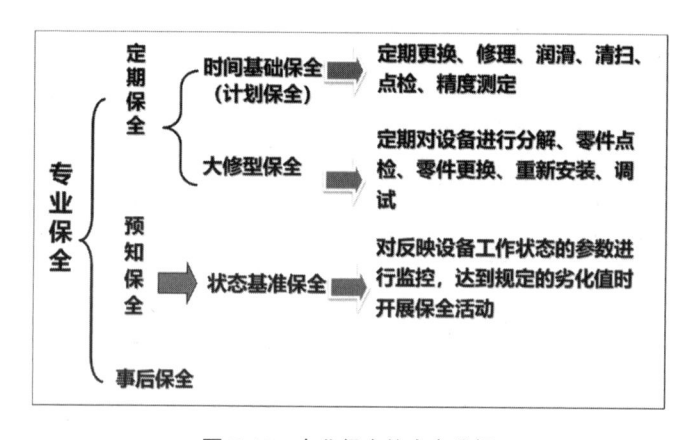

图7-19 专业保全的内容分解

预知保全是指对反映设备工作状态的参数进行监控,在其达到规定的劣化值时所开展的保全活动。事后保全是指设备发生故障后的维修保全,也称为事后维修。

那么,哪些设备需要定期保全?哪些设备需要预知保全?哪些设备需要事后保全?这就要根据设备的重要性进行不同的设置,所以我们首先要做的是对设备进行分类管理。

7.5.1 建立专业保全的基础

1. 制作设备台账及设备履历

设备台账应包括设备说明书、图纸(机械、电气)、备品备件清单、设备参数备份、设备履历(故障及维修记录)等内容。

2. 实施设备评价：制定评价基准/划分等级

理论上，对所有设备我们都应该采用计划保全进行定时维护保养，使其不发生故障。实际上，有些设备的价值较低，发生故障后的维修耗时短，维修成本低，即使在发生故障后再维修也不会影响生产活动。在这种状况下，如果采用计划保全，则其保养成本可能远高于事后维修的成本。在这类设备发生故障后，采用事后维修即可。还有一些设备，一旦发生故障将造成不可挽回的损失，那么对其仅进行计划保全是不够的，还需要进行状态监控。因此，在开展计划保全时，应根据设备的特性和使用状况，对设备进行分类，对于不同类别的设备制定不同的维保措施。

在一般情况下，设备分为 A、B、C 三类。A 类为重点设备，是重点管理和维修的对象，对其应尽可能实现以状态监测为主的预知保全活动；B 类为主要设备，对其应以预防保全（也就是常说的计划保全）为主；C 类为一般设备，考虑到维修的经济性，对其应以事后维修（BM）为主。

在进行设备分类时，应根据设备的安全环保因素、质量因素、生产因素等对设备进行评分，具体可参考图 7-20 所示的内容。

序号	适用范围			设备			设备评分标准(在单元格内填入相应分值)														综合得分	类别
							安全环保因素			质量因素			生产因素			备用因素		检修因素			经济因素		
							对安全和环境的影响			质量控制点			故障影响的程度			设备备用情况		设备修复时间			购置价		
	厂区	车间	生产线	工序	主机名称	型号规格	资产编号	安装地点	严重，有毒有害物质泄漏	局部伤害，一般危险源	无有毒有害物质泄漏	最后精确工序	质量关键工序	非质量关键工序	工厂停产	产线停产	单机停机	无备用设备	有一台备用	有多台备用	大于2h	0.5~2h	小于0.5h	10万元以上	10至10万元	10万元以下		
									20	10	5	20	10	5	20	10	5	20	10	5	20	10	5	20	10	5		
1																												
2																												
3																												
4																												
5																												
6																												

图 7-20 设备分类评价表

员工在对设备进行评分时会因人而异，结果也是千差万别，所以企业还需要制定设备分类评分标准。设备分类评分标准如图 7-21 所示。有了评分标准，按照评分标准评分，任何人的评分结果都不会相差太大。在制定设备分类评分标准时，各企业可根据设备的特点，对具体标准进行相应的更改。

设备分类	A：重点设备　　B：主要设备　　C：一般设备	
具体评分标准	安全环保因素和质量因素单个分值达到20分，按A类设备管理，其他按照如下评分原则：A类设备为评分80分以上的设备；B类设备为评分60分以上的设备；C类设备为评分60分以下的设备。	
因素	故障影响	分值（分）
安全环保因素	有爆炸或火灾危险，或有毒有害物质外溢，或存在重要环境因素/重要危险源	20
	有局部伤害危险，或存在一般环境因素/危险源	10
	无有毒有害物质外溢，不是重要环境因素/危险源	5
质量因素	是最后的质量精确控制工序	20
	是质量关键控制工序	10
	非质量关键控制工序	5
生产因素	造成工厂停产	20
	造成产线停产	10
	只造成单机停机	5
备用因素	无备用设备	20
	有一台备用设备	10
	有多台备用设备	5
检修因素	结构特别复杂、精密，单次故障修复时间≥2小时，需要外部维修力量协助	20
	结构比较复杂，0.5小时≤单次故障修复时间＜2小时，可以自行维修，但是难度大	10
	一般结构，单次故障修复时间＜0.5小时，可自行快速维修	5
经济因素	设备购置价在100万元以上，或年修理费用很高	20
	设备购置价为10～100万元，或年修理费用较高	10
	设备购置价在10万元以下，或年修理费用较低	5

图 7-21　设备分类评分标准

3. 定义故障等级：重大故障、中等故障、轻微故障

在管理时，需要对设备进行分类管理。同样，故障也需要分类管理。一般故障可分为重大故障、中等故障和轻微故障三大类。设备故障分类标准如图 7-22 所示。

重大故障造成的损失大、影响大，所以该类故障是绝对要杜绝的，即使已经发生了，也要分析清楚发生的原因并进行根除。中等故障虽然造成的后果没有重大故障严重，但是如果频繁地发生，会影响生产效率，所以也需要对其发生的原因进行分析。轻微故障的影响相对较小，对其可以采用设备劣化复原的方法进行处理。

设备故障分类标准		
属性	分类标准	评级
安全 失效对人和环境的影响	设备失效造成爆炸风险或其他危害，设备失效引起严重污染	A
	设备失效给环境带来负面影响	B
	其他设备失效	C
质量 失效对产品的影响	设备失效对质量有重大影响（会导致产品污染或异常反应和生产出不合格产品）	A
	设备失效导致的品质变化可以被操作人员很快地恢复正常	B
	其他设备失效	C
运行 失效对生产的影响	对生产有重大影响且没有备用的设备一旦失效，会导致之前和后续的工艺完全停机	A
	设备失效只导致部分停机	B
	设备失效对生产的影响很小或没有	C
维护 修理的时间和成本	设备修理需要1小时以上，或修理成本至少要3000元，或每月失效3次及以上	A
	设备失效时间短于1小时，或修理成本在1000元～3000元，或每月失效次数少于3次	B
	设备修理的成本低于1000元或可以在方便的时候再进行修理	C
A：重大故障　　B：中等故障　　C：轻微故障		

图7-22　设备故障分类标准

如果是重大故障，要采用个别改善的方法进行处理。

如果是中等故障，需要采用故障原因分析表进行分析，找到根本原因并制定再发防止对策，具体可参见图7-23所示内容。

为什么故障这么多？是什么原因造成的？在企业内部，所有的问题都是管理的问题。设备故障多就是由管理不当所造成的。如果不写设备故障报告书进行分析，员工就只将设备维修到可用状态，也就是采用了临时对策，而未进行深入分析，未对根本原因进行改善，所以，在维修完成后，设备还会再次发生故障。这样一来，故障就会越来越多。现在需要转变思维，在故障发生一次后，直接对其发生的根本原因进行改善，改善后这个故障将不复存在。这样，故障就会越来越少，员工也会有更多的时间进行分析和改善。

对于轻微故障，可采用设备劣化复原的办法进行处理。

4．设备劣化复原

设备劣化是指设备在使用过程中，由于零部件磨损、疲劳或环境造成的变形、腐蚀、老化等原因，原有性能逐渐降低的现象。

设备劣化复原就是将已经降低的性能恢复到应有的状态。为了能够顺利地实施定期保全、预知保全和事后维修，需要将设备劣化问题进行快速处理，这就需要开展设备劣化复原工作。

设备劣化复原应包括以下内容。

（1）劣化复原，基本条件准备，强制排除劣化。

（2）弱点改善，延长寿命，个别改善。

（3）重复故障再发防止对策、类似故障再发防止对策。

（4）工艺故障减少对策。

应做的内容清楚了，怎么才能快速地进行设备劣化复原？这里给大家介绍一种方法，这种方法分为三个实施步骤。在完成这三个步骤后可填写图7-24所示的设备劣化复原实施表。

第一步：调查设备所有的劣化内容，建立劣化清单。在调查时，从以下三个方面进行。

（1）从设备的历史故障记录中提取设备故障信息。

（2）与现场操作人员进行交流，了解设备调整、操作、点检等方面实施困难的项目。

（3）查找现场问题点，采用红票作战方法寻找设备劣化内容。

第二步：针对第一步所调查出的设备劣化内容，小组成员逐一进行分析，分析其劣化的原因，并制定临时对策和再发防止对策。这一步一定要注意，原因分析一定要分析到根本原因，不可只看表面原因，再发防止对策也一定是针对根本原因的对策。设备劣化复原案例如图7-25所示。

在该案例中，劣化内容是托瓶弹簧断裂，劣化的原因是托瓶弹簧生锈，那么问题来了，为什么托瓶弹簧会生锈？是什么原因导致的？正确的原因应该是长期未对弹簧进行润滑。再来看对策。临时对策是更换弹簧，这没有问题，能够快速恢复生产。再发防止对策是在托瓶弹簧上涂黄油，防止其生锈。这个再发防止对策由谁来实施？在什么时间实施？怎么实施？这些问题均未说明，可想以后的实施状况。所以正确的再发防止对策应该是每个月由润滑人员使用2#锂基脂对托瓶弹簧进行一次润滑防护。在实施时，先将原有的润滑油清理干净，然后用毛刷在弹簧表面刷一层2#锂基脂进行润滑防护，并将该改善内容纳入计划保全管理基准中。这样一来，改善内容、方法、人员都清晰明了，将其纳入计划保全管理基准中，确保正常实施。

第三步：实施改善对策，在实施完成后确认其效果。

XX公司XX部门设备故障报告书

			确认	确认	完成

日期：　　年　　月　　日

生产线		设备名称		设备故障时间	h	设备调整时间	h
故障内容							

• 故障发生过程

• 故障前品质确认

项目＼台数	1	2	3	4	5	6	7	8	9	10	备注
判断（NG/OK）											

• 故障原因分析

• 快速制定对策

• 效果确认

• 对策实施后品质确认

项目＼台数	1	2	3	4	5	6	7	8	9	10	备注
判断（NG/OK）											

• 再发防止对策

图 7-23　设备故障报告书

设备劣化复原实施表										
部门：		生产线：		设备名称：	设备编号：	完成日期：			
No.	劣化分类	劣化内容	劣化的原因	是否重复劣化	劣化频率	临时对策	再发防止对策	实施 || 确认	
								实施人	实施日期	跟进人	完成日期
1										
2										
3										
4										
5										

备注：劣化分类。
弱点改善：原设计有缺陷；
劣化修复：受其他因素影响导致结构变化且性能降低；
大故障：对设备造成停机时间长的故障；
调试调节困难：调试耗时较久，不易完成

图 7-24　设备劣化复原实施表

部门：		生产线：		设备名称：	设备编号：	完成日期：			
No.	劣化分类	劣化内容	劣化的原因	是否重复劣化	劣化频率	临时对策	再发防止对策	实施 || 确认	
								实施人	实施日期	跟进人	完成日期
6	劣化修复	托瓶弹簧断裂	托瓶弹簧生锈	否	次/半年	更换弹簧	在托瓶弹簧上涂黄油，防止其生锈			

图 7-25　设备劣化复原案例

7.5.2　定期保全

所谓定期保全，是指在固定时间周期内进行的保全活动。定期保全的主要内容包括以下几个方面。

1．专业巡检：保养部门的点检

虽然在自主保全活动中，设备使用部门的操作人员日常对设备进行了点检和保养维护，但设备使用部门的操作人员在设备保养过程中存在两方面的不足：其一是专业技术能力欠缺，不能对一些专业性较强的部位进行点检和确认；其二是日常保养时间不足，生产过程中的时间非常紧迫，操作人员不可能腾出更多的时间对设备进行保养维护。所以除了设备使用部门操作人员的日常点检和维护工作，还需要专业人员对设备的关键部位和专业性较强的部位进行巡回检查。

专业巡检在实际实施过程中与自主保全一样，需要制作作业指导书和记录表（如果企业有设备管理系统，也可直接在线记录）。制作作业指导书的目的是让巡

检人员清楚地知道哪些部位需要巡检、巡检的内容和巡检的标准等。制作记录表的目的是确保巡检人员认真地进行巡检。作业指导书与记录表的具体格式可自行设计，只要内容完整、标准清晰、可实施性强即可，这里不再赘述。

2．计划保全：按计划对设备进行调整、换油、换零件等

设备各部件及油液等都有一定的寿命，因此，需要根据各部件的寿命进行定期维护。这种维护一般需要对设备进行拆解，花费时间较长，专业度较高。

计划保全工作有以下两个方面的内容。

（1）制定计划保全的业务流程。

计划保全的业务流程主要包括前期的保养项目，以及内容收集、计划制订、备件采购、保全实施、实施总结等方面。虽然内容不多，但如果某一个环节做不好，后续的保全实施则可能无法开展，影响定期保全的效果，所以需要提前制定好业务流程，以免各环节工作做不到位。设备计划保全的业务流程如图 7-26 所示。

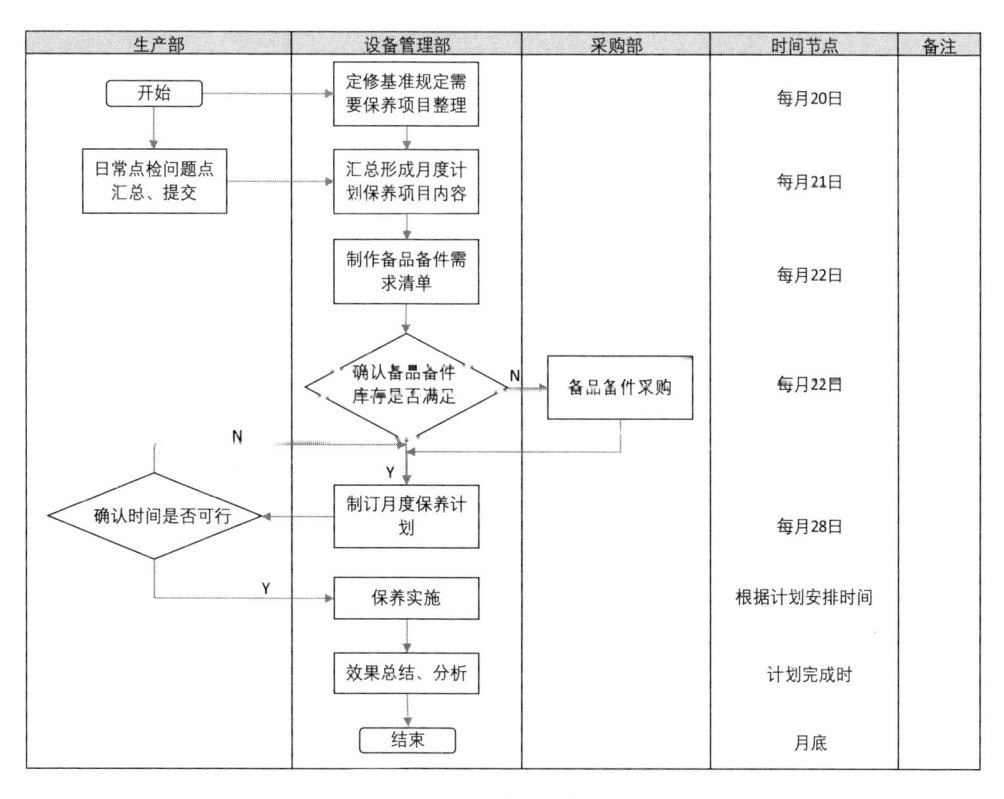

生产部	设备管理部	采购部	时间节点	备注
开始	定修基准规定需要保养项目整理		每月20日	
日常点检问题点汇总、提交	汇总形成月度计划保养项目内容		每月21日	
	制作备品备件需求清单		每月22日	
	确认备品备件库存是否满足 N→	备品备件采购	每月22日	
确认时间是否可行 ←N	↓Y 制订月度保养计划		每月28日	
Y→	保养实施		根据计划安排时间	
	效果总结、分析		计划完成时	
	结束		月底	

图 7-26　设备计划保全的业务流程

(2)建立定期保全的工作基准。

有了计划保全的业务流程,那么,在实施计划保全时,要对哪些部位进行保养维护?维护的标准是什么?需要多少工时?为了解决这些问题,企业可建立图 7-27 所示的设备定修基准。

设备定修基准

部门		生产线		设备名称		设备编号				
设备模块	定修项目	定修周期	定修基准(技术标准)		配件名称及规格	配件数量	定修工时(分钟)			专业点检关键点
							人数	工期	工时	

图 7-27 设备定修基准

在设备定修基准中,设备模块是为了更方便地查找定修项目而做的,主要通过对一台设备进行细分得到,如可将一台轿车分解为动力模块、行走模块、制动模块、控制模块、电气模块等。

定修项目就是设备上需要定期维护保养的具体部件或部位。定修项目有三个来源:其一,来自设备厂家附带的设备说明书;其二,来自日常使用过程中易于出现故障或劣化的问题点记录;其三,来自专业人员的工作经验。

定修周期是指定修项目多久需要进行一次保养维护。定修周期和定修项目一样,也有三个方面的来源:其一是设备说明书中规定的各部位的维护周期;其二是在使用过程中统计出来的各部件的真实寿命;如果以上两方面都无数据可获得,那么就需要根据工程师的专业经验或相关部件的具体资料来设定各部位的定修周期,这是其三。

定修基准一般包括清洁、点检、紧固、润滑或更换的基准。基准制定要清晰、明确且可执行,不能似是而非,也不能含糊其词。某电机的定修基准如图 7-28 所示。

第7章 建立企业安定化运营基础——设备管理

部门		生产线		设备名称		设备编号				
设备模块	定修项目	定修周期	定修基准（技术标准）		配件名称及规格	配件数量	定修工时（分钟）			专业点检关键点
							人数	工期	工时	
升降模块	升降电机	6个月	1. 清洁：用毛巾及清洁工具将电机及齿轮箱表面打扫干净，使表面无杂物、无脏污。 2. 检查： ①齿轮箱有无漏油，电机支架是否牢固； ②拆卸电机接线端盖，检查接线是否牢固； ③用摇表检测电机绕组绝缘情况，测量阻值＞0.5兆欧为正常数值。 3. 润滑：检查减速机内齿轮油位，齿轮油位需要不低于齿轮箱2/3，否则需要补给润滑油320#至2/3处		名称：减速电机 编号：无 型号：SAF37DT71D4-M1B0(380V 0.37KW) 品牌：SEW	1台	2	60	120	电机接头有无漏油

图7-28 某电机的定修基准

在定修基准中，定修工时中的人数是指做这项维修工作需要几人同时进行，该数据后期可用于工作计划的制订。工期是指完成这项维修工作所需要的时间，确定工期的目的是在制订维修计划时，与生产线协调设备停机时间。工时是人数与工期的乘积，确定工时的目的是核算维修的人工成本。专业点检关键点是指巡检人员在巡检过程中应点检的内容及标准。

3．建立设备的备品备件清单

在制定定修基准时，应对每个部件的备品备件信息进行整理，在定修基准制定完成后，需要将备品备件信息整理成备品备件清单，以便进行保养前的采购、仓储等工作。××设备的备品备件清单如图7-29所示。

XX设备的备品备件清单										
序号	备件编号	名称	规格型号	图纸编号	厂家	用途	寿命	即时库存数量	安全库存量	采购周期
1										
2										
3										
4										
5										

图7-29 ××设备的备品备件清单

4．制订保全工作计划

定修基准明确了每个部件的保全周期，这样一来，每个月都会有需要保养的项目。要想做好这些项目的保养，就需要制订保全工作计划，然后按照计划实施。

除了定修基准中需要保养的项目，在进行日常点检和巡回点检时，还会发现一些设备的问题点和劣化点。这些问题点和劣化点有些可能不会马上造成设备故障，并且在处理时需要对设备进行拆解，如果在生产过程中处理这些问题点和劣化点，会影响生产时间，那么就需要在每个月进行设备保全时集中处理，这部分内容也要被添加到设备月度保全工作计划中。

综上所述，设备月度保全工作计划来源有二：一是定修基准中规定的每月需要保养的项目；二是日常点检和巡回点检时发现的需要在计划保全时实施的改善项目。

在制订保全工作计划时，可参考图 7-30 所示的月度保全工作计划表进行，也可自行制订。

月度保全工作计划表

序号	生产线	设备	定修项目	定修内容	定修时间 (1-31)	预计工时	责任人	参与人	计划完成时间	完成	备注
1											
2											
3											
4											
5											
6											
7											
8											
9											
10											

图 7-30　月度保全工作计划表

5．在定修完成后进行确认、总结

在定修完成后，要对定修结果进行确认。确认的内容包括以下几点：是否按照定修基准进行；定修基准是否有不合理的内容；保养结果是否达到预期等。确认的目的是既要保证定修工作按标准进行，又要确认定修基准是否存在问题，以便进行修正，保证定修结果越来越好。在确认时，可参考图 7-31 所示的设备维修、保养结果总结验收表进行。

设备维修、保养结果总结验收表				
设备名称：	设备编号：	维修□ 保养□	时间：___年___月___日	报告人：

计划内容		实际内容	

工作内容—流程/说明（图示）：

设备精度点检标准		现场点检结果		判定
1		1		
2		2		
3		3		
4		4		
重大遗留问题说明		结果确认	设备部门确认：	
			使用部门确认：	

图 7-31　设备维修、保养结果总结验收表

7.5.3　预知保全

设备分为重点设备、主要设备和一般设备。重点设备在管理过程中不能发生故障，一旦发生故障，就会产生不可承受的结果。所以在管理时，企业需要一直对重点设备的运行状态进行检测，根据检测结果判定其运行状态是否良好，一旦发现其运行状态有劣化趋势，就需要提前进行保养维护。

预知保全通过对设备的运行状态进行检测，在发现运行状态有劣化趋势时对设备进行维护，主要有以下几个方面的内容。

1．确定检测项目

在一般情况下，设备说明书会详细地列明需要检测的项目。这些检测项目都是

根据设备的运行特点、结构特点，以及运行工况进行设定的。如果设备的转动部位高速转动，就需要检测其温度、转动频率、噪声等；设备运行状态方面还需要检测液体压力、油液压力、气体压力等；电气部分需要检测电流、电压、电阻等。具体内容较多，需要根据实际运行状况及工况设定，这里就不再一一讲述了。

2．确定检测数据的采集方法

在检测项目明确后，就应确定检测数据的采集方法了。检测数据既可以人工定时采集，也可以通过安装传感器进行自动采集。这需要各企业根据自己的状况确定。

3．制定预警管理方法

在确定各检测项目且进行了数据采集后，需要将检测数据制作成折线图进行管控。在管控时，要设定预警值，一旦数据超过预警值，就需要进行详细分析，找出原因，制定相应的处理措施。除了设定预警值，还需要对数据趋势进行分析。如果某指标的检测数值曲线变化过大、波动过大，同样需要分析其原因，并制定相应的处理对策。图 7-32 所示为某设备电机驱动端的温度监控预警及趋势图。

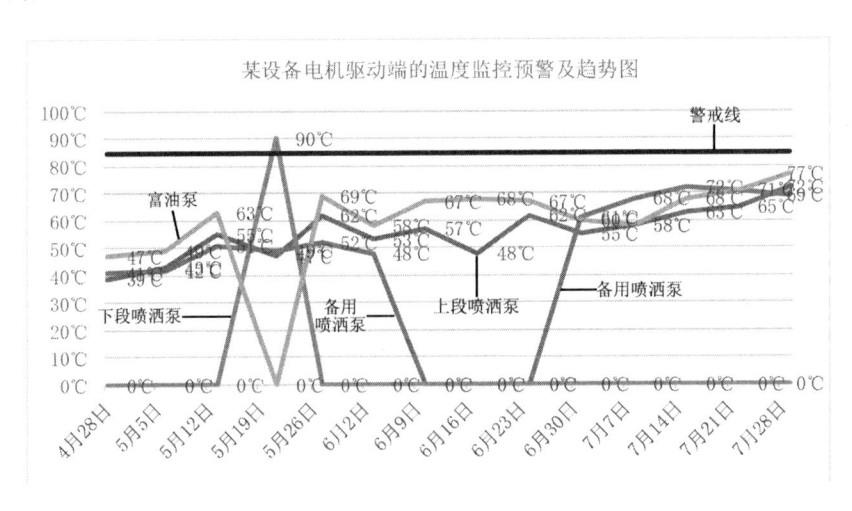

图 7-32 某设备电机驱动端的温度监控预警及趋势图

7.5.4 事后保全

所谓事后保全，是指在设备发生劣化或者故障之后进行的维修活动，也称为维修保全。

事后保全一般有三类，分别如下。

- ♪ 故障维修：对故障的维修。在设备发生故障时，对发生故障的部位进行维修、复原，以便设备能够接着进行生产。
- ♪ 预防维修：对异常现象的维修。无论是自主点检，还是巡回点检，都会发现一些异常现象，对这些异常现象进行的修理维护就是预防维修。
- ♪ 更新维修：对劣化现象的维修。在设备使用过程中，随着时间的推移，各零部件均会出现不同程度的劣化，企业需要对劣化现象进行深入分析，并进行维修和保养。

企业要开展事后保全工作，需要做好以下几件事情。

1．制定维修技术标准

设备除对各部件有精度要求之外，对各部件之间的安装精度也有一定的要求。随着设备的精度越来越高，其对部件精度及安装精度的要求也越来越高。在维修设备时，如果没有相应的技术标准作为支撑，则维修后的设备精度很难达到生产要求。因此，维修设备必须有相应的技术标准作为支撑。

2．制定维修作业标准

有了维修技术标准，就能做好维修吗？答案往往是否定的。做同一件事情，不同的人员有不同的做法，因为做法不同，所以结果也不同。有些人在安装设备后，发现多出一些零件，不得不对设备多次拆解、安装，效率非常低下；还有些人在维修完成后发现设备精度达不到要求，不得不进行多次维修；更有甚者，有些人在维修完成后发现，不但设备精度达不到要求，还造成了更多的损坏，包括设备损坏和产品不良损坏。可见，在维修设备时，既要使设备精度达到要求，又要速度快、效率高。因此，企业需要制定维修作业标准，通过标准化来改善维修效率和维修效果。

设备维修作业标准示例如图7-33所示，包括维修作业资源投入（人、机、料、时间）、维修步骤，以及各步骤的工作方法、工具和标准要求等。

编制：审核：	设备维修作业标准				编制日期：修改日期：	
编制部门	厂部：	设备名称：推焦机走行液压抱闸			工期工时：6HP	
	项目名称：推焦机走行液压抱闸更换					
危险源	油污、防滑		动火等级	无	项目时间：3h	
人、机、料、时间的投入情况汇总						
需用工机具及编号	常用工具 17~19号叉扳2个 450活扳1个	需用材料	1. 桶1个 2. M12×60螺栓 1套 3. 抹布若干	需要人数	2人	工种代码	钳工：QG1 QG2

工时工序

① —0.5h→ ③ —2h→ ④ —5h→ ⑤ —8h→ ⑥ —2h→
① 三方确认，停机挂牌
③ 皮带更换准备工作（拆卸挡胶皮、清扫器、防护罩、托辊等）
④ 点动皮带机，带进新皮带的同时带出旧皮带，用夹具收紧皮带，拔出新皮带头子并打磨
⑤ 皮带连接,将硫化机上支架皮带对好口子，刷上胶料，贴上芯、面胶，进行硫化，在打压、升温、恒温、降温后，拆除硫化机
⑥ 回装托辊、挡胶皮、清扫器

① —1.5h→ ② 将备件运到现场，工机具到位

步序	作业方法	作业人员代码	使用工具材料编号	安全措施	技术要点
①►③	三方确认，停机挂牌	QG1			
①►②	将备件运到现场，工机具到位	QG2			
③►④	去液压站关闭对应走行抱闸的液压阀，拆卸抱闸油管，用干净抹布盖住油管，防止进入灰尘	QG1 QG2	B13	防止油污喷洒	
④►⑤	用M12×60螺栓将抱闸打开，拆卸下旧抱闸	QG1 QG2	AB23		
⑤►⑥	用M12×60螺栓将新抱闸打开，安装新抱闸，卸下螺栓	QG1 QG2	AB23		
⑨►⑪	安装油管，打开液压阀	QG1 QG2	B3		
⑨►⑪	现场清理	QG1 QG2			
⑨►⑪	更换完毕，三方确认，摘牌试车	QG1 QG2			

图7-33 设备维修作业标准示例

3. 制定维修后的验收标准

对于前面的维修作业标准，大家大概率不会有疑问，但是对于维修后的验收标准，一定有很多人会提出疑问。到底要不要在维修后进行验收呢？我们先来看一个案例，如图7-34所示，某太阳能电池片生产企业在生产过程中发现前清洗工序制冷机发生故障，其内部接线断裂，随后维修人员更换内部接线，在完成后开机生产，结果生产了80多片的不良品。维修人员在检查后发现，在更换内部接线时接反了，不但没有解除原有故障，还产生了新的问题，造成了较大的损失。

通过以上案例可以看出，维修后的验收标准是不可或缺的。有人肯定会说："维修后的设备都安装好了，难道还要再拆开设备一步一步地测量吗？"如果这么做，拆拆装装无穷尽也，所以肯定不能这么做，而是对设备应具备的性能进行验证。

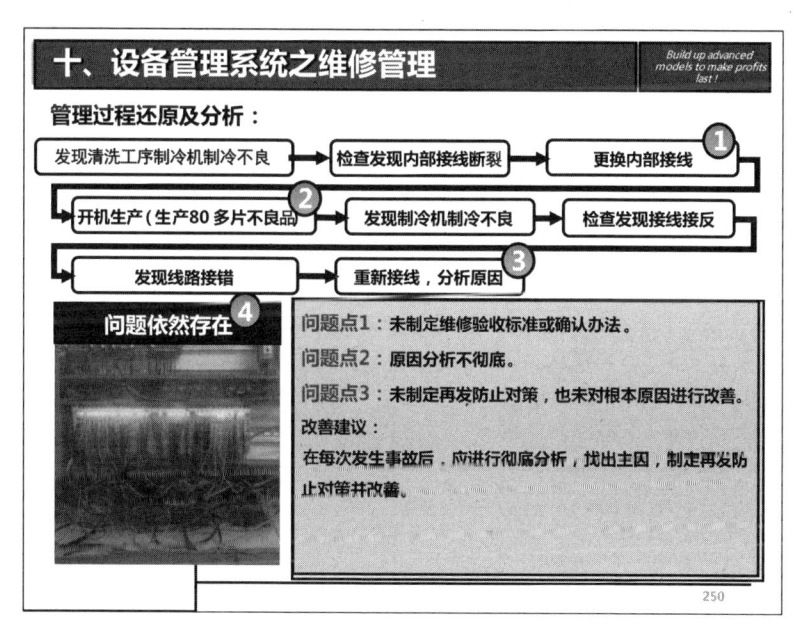

图 7-34　某太阳能电池片生产企业在设备维修后的不良事故

7.6　教育培训

要想做好设备管理，对人员进行教育培训是必不可少的。可在实际工作过程中，员工并没有那么多的时间学习，这就形成了矛盾。怎么解决呢？管理者需要采取更灵活的办法，让员工更好地掌握设备知识及管理知识。

7.6.1 OPL 培训

OPL 是 One Point Lesson 的缩写，意思是一点课程，也称为 5A 培训（Any time /Any problem/Any body/Any way /Any where），是指让任何人在任何时间对任何问题都可以采用任何办法解决的一种方法。其目的是在较短的时间内，一次学习一个知识点，最终掌握所有相关知识点。OPL 培训的具体做法如下。

1. 制作 OPL 教案

每一位员工根据工作需要，以作业标准知识、清扫知识、润滑知识、点检内容、设备结构知识、设备改善知识等为内容，定期制作相应的 OPL 教案，如图 7-35 所示。

2. 进行 OPL 培训

在制作好 OPL 教案后，在每日早会时，由 OPL 教案制作人员轮流对其他员工进行培训。培训的地点可以是办公室，也可以是早会现场，还可以是生产现场。

```
■ 部件名称——气动阀门执行器。
■ 工作原理——利用压缩空气推动执行器内多组组合气动活塞运动。
■ 点检方法——目视/手拭/听。
■ 点检要点——①气源管：无漏气；②螺丝：无生锈、滑牙；③外壳：无破损；④行程刻度：无变形、错位、脏污；⑤膜片：无漏气；⑥压兰：无泄漏。
■ 特别说明——各传动部位无灰尘积压。
```

气动阀门执行器的点检示意图
- ①气源管：无漏气
- ②螺丝：无生锈、滑牙
- ③外壳：无破损
- ④行程刻度：无变形、错位、脏污
- ⑤膜片：无漏气
- ⑥压兰：无泄漏

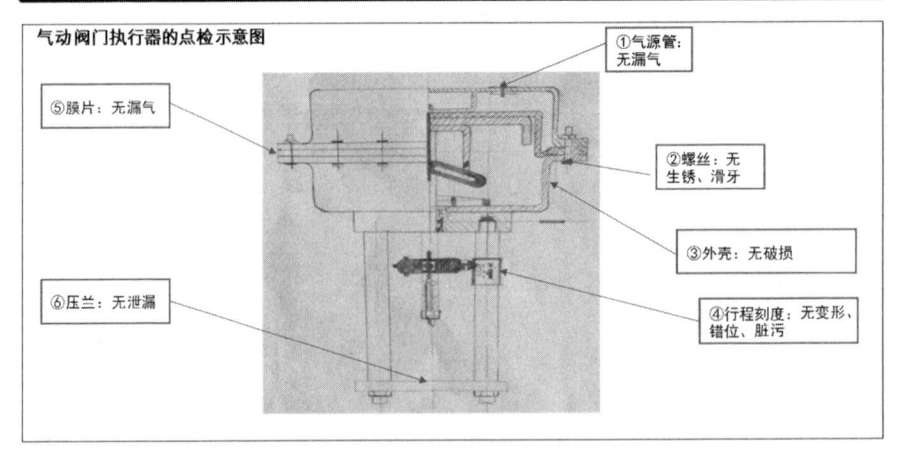

图 7-35 OPL 教案

7.6.2 专题知识培训

企业可定期对员工开展专题知识培训，如《TPM概论》《自主保全》《专业保全》，以及设备知识专题培训等。这种培训可结合公司的教育培训来进行。

7.6.3 会议培训

每周由各小组制作相应的周报和月报，然后由设备部门牵头召开设备管理周会、月会。在会议上，各小组展示自己的周报和月报，各小组间相互学习，共同掌握设备管理知识。在周报和月报展示完后，由管理人员对其点评，指出各小组管理的优点及不足，加深与会成员的认知，逐步提升其设备管理水平。

7.6.4 道场培训

对于一些复杂问题，可以设置专用培训场地，在场地内设置培训用的模拟设备及其关键零部件、相关知识看板等，这样的场地称为道场。

在道场建成后，企业可以在道场内定期组织员工进行相关知识培训，使其自己动手体会，以便更好地掌握相关知识。

7.7 初期管理

初期管理是指对设备及其生产进行的从概念设计、结构设计、试生产到评价等一系列量产前期的控制活动。初期管理主要包含以下几个方面的工作内容。

7.7.1 前期设计需求明确

在设备采购及设计之初，设备管理人员与生产人员就应该将设备使用方法、技术要求、设备参数要求（加工速度、精度、工序能力等），以及设备在生产过程中可能出现的相关问题点进行整理，形成正式文件，发送给设备的设计和生产单位，作为设计输入资料。

7.7.2 设备预验收及设备验收

当设备设计及制造、安装达到一定程度时,相关人员就应对设备进行预验收和验收。在预验收及验收前,相关人员应制定详细的验收方案,从设备加工能力、加工的产品质量、设备外观、各部件的构造等全方位地进行问题点查找,并将查找到的问题点反馈至设备生产单位进行改善。××设备验收总结报告(部分)如图 7-36 所示。

生产线		设备名称			设备编号		厂家名称		
验收地点					验收时间			页数	4
参加人员		保 全 部 门				厂 家		完 成	
检印确认									

验收具体内容

■ C/T

机种名称	HR	HK	V
规格式样	2台/34s	2台/34s	2台/34s
实际测试	2台29s	2台28s	2台30s
判 定	OK	OK	OK

实际测试时间是纯加工时间,未包含投放料时间

■ 品质确认状况
测量项目:油沟深度、油沟位置、油沟长度——测量工具:塞规/位置规
外观(打痕、压痕、毛刺、油沟粗糙度)检查——目视。
品质状况:具体见设备验收资料-2、3。
备注:每个机种带4台工件回MWCC测量油沟深度,并确认平面压痕、毛刺去除状况
品质问题点:
(1) 在加工HK、V机种时,右轴缺口大——加工程序变更;
(2) 在用右轴加工HK机种时,出现2台不良——厂家查明原因(暂时判定为受孔间距的影响);
(3) 平面端毛刺突起(全数)——放置工件治具改善(工件柄部朝下);
(4) 平面打痕、压痕(全数)——放置工件治具改善(工件柄部朝下)。

■ 设备设计问题点
工件放置时柄部朝上(品质隐患存在)——平面打痕、压痕等。
应对方案:厂家重新设计治具(工件放置时柄朝下),12月5日前完成。

■ 遗留问题点

序号	(问题点)具体内容	应对方案	完成时间	负责人
1	工件放置时柄部朝上,平放容易打痕	V、HR机种在11月25日前到货(如果外购件采购周期较长,则再议交货时间),HK机种在12月5日前交货		YNC厂家
2	水箱颜色与主机不一致	水箱重新刷漆	发运前	YNC厂家
3	装铁屑箱没有安装轮子,倒铁屑不方便	自制	到达后	MWCC
4	设备没有重量、电气容量、水箱容量等标记	增加	发运前	YNC厂家
5	油管两接头处无标记	增加标记	发运前	YNC厂家
6	变压器外露	安装防护罩	发运前	YNC厂家
7	PLC程序、加工基本程序无备份	提供软盘备份	终验收前	YNC厂家
8	踏台追加	自制	到达后	MWCC
9	设备部分区域油漆脱落、没有油漆,容易生锈	补漆	发运前	YNC厂家
10	PLC接口配备一个	现场已解决		
11	油管振动大、固定方式欠考虑	管夹固定	发运前	YNC厂家
12	平衡油缸无密封圈型号,没有加装回油管	提供平衡油缸密封圈型号,加装回油管	发运前	YNC厂家
13	故障内容一览安装在主操作台一侧	CRT报警面已具有报警信息,已解决		
14	排屑装置排屑不良、脱屑不好	整改	终验收前	YNC厂家
15	排屑装置无防护盖板	加装防护盖板	终验收前	YNC厂家
16	针孔式连接排线整理	电柜整理	发运前	YNC厂家
17	主操作盘追加机种切换键	更换标牌	发运前	YNC厂家
18	加工启动键未安装好	在确定加工启动键的安装位置后安装	发运前	YNC厂家

图 7-36 XX 设备验收总结报告(部分)

7.8 事务改善、质量保全、安全与环境改善

在 TPM 八大支柱中，除了前面所讲的五个支柱，还有三个支柱分别是事务改善、质量保全、安全与环境改善。对于这三个支柱，只要将前文所讲的五个支柱做好，这三个支柱的内容就会得到改善，这里不再赘述。

7.9 设备绩效及经营管理

前面做了那么多的设备管理工作，结果究竟如何？管理效果有没有达到预期？这就需要制定相应的设备管理指标、设备管理数据统计方法和设备经营管理方法，对管理过程及结果进行管控和衡量。

7.9.1 制定设备管理指标

设备管理指标有很多，笔者选择几个给大家进行介绍。

1. OEE

OEE 是 Overall Equipment Effectiveness 的缩写，即设备综合效率。和设备理想状态（OEE = 100%）相比，OEE 代表设备的现时运行状态。

$$OEE = 时间稼动率 \times 性能稼动率 \times 良品率 \times 100\%$$

其中，时间稼动率反映设备的时间利用情况，度量设备的故障、调整等造成的停机损失状况。

性能稼动率反映设备的性能发挥情况，度量设备的短暂停机、空转、速度减慢等造成的性能损失。

良品率反映设备的有效工作情况，度量设备加工废品、不良修正的损失。

OEE 就是这三个指标的乘积，是反映设备管理状况、设备保养状况和设备精度保全状况的综合管理指标。OEE 的计算方法及其与三个指标之间的关系如图 7-37 所示。

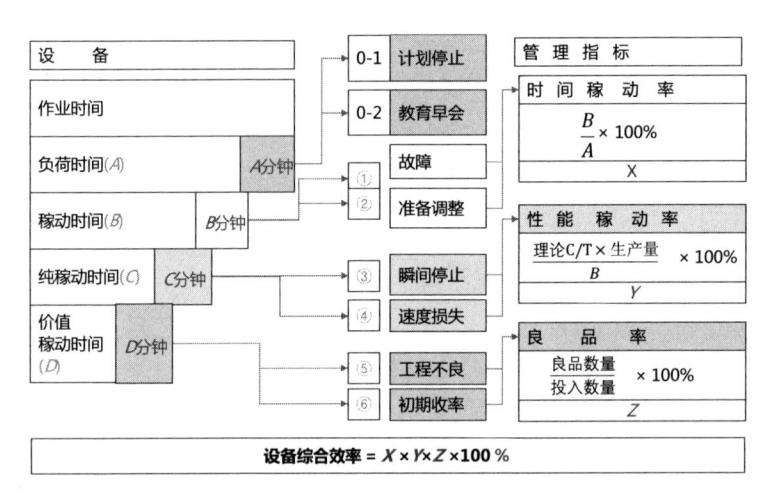

图 7-37　OEE 的计算方法及其与三个指标之间的关系

在计算 OEE 时，在断续生产行业（如机械制造行业）中，各时间数据收集起来较为方便，所以计算也比较方便；在连续生产行业（如化工行业）的生产过程中，每个环节的时间是连续的，很难统计到细节的时间，所以用该公式计算 OEE 就不太方便，需要对其进行变更，变更后的公式如下。

OEE = 良品数量/（技术速度×总计划开动时间）×100%

2．MTBF

MTBF 是 Mean Time Between Failure 的缩写，即平均故障间隔时间，是指两次故障间的平均时间。该指标主要用来反映设备维修及保养的状况。

$$\text{MTBF} = \frac{\text{稼动时间}}{\sum \text{故障次数}}$$

3．MTTR

MTTR 是 Mean Time To Repair 的缩写，即平均故障维修时间，是指从故障发生到保全人员恢复完毕且设备能够正常运转之间的时间。该指标主要反映保全人员修理设备的技能状况。

$$\text{MTBF} = \frac{\text{故障时间}}{\sum \text{故障次数}}$$

4．成本指标

所有的管理都需要对成本进行控制，所以除了设置设备管理指标，还需要设置相关的成本管理指标——设备维护保养成本。

5．其他指标

在设备管理过程中，企业还可根据管理的实际需求，制定其他管理指标，如可动率、完好率、事后保全率等。

7.9.2 制定设备管理数据统计方法

在有了管理指标后，企业还需要制定相应的设备管理数据统计方法，对采集的数据进行统计，具体可参考图 7-38 所示的两种 OEE 统计管理表。

设备综合效率（OEE）统计管理表（断续生产）														
日期	产品	上班时间(a)	计划停机时间(b)	负荷时间(A=a-b)	故障时间(c)	调整时间(d)	稼动时间(B=A-c-d)	时间稼动率(X=A/B)	标准C/T	产出良品数量(f)	性能稼动率(Y=e×f/B)	不良数量(g)	在线返修数量(h)	良品率[Z=(f-h)/(f+g)]	设备综合效率(OEE=X×Y×Z×100%)	故障停机次数	MTBF(=B/I)	MTTR(=c/I)	备注

设备综合效率（OEE）统计管理表（连续生产）												
日期	产品	计划停机时间(a)	换型时间(b)	上班时间(c)	故障时间(F)	计划生产时间(A=c-a-b)	标准C/T	标准线速度(X)	生产总数量(Y)	不良数量(d)	在线返修数量(c)	一次合格品数量(Z=Y-d-c)	设备综合效率OEE=[Z/(X×A)]×100%	故障停机次数	MTBF(=A/E)	MTTR(=F/A)	备注

图 7-38　两种 OEE 统计管理表

7.9.3 制定设备经营管理方法

前文讲述了具体事项的管理方法，但仅有这些具体事项的管理方法还不够，还需要好的统筹、安排来提纲挈领，这就是设备经营管理。要想将设备管理得更好，还需要做好以下事项。

1．制订部门年度管理战略和计划

部门年度管理战略和计划是管理的纲领，简单点讲就是要管理什么、怎么来做、谁来做，以及在什么时间做等。在每年年初，企业需要结合事业计划管理方法，制订部门年度管理战略和计划。该部分内容在第 2 章中叙述较多，大家可参考事业计划管理方法进行。

2. 制定年度管理指标和目标，并对其进行细分

在制订部门年度管理战略和计划时，还要制定年度管理指标和目标，然后将其分解至每个细化模块，以及分解至每个月。

3. 定期总结、分析并制定改善对策

有了战略、计划、目标，每个月还要对各指标的数据进行统计、分析，查找不足，并制定改善对策进行改善。只有每个月不断地复盘，才能发现管理中的不足及短板，进而通过不断的改善来弥补这些不足及短板。这样循环往复，形成螺旋上升通道，企业的设备管理就会越来越好。

第 8 章

建立企业特色现场管理——现场 5S 及可视化管理

2016 年，有家企业在国外的一次展览会上推出了一款产品，这款产品引起了国际一家知名企业的兴趣，这家国际名企当场就口头确定了订货协议，订货量达到了该企业两年的产量，该企业上下欢欣鼓舞。展览会刚一结束，那家国际企业便派出一个团队前来该企业商谈合同事宜，该企业也特别重视，进行了相应的准备。然而，客户团队来到该企业后，进行了大约一小时的现场参观，参观完后直接走了，什么都没有谈。

该企业从上到下直接傻眼了，到底发生了什么？客户为什么走了？后来经过不断的了解才知道，原来客户通过对该企业进行现场参观，认为虽然该企业的产品设计很好，但通过现场实际状况可以判定，其产品的质量稳定性、生产效率和企业经营稳定性等，均达不到他们的期望，因此取消了该产品的订购。

为什么会这样？为什么仅根据现场不足一小时的参观就可以得出这样的结论？这是因为现场是企业所有管理内容的集中体现，现场的实际状况能够准确反映企业的管理状态，所以现场管理必须引起管理人员的重视。

那么现场管理到底怎么做才能做好呢？本章重点从现场 5S 管理、现场可视化管理两个方面来说明。

可能很多人心里在想，现场管理不就是打扫卫生吗？打扫卫生有这么重要？现场 5S 及可视化管理绝非打扫卫生这么简单，您还真得认真地继续往下看，跟着我的思路转变认知。

8.1 现场 5S 管理

5S 原本是日本家庭对物品及空间进行管理的一种方法，后来被企业管理者用于企业的现场管理中，为企业管理及经营带来了意想不到的收益。之后企业管理者经过不断的研究和发展，将 5S 发展为一整套的管理理论和方法，使之成为企业所有管理内容的基础。

8.1.1 5S 的定义

所谓 5S，是指对场所内的人员、机器、材料、方法等生产要素进行有效管理的一种办法。其具体内容包括整理、整顿、清扫、清洁及素养 5 个方面，如图 8-1 所示，由于每个词语的日文第一个字母均为 S，所以被称为 5S。它是创建并保持安排有序、清洁干净、高效性能的工作场地的一种流程和方法。

内容	日文	英文	内容说明
整理	SEIRI	Organization	区分要与不要的物品，清理不要的物品
整顿	SEITON	Neatness	30 秒内就可找到要找的物品
清扫	SEISO	Cleaning	谁使用谁负责清扫（管理）
清洁	SEIKETSU	Standardization	管理的公开化、透明化
素养	SHITSUKE	Discipline and training	严守标准、团队精神

图 8-1　5S 的内容

8.1.2 5S 的起源及发展

大约在 200 年前，日本家庭通常采用整理和整顿的方法对家庭物品及空间进行管理。到了 1955 年，很多日本企业为了提升生产空间的利用率和保证生产现场的安全，提出了"安全始于整理、终于整顿"的口号，将整理和整顿引入企业现场管理中。在引入整理和整顿后，现场管理的改善效果优异。后来，各企业因生产效率和品质控制的需要又提出了 3S，也就是清扫、清洁、素养，使生产效率和产品品质得到了大幅度的提升。到了 1986 年，日本关于 5S 的著作相继问世，对整个现场管理模式起到了冲击的作用，并由此掀起了 5S 的热潮。

8.1.3 5S 的重要性

从 5S 的起源及发展可以看出，5S 的出现是为了提升企业现场的空间利用率、提升现场安全管理能力、提升生产效率和提升企业产品的质量。

在很多企业中，一提到 5S，就认为是打扫卫生，一旦认为 5S 是打扫卫生，那么自然就会安排后勤人员去负责，只要达到现场干净、整洁即可。这样就远离了 5S 的初衷。大家一定要认识到，5S 是企业管理的基础，是企业经营管理的重要原则，是企业全员的责任，其追求的目标是零故障、零不良、零伤害、零延迟、零抱怨。

做不好 5S 的企业不可能成为优秀的企业。这就是前文那个案例中客户在企业现场参观后放弃订购该企业产品的原因。

8.1.4 5S 的实施

整理、整顿、清扫、清洁和素养看似仅为 5 个词语，实际上是有着密切逻辑关系的五项工作内容。5S 中各 S 之间的逻辑关系如图 8-2 所示。其中，整理是整顿的基础；整顿是整理的巩固；清扫既可以使整理、整顿的效果显现，又可以对物品进行全面点检，确保各物品状态良好、可用；清洁则是将整理、整顿、清扫的结果持续保持下去的保障；素养是使企业形成一个整体的改善氛围。所以说 5S 中各 S 环环相扣，缺一不可。

企业通过实施 5S，使工作场地有序化，使"偏离标准"的情况显而易见。它能消除浪费，使日常工作场所更舒适、方便，并降低成本。

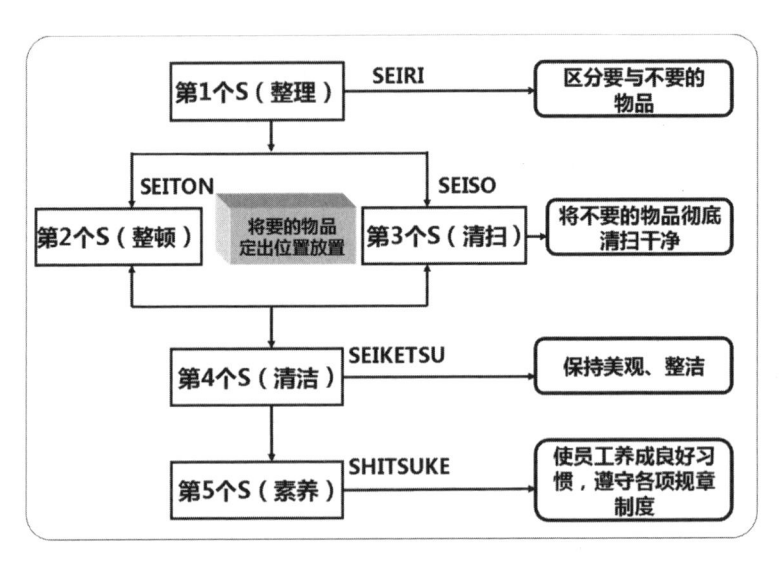

```
┌─────────────────┐  SEIRI   ┌──────────────┐
│ 第1个S（整理）   │─────────→│ 区分要与不要的│
└─────────────────┘          │   物品       │
         │                    └──────────────┘
         ↓
   SEITON      ┌────────┐   SEISO   ┌──────────────┐
┌──────────┐   │将要的物品│         ┌──────────────┐  │将不要的物品彻底│
│第2个S(整顿)│──│定出位置放置│──│第3个S（清扫）│─→│清扫干净      │
└──────────┘   └────────┘         └──────────────┘  └──────────────┘
         │
         ↓
┌──────────────┐ SEIKETSU  ┌──────────────┐
│ 第4个S（清洁）│─────────→│ 保持美观、整洁│
└──────────────┘          └──────────────┘
         │
         ↓
┌──────────────┐ SHITSUKE  ┌──────────────┐
│ 第5个S（素养）│─────────→│使员工养成良好习│
└──────────────┘          │惯，遵守各项规章│
                          │   制度        │
                          └──────────────┘
```

图 8-2 5S 中各 S 之间的逻辑关系

1. 整理

整理就是对区域内物品进行区分，分清主次。对于那些不再需要、不再适用于本区域的物品，或者多余的物品，应予以清除。

整理简而言之就是区分要与不要的物品，并将不要的物品去除。同时，除了去除不要的物品，还有可能需要增加部分必须用的物品。在实施时，到底哪些物品是要的？哪些物品是不要的？怎么判断？

1）将客户需求作为判断依据

在实施整理前，首先要判断这个区域的客户是谁（内部客户），也就是谁来使用该场所。确定了谁是客户，相应地就知道了客户是怎么工作的，同样也就知道了哪些物品是要的，哪些物品是不要的。

比如一个会议室，其客户是使用会议室的人，所以物品的要与不要的判断就以与会人员的需求为标准。开会时，与会人员需要分享 PPT 报告，或者书写内容，这时候就需要投影仪、幕布、投影笔、麦克风、白板、书写笔、板擦等，同时还需要电源和电脑。另外，与会人员要记录笔记，就需要桌椅，以便就座和书写。这些是基本需求。如果开会时间长，与会人员需要喝水，那么就需要饮水设施。再考虑开会时的环境，还需要装饰环境的一些东西，如花卉、绿植等。

2）建立要与不要的判断标准

在现实中，要区分哪些东西是要的，哪些东西是不要的，比较困难。因为很

第8章 建立企业特色现场管理——现场5S及可视化管理

多东西看着貌似有用，但又说不清楚在什么时间会用到。大部分人比较爱惜东西，不忍心将其丢弃，于是堆积在现场，久而久之，现场的东西就会越来越多，脏乱不堪。所以在实施清理时，需要建立要与不要的判断标准，以便对现场物品进行区分，如图8-3所示。

序号	物品	要的判定标准			不要的判定标准		
		是否需要	需要周期	状态	是否需要	不需要周期	状态
1	机器设备、电气装置	需要	一年内	完好无损	不需要	大于一年	损坏且不能修复
2	工作台、材料架、板凳	需要	每周	完好无损	不需要	大于一周	损坏且不能修复
3	工装、模具、夹具	需要	每天	完好无损	不需要	大于一天	损坏且不能修复
4	原材料、半成品、成品	需要	每班	完好无损	不需要	大于每班	损坏且不能修复
5	栈板、周转箱、防尘用具	需要	每班	完好无损	不需要	大于每班	损坏且不能修复
6	办公用品、文具	需要	每周	完好无损	不需要	大于一周	损坏且不能修复
7	看板、宣传材料	与现有管理相关		完好无损	与现有管理无关		损坏且不能修复
8	清洁工具、用品	需要	每周	完好无损	不需要	大于一周	损坏且不能修复
9	文件资料、图纸、空白表单、档案	需要	每月	正在使用的版本	不需要	大于一个月	已废弃版本
10	作业指导书、标准书、检查表、检验用品	需要	每月	正在使用的版本	不需要	大于一个月	已废弃版本
11	各种记录表	需要	在归档期限内	正在使用的版本	不需要	超过归档期限	已废弃版本
12	管线、标牌、指示牌	需要	一年内	完好无损	不需要	—	损坏
13	蜘蛛网、杂物、灰尘、纸屑	—	—	—	不需要	任何时候	—

图8-3 现场物品要与不要的判断标准

在实施时，虽然有了判断标准，但仍然有很多物品在判断时确定不了。对于这种确定不了的物品，在实施时可以先从现场清理掉，暂存在某一指定地点，在生产过程中再进行确认。

3) 确立现场物品区分方法

有了物品清理的标准，可以对物品进行要与不要的判断。如果现场物品较少，直接区分，并将不要的物品按照各自的属性（需要保留的，指定专门存放区域进行存放；可变卖的，按照公司废品变卖流程进行处理；可直接丢弃的，直接丢弃）处理即可；如果现场物品较多，一次很难彻底区分，则需要采用相应的方法，让物品区分工作变得简单。

我们可以采用自主保全中所使用的挂票方式来进行物品区分。要与不要物品的挂票示例如图 8-4 所示。

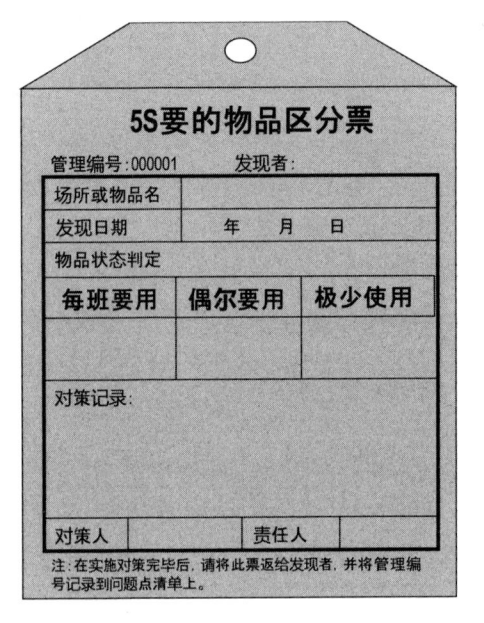

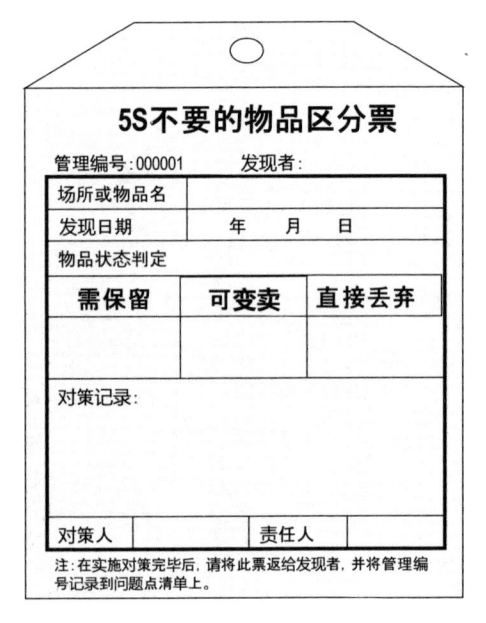

图 8-4 要与不要物品的挂票示例

在现场实施时，根据物品要与不要的判断标准，对每个物品进行区分。如果是需要的物品，则挂上 5S 要的物品区分票；如果是不需要的物品，则挂上 5S 不要的物品区分票。在将物品区分完后，统一将不要的物品搬离生产现场。

4）建立物品整理清单

在对物品进行区分后，还要建立物品整理清单，一方面进行留存，另一方面是为了在整理完成后，策划整顿方案及可视化内容。

物品整理清单如图 8-5 所示。

在这些准备工作完成之后，就可以着手去实施整理工作了。

2. 整顿

所谓整顿，就是在将所有不需要的物品清除出去之后，对剩下的物品进行有效管理，使这些物品易见、易取、易归还。

何为有效管理？有效管理是指要将物品摆放在应该摆放的位置上，并且要摆放合适的数量，用合适的容器盛放。这就是我们常说的三定管理——定置、定量、

第8章 建立企业特色现场管理——现场5S及可视化管理

定容。

序号	物品名称	物品型号	物品数量	物品状态 (合格/待修理/不合格)	放置位置	整理：要的物品			整理：不要的物品		
						每班要用	偶尔要用	极少使用	需保留	可变卖	直接丢弃

图8-5　物品整理清单

1）定置

所谓定置，就是将物品放置在合适的位置。什么是合适的位置？这要从整顿的目的来看。整顿的目的就是要让所有物品拿取最为方便，效率最高，也就是要杜绝搬运浪费。要想达成这一目的，就需要将物品的生产工艺过程进行详细分析，确定每个工序的工作内容和工作方法，然后再确定需要使用哪些物品，以及拿取这些物品的动作及方法。等这些确定后，就能确定每个物品该放置在什么地方。

如图8-6所示，该生产工艺过程为NC→YNC，其中NC工序加工共有3台NC车床，由1人操作。加工时，操作人员的工作过程如下：从NC1拿出加工后的半成品→将原材料放入NC1→从NC2拿出半成品→将原材料放入NC2→从NC3拿出半成品→将原材料放入NC3……这样不断循环。为了节省时间，操作人员的工作过程可完善如下：双手打开NC防护门→右手拿出半成品→用左手拿取一个原材料→工件换入右手→将工件装入设备→双手按下启动开关。根据这个工作过程的特点，需要将半成品摆放在操作人员的右侧，将原材料摆放在操作人员的左侧，并且放置在操作人员手臂所及之处。这样，操作人员无论是拿取工件，还是放入工件，都不用转动身体和移动身体，工作强度最低，工作效率最高。所以在定置时，需要按照图8-6所示的位置分别放置原材料和半成品。这就是定置的方法。

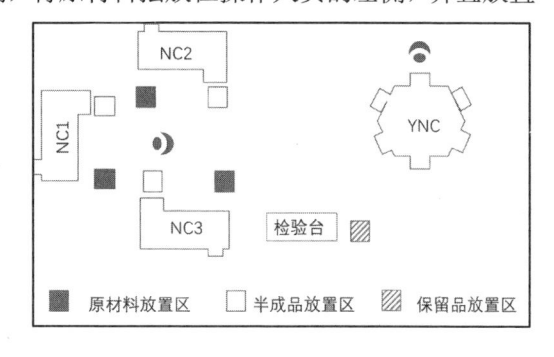

图8-6　现场物品定置示意图

2）定量

确定了各物品的放置位置，那么各物品需要放置多少呢？这就是定量所要解决的问题。

要想确定放置数量，首先要弄清楚需要的最小数量。需要的最小数量是根据现场加工过程、加工要求、移动方法等内容综合来确定的。

我们还是参考图 8-6 所示的内容来说明。在图 8-6 所示的内容中，NC1～NC3 设备相同，加工内容相同，加工 C/T 为 54s，YNC 的加工 C/T 为 18s，这样看起来 NC 工序的平均 C/T 为 18s。YNC 的加工 C/T 也是 18s，工序能力匹配，那么在 NC 加工一台产品后，这台产品就流入了 YNC 工序，不需要中间在库。然而这些时间不包括将产品从 NC 运送到 YNC 的时间，需要将其加上。经过现场了解，NC 至 YNC 的工件流转是无传送带的，需要人工运送。将产品从 NC1 运送至 YNC 需要 15s，从 NC2 运送至 YNC 需要 5s，从 NC3 运送至 YNC 需要 10s，平均每运送一次就需要 10s。如果一台一台地运送，那么 NC 的 C/T 就相当于变成了 28s，YNC 就需要有 10s 的等待，显然是不合适的。为了实现线平衡，需要将运送时间压缩到最少。据此来看，中间转运量越大，平均每个工件的运送时间就越短，甚至忽略不计。但这样又会产生新的问题，那就是中间在库过多，且在库占用面积过大。所以操作人员在综合考虑（包括考虑到运送工具）后决定，工序间的移动采用手推车，每个手推车上放两个部品筐，每筐的数量为 30 台，也就是每个物料放置位置的放置数量为 60 台。这就是生产物料定量的具体做法。

3）定容

定容，顾名思义，就是指确定物品存放的容器。在确定物品的存放容器时，要综合考虑物品的特性、存放空间、存放量。图 8-7 所示的产品为一个活塞，其外表面全部为精加工面，精度要求均为 1～3μm，且不能有任何打痕。考虑到运送采用运输小车，操作人员将其容器设计成图 8-8 所示的部品筐。这样拿取容器方便，且不易产生不良品。这就是定容的方法。

图 8-7 某活塞产品图

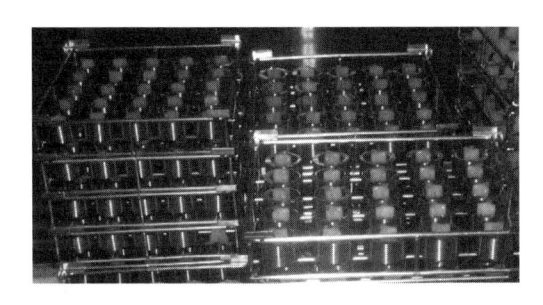

第 8 章 建立企业特色现场管理——现场 5S 及可视化管理

图 8-8 存放活塞的部品筐

4）可视化

在将物品定置、定量及定容后，还要对物品的存放区域进行标识，让所有员工都知道该区域内存放着什么物品、存放着多少，这样就有助于员工拿取和归还。

在对物品的存放区域进行标识之前，应在可视化标识设计表（见图 8-9）的基础上，对整顿所需要的可视化标识进行设计。在将可视化标识设计完成后，再在现场实施整顿，如图 8-10 所示。

序号	物品名称	物品型号	物品数量	物品状态（合格/待修理/不合格）	放置位置	整理：要的物品			整顿：可视化标识		
						每班要用	偶尔要用	极少使用	标识内容（三定管理）（名称/数量/范围/时间/状态/管理者）	标识图示	标识位置

图 8-9 可视化标识设计表

图 8-10 现场整顿示意图

3. 清扫

清扫是指对区域内所有的地板、设备、工具、家具、墙壁、桌面、办公桌、工作台等进行打扫，清除垃圾及尘埃。

通过清扫，可使工作区域干净、整洁。清扫工作主要有三个方面的作用：其一，清扫可使现存问题显现出来；其二，通过清扫，可以将由垃圾和尘埃引起的故障减到最少，提高安全性；其三，清扫是一种检查，能够及时地辨别现场存在的问题，有助于及时纠正。

实施清扫工作主要有以下两方面的内容。

1）清扫活动开展

在将物品整理、整顿完成后就要开展清扫工作，在开展清扫工作时，如果现场较为脏乱、前期工作开展较差，应制订相应的工作计划，对现场区域进行彻底的清扫。在达到清扫的目标后，应制定每日清扫的时间、方法，以形成日常清扫的习惯。比如，有些企业将上班前15分钟或下班后15分钟专门用作5S活动时间，称为15分钟运动。

2）两源改善

在进行现场改善时，有两种改善方式。一种是体系化改善，也称为"增量改善"，就是设法使作业量达到"更多"的要求。比如，企业之前从未正式做过5S工作，现在通过改善，需要大家每日进行5S活动，这种改善就属于"增量改善"。

另一种是合理化改善，也称为"减量改善"，就是设法使作业量达到"更少"的要求：更短的时间/更小的空间/更低的成本等。比如，在设备自动化改造完成后，员工的作业量就会大大地减少，这种改善就属于"减量改善"。

5S活动整体上属于增量改善，所以一开始，员工的工作量增加了，一定会有很大的阻力，甚至会遇到一些实际问题。比如，工作人员没有更多的时间进行清扫。这时候，管理人员就需要解决这些实际问题。解决的方法就是通过减量改善，使清扫工作变得简单、容易，这样推进起来才较为容易。

在清扫活动中，要针对脏污的源头和清扫过程中的困难进行改善，也就是大家常说的"两源改善"。在两源改善完成后，清扫工作就比较容易完成了。

4. 清洁

清洁是指在前3S工作完成之后，维持成果，保持最佳状态，并使之制度化、

第8章　建立企业特色现场管理——现场5S及可视化管理

标准化的工作过程。

清洁的工作内容及过程如下。

1）划分清扫区域

在清洁时，往往会出现有些区域无人管理、责任模糊不清的情况。所以在清洁实施之前，首先应该划分清楚责任区域，不能有遗漏，不能有交叉。在责任区域划分完成后，还要将划分结果进行可视化标识，使全员都明白各自的责任区域，具体如图8-11所示。

某公司某车间5S员工责任区域划分平面图

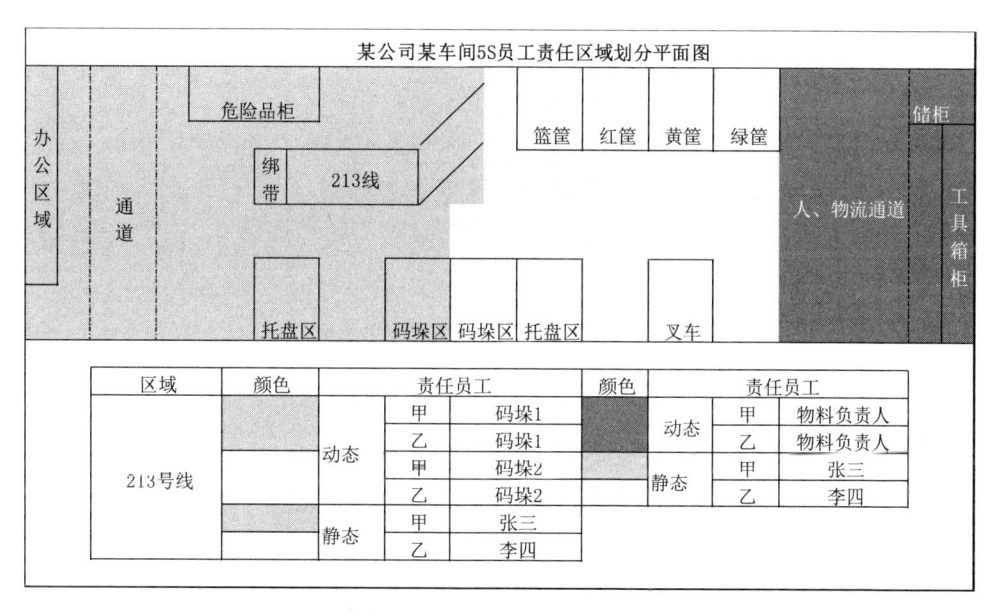

区域	颜色	责任员工		颜色	责任员工	
213号线		动态	甲	码垛1	动态	甲	物料负责人
			乙	码垛1		乙	物料负责人
			甲	码垛2	静态	甲	张三
			乙	码垛2		乙	李四
		静态	甲	张三			
			乙	李四			

图8-11　某公司某车间5S员工责任区域划分平面图

2）制作5S标准作业指导书

在整理、整顿、清扫活动完成后，现场的所有物品都是有用的，工作人员也对其进行了定置、定量和定容管理，所有区域及物品干净、整洁、安全、可靠。这种状态需要延续下去，企业每时每刻都需要保持这种状态，这就需要制作5S标准作业指导书，让每个员工都能按照标准开展5S活动。

5S标准作业指导书参考示例如图8-12所示。

3）建立5S检查相关制度

有了5S标准作业指导书，员工就可以按照标准进行作业了。如果作业效果不佳，管理人员还需要根据图8-13所示的5S检查记录表，定期对现场进行检查，检查后对结果进行评分及考核，这样才能确保5S工作得到切实落地。

5S标准作业指导书									审核		编制	
车间名称：		区域名称：			启用日期：							

分类		定品	定位	定量	整理/整顿标准	可视化标识	清扫/清洁方法	清扫/清洁标准	清扫工具	活动时间	责任人		备注
											动态	静态	
地面		/	/	/		1.去向指向标识 2.通道标识 3.箭头标识	1.清扫地面垃圾 2.湿拖把拖地	地面无明显垃圾、无积尘	扫把/拖把	班后20分钟			/
天花板（附属物品）		/	/	/		1.气管 2.日光灯 3.吊扇	用抹布擦拭气管、日光灯、吊扇的外表面	表面无积尘	鸡毛掸子/抹布	每半年1次			/
墙面		/	/	/	整理、整顿标识		使用鸡毛掸子扫墙面	无蜘蛛网、无大量积尘	鸡毛掸子/3米的人字梯	每半年1次			/
物品	双边开边线	如图1	一条		摆放整齐、表面无杂物、电柜箱门关闭、线路整齐	/	用抹布和酒精擦拭	表面无灰尘、无异物	抹布、酒精	班后20分钟	装箱1、2	左敬源/刘鹏	需用干抹布清洁
	Y型线	如图2	一条		摆放整齐、表面无杂物、线路整齐	/	用抹布擦拭	表面无灰尘、无异物	抹布	班后20分钟			
	电柜箱	如图3	1个		电柜箱顶部/内部无杂物		用抹布擦拭电柜箱表面	电柜箱表面无杂物、无积尘	抹布	每周1次			
	插卡纸箱	如图	一板		摆放整齐	纸箱标识	/	/	/	生产过程中			
	垃圾筐	如图4	2个		摆放整齐	垃圾筐标识	用抹布擦拭垃圾筐表面、内部	无灰尘、无积液	抹布、洗剂壶	班后20分钟			

图8-12　5S标准作业指导书参考示例

				5S检查记录表						
被检查部门：				检查日期：						
序号	检查项目	检查标准	标准	得分	序号	检查项目	检查标准	标准	得分	
1	地面、通道、墙壁	1. 通道无物品堵塞	3		6	标识	1. 标签、标识牌与被标识的物品、区域一致	3		
		2. 通道标识规范，划分清楚	3				2. 标识清楚完整、无破损	3		
		3. 地面无纸屑、产品、油污、积尘	3				3. 穿戴规定厂服，保持仪容清爽	3		
		4. 物品摆放不超出规定高度	3		7	人员	4. 按规定程序作业	3		
		5. 墙壁无手印、脚印，无乱涂乱画及蜘蛛网	3				5. 谈吐礼貌	3		
2	作业现场	1. 现场标识规范，区域划分清楚	3				4. 工作认真，不闲谈、不怠慢、不打瞌睡	3		
		2. 仪器设备擦扫干净，卫生工具摆放整齐	3				5. 生产时按要求戴手套或其他防护用品	3		
		3. 物料置放于指定区域	3		8	其他	1. 茶杯放置整齐	3		
		4. 生产过程中物品有明确状态标识	3				2. 易燃、有毒物品放置在特定场所，由专人负责管理	3		
3	物品	1. 各储存区有标识	3				3. 现场有5S责任区域划分	4		
		2. 存放的物品与标识牌一致	3				4. 工具、雨具放于规定位置	3		
		3. 物品摆放整齐	3				5. 协助5S检查员工作	3		
		4. 物品状态有区分	3							
4	仪器设备	1. 仪器设备擦拭干净并按时点检与保养	3		检查说明					
		2. 现场不常用的设备应固定存放并标识	3		1. 每违反一个小项目扣1~3分，检查员根据现场具体情况打分。 2. 检查员对上面未提及的内容酌情扣分。					
		3. 仪器设备标明保养责任人	3							
		4. 仪器设备上无杂物、无锈蚀等	3							
5	安全与消防设施	1. 消防器材随时保持使用状态，并标识清楚	3		检查员签字		被检查部门确认		检查得分	
		2. 定期检验维护，专人负责管理	3							
		3. 灭火器材前方无障碍物	3							
		4. 危险场所有警告标识	3							
备注 不合格项										

图8-13　5S检查记录表

5. 素养

素养是指通过采取宣传、教育等手段，提高全员的文明礼貌水准，使之养成良好的习惯，遵守规则，并按规则去执行。

素养的养成过程如图 8-14 所示。员工必须学习并理解公司的规章制度，并能够努力遵守公司的规章制度，成为他人的榜样，才能具备素养。在素养养成阶段管理人员应做好以下事项。

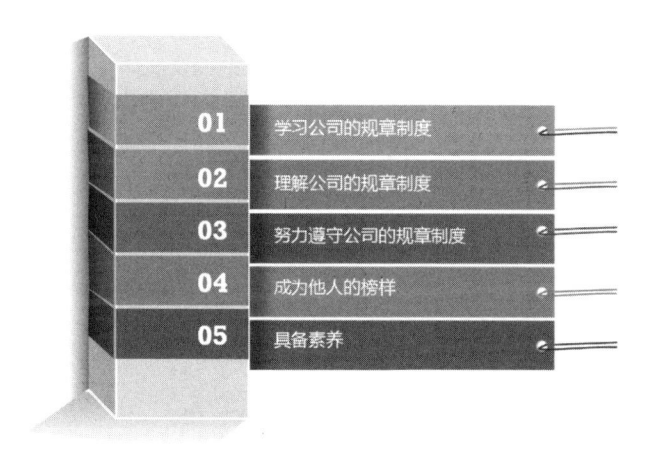

图 8-14　素养的养成过程

1）建立员工着装规范和行为规范

要想让员工具备素养，管理人员需要从最基本的规章制度着手。比如，在欧姆龙上海公司，当新员工进入公司时，公司就开始对其从宿舍 5S、过马路方法、着装等方面进行教育培训，并让其反复练习，等员工彻底掌握了才进行岗位技能培训。

素养养成需要管理人员建立员工着装规范和行为规范，以便对员工进行教育培训。员工着装规范和行为规范示例如图 8-15 所示。

图 8-15　员工着装规范和行为规范示例

2）持续不断地开展教育培训

在制定好员工的着装规范和行为规范后，管理人员需要持续不断地对员工进行教育培训，直到员工完全理解并掌握。

在进行教育培训时，管理人员首先要做好的是言传身教，各级管理人员要积极行动起来，做好示范作用。

其次，管理人员可以利用每天早晚会时间，加强员工的意识引导，也可定期带领员工在现场进行实例讲解。

3）检查、评比、激励

管理人员通过持续不断的检查、评比，督促员工努力遵守各项规章制度；通过定期考核、激励，树立典型，积极引导和鼓励员工成为他人的榜样，最终提升全员的素养。

8.2 现场可视化管理

5S的实施可以让现场物品和空间变得有序且高效，不仅可以提升工作效率，还可以提升安全系数和产品的质量。但是，不要忘记了信息的传递，信息传递得高效与否同样决定着企业生产效率的高低。因此，企业只做好5S是不够的，还需要将信息可视化，让现场变得透明，让所有人员都可以高效地获得该获得的信息，这样才能更好地提升运行效率。

8.2.1 可视化及可视化管理的定义

可视化是指让企业各种管理活动的内容能够被"看得见"的管理方法，也称作"目视化""可见化"等。可视化可使各种潜在的问题显现出来，明确其不好的程度，并加以改善。

可视化管理是指采用直观的方法揭示实际管理状况和作业内容。可视化管理通过使用符号、线条、色彩等显示事物呈现的状态，使全体员工很容易就能看出事物是处于正常状态还是异常状态。可视化管理是一种让全部员工一目了然、一看就明白的管理方式。

8.2.2 可视化管理的作用

1. 问题显性化

在可视化完成后,所有事物都有其状态标识和工作标准标识,如果该事物出现问题,其状态标识将与工作标准标识不一致,员工很快就能发现问题所在。这样,问题就显露了出来,变得显而易见。

同样,现场的所有困难点、浪费点和不稳定的状态均能够显露出来,易于辨识。

发现问题是解决问题的开始,问题能够快速显露出来,使问题的解决也变得比较容易了。

2. 使人人都会工作

在可视化完成后,各工作标准显而易见。员工在工作过程中有工作方法及工作标准可依,工作起来就会简单、轻松一些。这样工作效率就会提升,工作效果也会得到改善。

3. 提升管理效率

在可视化完成之后,管理人员的管理水准很容易衡量,易于发现管理上的短板,能够快速发现问题并改善问题,使得管理效率大大提升。

8.2.3 可视化管理的目的

可视化管理的目的,就是使所有员工用自己的眼睛快速掌握工作的进展,而且能够快速判断其正常与否,并能快速采取对策。

一般生产现场有两种状况,一种状况称为"看不见的现场",另一种状况称为"看得见的现场"。

"看不见的现场"如图 8-16 所示。当你站在"看不见的现场"时,如果不问其他人,就不知道物品(现场的零件、材料、制品)的位置是否正确、生产进度是否正常、设备设施的状态是否正常、产品的质量状况是否良好……

"看不见的现场"

图 8-16 "看不见的现场"

"看得见的现场"如图 8-17 所示。当你站在"看得见的现场"时,不问任何人,就能准确判断出物品是否处于正常状态、生产进度是正常还是异常,质量是正常还是异常,以及设备设施是否正常等。

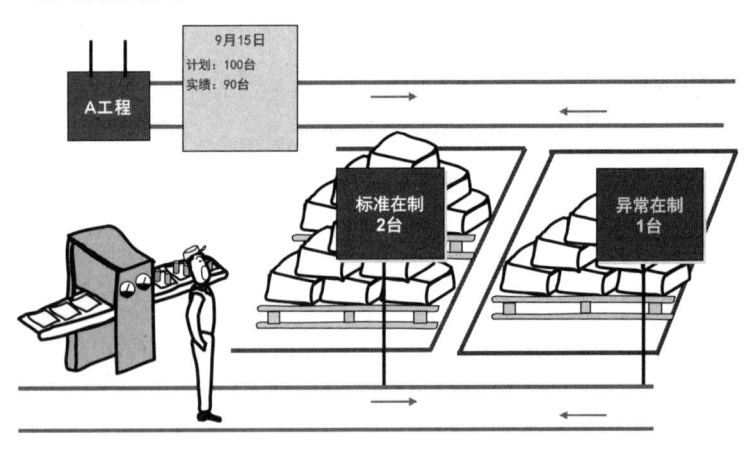

图 8-17 "看得见的现场"

讲到这里,经常有客户问我:"员工已经在这个现场工作很久了,对所有物品都很熟悉,制作这么多标识有什么必要,不是浪费钱吗?"

现场会有新人进入吗?现场人员会不会有变化?现场工作人员对所有内容都清楚,但各级管理人员清楚吗?其他部门的人员清楚吗?如果这些问题的答案是否定的,那么就必须做好可视化管理,以便所有人都能够清楚地掌握现场的情况。

此时,又有人会问:"这是我们自己的管理区域,别人有什么必要掌握各种状态？"

一方面，当所有人都能够快速地发现现场存在的问题并能及时反馈时，问题就会暴露得更充分、解决得更彻底，久而久之，现场的问题就会越来越少；另一方面，任何人都能及时且清楚地知道部门或者公司的经营及管理方向、现状，也就是管理越透明，信息的传递效率越高，员工的主人翁意识、归属感和责任心就会越强，管理效率就会越高。

8.2.4 可视化管理的目标

可视化管理的目标就是让所有人员在 3 秒内就可以了解现场的情况并依此做出决策。当然，这里的 3 秒指的是一个理念，即快速。

1．可视化管理的三个水准

可视化管理在实施过程中有三个水准。

1）初级水准

初级水准是指使用一种所有人都容易理解的形式，显示当前状况。图 8-18 所示标识了油品名称和油箱中的油液液位，员工看到后就能清楚地知道油箱中油品的名称和油液量。

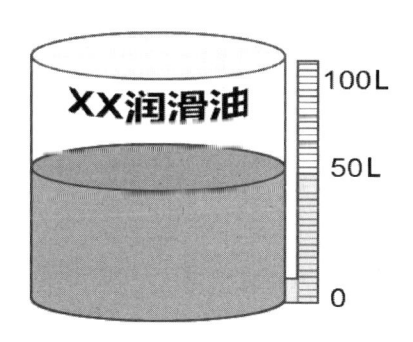

图 8-18　可视化管理的初级水准

2）中级水准

图 8-19 所示不仅显示了当前状况，还标识了管理范围，任何人看到后都可判断当前的油液量是否在管理范围内。

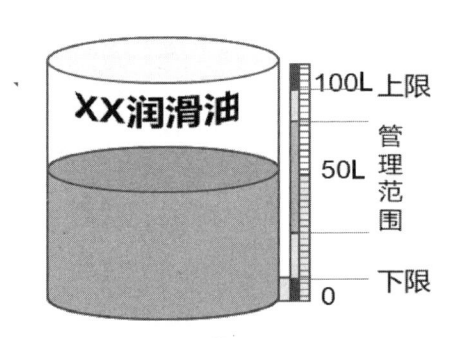

图 8-19　可视化管理的中级水准

3）高级水准

图 8-20 所示的可视化管理的高级水准在中级水准的基础上，还标识了具体的油箱管理标准等，让任何人在判断出当前状况正确与否后还会处理具体问题。

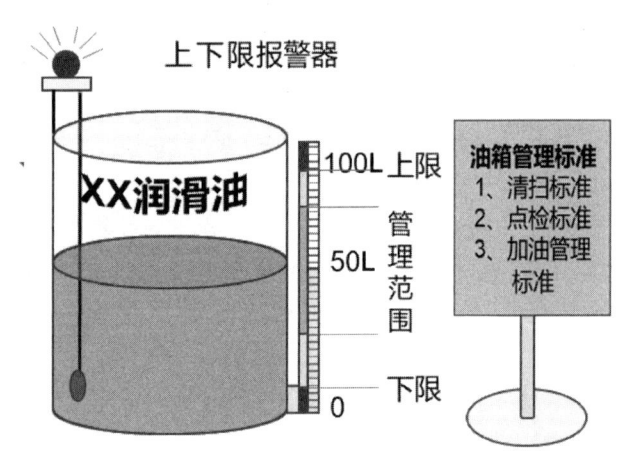

图 8-20　可视化管理的高级水准

2．可视化实施内容

1）制作企业可视化管理标准手册

企业一般都会有统一的 VI 设计，这是展示企业形象的重要因素。其内容包括企业名称、企业 Logo、标准字、吉祥物、标准色彩、象征图案、标语口号等。企业的可视化内容应当以 VI 设计为依据，进行企业内统一设计，形成企业内可视化标识的标准。

在进行可视化工作之前，企业应制定自己的可视化管理标准，并将其制作成手册，如图 8-21 所示。工作人员使用该手册能够制定企业可视化标识。

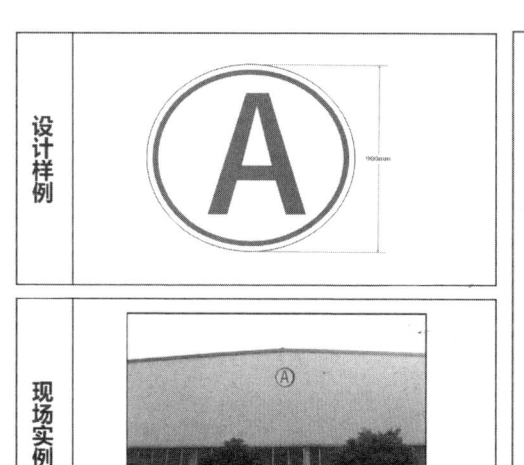

第8章 建立企业特色现场管理——现场5S及可视化管理

2.1 工厂建筑标识方法

目的
公司统一规划各分工厂各主体建筑的编号，便于定位查找。

适用对象
适用于公司各分工厂所有厂房主体建筑。

标准
1.规格：直径900mm，蓝色圆环宽度为10mm，内径为800mm。
2.材质：PC板单面印刷。
3.颜色：底色为白色，字体和圆环为蓝色。
4.安装方法：采用金属铆钉安装于各建筑物的显眼位置。
5.字体：黑体，2200PT
6.所有建筑物从左到右，从大写英文字母A开始或者从数字1开始统一进行编号。

图 8-21　企业可视化管理标准手册

企业可视化管理标准手册应包含各可视化标识的设计样例、规格、字体、材质、颜色及安装方法等，也要包含现场实例。除此之外，企业可视化管理标准手册还应阐述各可视化标识的目的和适用对象。这样，无论谁制作和安装这些可视化标识，都不会出现不一致的地方。

企业可视化管理标准手册的内容示例如图8-22所示。

序号	内容	页码	序号	内容	页码	序号	内容	页码
第一章：颜色线条标准			**第三章：现场标识类**			**第六章：设备、电器类**		
1.1	常见线条颜色宽度规格	4	3.7	仓库区域标识方法	28	6.3	维修中设备标识方法	52
1.2	工业管道的颜色	5	3.8	库位条码标识方法	29	6.4	点检部位标识方法	53
1.3	其他颜色	6	3.9	叉车存电区标识方法	30	6.5	加油点标识方法	54
1.4	安全色	7	3.10	库区限高标识制作	31	6.6	螺栓、螺母状态标识方法	55
第二章：基础建设类			3.11	库区限重标识方法	32	6.7	旋转体旋转方向标识方法	56
2.1	工厂建筑标识方法	9	3.12	备件柜标识方法	33	6.8	常开状开型阀门标识方法	57
2.2	车间/仓库安全告知标识方法	10	3.13	员工柜标识方法	34	6.9	常关扳手型阀门标识方法	58
2.3.1	工厂区域门线标识方法	11	3.14	管板管道标识方法	35	6.10	元器件标识方法	59
2.3.2	工厂区域柱标识方法	12	**第四章：地面通道类**			6.11	空调风口标识方法	60
2.4	安全桩标识方法	13	4.1.1	室内通行线标识方法	37	6.12	设备仪表工作范围标识	61
2.5	安全护栏标识方法	14	4.1.2	室内通行线标识方法	38	**第七章：工具、器具类**		
2.6.1	管道流向标识方法	15	4.2	仓库库位划线标识方法	39	7.1	工具形迹管理标识方法	63
2.6.2	管道流向标识方法	16	4.3	叉车设备停放区域标识方法	40	7.2	工具箱的标识方法	64
2.7	管道标识粘贴方法	17	4.4	地面标识的识别方法	41	7.3	清洁工具保管标识方法	65
2.8	安全警示标牌	18	**第五章：物品、材质类**			**第八章：办公区域类**		
2.9	职业危害告知牌	19	5.1	物料筐位置标识方法	43	8.1	桌上物品定位线标识方法	67
2.10	环境危害排放源/排放口标识	20	5.2	地面可移动物品标识	44	8.2	办公桌活动柜标识方法	68
第三章：现场标识类			5.3	桌面物品原位置标识方法	45	8.3	木质文件柜标识方法	69
3.1	生产线标识方法	22	5.4	限高线标识方法	46	8.4	钢制文件柜标识方法	70
3.2	工位标识方法	23	5.5	物料描述标识方法	47	8.5	抽杆文件夹标识方法	71
3.3	调配罐编标识方法	24	5.6	垃圾分类标识方法	48	8.6	文件盒/文件夹标识方法	72
3.4	设备状态标识方法	25	**第六章：设备、电器类**			8.7	常用办公设备标识方法	73
3.5	储罐类设备标识方法	26	6.1	设备状态管理标识方法	50			
3.6	危险化学品安全周知牌标识方法	27	6.2	备用设备标识方法	51			

图 8-22　企业可视化管理标准手册的内容示例

2）可视化实施

在制作好企业可视化管理标准手册之后，企业需要对现场需要制作的可视化标识进行整理、确认。

在一般情况下，现场需要制作的可视化标识大致有以下两类。

（1）看板类。

看板包括文化宣传看板、经营内容展示看板、操作类管理看板等，内容繁多。在制作时，我们可以根据企业管理层级将看板进行分类，分为企业级、部门级和现场级三个级别。各层级的看板内容如图8-23所示。

（2）标识类。

现场标识种类繁多，有建筑标识、区域标识、物品存放标识、设备标识、安全类标识等，在具体实施时可参考企业可视化管理标准手册中的内容进行标识。

3）定期对可视化标识进行更新、维护及清洁

在制作完成后，可视化标识就是现场一个有用的物品，那么就要被纳入现场物品的5S管理中。现场工作人员应按照5S管理方法及管理标准，定期对各标识进行更新、维护及清洁。

层级	企业级	部门级	现场级
看板内容	企业愿景、口号 企业经营方针 品质方针 安全及环境方针 经营目标 经营目标矩阵展开 企业成长历史 生产销售计划表 大日程表 企业组织图 企业整体的活动展示 工厂布置图	部门方针、政策 部门经营目标矩阵展开 部门月度经营管理总结报告 设备使用状况（故障/修理） 改善提案 各部门考核管理 部门日程表 进度管理表 去向管理表 部门生产计划表 优秀员工表彰介绍 加班/生产实绩管理表 生产效率管理表 员工教育计划、资格认定	质量管理类：质量推移、分析、总结及考评/质量失败案例（包括实物）/质量管理重点关注事项/质量改善推进及实绩、变化点管理/QC活动推进及报告等 生产管理类：工艺流程图/作业标准书/工程检查记录表/生产进度表/生产管理重点关注事项等 设备管理类：设备清扫、点检、润滑作业指导书/设备点检表等 安全管理类：安全疏散路线图/安全管理规定/安全作业指导书/安全失败案例/安全改善推进计划及实绩 5S及人员管理：区域责任图/清扫责任表/员工教育计划、资格认定等

图8-23 各层级的看板内容

第9章

建立企业安全护栏——安全管理

《韩非子·喻老》中有一句话:"千丈之堤,以蝼蚁之穴溃;百尺之室,以突隙之烟焚。"

汉代刘向在《说苑》中说:"忧患生于所忽,祸起于细微。"

西方也有民谚:"铁钉缺,马蹄裂;马蹄裂,战马瘸;战马瘸,战士跌;战士跌,军团削;军团削,战士折;战士折,敌国灭。"

莎士比亚说:"马、马,一马失社稷!"

美国人 Heinrich(翻译为海恩里奇或者海因里希)通过对55万起意外事件进行统计发现,在机械生产过程中,每发生330起意外事件,就有300起未产生人员伤害,29起造成人员轻伤,1起导致重伤或死亡。这就是著名的海恩里奇法则(Heinrich's Law),如图9-1所示。

海恩里奇法则:事故三角形
300∶29∶1

- 1起导致重伤或死亡
- 29起造成人员轻伤
- 300起未产生人员伤害
- 每330起意外事件中

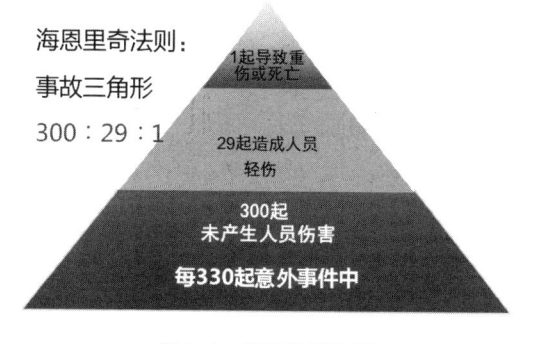

图9-1 海恩里奇法则

结合古今中外名言可以看出，大家对安全有共识，就是祸患均起于细节和疏忽。在安全管理上，企业必须对细节和疏忽加以防范，这样才可避免事故的发生。

9.1 明确安全管理组织和管理责任

"用众人之力，则无不胜也。"安全管理同样是一场战争，要想战胜所有的安全隐患和危险因素，就必须用众人之力，齐心协力地去作战，才能取得胜利。

一群人就如同一堆沙子，是松散的，怎样才能让这群人齐心协力地去作战？有人说过，一堆沙子是松散的，可是它和水泥、石子、水混合后，比花岗岩还坚韧。同理，在这群人中设定了相应的管理者，就等同于在松散的沙子中加入了石子；如果再制定相应的管理方法，就等同于加入了水泥和水；这样这群人就会变成坚不可摧的团队，就可以去作战，且战无不胜。

安全管理就如同作战，且作战的主体是企业中的每一名员工。要想让所有员工在这场战役中获胜，企业就要建立相应的管理组织和确立相应的管理责任。

看到这里，肯定有人会想，哪个公司没有安全管理部门？哪个公司没有安全管理责任人？然而理想是丰满的，现实却未必如此。在很多公司中，虽然设有安全管理部门，也有安全管理负责人，但是安全管理责任全部落在了安全管理部门的头上，安全管理的事情都是安全管理部门的事情。这样的安全管理部门在企业中不是业务部门，难以进行直接性的安全改善及安全管理，形同虚设。

在安全管理过程中，企业首先要明确各级安全管理组织及安全管理责任人。这里要注意的是，不仅企业要有统一的安全管理责任人，各工厂、各业务部门也要有明确的安全管理责任人，并且要进行现场可视化。

图 9-2 所示为某著名汽车公司的安全卫生管理组织架构。从该组织架构中可以看出，不仅公司设置了安全负责人，各级部门也设置了安全负责人和安全管理事项的推进负责人。各企业在设置自己的安全管理组织时，可参考该组织架构进行。

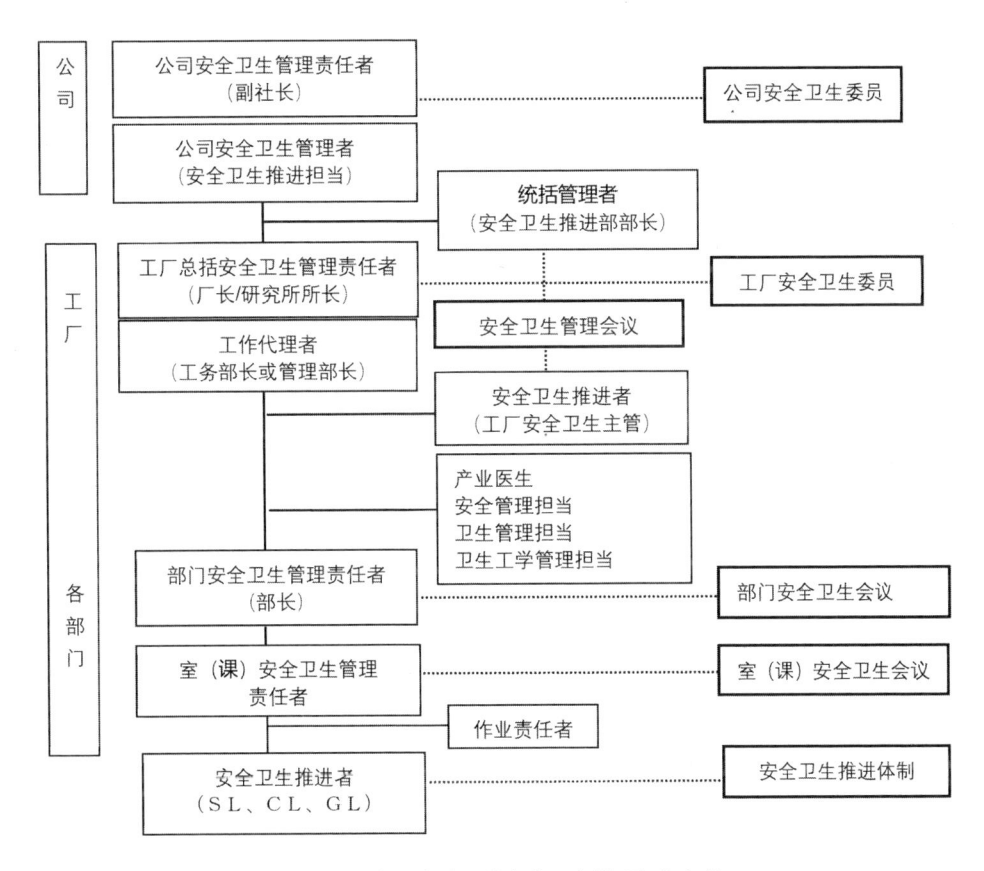

第9章 建立企业安全护栏——安全管理

图9-2 某著名汽车公司的安全卫生管理组织架构

其次，除了要明确各级安全管理组织及安全管理责任人，企业还要设置各级安全管理责任人的管理责任和工作内容。

公司/工厂/部门安全管理责任人（为公司/工厂/部门安全管理第一负责人）的管理责任和工作内容：制定公司/工厂/部门的安全管理战略；设定公司/工厂/部门的管理指标；审议公司/工厂/部门的安全管理方案；审议及定期评审公司/工厂/部门的安全管理体系；定期参与公司/工厂/部门的安全管理会议；监督公司/工厂/部门的安全管理工作过程及结果；指导下属完成相关工作等。

公司/工厂/部门安全管理人（为公司/工厂/部门安全管理工作的推进责任人）的管理责任和工作内容：负责分解公司/工厂/部门的安全管理目标；起草公司/工厂/部门的安全管理方案；制订公司/工厂/部门的安全管理工作计划并落实；定期汇报公司/工厂/部门的安全管理工作内容及成果；针对管理中的不足，制订相关改善计划并推进实施。

对于其他安全管理职位的管理责任和工作内容，各位读者可以根据实际情况进行制定，这里不再赘述。

管理责任和工作内容要具体、明确、全面，读者可参考图 9-3 所示的内容进行制定。

项目		管理责任和工作内容
（1）基本任务		指挥部下采取防止组内发生危险的措施
（2）方　针		使部下充分理解部门的安全卫生方针和实施计划，并对实施状况进行跟踪
（3）会　议		出席部门的安全卫生实施会议，实施决定事项，让部下彻底贯彻；随时召开组内的安全卫生会议
（4）作业管理	（4）-1 事前研讨	充分理解设备在安全、卫生方面的具体事项，对部下进行指导、确认
	（4）-2 作业方法、标准	彻底贯彻各种作业要领书和标准类资料的制作，以及对部下的指导和训练
	（4）-3 日常管理	每天对职场进行巡回点检，发掘设备及作业方法的不良点，并且听取部下的意见，实施改善
	（4）-4 就业限制	汇报有就业限制的人员的安排，并对其进行适当的安排； 对于需要取得资格的作业内容，需要员工能完全贯彻责任者的职责，日常向责任者进行报告，确认有无异常，并基于报告内容制定改善对策
（5）健康管理		进行定期和特殊健康诊断的指示、确认，并且根据结果遵守指示事项、实施改善； 指导增进健康活动的具体实施，并且指导实施自主健康管理； 在部下的健康产生问题时进行健康面谈，并指导就诊
（6）教育、训练		对新入职员工、异常变动的员工、支援者实施教育，将结果记入个人记录表让本人及CL盖章并保存；随时点检、指导教育后的遵守情况； 辅佐CL进行安全卫生相关政策的实施
（7）灾害、事故对策		当发生灾害时，实施临时对策，在向课长（SL）和CL报告的同时，调查原因写伤病报告书； 出席部门灾害对策会议，审议要因、对策等，实施对策

图 9-3　某公司安全卫生管理责任人的管理责任和工作内容

9.2　制定安全管理战略及目标

安全管理并不是一两个人的事情，应该是全员的事情。既然安全管理是全员的事情，那么企业应该让全体员工明白安全管理的方向、方法、措施等。

这就需要企业制定安全管理战略，说明安全管理的主要内容。图 9-4 所示为某公司的安全管理战略。在制定好安全管理战略之后，企业还需要每天在早会时让全员宣读安全管理战略，强化员工的安全意识。

> **安全管理战略**
>
> 全员参与、精细管理；
> 提高意识、每日点检；
> 发现问题、即时改善。
> 建立无灾害、干净整洁的制造现场。
>
> ——某公司

图 9-4　某公司的安全管理战略

除了制定安全管理战略，企业还要制定安全管理目标。安全管理目标可包括以下内容。

- 事故（包括死亡事故、重伤事故、安全事故、重大设备事故、重大火灾事故和急性中毒事故等）发生次数。在设定该目标时一般要求事故为零，但也要根据实际状况设定。
- 事故造成的经济损失。
- 安全作业达标率。
- 安全计划完成率、隐患整改率、设施完好率。
- 安全教育培训率、特种作业人员培训率等。

在将安全管理战略和安全管理目标设定完成后，企业应将其制作成管理看板，将管理看板放在所有员工都易于看到的地方，时刻提醒每位员工。

9.3　制定安全管理实施方案

有了安全管理组织、安全管理战略、安全管理目标，企业还应制定相应的安全管理实施方案。

企业要根据管理现状制定安全管理实施方案。如果企业现有的安全管理体系不完善，就需要在制定安全管理实施方案时将实施重点放在安全管理体系的完善上；如果企业现有的安全管理体系是完善的，但是实际实施和落实情况不理想，那么在制定安全管理实施方案时就要将实施重点放在安全管理体系的落实上；如果企业现有的安全管理体系较为完善，落实情况也还不错，但是依然有安全事故发生，那么在制定安全管理实施方案时就要全面检查，寻找管理中的短板和漏洞，然后认真补齐。

企业的管理到底处于什么状态？是安全管理体系不完善？还是落实状况不理想？或者是人员意识不足？再或者是各方面都存在漏洞？要搞清楚这些疑问，企业就要确定问题甄别方法。

确定问题甄别方法，最简洁、高效的途径是确立相关管理诊断方式。

9.3.1 制作安全管理诊断评价表

企业应对安全管理所有相关内容设置实施状况及实施程度的评价标准，并制作安全管理诊断评价表，以便员工及相关管理人员进行评价。图 9-5 所示为安全管理诊断评价表示例。

安全诊断与评价应包括以下内容。

- 企业安全管理与总经理的关系。
- OHSMS 18001（职业安全健康管理体系）建设。
- 企业安全管理目标制定。
- 安全管理的组织和活动。
- 生产安全事故的原因分析。
- 职场安全活动开展。
- 应急管理对策及实施。
- 法律法规及其他要求事项。
- 化学物质（金属、有机溶剂、特定化学物质等）管理。
- 作业（工作）环境的管理。
- 作业（含常规/非常规作业）标准化。
- 机械、设备的本质安全化。

第9章 建立企业安全护栏——安全管理

- 安全教育开展情况。
- 消防安全管理。
- 健康管理。
- 上下班交通事故安全对策及实施。

安全管理诊断评价表										
项目	1分或0分		监察组评价	1分或0分		监察组评价	1分或0分		监察组评价	涉及项目合计	监察组评价	解释 出现0分时的原因说明
		分数			分数			分数			
1.企业安全管理与总经理的关系										0	0	
①公司总经理（安全总负责人）表明对安全活动的信念	公司总经理书面发表了明确的安全管理方针			通过召开安全大会等方式，向全体员工传达了安全管理方针			在每年的安全生产月活动中，总经理公布集团委员会委员长的活动寄语，并持续发表所感			0	0	
②安全管理方针的内容	制定与区域总公司的方针相互联动的方针			书面化的方针内容里含有遵守相关安全法律法规的承诺			书面化的方针内容里含有为安全投入经营资源的内容				0	
	明确了全员参与及其职责			方针中有合理维护和运用OHSMS（职业安全健康管理体系）的相关内容			方针中有实施安全教育的内容			0		
	对于方针的正确性，定期进行评审和修正										0	
③安全管理方针的贯彻落实	在企业内进行宣传，全员通达安全管理方针			向进入厂区的供货企业人员及其他服务协助人员等进行说明与宣传，贯彻安全管理方针			向其他相关方宣传安全管理方针					
④公司总经理的安全责任	总经理定期亲自进行安全巡查			总经理定期确认安全委员会的工作情况						0	0	
⑤总经理对安全管理目标和活动计划的确认	规定了安全管理总负责人对劳动安全活动计划定期进行修正			规定了劳动安全活动计划定期修正的频率、范围						0	0	
2.OHSMS 18001（职业安全健康管理体系）建设										0	0	
①关于建设OHSMS 18001	制订了计划，还未正式启动			正在按照计划实施导入			已经完成了导入工作			0	0	
②关于OHSMS 18001的培训与教育	对公司管理监督者进行适合的教育与培训			对OHSMS 18001的内部监察人员进行有关的教育培训，使其具有和保持监察的能力			对全员导进行普及的OHSMS 18001培训（方针、体系触达、风险辨识等）			0	0	
……												
……												

图9-5 安全管理诊断评价表示例

9.3.2 采用安全管理诊断评价表进行诊断

在制作了安全管理诊断评价表之后，企业就要采用它进行详细的诊断了。诊断时由员工和监察人员分别进行评价，评价后将评价结果进行统计，并制作相应的图表，清晰地表达出安全管理工作状况，如图9-6所示。

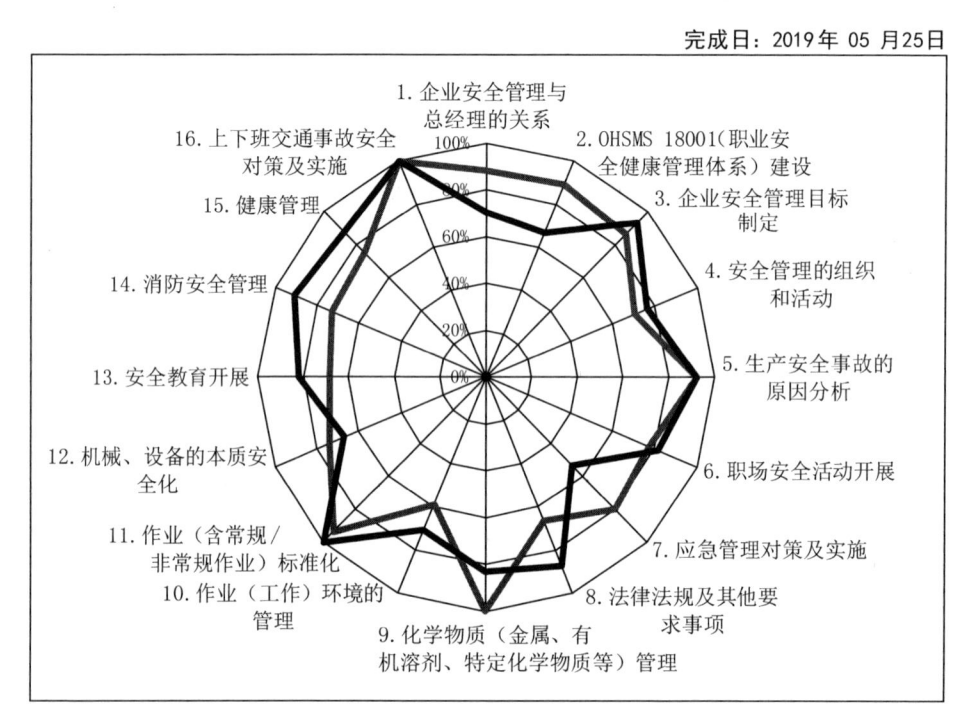

完成日：2019年05月25日

图 9-6 某公司的安全管理诊断评价结果

9.3.3 针对安全管理短板，制定安全工作推进方案

在对安全管理工作的现状进行诊断之后，企业对自身安全管理的短板已经清楚了。在清楚了安全管理的短板之后，企业需要对这些短板进行改善。这就需要管理人员依据短板来制定相应的改善方案，对短板进行深入的改善。

在制定改善方案时，企业要明确推进思路、开展的活动的具体内容，建立相应的推进组织架构，并制订推进时间计划等。

9.4 安全问题点识别及安全改善

安全管理没有捷径可走，需要企业踏踏实实地将所有可能存在的问题点进行逐一改善，直至完全能够控制。那么在生产过程中，到底有哪些问题点需要控制呢？问题点主要涉及几个方面：第一，设备安全；第二，作业安全；第三，环境安全。这些都是安全管理的基础，只要将这些方面的问题点控制住，工作过程中的安全就能够得到保证。当然，除了这三个方面，还有第四个方面，那就是管理。在企业中，所有的问题都是管理的问题，所以，要做好安全管理，管理提升同样重要。

9.4.1　设备安全管理

设备安全管理是指通过改善，让设备达到绝对安全，让安全事故的发生变得不可能，这样才能让员工不受伤害。比如，在设备运转过程中，身体的任何部位都不能接触到设备运转部位，或者一旦有身体某个部位进入危险区域，设备就会立即停止，使安全事故变得不可能发生。

要想做到绝对安全，企业要做好以下几个方面的工作。

1. 建立设备安全管理指导思想

设备对人员造成伤害存在于两个场景中：一个是设备正常运转过程中，另一个是对设备进行维护保养时的手动操作状态下。

设备在正常运转过程中对人员造成伤害，主要是由于在设备运转过程中，人员的身体部位接触到了设备的运转部位。因此，在设备正常运转状态下，企业要考虑让人员的身体不能接触到设备的运转部位，这是设备运转过程中安全管理的主要指导思想。

在具体实施时，可考虑在设备所有的运转部位加装防护装置，只要设备运转，人体的任何部位均不能触碰到设备的运转部位。具体方法如下。

- 在身体部位可以触碰到设备运转部位的地方，加装防护门、防护罩、防护网，防止身体部位接触到设备运转部位。除此之外，还要在可以打开的部分加装安全感应开关，一旦防护门或者防护罩等防护装置被打开后，设备就会立即停止运转。
- 对于不能安装防护装置的部位，可考虑加装安全感应光栅，只要身体部位将安全感应光栅遮蔽（代表有身体部位进入了运转区域），设备就会立即停止运转。

♢ 当设备启动时，为了防止工作人员在用一只手启动设备的同时将另一只手伸入设备内进行工作，可将设备启动按钮设置成双手操作，这样就避免了工作人员的身体部位接触设备的运转部位。

♢ 设置紧急停止按钮，当出现紧急状况时可紧急叫停设备。

在进行设备维护保养时，在手动操作状态下，设备对人员的伤害主要是由设备的错误动作造成的。因此，设备维护保养时的安全管理措施就是让设备具备防错功能，避免因各种错误造成人员伤害。这个场景中设备产生错误动作的主要原因及改善方法如下。

♢ 手动操作状态下设备多个操作面板间无互锁功能。当设备有多个操作面板，且各面板间无互锁功能时，在一个面板上按下一个指令，设备开始运转。这时，如果别人在另一个面板上按下另一个指令，设备又开始执行另一个动作，那么正在维修的人员就有可能受到伤害。对于此类问题，一定要将设备改善至在手动操作状态下，一个面板在操作时，其余面板均为锁定状态，不可操作。

♢ 手动状态下设备动作间无互锁功能。即使在同一个面板上操作，如果设备动作间无互锁功能，在操作人员按下多个指令时，设备开始执行多个动作，此时正在维修的人员也有可能受到伤害。因此在改善时，需要将设备改善至在手动操作状态下设备动作互锁，在一个时间仅可执行一个动作。

♢ 设备在运行准备状态下被其他人员或工作人员不小心按下启动按钮，启动并开始运转，造成人员伤害。在改善此类状况时，需要将设备调整至在运行准备状态下，无论是按启动按钮还是其他按钮，设备均不可启动。

2. 建立设备安全管理基准

仅建立设备安全管理指导思想还不够，在实际工作过程中，由于人的意识、对设备的了解程度、安全管理知识掌握程度和其他因素的影响，设备安全管理始终会存在一些漏洞。为了杜绝这些漏洞的产生，在具体管理过程中，企业应制作图 9-7 所示的设备安全管理基准核对表。企业可采用此表对设备的安全状况进行全面排查，这样就不会受制于工作人员的意识、安全管理知识掌握程度等因素的影响，可以很好地排查设备各部位是否安全。

第9章 建立企业安全护栏——安全管理

设备安全管理基准核对表					
部位	No.	核对项目	判定基准	判定	特别记录事项
紧急停止	1	使用紧急停止按钮切断控制电路，设备立即停止运转。立即是指没有时间差地进入制动状态，尽量迅速	验证设备是否已全部停止		
	2	进行紧急停止时，设备不再移动	验证设备是否已经不再有动作		
	3	紧急停止按钮为红色手掌形或蘑菇形，一体式带锁，使用f40~f50的按钮	CE标记适合产品或UL认可		
	4	紧急停止按钮安装面上有黄色的板或封条标示，前方必须确保没有干涉物。如果是单独的箱子，应涂成黄色	通过目视确认		
	5	当紧急停止按钮为ON时，即使通过"手动操作"切换状态，设备也不会有任何动作	验证设备是否已经不再有动作		
	6	将紧急停止按钮设置在操作人员双手可及的范围内	通过目视对动作区域进行确认		
	7	紧急停止电路控制部位应通过硬逻辑确保为动力隔断结构	通过测试器对电路图进行确认		
	8	当检测到异常时，设备停止，解除异常后通过复位键可以恢复。在复位后仍检测到异常的情况下，设备应保持停止状态	验证设备是否能够解除确认停止状态		
运行准备	9	电源的打开/切断开关应为带钥匙的开关	通过目视确认		
	10	只有在运行准备按钮为ON时，设备才不运转	验证设备是否已经不再运转		
	11	在进入运行准备状态时，仅使安全机构(包括近接光电管开关)处于OFF状态，设备就不再有动作	验证设备是否已经不再运转		

图9-7 设备安全管理基准核对表

续表

部位	No.	核对项目	判定基准	判定	特别记录事项
启动	12	在按下运行准备按钮的状态下，即使摁下启动按钮，设备也不会启动	验证设备不会启动		
	13	启动按钮、运行准备按钮为嵌入式按钮，为黑色或者绿色按钮，可带灯	通过目视确认		
	14	仅通过按钮的切换操作就可以使设备不再运转	验证设备是否已经不再运转		
	15	在设备自动运行过程中摁下循环停止按钮，则循环停止；摁下复位按钮，则设备开始启动；仅摁下开始按钮设备不会启动	验证设备不会启动		
	16	一直摁住启动按钮设备不会重新启动（反复复电路正常）	验证设备不会再启动		
	17	在设备自动运行过程中，将其切换至手动模式，设备立即停止自动运行	验证设备是否停止		
手动	18	在进行手动操作时，动作应互不干涉（是否进行了互锁）	验证动作是否互相干涉		
	19	在进行手动操作时，不会进行2个以上的动作（是否进行了互锁）	验证设备是否已经不再运转		
	20	在用副操作盘进行手动操作时，主操作盘无法启动（即使通过主操作盘进行手动操作，设备也不会启动）	验证设备是否已经启动		
双手启动式按钮	21	不同时摁住2个启动按钮设备就无法启动	验证设备不会启动		
	22	只摁住一个启动按钮，设备不会启动	验证设备不会启动		
	23	当双手或单只手离开启动按钮时，设备立即停止。在设备自我保持的情况下，另行设置用于停止设备的区域传感器等	验证设备是否停止		
	24	启动按钮应固定	通过目视确认		
	25	启动按钮应为嵌入式按钮	通过目视确认		

图9-7 设备安全管理基准核对表（续）

续表

部位	No.	核对项目	判定基准	判定	特别记录事项
双手启动式按钮	26	启动按钮的间隔在300mm以上,中间设置紧急停止按钮	测量间隔是否在300mm以上		
	27	按钮与设备的间隔在300mm以上,或者设置有区域传感器	测量间隔是否在300mm以上		
	28	单只手无法摁双手的按钮	验证单只手是否能够按动		
	29	一直摁住启动按钮,设备不会再启动(反重复电路正常),再启动是指动作在一个循环结束后进入下一个循环	验证设备不会再启动		
残压	30	在操作容易的地方设置残压排气阀	验证残压排气阀能否拔下		
	31	在残压去除状态下设备无法进行启动及运行准备	验证设备能否进行启动及运行准备		
	32	在残压去除后,执行元件无法移动(上下气缸等防止掉落机构是否正常发挥作用)	验证执行元件是否能够移动		
	33	单电磁阀在未通电时,安全侧处于固定位置	通过目视确认		
	34	当使用作业点移动50mm以上的执行元件进行紧急停止时,如果有危险,就使用3P阀门	通过目视确认		
	35	当不得留下残压时,动作推力在50N(5kgf)以下,动作部位和其他部位的间隔(间隙)小于6mm,或者大于400mm	通过目视进行确认		
	36	残压手动阀使用3通切换阀(多稳定型),颜色为红色	通过目视确认		
	37	在残压排气后进行再启动时,应采取防止飞出措施	在残压排气后,再启动设备并进行验证		
	38	残压排气时间在3秒以内	对残压排气时间进行验证		

图9-7 设备安全管理基准核对表(续)

续表

部位	No.	核对项目	判定基准	判定	特别记录事项
工件挡块	39	挡块机构不是闸刀机构（夹住位置）	通过目视确认		
光线式安全装置	40	设备在运行中被遮光，应全部停止（连续、手动模式）	验证设备是否停止		
	41	当光电开关处于遮光状态时，设备无法进行运行准备。当运行准备按钮处于ON状态时，如果光电开关被遮光，确认运行准备按钮有没有进入OFF状态	验证设备能否进行运行准备		
	42	光电管规格必须与冲压安全装置的基准相符合	目视确认		
	43	如果光电开关一直处于遮光状态，则设备无法进行再启动（反重复电路正常）	验证设备能否进行再启动		
	44	身体部分无法从光电开关的上部或下部间隙进入危险位置（上部是指地面～1400mm以上的空间，下部是指比危险位置低的地方）	验证身体部分是否无法进入		
	45	从光轴位置到危险位置的距离应在250mm以上（推荐值）	测量或验证是否真的不会被夹住		
	46	人应完全无法进入光轴的内侧	验证人是否无法进入		
	47	光轴芯的间距应在40mm以下，特别是当光线式安全装置距离危险区域250mm以下时，光轴芯的间距应在25mm以下	测量、目视		
垫子开关	48	在设备运行中启动垫子开关，使设备停止（连续、手动模式）	验证设备是否停止		
	49	在垫子开关运行状态下，设备无法进行运行准备	验证设备能否进行运行准备		
	50	如果垫子开关一直处于运行状态，则设备无法进行再启动（反重复电路正常）	验证设备能否进行再启动		
	51	垫子开关应确保危险部位距离作业人员800mm以上	测量验证		
	52	在垫子开关和设备之间，人应该完全无法进入	验证人是否无法进入		

图9-7 设备安全管理基准核对表（续）

续表

部位	No.	核对项目	判定基准	判定	特别记录事项
安全栅栏	53	当安全栅栏与危险部位的距离在700mm以内时,安装膨胀合金、铁丝网、丙烯基板等,确保手(手腕、手指)无法进入	测量及目视		
	54	当无法采取上述安全措施时,对安全栅栏的高度进行验证,参考设备安全基准的安全距离项	测量验证		
	55	安全栅栏的高度在1400mm以上,地面与安全栅栏底部的间隔在200mm以下	测量验证		
	56	安全栅栏用螺栓固定,必须使用工具才能卸下	目视确认		
	57	如果安全栅栏采用纵向的木条制成,木条的间隔应在300mm以下	目视确认、测量验证		
	58	安全栅栏必须能抵抗500N的力	确认、验证		
安全栅栏门	59	安全栅栏门的宽度应为600mm~800mm	测量验证		
	60	安全栅栏门应设置锁定机构	确认、验证		
	61	安全栅栏门的颜色应为黄色	目视确认		
	62	当将安全栅栏门的安全栓拔下时,不管运行模式如何,设备均紧急停止	确认、验证		
	63	安全栓(插头)的设置方向应为"横向"或"朝上"	目视确认		
	64	安全栓的链条粗细应在3mm以上,固定连接在门上	目视确认		
	65	安全栓的链条应确保在插入的状态下,门与固定栅栏的间隔应在50mm以下	确认、验证		
	66	安全栓的结构应为无法从安全栅栏门的内侧插入的结构	确认、验证		
安全罩	67	原动机、旋转轴、车轮、滑轮、链轮、链条、皮带等危险源的安全罩用螺栓等固定,采用不使用工具就无法卸下的结构	确认、验证		
	68	考虑到安全罩的装卸,一个安全罩的重量应在5kg以下(可由一人进行装卸)	确认、验证		
	69	安全罩的开口部位(间隙)应基于设备安全基准的安全距离设置	确认、验证		

图9-7 设备安全管理基准核对表(续)

续表

部位	No.	核对项目	判定基准	判定	特别记录事项
	70	驱动部位等的安全罩采取了防止逆向安装的措施	确认、验证		
	71	即使伸出手臂,也无法够着危险部位	确认、验证		
	72	在切屑飞溅发生部位加设了安全罩,其采用了往下掉的结构	确认、验证		
	73	为防止冷却液泄漏,在切屑飞溅发生部位安装有效的安全罩	确认、验证		
	74	安装的安全罩没有浪费现象(双重罩)	确认、验证		
大型贮藏库	75	在入库侧安装了光线式安全装置	确认、验证		
	76	如果不对光线式安全装置进行遮光,其就无法进入贮藏库内	确认、验证		
刀库	77	当设置了部件供应"打开、切断"的开关BOX(锁定式)时,使用"打开"将安全罩打开,供应部位停止,其他部位可运行	确认、验证		
	78	在上述情况下,即使从供应部位伸出手去,也无法够着"运行部位"	确认、验证		
	79	在通过"切断"部件供应将安全罩打开时,供应部位会紧急停止,设有紧急停止联动传感器	确认、验证		
操作盘	80	操作盘上使用的开关键应设置在正面一侧	目视确认		
	81	自立型操作盘应距离地面 1200mm~1400mm。另外,250N 的力无法将之推倒	测量验证		
加工、组装机的涂装色	82	安全罩不管是固定式的,还是开闭式的,均采用设备本体的颜色。丙烯基材料的安全罩除外	确认、验证		
	83	连接罩(马达、泵等)的颜色为黄色	确认、验证		
	84	检查窗采用红色边框	确认、验证		
	85	安全栅栏与安全栅栏门采用黄色	确认、验证		

图 9-7 设备安全管理基准核对表(续)

续表

部位	No.	核对项目	判定基准	判定	特别记录事项
触电对策	86	控制盘主输入电源开关采用漏电断路器，为了能够让操作者明白ON或OFF状态，设置状态灯。当认为因漏电设备的自动停止在安全上有问题时，也可安装漏电警报设备	确认、验证		
	87	不管是安装在控制盘内，还是安装在机体上，露出端子上应安装手不能轻易触碰到的安全罩	目视确认		
	88	机械、控制箱上应设置地线端子，并进行接地	确认、验证		
	89	配线应切实固定在机体上（不得贴在机体下的地面上）。在配线横穿通道的情况下，应设置条纹钢板等防护板	目视确认		
楼梯等	90	楼梯扶手的高度应在900mm以上，架台的扶手高度应在1100mm以上	确认、测量、验证		
	91	楼梯踏板的长度应在600mm以上	确认、测量、验证		
	92	楼梯踩踏面的宽度在210mm左右，一级的高度在220mm以下	确认、测量、验证		

图9-7 设备安全管理基准核对表（续）

9.4.2 作业安全管理

在设备管理方面，企业对设备存在的所有问题点进行了改善。在所有事情中，做事的人才是根本。比如，虽然有各种防护罩，但在作业过程中，如果工作人员随意将防护罩拿掉，那么防护罩就起不到作用。虽然有光电感应器，但如果工作人员将其遮蔽或者屏蔽，光电感应器就起不到作用。所以，除了设备的安全改善，企业还要对作业过程中存在的各种可能性隐患进行排查，进行预防处理。

作业安全管理主要体现在以下几个方面。

- 对于每项作业，必须明确其责任人，并且要将责任人的信息进行标识，让所有人都了解每项作业的责任人是谁。

◇ 在作业过程中，每项工作都应建立相应的安全作业规程。安全作业规程如图 9-8 所示，应明确作业过程中的危险因素、安全管理规定、正常作业顺序、异常状态处理方法、劳保用品配备等内容。

安 全 作 业 规 程

设备名称：退火炉	编号：
危险因素 1. 作业时没戴手套、防毒口罩，造成烫伤、吸入有毒气体。 2. 在设备自动运行时伸手进入，被设备夹伤、烫伤。 3. 在设备正常运作时清扫、点检，容易造成烫伤。 4. 当两人作业时，传达信号错误，容易被设备夹伤手。 5. 在搬送工件时没用固定栓，工件易翻倒，工作人员容易被砸伤。	① ② ③ ④ ⑤
安全管理规定 1. 开机前检查设备安全装置是否正常。 2. 在作业时严格按作业标准书作业。 3. 清扫、调整设备或解除故障一定在手动状态下进行。 4. 确认作业场所周边环境是否多油、多水。 5. 在设备运作时，身体不可进入设备内部。 6. 上班精神状态及劳保用品穿戴确认。 7. 退火炉内部品进出时必须二人作业。	
正常作业顺序 1. 确认设备及其周边环境是否正常。 2. 在搬送工件时小心工件掉落，砸伤脚。 3. 使用推车在退火炉内搬送部品时，推车的车轮必须紧固。 4. 当有工件掉到设备内时，必须先停止设备，然后用其他工具捡出。 5. 推车上的工件不可堆放太高（要求不超过5层）。	
异常状态处理方法 1. 需要两人配合作业的，一方要确保另一方安全离开后再启动设备。 2. 在维修、调整设备时，注意使设备处于手动状态，防止设备运转造成人体伤害。	
劳保用品配备 1. 袖套；2. 耳塞；3. 防砸鞋；4. 工作服；5. 工作帽；6. 防毒口罩。	
制 定 日	修 订 日

图 9-8　安全作业规程

◇ 在作业过程中，除了要建立安全作业规程，还要对每项作业确定统一的作业方法及作业顺序，也就是所谓的作业指导书。每个作业人员都要按照作业指导书所规定的步骤及方法进行作业。图 9-9 所示为某作业的作业指导书。

◇ 作业过程中所需的个人安全防护措施要到位。

第9章 建立企业安全护栏——安全管理

作业名称	××产线KVD砂轮拆卸操作作业指导书			检印	完成
注意	现场以班长、指导员为组长，控制整台设备所有动作				
步骤	作业内容	图片示意	所用工具	作业要点	安全注意事项
1	在作业前将劳保用品穿戴齐全		无	正确穿戴劳保用品	在调整、切替设备时必须穿戴与操作有关的所有劳保用品
2	将设备操作面板上的旋钮改为手动状态		无	确认旋钮是否处于手动状态	确认：双手按下启动按钮，看设备是否会自动运行
3	悬挂标识牌		标识牌	将写有"设备修理中"的标识牌悬挂在设备显眼的位置	1、在悬挂标识牌时注意要把标识牌牢固地挂在设备上，避免标识牌掉落后起不到警示作用；2、必须把标识牌悬挂在显眼的部位，以便工作人员一眼就可以看到
4	拆安全盖板		无	双手向上将安全盖板取下	在取安全盖板时要穿戴好劳保用品，在班长的监督下进行
5	拆除挡板		无	双手抓住挡板向上提起	在拆除挡板时要穿戴好劳保用品，在班长的监督下进行
6	拆除挡水板		无	右手抓住挡水板向上提起	在拆除挡水板时要穿戴好劳保用品，在班长的监督下进行
7	拆除砂轮盖		无	双手向上将砂轮盖取下	在取砂轮盖时，要穿戴好劳保用品在班长的监督下进行
8	放砂轮垫		砂轮垫	右手拿起砂轮垫并将其放在上下砂轮之间	在放砂轮垫时，要穿戴好劳保用品，在班长的监督下进行
9	注意：二人作业 打松砂轮上的三颗螺丝		19号扳手、一根直径9mm的铁棒	一人用铁棒固定好螺丝，另一人用扳手将螺丝打松	穿戴好劳保用品，在打松螺丝时注意力度
10	将砂轮上升		无	手动操作砂轮上升键，左手转动砂轮，将砂轮上升到一定高度	身戴好劳保用品，在班长的监督下进行
11	取出砂轮		无	二人将砂轮从设备中取出	穿戴好劳保用品，在取出砂轮时要防止砂轮掉落砸伤人
12	放置砂轮		无	将砂轮放置在固定场所	放砂轮时要穿戴好劳保用品，在班长的监督下进行
13	工具回收		工具箱	在使用完工具后将工具擦拭干净，整齐地放入工具箱中	注意不要被工具的锋利处划伤
备注	本作业指导书适用于××产线NC主轴的砂轮拆卸操作。操作人员必须严格遵守以上安全注意事项。				
NO.	文书修改经历	修改日期	修改理由	修改完成	确认 系长 课长 部长

图 9-9 某作业的作业指导书

以上几个方面是日常作业过程中的安全管理事项，这些内容大部分企业都能做到位。但经验表明，安全事故主要发生在异常作业过程和多人配合作业过程中。主要原因是在异常作业时，作业内容庞杂，很难进行标准化管理；在多人配合作业时，工作人员相互之间的沟通容易出现误解或理解不到位，易于发生安全事故。而这些方面，往往是很多企业管理者所忽视的内容。所以，要想做好安全管理，除了要做好上面所讲的标准作业安全管理，企业还要做好异常作业过程和多人配合作业过程中的安全管理。

↗ 对异常作业内容制定标准化管理方法进行管理，具体可参考图9-10所示的异常作业内容对应流程进行。

作业名称	安全门导轨脱落瞬间停机作业对应流程		完成日期　年　月　日
瞬间停机定义： 　　在正常运转中，设备突然报警或断电导致自身处于停止运转状态，此时可以手动解除故障，使设备恢复到原点，马上可以投入正常生产。 一、目　　的：设备短暂停止作业时的标准化管理 二、适用部门：××部门××生产线××设备 三、适用范围：安全门出现导轨脱落的暂停处理 四、作业准备：防护手套、工作鞋、工作服、工作帽、耳塞等 五、对应流程及安全注意事项			
序号	流程	图片	安全注意事项
1	在设备自动加工时安全门脱轨，加工程序不能运行		确认主轴有没有在转动
2	将设备调为手动状态		
3	按此按钮　加工程序回头		
4	按下非常停止按钮		红色指示灯亮
5	将安全门的轮子放入导轨		注意安全门夹手（劳保用品：防护手套）
6	解除非常停止状态		
7	将设备调为自动状态，按双手启动按钮，设备自动运转		
8	对焊接机及工具回收确认		拆下电源时防止触电，关闭焊接机的电源。焊接的线路两头不要有接触，防止电源开启时烧坏焊接机
注意：焊接由保全人员进行，生产线的人员无权进行此项作业。			

图9-10　异常作业内容对应流程

第9章 建立企业安全护栏——安全管理

◊ 对于多人作业(二人及二人以上作业)内容,制定相应的作业标准或作业程序进行管理。二人及二人以上作业管理规定如图9-11所示。

名　称	二人及二人以上作业管理规定		总页数	1	页　号	1
检　印		检　印		完　成	确认日期	完成日期
1. 目的	为了落实安全基础工作,使各项生产活动得到有效、安全的控制。					
2. 使用范围	适用于机械加工部门各机台二人及二人以上的作业,作业内容包括设备维修、调整作业、机种切替等。					
3. 二人及二人以上作业管理规定	(1) 在进行二人及二人以上作业时,现场必须由班长或指导员作为负责人,并统一指挥、统一安排以确保安全。					
	(2) 负责人在进行作业前需要对全体人员说明作业过程及要点,特别是危险源。					
	(3) 作业人员必须经过相关作业培训,并且拥有该作业的资格证,严格执行作业规程,未经负责人同意不准从事本工种以外的设备维修(在作业中凡遇到危及生命或设备安全,或可能发生火灾、爆炸事故等紧急情况时,作业人员有权先处理,再上报)。					
	(4) 作业人员必须穿戴好防护用品,并正确使用。					
	(5) 进行作业前负责人必须在设备上悬挂作业指示牌,并填写相关内容。					
	(6) 工作时,作业人员应该精神集中,不得说笑打闹、擅离岗位或做与工作无关的事情。					
	(7) 电气设备、线路的一切维修工作,必须由专门人员进行,其他人员一律禁止做上述工作。严禁乱拉、乱接电线。					
	(8) 在设备运行中,不能用手或其他物件去触碰设备,不能触及运转部位。					
	(9) 在移动设备之前,必须先切断电源,待设备停止转动后方可移动。					
	(10) 作业人员在进行每一个动作前都必须确认各组员是否处于安全状态,做到有呼有应。					
	(11) 作业结束后确认所有的工治具有无遗漏,并将拆卸的盖板、安全门等复位。					
	(12) 负责人确认设备运转状态及人员情况,摘下作业指示牌,恢复正常生产。					

图9-11　二人及二人以上作业管理规定

在作业管理方面,企业除了完成以上工作内容,还应该制作作业安全管理评估表,对作业安全管理内容进行全面检查、确认,以便更全面地开展作业安全管理工作。

作业安全管理评估表如图9-12所示。

项目	No.	核对内容	判定基准	判定结果	特别记载事项
一般作业	1	工序的作业负责人得到确定，并得到标识	有无作业负责人标识		
	2	有工序的作业指导书	有无作业指导书		
	3	作业指导书记述了工序中作业所需的保护用具	保护用具的描述确认		
	4	作业指导书针对工序中的危险作业进行了描述	危险作业的描述确认		
	5	作业指导书上记载的保护用具在工序中都有装备	保护用具的确认		
	6	可按照作业指导书进行作业	作业顺序的确认		
	7	定期对作业人员是否按照作业指导书进行作业进行检查	管理制度及检查记录的确认		
	8	定期对作业人员是否使用作业指导书中记载的保护用具进行检查	管理制度及检查记录的确认		
	9	没有会引起保护用具性能劣化的损伤（伤痕、破损等）	保护用具的损伤确认		
	10	有定期对保护用具进行损伤确认和更换的管理制度	管理制度及检查记录的确认		
异常处理	11	作业指导书中是否明确记载了异常处理的对应措施	作业顺序的确认		
	12	作业指导书中是否明确了异常处理发生时的联络负责人	作业顺序的确认		
	13	是否有对异常处理进行管理的管理制度	管理制度的确认（检查记录等）		
刀具使用作业	14	当存在使用刀具（剪裁机类）的作业时，已经获得安全卫生委员会的认可	对安全卫生委员会的认可进行确认		
	15	在使用刀具（剪裁机类）进行作业时，按照得到安全卫生委员会认可的作业指导书，使用指定的作业台、夹具进行作业	作业台、夹具的确认		
	16	在使用刀具（剪裁机类）进行作业时，按照作业指导书的规定，使用指定的保护用具进行作业	保护用具的确认		
多人作业	17	有多人作业指导书或多人作业管理规定	多人作业指导书或多人作业管理规定的确认		
	18	当多人作业时，能够按照多人作业指导书或多人作业管理规定进行作业	管理制度的实施确认		

图 9-12　作业安全管理评估表

9.4.3　环境安全管理

只要做好了 5S 管理，环境安全就可以得到保证。

9.4.4 安全管理因素

前文讲过，企业中的所有问题都是管理问题。安全管理中的设备安全管理、作业安全管理、环境安全管理做得好不好，归根结底还是管理问题。安全管理因素主要有以下几点。

1. 管理组织不健全，责任制未落实

在很多公司，设有安全管理部门，也有安全管理负责人。安全管理责任全部落在了安全管理部门的头上，安全管理的事情都是安全管理部门的责任。在企业运行过程中，由于管理部门不是业务部门，直接性的安全改善方案难以实施，所以这样的安全管理组织就形同虚设。在管理过程中，企业要明确各级安全管理组织及安全管理责任人，不仅要有统一的安全管理责任人，还要有各工厂、各业务部门的安全管理责任人。除此之外，各级安全管理责任人要签订相应的安全管理责任书，形成完备的安全管理责任制。

2. 管理规章制度不完善、操作规程不规范、事故应急响应制度缺乏、培训工作计划不完善

在管理过程中，各级安全管理组织可以按照前文所述的各项管理方法，制定相应的管理规章制度、操作规程，以及事故应急响应制度。在建立好这些管理制度后，还要制订培训工作计划，对各级人员进行安全培训，确保所有人员都能按照规章制度、操作规程、作业标准等开展工作。

3. 对现场工作缺乏检查或指导，对事故隐患整改不足

定期采用作业安全确认表、设备安全确认表、5S 检查表对现场所有工作内容、设备、环境等进行检查确认，以便及时发现问题并进行改善，直至所有隐患得到治理。

4. 缺乏相应的安全管理意识和安全管理投入

有些企业的管理人员并不是不懂安全管理知识，而是不愿意进行安全管理投入。其安全管理意识不足，一方面存在侥幸心理，另一方面觉得安全管理投入太大，且没有产出，属于纯粹的投入。这种想法看似合理，但实际上存在的隐患极

大。一旦发生安全事故，企业需要停工停产，还要花费巨额资金进行善后。除此之外，员工的安全得不到保证，久而久之，员工无心工作，企业的经营绩效可想而知。

比如，美国钢铁公司最初的经营战略是："生产第一、品质第二、安全第三"。该公司由于发生的事故多，不断出现死亡者及伤残者，经营业绩得不到提高。到了1906年，凯里社长从尊重生命和提高经济效益的角度出发，排除了很多反对意见，将经营战略修改为"安全第一、品质第二、生产第三"。两年后，不但事故减少，而且产品的品质得到提高。同时，生产量也增加了。这就证明了只要确保安全，品质、生产都会得到提高。这件事在全美国传开，于是"安全第一"成为企业经营的原则。

在我国，很多企业的管理人员都明白这个道理，也将"安全第一"作为企业的经营口号，张贴在显眼的位置。但在实际经营管理过程中，一方面由于安全管理及环境管理是需要资金投入的，当需要投入时，很多企业管理人员的态度是能省则省，能不做就不做；另一方面，他们在潜意识里认为生产最重要，其他事情都得为生产让路。所以，这些企业的经营战略仍然是"生产第一、品质第二、安全第三"，与世界著名公司有较大差距。

企业要想长治久安，长期发展，必须强化安全意识，并且加大安全管理投入，真正做到"安全第一"。

5. 缺乏事故防范和应急管理措施

如果企业事先未制定事故防范和应急管理措施，当员工发现有管理不足或者问题点时，就无法及时汇报，也无法及时进行改善。

在事故发生后，如果不能在第一时间进行处理，有可能会使事故结果更加恶化。所以，在管理过程中，企业应该事先制定事故防范和应急管理措施。图9-13所示为事故防范和应急管理措施示例。

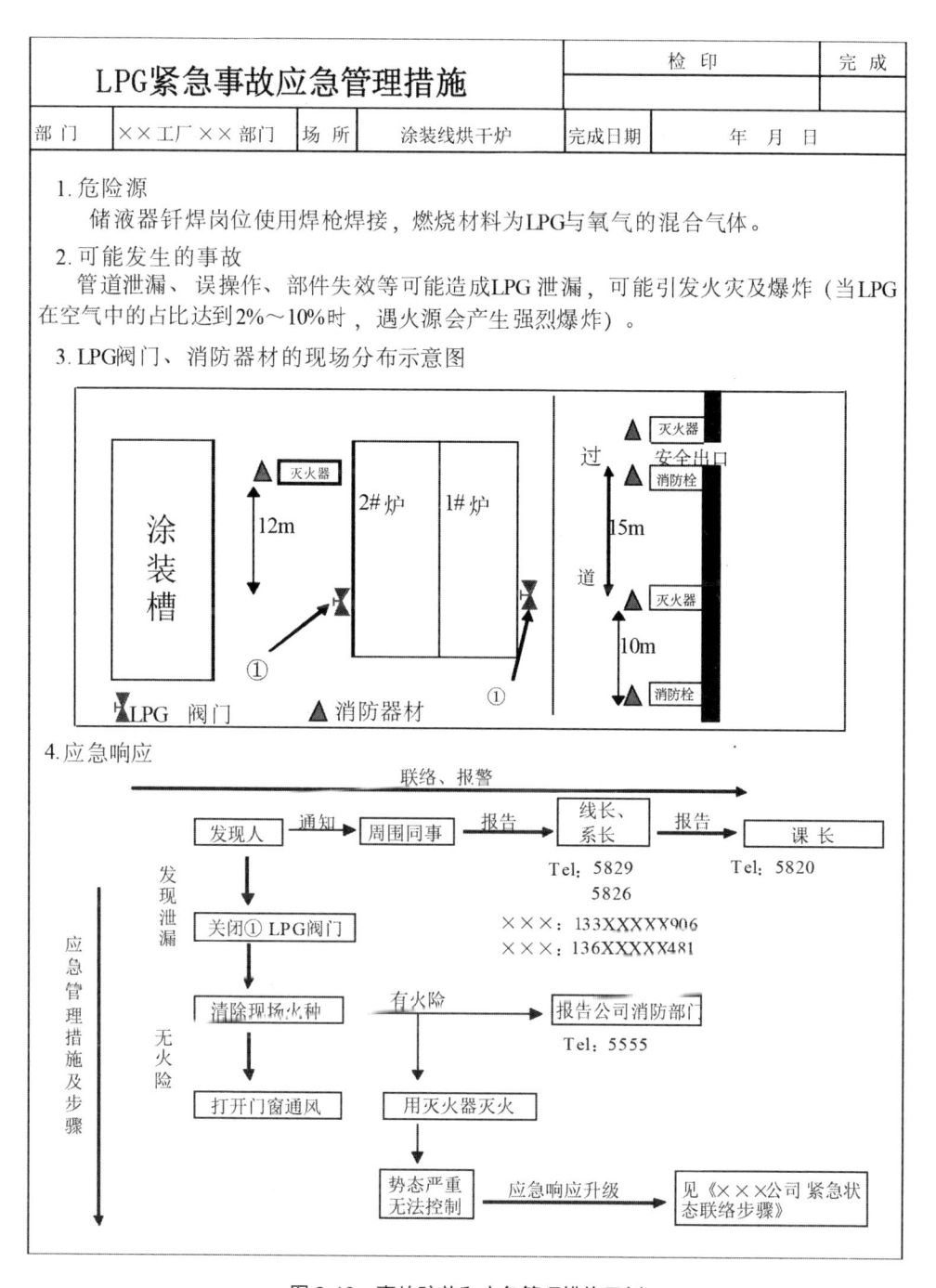

第9章 建立企业安全护栏——安全管理

LPG紧急事故应急管理措施				检 印	完 成
部门	××工厂××部门	场 所	涂装线烘干炉	完成日期	年 月 日

1. 危险源

   储液器钎焊岗位使用焊枪焊接，燃烧材料为LPG与氧气的混合气体。

2. 可能发生的事故

   管道泄漏、误操作、部件失效等可能造成LPG泄漏，可能引发火灾及爆炸（当LPG在空气中的占比达到2%～10%时，遇火源会产生强烈爆炸）。

3. LPG阀门、消防器材的现场分布示意图

   [示意图：涂装槽，2#炉，1#炉，12m，15m，10m，灭火器，消防栓，安全出口，过道，LPG阀门①，消防器材]

4. 应急响应

   [流程图：
   联络、报警：发现人 → 通知 → 周围同事 → 报告 → 线长、系长（Tel：5829、5826） → 报告 → 课长（Tel：5820）
   ×××：133XXXXX906
   ×××：136XXXXX481

   应急管理措施及步骤（发现泄漏）：
   发现人 → 关闭①LPG阀门 → 清除现场火种 →（有火险）报告公司消防部门（Tel：5555）
   （无火险）→ 打开门窗通风 → 用灭火器灭火 →（势态严重无法控制）应急响应升级 → 见《×××公司紧急状态联络步骤》]

图9-13 事故防范和应急管理措施示例

9.5　危险源辨识

在安全管理上，预防第一。那么预防什么、在哪里预防，以及如何预防，就是管理人员应该思考的问题。

管理人员首先要做的事情是在管理的内容及区域中，辨别哪些地方存在危险及其存在什么样的危险，将这些地方找到，然后对其实施相应的改善，使其从危险状态变得可控，变得不那么危险，这就需要进行危险源辨识。

9.5.1　危险源相关定义

危险源是指一个系统中具有潜在能量和物质释放危险的，可造成人员伤害、财产损失或环境破坏的，在一定的触发因素的作用下可转化为事故的部位、区域、场所、空间、岗位、设备及其位置。

重大危险源是指长期或临时地生产、加工、搬运、使用或储存危险物质，且危险物质的数量等于或大于临界量的危险源。

危险因素是指可能造成人员伤害、职业相关病症、财产损失、作业环境破坏的相关状态。

危险源辨识是指识别危险因素并确定其性质的过程。

9.5.2　危险源辨识方法

危险源辨识主要是对危险源的识别，对其性质加以判断，对其可能造成的危害、影响进行预防，以确保生产的安全、稳定。

常用的危险源辨识方法有工作危害分析（JHA）、工作前安全分析（JSA）、工作循环检查（JCA）、安全检查表（SCL）等，下文分别进行介绍。

1. 工作危害分析

工作危害分析（Job Hazard Analysis，JHA），是指定期对某项作业活动进行危害识别，并根据识别结果制定和实施相应的控制措施，最大限度地控制或消除风险，确保工作人员的安全和健康。

工作危害分析一般由公司安全管理人员、生产管理人员等相关人员进行，他们定期对工作内容进行分析评价，识别其危害程度并制定相应的改善措施。

在实施工作危害分析时，可按以下步骤进行。

1）工作内容收集、分析

在进行工作危害分析时，可采用图9-14所示的工作危害分析记录表，先对工作内容进行详细的收集，并对每项工作内容可能存在的危害进行可能性和后果严重性分析，然后根据分析结果评价每项工作内容的风险度，再根据风险度评定风险等级，最后根据风险等级设定改进措施。

序号	工作步骤	危害或潜在事件	主要后果	以往发生频率及现有安全措施				L	S	R	风险等级	改进措施	责任人
				发生频率	管理措施	员工胜任度	安全措施						

图9-14 工作危害分析记录表

在图9-14中，L指的是事件或事故发生的可能性，S指的是事件或事故的后果严重性，R指的是事件或事故的风险度。

2）可能性评价

在评价事件或事故发生的可能性时，要全面、准确、综合考虑危险因素的监测、防范、控制方法，以及事件或事故发生的频率等，在评分时可按照图9-15所示的评分标准进行评分，也可根据公司自有的评分标准进行评分。

3）后果严重性评价

在评价事件或事故的后果严重性时，可根据公司实际经营状况制定相应的评分标准进行评分，在评分时要着重考虑法律法规和行业规定的符合性、人员伤亡状况、财产损失状况、停工停产影响、环境污染和资源损耗状况、公司形象影响等方面。在制定评分标准时，还要考虑事件或事故在评价时间段内对社会经营环境的影响（如财产损失方面，要考虑当前公司及社会的经济承受能力等）。在制定评分标准时，可参考图9-16所示的评分标准进行。

等级	评分标准
1	有充分、有效的防范、控制、监测及保护措施;员工安全防范意识非常强,并且能严格执行操作规范;不可能发生事件或事故
2	危险及有害因素一旦出现,能够及时被发现,或者对危险及有害因素定期进行监测;现场有防范及控制措施,并能有效执行;虽然如此,但是过去偶尔发生危险事件
3	危险及有害因素容易被发现(现场有监测系统),但现场没有相应的保护措施(包括没有防护装置、没有防护用品等);在作业方面虽有操作规程,但不能严格按照操作规程执行;危险及有害因素过去曾经导致相关安全事件或事故,在异常情况下很有可能导致类似的事件或事故发生
4	危险及有害因素不容易被发现,且现场没有监测系统,也未做过任何监测;在生产过程中,虽然有控制措施,但未有效执行或控制措施不当;危险及有害因素常产生或在预期情况下产生
5	现场没有采取任何防范和控制措施;危险及有害因素不能被发现(没有监测系统);在正常情况下经常发生事件或事故

图 9-15　事件或事故发生的可能性(L)评分标准

等级	法律法规和行业规定的符合性	人员伤亡状况	财产损失状况（万元）	停工停产影响	环境污染和资源损耗状况	公司形象影响
1	完全符合	无伤亡	无损失	没有停工	无污染	无影响
2	不符合公司的SHE操作程序	轻微受伤、一段时间内不舒服	≤10	受影响不大,几乎不停工	装置范围内污染	公司周边影响
3	不符合集团或行业的SHE方针制度及规定	截肢、骨折、听力丧失、慢性疾病	>10且≤50	一套装置或设备停工	公司内中度污染	地区影响
4	潜在违反法律法规	丧失劳动能力	>50且≤100	两套装置或设备停工	公司内严重污染	行业内、省内影响
5	违反法律法规	造成死亡	>100	部分装置或设备(>2套)停工	公司外大规模污染	重大国际国内影响

图 9-16　事件或事故发生的后果严重性(S)评分标准

4)风险度评价及风险等级确定

有了事件或事故发生的可能性及后果严重性的评分,企业就可以计算出事件或事故的风险度。风险度=发生的可能性×后果严重性,即 R=L×S。根据风险度,可确定事件或事故的风险等级。风险度与风险等级的对应表如图 9-17 所示。

5)风险控制措施及实施期限

在进行风险度评价之后,就要对各风险制定相应的控制措施了。各风险的风险度、风险等级(含等级代码)、控制措施及实施期限如图 9-18 所示。

后果严重性 发生的可能性	1	2	3	4	5
1	1	2	3	4	5
2	2	4	6	8	10
3	3	6	9	12	15
4	4	8	12	16	20
5	5	10	15	20	25

轻微的、可不采取措施的风险，等级设定为A；
可承受风险，等级设定为B；
中等风险，等级设定为C；
重大风险，等级设定为D；
巨大风险，等级设定为E。

图 9-17　风险度与风险等级对应表

2．工作前安全分析

工作前安全分析（Job Safety Analysis，JSA），是指事先对某项作业活动进行危害识别，并根据识别结果制定和实施相应的控制措施，最大限度地控制或消除风险，确保工作人员的安全和健康。

工作前安全分析的实施方法和步骤基本上与工作危害分析相同，这里不再赘述。

工作前安全分析和工作危害分析看起来好像一样，其实两者之间还是有一些区别的。

使用时间不同：工作前安全分析是指工作前的安全分析，即在做一项工作之前对其进行危害辨识；工作危害分析需要定期进行，管理人员为了更好地管理安全事项，需要定期进行工作危害分析。

风险度	风险等级	等级代码	控制措施	实施期限
≤4	轻微的、可不采取措施的风险	A	无须采取控制措施，但需要保存记录	无
4~8	可承受风险	B	应维持现状，保持记录，但要进行监测	有条件时治理
9~12	中等风险	C	可采取制定目标、制定操作规程、制定管理制度等进行控制；加强培训与沟通	限期治理
15~16	重大风险	D	采取措施降低风险，建立运行控制程序，定期检查，并对监测系统进行评估	立即或近期整改
20~25	巨大风险	E	在采取措施前，不能继续作业，对控制措施进行评估	立刻

图 9-18　各风险的风险度、风险等级（含等级代码）、控制措施及实施期限

使用场景不同：工作前安全分析针对将要开展的某项或某几项具体工作进行危害识别；工作危害分析针对所有工作进行危害识别。

目的不同：工作前安全分析的目的是消除某项具体工作过程中的危害，降低风险；工作危害分析的目的是提供危害识别和风险评价的标准和方法，识别、消除生产、经营、服务过程中的危害，降低风险。

除了常用的这些方法，还有较为专业的用于工艺技术分析的危险与可操作性分析（HAZOP）、用于重大安全设备的启动前检查和维保后启动检查（PSSR）。这两种方法常被用在化工、石化等风险性较高的行业中，这里不进行深入介绍，如果大家有需要，可进行专业学习。

9.6 风险评价

风险评价就是采用 LEC 法对各危险源的危险程度进行评价，最终确定各危险源的风险等级，并制定相应的控制措施进行改善。

LEC 法是指采用与风险有关的三种因素指标值的乘积来评价操作人员的伤亡风险，即 $D=L×E×C$。D 是指危险性评价得分；三种因素分别是 L（Likelihood，事故发生的可能性）、E（Exposure，暴露于危险环境中的频繁程度）和 C（Consequence，事故后果的严重性）。

LEC 法的取值标准如图 9-19 所示。

事故发生的可能性（L）	分值/分	暴露于危险环境中的频繁程度（E）	分值/分	事故后果的严重性（C）	分值/分
完全会被预料到	10	连续暴露	10	十人以上死亡	100
相当可能	6	每天工作时间内暴露	6	数人死亡	40
可能，但不经常	3	每周一次或偶尔暴露	3	一人死亡	15
完全意外，很少可能	1	每月暴露一次	2	严重伤残	7
可以设想，很不可能	0.5	每年暴露几次	1	有伤残	3
极不可能	0.2	非常罕见的暴露	0.5	轻伤，需要救护	1
实际上不可能	0.1	—	—	—	—

图 9-19　LEC 法的取值标准

第9章 建立企业安全护栏——安全管理

在采用 LEC 法评价后,要根据 D=L×E×C 计算出危险性评价得分,然后根据得分情况对危险源的危险等级进行划分。在一般情况下,危险等级共有 5 个,具体划分状况如图 9-20 所示。

危险性分值	危险等级	危险程度
≥320	5	极度危险,不能继续作业
160~320	4	高度危险,需要立即整改
70~160	3	显著危险,需要整改
20~70	2	比较危险,需要注意
<20	1	稍有危险,可以接受

图 9-20　危险等级划分及危险程度说明

在确定了危险源的危险等级之后,要对现场工作过程中的危险源进行风险评价。在评价时,要对所发现的危险源制定相应的控制措施。危险源辨识及其风险评价示例如图 9-21 所示。

危险源辨识及其风险评价

日　期:2017年09月07日

序号	作业场所	作业形式	作业活动			三种状态	危险、危害因素	可能导致的事故	可能伤害到的人	定性评价	风险评价方法 LEC法				危险等级	控制措施	备注
			岗位	设备	作业内容						L	E	C	D			
1	曲轴系	非常规作业		NC车床	故障修理	正常	防护不当	机械伤害	本人		3	3	3	27	1	正确穿戴劳保用品	
2						正常	其他:扳手打滑	机械伤害	本人		3	3	3	27	1	加强员工安全教育	
3						正常	误操作	机械伤害	本人/他人		3	2	7	42	1	加强员工安全教育	
4						正常	二人作业时信息未联络到位	机械伤害	本人/他人		3	2	7	42	1	加强教育	新增
5						正常	未挂设备维修牌	机械伤害	本人/他人		3	2	7	42	2	加强教育	新增
6						正常	人员爬上设备顶部维修,防护不当	高处坠落	本人/他人		3	3	7	63	1	加强员工安全教育	
7						正常	人员损坏电线绝缘层,导致电线漏电	触电	本人/他人		1	1	15	15	1	加强员工安全教育	

图 9-21　危险源辨识及其风险评价示例

9.7 安全改善

安全改善不仅要对设备、环境等进行改善,还要对人员的安全意识和作业过程进行改善。改善的方法有很多,这里着重讲述对每项危害因素的专项改善和通过日常发现并改善安全隐患的提案改善。

9.7.1 专项改善

前文讲述过，安全管理的基础主要有几个方面：第一，设备安全；第二，作业安全；第三，环境安全；第四，管理因素。在安全改善时要对这些方面逐一进行改善，这就是专项改善。

专项改善应重点从以上四个方面进行，说着容易，可做起来由于内容太多，需要对工作进行分解，设定开展步骤。

1. 对设备安全和作业安全进行专项点检分类

前文给出了设备安全管理基准核对表，理论上可以利用它对现场的设备及作业问题点进行检查核对，找出存在的问题点并进行改善。但该基准核对表的内容多且杂，一次性全部检查完工作量大，容易出现遗漏和疏忽。所以在实际执行时，可以将此表的内容分类，形成不同的点检内容，再进行专项检查，具体分类如图9-22所示。

序号	类别	点检项目	点检内容
1	管理责任区分	责任者（资格）确认	有无上岗证书
2		操作者（资格）确认	有无培训记录，是否持证上岗，是否明白岗位危险源
3	设备安全防护确认	异常停止开关的确认	有无异常停止开关，是否有效
4		光电安全感应装置的确认	有无安全感应装置，是否有效，是否要追加
5		设备缝隙保护装置的确认	是否存在缝隙，有无保护装置，是否有效
6		异常停止时驱动部情况	异常停止时有无立即锁定，是否存在残压排气
7	作业管理确认	安全作业规程确认	有无建立安全作业规程
8		作业指导书确认	有无制作作业指导书，其内容是否齐全
9		二人及二人以上作业指导书确认	有无制作二人及二人以上作业指导书，其内容是否齐全
10		异常停止作业指导书确认	是否制作异常停止作业指导书，其内容是否完整
11		点检表确认	有无设备安全点检表，其内容是否一目了然
12		点检确认	有无正常点检，记录是否正确
13		劳动保护用品穿戴的确认	劳动保护用品是否合理，有无正确穿戴

图 9-22　设备安全和作业安全专项点检分类

2. 制作设备安全和作业安全问题专项检查表

在完成设备安全和作业安全专项点检分类后，就需要制作相应的专项检查表了，如设备安全专项检查表（如果设备多，且存在的问题点也多，还可以再进行详细的分解，分解成异常停止开关点检表、光电安全感应装置安全点检表……，至于是一起点检还是分解成更细的专项点检，各企业可根据实际状况进行设定）、作业安全专项检查表等，对各项问题分门别类地进行检查确认，具体如图9-23和图9-24所示。

第9章 建立企业安全护栏——安全管理

No.	工序名	生产设备名	异常停止开关的确认		光电安全感应装置的确认		设备缝隙保护装置的确认	异常停止时驱动部情况
			检查日期	OK/NG	对策内容、实施日期（预定）	检查日期	OK/NG	新规设置、对策、实施日期（预定）	完全封闭、手指可进入：25mm；腕关节可进入：120mm；腰（躯体）可进入：500mm以上	（气缸锁定、残压排气）
1									
2									
3									
4									
5									
6									
...									

图 9-23　设备安全专项检查表

部门		生产线		检查日期		检查人		
作业标准	设备名称	设备厂家	需要作业指导书份数	作业指导书名称	编制完成状况(Yes/No)	张贴状况(Yes/No)	员工掌握状况(Yes/No)
安全作业规程检查							
		累计					
标准作业指导书检查							
		累计					
作业指导书检查							
		累计					
瞬间停止作业指导书检查							
		累计					
二人及二人以上作业指导书检查							
		累计					

图 9-24　作业安全专项检查表

当然，除了上述内容，企业还可以根据管理实际，制作其他的安全检查表，如消防安全检查表、用电安全检查表等，对相关安全问题点进行检查，查找管理上的漏洞。

3．对检查出的问题点进行改善

问题点的改善相对于问题点的发现来说，相对比较容易。只要问题点被发现了，改善相对就比较容易。管理人员应确保每个问题点都能得到改善，这就需要有相应的改善记录，以便确认所有问题点改善完成且有效。对于这项管理工作，可制定相应的记录表来记录,以便后期进行核对和确认。安全专项问题点改善记录表如图9-25所示。

巡查时间:2018年12月17日—2018年12月18日

现状照片	指出内容		对策及整改情况		整改后照片
	内容NO.		完成日期		
	地点	组立泵体	计划完成日期	2018.12.31	
	指出内容	地面传送带有违章穿越人员	负责人	xxx	
	危险所在	违章跨越,被传送带卷入或被碰撞造成伤害	在传送带处张贴禁止跨越的安全标识,并向员工说明随意跨越传送带的危险		
	整改建议	安装护栏、张贴警示标识			
现状照片	指出内容		对策及整改情况		整改后照片
	内容NO.		完成日期	2019.1.7	
	地点	马达/组立	计划完成日期	2019.1.8	
	指出内容	逃生疏散门无紧急疏散标识	负责人	xxx	
	危险所在	无紧急疏散标识,不能明确指引人员逃生	安装紧急疏散标识		
	整改建议	安装紧急疏散标识,并横向展开			
现状照片	指出内容		对策及整改情况		整改后照片
	内容NO.		完成日期	2018.12.24	
	地点	曲轴磷化喷涂岗位	计划完成日期	2018.12.25	
	指出内容	搅拌器处未标识化学物品及其使用注意	负责人	xxx	
	危险所在	有误用误碰危险	制作标识,内容包括化学品名称及其使用注意		
	整改建议	进行标识			
	指出内容		对策及整改情况		整改后照片
	内容NO.		完成日期	2018.12.22	
	地点	马达浸漆	计划完成日期		
	指出内容	现场危化品储存及使用容器缺少安全警示标签,未使用专用储存容器	负责人	xxx	
	危险所在	错误使用,造成伤害	1. 酒精壶增加标识; 2. MSDS数据卡张贴标识		
	整改建议	利用专用储存容器储存,并张贴安全警示标签			

图9-25 安全专项问题点改善记录表

4. 人员安全意识培养

1)人员三级安全教育培训

在员工上岗前,必须对其进行安全教育培训,确保其上岗后的人身安全。

开展员工安全教育,首先要进行的是人员三级安全教育培训。所谓三级安全教育,就是公司级安全教育、部门级安全教育和产线级安全教育。公司级安全教育重点培训公司的相关安全管理规定、安全管理知识等;部门级安全教育要比公司级安全教育更深入一些，在公司安全管理制度及规定的基础上，加入了部门特有的安全知识；产线级安全教育要更深入，更有针对性，针对员工所在岗位的具体安全隐患进行安全防护知识及要求培训，确保员工在安全状态下完成工作。

在进行三级安全教育培训之前，企业管理人员首先要制定相应的三级安全教育管理制度（见图9-26），对企业的三级安全教育管理工作进行规范。

种类	制度	编号	机规030	基准来源			
名称	三级安全教育管理制度			总页数	1	页号	1
检 印		检 印		完 成		承认日期	完成日期
1. 目的		对机械加工部门的新进员工在上岗前进行安全教育，确保其人身安全。					
2. 适用范围		此制度适用于机械加工部门新员工上岗前的安全教育。					
3. 制定、修改、废除		要不定期地对此制度进行修改，由机械加工部门的教育培训负责人负责，修改后经机械加工部门的负责人审批通过。					
4. 三级安全教育级别划分		第一级：由公司人事总务对新入员工进行公司安全管理知识教育。 第二级：由机械加工部门统一对新入员工进行部门内安全教育。 第三级：由各产线对新到岗员工进行岗位安全教育。					
5. 各级安全教育内容及教育培训负责人		第一级：由公司统一安排。 第二级：培训内容：部门内安全管理规定；安全事故案例学习，危险危害因素；ISO 18001和ISO 14001等。 　　　　培训者：部门安全负责人。 第三级：培训内容：详见《××公司××部门三级安全教育卡片》。 　　　　培训者：线长、班长、指导员或线内指定人员。					
6. 要求掌握程度		要求理解并掌握所有三级安全教育内容。					
7. 培训时间		培训时间长短不限，直到完全掌握为止。					
8. 考核及记录		所有培训完成后均要书面考核，90分以上为合格，如未合格，必须经过二次培训，若二次培训后仍然不合格，退回处理。 培训结束后要求填写《××公司××部门三级安全教育卡片》。 所有考核试卷及《××公司××部门三级安全教育卡片》要求保留原件，保留期限到该员工离开公司为止。					

图9-26 三级安全教育管理制度

三级安全教育的目的是让员工能够切实理解并掌握安全管理知识，所以在三级安全教育培训完成后，还要对培训效果进行评价。这就需要制作三级安全教育培训卡片，对员工的培训效果进行确认并记录，如图9-27所示。

三级安全教育培训卡片

				检印	检印	检印

部门：_____ 　　　　　　　　　　　　　　管理编号：_____

姓名	性别	年龄	进厂日期

		受训人作业等级		
生产线		A 员工（1年以上）	B 员工（1年以内）	C 实习生
工程名				

培训目的：	
培训内容（理解、掌握的请打√；未理解、掌握的请打×）：	
1.	是否理解、掌握
2.	是否理解、掌握
3.	是否理解、掌握
4.	是否理解、掌握
5.	是否理解、掌握
6.	是否理解、掌握
7.	是否理解、掌握
8.	是否理解、掌握
9.	是否理解、掌握
10.	是否理解、掌握
11.	是否理解、掌握
重点注意事项	
1.	
2.	
3.	
4.	
培训人签名：	
受训人签名：	
教育日期：	

图9-27　三级安全教育培训卡片

2）危险预知训练

虽然在员工进入公司时，已经对其进行了安全教育培训，但是其安全意识并不会因为几次培训而提升。所以在日常工作过程中，相关管理人员还要不断地对员工进行安全方面的知识培训。其中，危险预知训练就是很好的培训方法。

危险预知训练（Kiken Yochi Training，KYT），是指针对生产特点和作业全过程，以危险因素为对象，以作业班组为团队，开展的一项安全教育和训练活动。它是一种群众性的"自主管理"活动，目的是控制作业过程中的风险，预测和预防可能出现的事故。

KYT 起源于日本住友金属工业公司的工厂，后来发展为三菱重工业公司和长崎造船厂发起的"全员参加的安全运动"，1973 年经日本中央劳动灾害防止协会推广，成为技术方法，在企业中获得了广泛运用，被誉为"零灾害"的支柱。

KYT 主要采用四步法进行危险防范意识训练。

第一步：观察，目的是把握现状，让员工自主观察，了解工作过程中存在什么样的危险。

第二步：思考，目的是追究根因，思考为什么会有危险，以及危险的关键点是什么。

第三步：评价，目的是建立防范对策，思考应该怎么做才能更安全。

第四步：决定，目的是制定改善对策，制定工作中的改善对策并实施。

在具体实施时，可以员工的工作内容为示例，持续不断地开展 KYT 活动，让员工的安全意识得到潜移默化的提升，并且让员工清楚地掌握每项工作的安全隐患，以及清楚地知道该如何防范这些危险因素，从而改善安全管理效果。

3）道场训练

道场在这里是指专门的安全教育培训场所。如图 9-28 所示，道场训练是指针对公司工作中的一些存在重大安全隐患的设备，建立仿真模型，通过演示或者员工亲自动手操作，让员工直观地看到设备安全问题产生的过程，了解安全问题产生的原理，掌握危险防范措施和正确作业的方法，从而加强员工的安全防范意识。

4）安全面谈

做了这么多的安全改善和教育培训工作，企业在安全管理方面还有没有漏洞？还存在不存在安全隐患？安全管理的主体是全体员工，员工在工作的时候会有深刻的体会。所以在安全管理方面，企业管理人员需要经常与员工进行安全面谈，目的是从员工的视角来发现安全隐患，并将其改善。安全面谈的具体内容如图 9-29 所示。

图 9-28　道场训练

提交途径: 谈话人 → 部门负责人 → 工厂负责人
　　　　　　　　　　　盖章　　　　　　盖章

工厂:	谈话表编号:			
工作场所:	谈话时间: 2018年	月	日: 约	分钟
	谈话人:			
面谈人:				

异常作业调查谈话表

1) 谈话目的
　　①对异常作业及临时性停止作业的实际状态进行调查, 采取对策。
　　②改变员工的安全意识, 展开高水平的5S活动、安全隐患防范活动。
2) 谈话要领
　　①在开始谈话时传达两个谈话目的。
　　②对需要对方遵守的安全行动进行具体要求。
　　③最后互相确认谈话结果。
　　④采用个别谈话、集体谈话等便于获得意见的方法进行谈话。

分类	提问内容	回答内容
安全作业的确认	工作中有没有感觉到"危险"? 如果感觉到了, 是怎样的危险呢?	
	在感觉到上述"危险"的时候, 采取了怎样的对应措施?	
	有没有进行修理或修正的作业? 其频率是怎样的?	
	您除作业指导书中所写的之外, 有没有做过其他什么事情?	
	针对日常操作的机器, 您认为采取怎样的行动会让它"受伤"呢?	
	在您的作业以外, 有过接触其他机器的事情吗? 此时, 您去找谁商量?	
安全意识的确认	在现在的工作中, 您自身对安全予以注意的是哪些方面?	
	在开始工作前, 您进行安全检查吗?	
	关于安全, 您接受过怎样的指导?	
	针对安全, 您有什么疑问或者不满吗?	
对安全行动的要求事项		
面谈人意见	需要改善的工序、内容 无　　有 →	

图9-29　安全面谈的具体内容

在安全面谈完成后, 相关人员需要将员工提到的所有问题点进行收集, 制作

第9章 建立企业安全护栏——安全管理

安全面谈问题点改善计划表，制定改善对策进行改善，如图9-30所示。

安全面谈问题点改善计划表

		BU长	母公司制造负责人	工厂负责人
■工厂名称：				
■实施谈话的对象人数： 名				

编号	谈话表编号	谈话日期	需要改善的内容	对策方案	预定实施日期	实施负责人	确认日期	确认人	最终确认日期、检查盖章、安全卫生委员长
1									
2									
3									
4									
…									

■提交途径：工厂负责人 → 母公司制造负责人 → BU长 → 中央安全卫生委员会

图9-30　安全面谈问题点改善计划表

5）安全要诀每日诵读

除了以上动作，企业还可以制定相应的安全要诀，每天在早晚会时由管理人员带领全体员工进行诵读。其目的就是要让员工明白"安全第一"不是一句空话，而是每天必修的课题。每天诵读安全要诀，能够强化安全管理的具体要点，让安全管理的关键内容深入每个员工的内心。

图9-31所示为某世界500强企业的员工每天诵读的安全要诀。

> 心情舒畅来上班， 聚精会神少危险；
> 安全点检很重要， 开机之前莫忘了；
> 正确穿戴防护品， 使用不当是祸因；
> 安全第一心中记， 标准作业别随意；
> 非常停止常确认， 发现异常按非常。

图9-31　某世界500强企业的员工每天诵读的安全要诀

9.7.2　改善提案

虽然企业做了大量的安全管理及改善工作，但在实际工作中，随着时间的推移和事情的变化，生产过程中仍然存在一些遗漏的安全隐患，或者出现一些新增加的安全隐患，这些安全隐患同样需要及时处理掉。在这方面，企业可以发动所有员工，让员工在发现安全隐患后及时形成改善提案，填写图 9-32 所示的改善提案表，提交至安全改善提案委员会，促使安全隐患得到及时处理。

改善提案表		
主旨：我不做不安全行为/要注意不安全行为		
部门：		姓名：
提案内容：		
对本岗位安全、品质的建议（意见）：		

图 9-32　改善提案表

反侵权盗版声明

电子工业出版社依法对本作品享有专有出版权。任何未经权利人书面许可，复制、销售或通过信息网络传播本作品的行为；歪曲、篡改、剽窃本作品的行为，均违反《中华人民共和国著作权法》，其行为人应承担相应的民事责任和行政责任，构成犯罪的，将被依法追究刑事责任。

为了维护市场秩序，保护权利人的合法权益，我社将依法查处和打击侵权盗版的单位和个人。欢迎社会各界人士积极举报侵权盗版行为，本社将奖励举报有功人员，并保证举报人的信息不被泄露。

举报电话：(010) 88254396；(010) 88258888
传　　真：(010) 88254397
E-mail: dbqq@phei.com.cn
通信地址：北京市万寿路173信箱
　　　　　电子工业出版社总编办公室
邮　　编：100036